Die
Lettische Revolution

Mit einem Geleitwort

von Professor Dr. Theodor Schiemann

*

Teil II

Die Sozialdemokratie. Die Katastrophe.

Zweite veränderte Auflage

Berlin
Druck und Verlag von Georg Reimer
1908.

Vorwort.

Als im Juli 1906 der erste Teil der „Lettischen Revolution" erschien, da glaubte der Verfasser, den zweiten Teil innerhalb eines halben Jahres folgen lassen zu können. Es erwies sich jedoch, daß er die Schwierigkeiten, welche sich ihm entgegenstellten, unterschätzt hatte. Das Material, das von Tag zu Tag anschwoll, war spröde und häufig unzuverlässig, es bedurfte der sorgfältigsten Sichtung und Prüfung. Diese notwendige Vorarbeit wäre dem Verfasser nie gelungen, wenn ihm nicht die Hilfe mehrerer freiwilliger Mitarbeiter zuteil geworden wäre. Ihnen gebührt nicht nur der wärmste Dank des Verfassers, sondern auch ein großer Teil des Verdienstes, das dem vorliegenden Buche vielleicht zugeschrieben werden dürfte.

So mühselig aber diese Vorarbeiten auch waren, und so sehr sie die Geduld des Verfassers und aller der Freunde seines Unternehmens auch auf die Probe stellten, so erwies es sich doch immer mehr und mehr, daß die dadurch bedingte Verzögerung des Erscheinens von Teil II der „Lettischen Revolution" dem Buche nur zum Vorteil gereichen mußte. Nicht nur weil durch sorgfältige Prüfung der Quellen erreicht wurde, daß die objektive Wahrheit der Darstellung wuchs, sondern auch weil die Fähigkeit des Verfassers, den Zusammenhang der Erscheinungen zu überschauen und zu beurteilen, naturgemäß zunehmen mußte. Denn wie bei der räumlichen Betrachtung eines Gegenstandes, so muß auch bei der zeitlichen ein gewisser Abstand gewonnen werden, um den Gegenstand in seinem Verhältnis zur Umgebung richtig zu erfassen.

Geschichte zu schreiben, während man sie noch erlebt, ist nicht möglich. Man müßte denn Chronik für Geschichte nehmen.

Nun ist zwar die revolutionäre Bewegung in den Ostseeprovinzen wie in ganz Rußland noch keineswegs abgeschlossen, immerhin ist ihre erste Phase vorüber. Und allein über diese erste Phase will das vorliegende Buch urteilen.

Der Verfasser hofft, daß es ihm gelungen ist, die Aufgabe, welche er sich gestellt hatte, zu erfüllen: die Ursachen und die Entwicklung der Massenpsychose, als die sich die lettische Revolution darstellt, wahrheitsgetreu zu schildern. Der Verfasser hofft, daß der Leser, wie Theodor Schiemann im Geleitwort zum ersten Teil dieses Buches sagt, „über eines der wichtigsten Kapitel der großen russischen Revolution ein unparteiisches und wahrhaftiges Urteil gewinnen" wird. Auf folgende Ergebnisse seiner Untersuchungen glaubt der Verfasser besonders aufmerksam machen zu müssen.

Fast gleichzeitig mit dem ersten Teil der „Lettischen Revolution" erschien die deutsche Übersetzung der neuen Ausgabe des berühmten Buches über Rußland von Sir Donald Mackenzie Wallace. Die neue Ausgabe (1905 englisch erschienen) behandelt in geistvoller Form die Vorgeschichte der russischen Revolution. Die Ostseeprovinzen werden jedoch ebensowenig in den Kreis der Betrachtungen gezogen wie in der ersten, 1877 erschienenen Ausgabe. Daß ein so scharfsinniger Beobachter, wie es Wallace ist, nicht die kulturelle Bedeutung der Ostseeprovinzen für Rußland kennen lernen sollte, darf nicht angenommen werden. Vielmehr wird er die Ostseeprovinzen ebenso wie Finnland und Polen unberücksichtigt gelassen haben, weil er sie nicht genügend kannte. Eine Stelle in seinem Buche (II. S. 403) spricht für diese Annahme. Wallace behandelt dort die politischen Gruppen auf nationalistischer Basis, führt die Kopfzahl der Polen, Juden, Finnländer, Armenier und Georgier an und berechnet, wieviel Vertreter dieser Nationalitäten in eine zukünftige Nationalversammlung geschickt werden würden. Er fährt dann fort: „Die anderen Volksstämme, unter denen sich Anzeichen revolutionärer Gärung bemerkbar machten, sind zu unbedeutend, als daß sie besondere Erwähnung erforderten."

Gegen diese Behauptung muß denn doch im Hinblick auf die 1 400 000 Letten Protest erhoben werden. Die Letten, die an Zahl den Armeniern (1 200 000) und Georgiern (408 000) überlegen sind und die selbst den Anspruch erheben, an der Spitze der russischen Revolutionäre gestanden zu haben.

Wir hoffen, daß in einer Neuauflage des Wallaceschen Buches den Letten ein Ehrenplatz unter den russischen Revolutionären eingeräumt werden wird. Daß die Letten ihn verdienen, glauben wir in unserem Buche zur Genüge nachgewiesen zu haben.

Das Buch enthält ferner die Beweise dafür, daß die Revolution in den Ostseeprovinzen von der Sozialdemokratie vorbereitet und geleitet worden ist.

Diese Tatsache ist nicht neu; es war aber erforderlich, sie unwiderleglich festzustellen. Nicht nur um den lügenhaften Behauptungen der radikalen Presse Rußlands und Deutschlands entgegenzutreten, nicht nur um ein historisch wahres Bild den Epigonen zu überliefern, sondern vor allem um den exakten Nachweis zu erbringen, welche Gefahren die Existenz der Sozialdemokratie für jeden Staat birgt.

Alle Schulweisheit, alle Theorie kann hierüber nicht hinwegtäuschen. Vergebens destillieren aufgeklärte Professoren aus den Lehren der Sozialisten bis hinab zu Marx, Engels, Kautsky und Bernstein einen wissenschaftlichen Extrakt, aus dem mit ungeheurer Objektivität nachgewiesen wird, daß es sich bei der Sozialdemokratie nicht um gewaltsamen Umsturz des Bestehenden, sondern um die Geltendmachung teils berechtigter, teils unberechtigter Lebenswünsche der arbeitenden Klassen handele, derjenigen Klassen, welchen nach dem natürlichen Laufe der Dinge die Zukunft gehöre. Die Weltgeschichte aber, unsere beste Lehrmeisterin, lehrt uns, daß die Sozialdemokratie nicht stehen bleibt bei Wünschen, daß sie sich keinen Augenblick besinnt, diese Wünsche in reale Handlungen umzusetzen, wenn ihr Gelegenheit dazu geboten wird. Nicht die Evolution strebt sie an, sondern die Revolution, den Umsturz des Bestehenden mit allen Mitteln, auch durch Brand und Mord.

Man glaube nicht, daß die russische oder lettische Sozialdemokratie eine Ausnahme darstelle. Gewiß, es bestehen Unterschiede zwischen ihr und der westeuropäischen Sozialdemokratie, die sich ethnologisch und historisch begründen lassen. Diese Unterschiede beruhen aber nicht im Wesen der Sozialdemokratie selbst. Der Zusammenhang der internationalen Sozialdemokratie aller Länder der Erde ist eine unbestrittene Tatsache. Desgleichen, daß speziell die lettischen und russischen Revolutionäre von den ausländischen Genossen mit Rat und Tat unterstützt worden sind. Es wird ein unauslöschlicher Schandfleck in den Blättern der deutschen Geschichte bleiben, daß deutsches Geld dazu verwandt worden ist, lettische Meuchelmörder zu bewaffnen und zu besolden, um deutsches Blut zu vergießen! Es kann wohl keinem Zweifel unterliegen, daß die russische Revolution von der internationalen Sozialdemokratie nicht nur mit Begeisterung und heißer Sympathie begrüßt, sondern auch als eine Kraftprobe angesehen worden ist.

Man täusche sich nicht! Auch die deutsche oder französische Sozialdemokratie wird bereit sein, dem Vaterlande in den

Rücken zu fallen, wenn die Gelegenheit ihr günstig erscheinen sollte.

Wer aufmerksam und ohne die Brille des Doktrinarismus die sozialdemokratische Literatur, insbesondere die weniger vorsichtigen Tageszeitungen liest, der wird nicht nur zwischen, sondern in den Zeilen diese Wahrheit herauslesen. Wenn zum Beispiel die „Königsberger Volkszeitung" soeben (Mai 1907) in Anlaß der Maßregeln der russischen Regierung wider den revolutionären Terror schreibt: „Ja — wir wissen nicht einmal, ob Nikolaus II. die Bluttaten angeordnet hat, die in Rußland geschehen, ob er sie nur schweigend duldet oder ob er sie wider besseres Wollen von seinen Beauftragten ausüben läßt, weil es ihm an Energie fehlt, dagegen einzuschreiten. Aber so oder so — jeder Zar verdient, elend zugrunde zu gehen, ehe nicht den breiten Massen des russischen Volkes die Möglichkeit zur Wahrung ihrer Interessen mit gesetzlichen Mitteln eingeräumt ist", wenn, sagen wir, eine Zeitung sich derartig äußert, so beweist das doch, abgesehen von der krankhaften Verworfenheit ihrer Gesinnung, die Sanktionierung des Herrschermordes als Kampfmittels zur Erreichung politischer Ziele! Daß diese Theorie sich nur auf den Kaiser von Rußland beschränken sollte, wird kein Kind glauben.

Ebensowenig wie vor Hochverrat wird die Sozialdemokratie vor Landesverrat zurückschrecken. Da sie den Staat als solchen nicht anerkennt, da sie mehr oder weniger offen den Umsturz predigt, so existiert in ihrem Rechts- und Sittenkodex der Begriff Landesverrat überhaupt nicht oder doch nur soweit, als er strafrechtlich umrissen ist. Im Gegenteil: was die staatserhaltenden Parteien Landesverrat nennen, ist für die Sozialdemokratie recht eigentlich Inhalt und Summe ihres Daseins, ist ihre Bestimmung.

Was ist der „internationalen" Sozialdemokratie das Vaterland! Ein inhaltsleerer Begriff, eine sentimentale Vorstellung schwachköpfiger Bourgeois. Ist das Vaterland in schwerer Gefahr, liegt es besiegt danieder, dann wird die Sozialdemokratie gewiß nicht zögern, mit dem Feinde zu paktieren und — dem Schakal gleich — ihren Teil vom Blute der Gefallenen zu fordern.

Aber auch in normalen Zeiten bildet die Sozialdemokratie eine stete dauernde Gefahr für den Staat.

Die Sozialdemokratie ist wie das scheinbar gezähmte wilde Tier. Zeigt sein Wärter ein Zeichen von Schwäche, ja wendet er nur den Blick ab, so springt es zu, um ihn zu zerfleischen. Caveant consules!

„Unter allen politischen Sünden", sagt Treitschke, „ist die der Schwäche die verwerflichste und verächtlichste, sie ist die Sünde wider den heiligen Geist der Politik".

Wohin politische Schwäche führt, zeigt das Beispiel der russischen Revolution.

In unserem Buche ist diese Tatsache, die ja auch keineswegs neu ist, für den lettischen Schauplatz festgestellt worden. Der lahmen Schwäche der Regierung ist es zweifellos zuzuschreiben, daß es zur Katastrophe kommen konnte, diese Schwäche ist die Hauptursache dafür, daß die Revolution heute noch nicht niedergeworfen ist. Die von des Gedankens Blässe erzeugte krankhafte Schwäche der russischen Gesellschaft, die alle Kennzeichen der Degeneration aufweist und die sich der Regierung mitteilt, kann dazu führen, daß der Staat zugrunde geht.

Die europäischen Mächte versammeln sich derweil zu einer neuen Friedenskonferenz. Die diplomatischen Auguren werden wieder wochenlang über Dinge verhandeln, die genau so bleiben werden, wie sie sind; sie werden Beschlüsse zu Protokoll nehmen, die dazu verurteilt sind, nie aus dem Stadium der frommen Wünsche hinauszutreten.

Wäre es nicht ersprießlicher für die Menschheit und für die Kultur, wenn die Mächte statt dieser sterilen Tätigkeit sich mit der gemeinschaftlichen Abwehr der „roten Gefahr" befaßten, dieser politischen Pest, die an keinen Grenzpfählen und Zollschranken Halt macht, die in das Blut aller Völker eindringt und Tobsucht und Blutwahnsinn erzeugt. Es ist hohe Zeit. Jam proximus ardet!

Riga, Juni 1907.

Inhalt.

Kapitel I.

Die nationalistische Bewegung unter den Letten und Esten.

1. Einleitung.

Der sozialdemokratischen Bewegung in den Ostseeprovinzen ist eine nationalistische vorausgegangen. Beide Bewegungen stehen im engsten Zusammenhange miteinander, insofern, als der nationalistischen Bewegung von Anfang an sozialistische Keime innewohnten.

Daß die nationale und die soziale Frage sich in den Ostseeprovinzen nahe berühren, kann bei der hier geltenden sozialen Struktur nicht wundernehmen. Da die besitzenden Klassen vorwiegend Deutsche sind, die Arbeiterbevölkerung dagegen vorwiegend aus Letten und Esten besteht, so muß das nationale Moment mit Naturnotwendigkeit bei jedem Aufeinanderplatzen sozialer Gegensätze eine wichtige Rolle spielen. Der Klassenkampf wird zugleich als Rassenkampf proklamiert, der Klassenhaß, dem stets ein widriger Beigeschmack anhaftet, wird idealisiert zum Rassenhaß. Dieses Manöver, so billig und durchsichtig es erscheint, lag zu nahe, als daß es nicht versucht werden sollte. Und der Erfolg blieb, wie vorauszusehen war, nicht aus. Denn der Schein einer idealen Idee konnte seine Wirkung in der Dunkelheit der Volksseele nicht verfehlen. So drapierten sich die begehrlichen Instinkte in das ideale Mäntelchen des Nationalismus. Nicht selten in außerordentlich theatralischer Pose. Trotz der bedenklichen Blößen, die unbedeckt blieben, entwickelte sich bei den Letten und Esten ein nationaler Dünkel, der, wie wir sehen werden, geradezu krankhafte Erscheinungen zeitigte und seine Krönung in der Proklamierung einer lettischen Republik fand.

Es ist gerade ein halbes Jahrhundert her, als der nationale Gedanke unter der undeutschen Bevölkerung der Ostseeprovinzen Boden faßte, importiert aus Rußland.

Der Krimkrieg war beendet. Er hatte mit erschreckender Deutlichkeit die Fäulnis des russischen Staatskörpers bloßgelegt. Der Koloß auf tönernen Füßen, den ganz Europa unter der hypnotischen Wirkung der Persönlichkeit Nikolaus I. gläubig angebetet hatte, war bis in seine Grundfesten erschüttert worden. Das Bedürfnis nach einer Neugestaltung aller Lebensbedingungen in dem ungeheuren Polizeistaat mit seinen 25 Mill. einer wirtschaftlich, sozial und politisch unmündigen Bauernbevölkerung machte sich unabweisbar geltend. Kaiser Alexander II., der schwächliche Sohn eines eisernen Vaters, war im Prinzip allen Reformen geneigt. In seinem Manifest über den Pariser Friedensvertrag vom 30. März 1856 ist der merkwürdige Hinweis enthalten, daß die geringfügigen Nachteile dieses Friedens durch die Vorteile weit aufgewogen würden, welche sich in der nun gegebenen Möglichkeit einer gedeihlichen innern Entwickelung böten.[1])

In erster Linie richtete Alexander seine Gedanken auf die Frage, welche jedem Russen als die brennendste erschien, die Aufhebung der Leibeigenschaft. Bald nach der Veröffentlichung des Manifestes begab er sich nach Moskau und erklärte den Delegierten des Moskauer Adels seine Absichten und die Gründe, die ihn zur Aufhebung der Leibeigenschaft veranlaßten.

---

[1]) Vgl. J. Engelmann, Die Leibeigenschaft in Rußland. Leipzig 1884. S. 237.

„Es ist besser", so sagte er, „die Leibeigenschaft von oben abzuschaffen, als die Zeit abzuwarten, wo sie sich selbst von unten abschaffen wird." Eine deutliche Anspielung auf drohende Bauernunruhen, wie sie in den letzten Jahrzehnten vor dem Krimkriege in Rußland zu einer regelmäßigen Erscheinung geworden waren.[1])

Ein wahrer Taumel des Liberalismus erfaßte die russische Gesellschaft. Die von Alexander Herzen in London herausgegebenen sozialistischen Blätter „Kólokol" („Die Glocke") und „Poljáranja swesdá" („Der Polarstern") wurden überall verschlungen. Ein neuer Frühling, so meinte man, habe für Rußland begonnen.

Der Bruch mit dem alten Regime des Polizeiregiments führte bei der Überschwänglichkeit des russischen Nationalcharakters zu einem radikalen Bruch mit sämtlichen Traditionen der Vergangenheit.

Bis in die höchsten Kreise, bis an die Stufen des Thrones, ja bis in die kaiserliche Familie drang die Überzeugung, daß alles geändert werden müsse. Aus den Briefen des damaligen preußischen Gesandten in Petersburg, v. Bismarck, — gewiß eines klassischen Zeugen — ergibt sich ein Bild der eingetretenen Zersetzung in den Kreisen des Hofes, der Beamten, des Militärs, das höchst anschaulich wirkt. „Wenn Redensarten tödlich wären", so schreibt Bismarck am 18. Januar 1861, „so lebte in der Tat vom ganzen Hause Holstein-Gottorp keiner mehr."[2]) Es gehörte geradezu zum guten Ton, revolutionäre Ideen zu empfinden und zu äußern. Die Schriften der westeuropäischen Soziologen und Sozialisten wurden eifrig studiert. Namentlich

[1]) Vgl. W. G. Simkhowitsch, Die Feldgemeinschaft in Rußland. Jena 1898. S. 213 f.

[2]) Bismarcks Briefwechsel mit dem Minister Freiherrn v. Schleinitz 1858—1861. 1905. S. 138. Vgl. S. 118 f., 156 f.

Auguste Comte, der Begründer des Positivismus, dann auch Buckle und John Stuart Mill wurden von den liberalen Reformern verherrlicht. Die radikalere Jugend, die von revolutionären Traditionen durchtränkten Studenten und Seminaristen wandten sich dem Studium der französischen und englischen Sozialisten zu. Unter diesen galten Saint-Simon, Fourier und Proudhon besonders viel. Sehr bald bildete sich eine sozialistische Richtung aus, die auf abstrakt materialistischer und atheistischer Grundlage nebelhafte Ziele einer Volksbeglückung verfolgte. Iwan Turgenjew, der größte russische Dichter jener Epoche, hat diesen phantastischen Sozialisten, in denen sich in verzerrter und übertriebener Wiedergabe die Ideen westeuropäischer Ideologen widerspiegelten, einen Namen gegeben: Nihilisten.[1]) Sehr bald aber kristallisierten sich aus dem Nihilismus zwei andere Richtungen heraus, die aus der akademischen Nebelhaftigkeit zur praktischen Betätigung ihrer revolutionären Ideen überzugehen entschlossen waren: einerseits die Anarchisten, die sich um Alexander Bakúnin scharten, andererseits die Propagandisten, die es für ihre heilige Aufgabe hielten, „unter das Volk zu gehen," um es zur wirtschaftlichen und sozialen Revolution zu erziehen. Diese Propagandisten wurden nach ihrem Hauptvertreter Lawrów Lawristen (Lawristy) genannt, während man die Anarchisten auch Bakunisten nannte.

Es ist hier nicht der Ort, die Entwicklung des russischen Revolutionarismus weiter zu verfolgen, wir werden darauf noch am Beginn des III. Abschnitts zurückzukommen haben. Es genügt, wenn wir hier die allgemeine Stimmung dieser unruhigen Epoche erfassen, von der Turgenjew in seinen Schriften ein so klassisches Spiegelbild gibt. „Alles ist Rauch und Dunst",

---

[1]). In seinem Roman „Väter und Söhne".

läßt er seinen Helden im „Rauch“ sagen. „Alles erscheint im ewigen Wechsel, überall sieht man neue Gestalten sich bilden, eine Erscheinung jagt die andere; im wesentlichen aber bleibt sich doch alles gleich. Alles geht und stürmt irgendwo hin — — und alles vergeht spurlos, ohne etwas zu erreichen. Plötzlich weht ein anderer Wind und die ganze Masse wirft sich auf die entgegengesetzte Seite, um dort dasselbe ruhelose, eifrige und unnütze Spiel zu beginnen — — Alles Rauch und Dunst.“ Konfus und unreif, widerspruchsvoll und unfruchtbar, das ist die Signatur dieser Zeit.[2]) Neben der unbedingten Geltung der Glaubenssätze der französischen und englischen Sozialisten, neben Hegelscher Philosophie, neben dem glühenden Interesse für Comte, Buckle und Stuart Mill die Anbetung des großrussischen Gemeindebesitzes, des „Mir“, und die damit zusammenhängende Idealisierung des russischen Bauernstandes.

In dem wunderbaren, einfältigen und herzensreinen Bauer mit seiner „echtrussischen Seele“ läge, so lehrten die „Muschikophilen“,[3]) der Keim zu einer Regeneration des Mütterchens Rußland und in weiterem Verfolg des „faulen Westens“. Das war die große, die mystische Aufgabe aller echtrussischen Männer.

Der ungeheueren und kindlichen Selbstüberschätzung entsprach die Verachtung des Fremdländischen und besonders der Haß gegen diejenige Nation, welche bisher die Russen zur Kultur geführt hatte, die Deutschen.

---

[1]) J. Turgenjew, „Rauch“. Autorisierte deutsche Ausgabe. Mitau 1873. S. 302.

[2]) D. Mackenzie Wallace, Rußland 1906, II. S. 255 setzt auseinander, daß „alle wichtigen geistigen Bewegungen Westeuropas sich in Rußland wiedergespiegelt haben und daß diese Spiegelbilder vornehmlich übertriebene und verzerrte Wiedergaben der Originale waren“.

[3]) Vgl. „Balt. Monatsschrift“ Bd. XIII 1866. S. 3 ff.

Mit vollster Begeisterung warf sich daher Jungrußland dem unter den österreichischen Slaven entstandenen Panslavismus in die Arme, dessen Banner vor allem gegen das Deutschtum getragen wurde. Eine leidenschaftliche Hetze gegen alles Deutsche und namentlich gegen die deutschen Balten begann, die als Feinde der nationalen Entwicklung und als „Mameluken des Absolutismus" verschrieen wurden.[1]) Eine Reihe von Zeitungen stellte sich in den Dienst dieses Programms. Besonders tätig waren der „Sowreménnik" („Der Zeitgenosse"), das „Slowo" („Das Wort") und der vom Slavophilenführer Iwán Aksákow 1861 gegründete „Denj" („Der Tag"). Als typisch für diese Richtung ist das Buch „la Russie envahie par les Allemands" zu nennen, verfaßt von Philipp Wigel, einem verrußten Deutschen, der wie alle Renegaten sich durch besondern Eifer in der Hetzarbeit gegen seine Stammesgenossen auszeichnete.[2]) Gegen diesen immer wilder anschwellenden Ideensturm brachte das Jahr 1863 den ersten Rückschlag, indem durch den polnischen Aufstand dem Panslavismus der Boden entzogen wurde. An Stelle der unbedingten Herrschaft der sozialistisch-panslavistischen Ideen trat die Vorstellung von der politischen Notwendigkeit der russischen Staatseinheit. Der Hauptvertreter des absolutistischen Standpunkts des „russischen Staatsgedankens" war Michael Katków. Nicht die große slavische Völkerfamilie, sondern der russische Einheitsstaat ist ihm heilig. Nicht auf der Rasse, sondern auf der gemeinsamen Staatszugehörigkeit basiere der Staatsgedanke. Symbol der Nationalität sei die Sprache.[3])

---

[1]) Vgl. J. Eckardt, Jungrussisch und Altlivländisch. Leipzig 1871. S. 22.

[2]) Vgl. „Balt. Monatsschrift" Bd. X 1864. S. 235 f. u. Bd. XI 1865. S. 35 ff. u. 349.

[3]) Vgl. „Balt. Monatsschrift" IX 1864. S. 474 f., 482; X 1864. S. 355; XIII 1866. S. 366; XIV 1866. S. 170. Der Gedanke ist nicht neu. Schon

Der Teil der Slavophilen, der nicht absolut sozialistischen Tendenzen, oder wie man nach dem Vorgang Turgenjews in Rußland sagte, dem Nihilismus huldigte, schloß sich der Katkówschen Partei an, mit der ihn der gemeinsame Haß gegen das Deutschtum verband. Sein Hauptorgan, der von Iwan Aksákow und Juri Ssamárin redigierte „Denj", verband sich mit Katkóws Moskówskija Wjedomosti" („Moskauer Nachrichten") zu gemeinsamem Sturmlauf wider die Ostseeprovinzen. „Wenn es eure Aufgabe ist" — so apostrophiert Katków 1864 die Balten — „die Letten und Esten womöglich zu germanisieren, so ist es die unsrige, euch samt Letten und Esten zu russifizieren." [1])

Also nicht exportieren soll man die Deutschen, wie Herzen es verlangte,[2]) sondern den Russen assimilieren. Dieses sei umso notwendiger, als die Balten gleich den Finnländern separatistischen Neigungen huldigten.[3])

Dagegen verlangten die slavophilen Demokraten einfach die Unterdrückung der Deutschen als eines aristokratischen Elementes. Die Letten, so deklamierte 1862 der „Denj", würden von den Deutschen gehindert, sich in die Zahl der gebildeten Nationen einzureihen — der „Denj" würde sich glücklich schätzen, wenn er in etwas dazu beitragen könnte, das lettische Volk von dem „Joche der Deutschen zu befreien."[4])

1824 hat ein gewisser Ph. J. Lälikow in Reval die Notwendigkeit der russischen Reichssprache proklamiert. Vgl. J. v. Sivers, Humanität und Nationalität. Berlin 1869. S. 44.

[1]) „Moskówskija Wjadomosti" 1864. Nr. 97.

[2]) Im „Kolokol". Vgl. „Balt. Monatsschrift" IX 1861. S. 479.

[3]) Ebenda X 1864. S. 353, 452, 529.

[4]) „Denj" 1862. Nr. 50. Vgl. (Buchholtz) Fünfzig Jahre russischer Verwaltung in den baltischen Provinzen. Leipzig 1883. S. 250 und „Balt. Monatsschrift" VI 1862. S. 589.

Was also Katków im Namen der Staatseinheit verlangte, das verlangten die Slavophilen im Namen der demokratischen Idee. In ihren praktischen Zielen begegneten sich beide Parteien: das deutsche Element sollte unschädlich gemacht werden.

Die Regierung geriet sehr bald in vollständige Abhängigkeit von dieser demokratisch-nationalen Koalition. Wir wissen aus den Aufzeichnungen des Grafen D. N. Tolstoi, daß damals in der Petersburger Zentrale eine Beamtenliga herrschte, an deren Spitze der gewesene Minister Nikolai Miljútin stand. „Diese Beamten", schreibt Tolstoi, „regierten das Reich nicht selten ohne Vorwissen der Minister, die sie mit unbedeutenden Arbeiten überhäuften und denen sie sozusagen im Fluge Unterschriften entrissen, welche ihren Zwecken entsprachen. — Den in allen von ihnen geplanten Reformen herrschenden Geist könnte man einen anarchischen nennen, wenn sie gewagt hätten, ihn zu deutlicherem Ausdruck zu bringen."[1]) Diesem Einfluß konnten sich auch die europäisch gesinnten Minister, wie z. B. Walújew nicht entziehen, zumal die nationale Richtung auch in der kaiserlichen Familie Unterstützung fand. Besonders der Großfürst Konstantin Nikolajewitsch zeichnete sich durch Deutschenhaß aus. Auf einer Kommissionssitzung vom 22. Dezember 1865, welcher der Großfürst präsidierte, äußerte sich sein Deutschenhaß in schärfster Form; mit dürren Worten erklärte er es für geboten, in Livland „das deutsche Element durch das nationale zu ersticken."[2])

Was Kaiser Alexander II. selbst betrifft, so konnte sein schwacher und schwankender Charakter der herrschenden Strömung keinen Widerstand entgegensetzen, um so weniger, als die

---

[1]) „Rußkij Archiv" Mai 1885. Vgl. „Balt. Monatsschrift" XXXVII 1890. S. 235.

[2]) Vgl. R. Baron Stael, Fürst Paul Lieven als Landmarschall von Livland. Riga 1906. S. 164.

Eitelkeit und die liberalen Velleitäten des „Zar-Befreiers" in geschickter Weise sowohl von den Nationalisten als auch von den Slavophilen ausgenutzt wurden. Wie wenig Alexander II. imstande war, sich der Bevormundung dieser Richtung zu entziehen, beweist seine Stellungnahme zu der Frage der Gewissensfreiheit in den Ostseeprovinzen, die wir im ersten Teil dieser Untersuchungen gekennzeichnet haben.[1]) Nur in einer Beziehung widerstand der Kaiser: der unermüdlich besonders von Katków und Ssamárin und von der durch sie inspirierten Presse wider die Balten erhobene Vorwurf des Separatismus, der sich bis zur Anklage auf Landesverrat steigerte, fand bei der loyalen Gesinnung Alexanders keinen Widerhall.

In den stärksten Ausdrücken verurteilte der Kaiser die Hetzereien der russischen nationalen Presse. „Je comprends parfaitement", sagte er am 12. Oktober 1867 den Vertretern der baltischen Ritterschaften, „que vous soyez blessés par les menées de la presse. Aussi ai-je toujours blamé, moi, cette presse infame, qui, au lieu de nous unir, tache de nous desunir. Je crache sur cette presse, qui voudrait vous mettre sur la même ligne avec les Polonais. J'estime votre nationalité et j'en serais fier comme vous."[2])

Trotz der hier dokumentierten unzweifelhaften Sympathie für seine loyalsten Untertanen konnte der Kaiser den gegen sie entfesselten Sturm nicht aufhalten. Es ist das bezeichnend für den Grad der Abhängigkeit von der öffentlichen Meinung Rußlands, in welcher sich die Regierung Alexanders II. befand. Und diese verlangte leidenschaftlich daß, nachdem die Polen ihre Sonderstellung verloren, auch in den Ostseeprovinzen

---

[1]) Vgl. Teil I S. 80 f.

[2]) Vgl. Ernst von der Brüggen, Das heutige Rußland. 1902. S. 15.

tabula rasa gemacht würde. Das Programm dieser Politik ist niedergelegt in Juri Ssamárins Buch „Die Grenzmarken Rußlands", das von der russischen Intelligenz mit Begeisterung aufgenommen und trotz seiner handgreiflichen Einseitigkeit und objektiven Unwahrheit als eine Offenbarung der Schädlichkeit und Gefährlichkeit des deutschen Elements im Ostseegebiet angesehen wurde.

Dieses also war die politische Konstellation in Rußland, welche in den baltischen Provinzen den nationalen Hader entfachte.

2. Erste Periode.

Bis zur Gründung des Lettischen Vereins (1868).

Wir haben im ersten Teile dieser Untersuchungen mehrfach die Frage der geistigen Kultur der indigenen Bevölkerung der Ostseeprovinzen gestreift.

Wir haben gesehen, daß aus verschiedenen Gründen eine Germanisierung der Letten und Esten nicht stattgefunden hatte, daß im Gegenteil die deutsche Intelligenz und in erster Linie die lutherische Pastorenschaft sich die Pflege des undeutschen Volkstumes angelegen sein ließ. Die stattliche Reihe der Publikationen, welche die lettisch-literarische Gesellschaft in Riga und Mitau und die gelehrte estnische Gesellschaft in Dorpat herausgegeben hat, ist ein unvergängliches Denkmal deutscher Fürsorge für die Entwicklung der lettischen und estnischen Sprachen,

²) „Okrainy Rossii". Erste Serie: „Rússkoje Baltiskoje Pomórje" (Das russische Ostseeküstengebiet). Prag 1868. Deutsch: Juri Ssamárins, Anklage gegen die Ostseeprovinzen Rußlands. Übersetzt und kommentiert von J. Eckardt. Leipzig 1869. Die nächsten fünf Serien des Ssamárinschen Buches folgten in den Jahren 1868—1876. Von den zahlreichen Entgegnungen sei hier das markige Buch von C. Schirren, „Livländische Antwort an Herrn Juri Ssamárin", Leipzig 1869, hervorgehoben.

für das Bestreben, diesen Nationen die Liebe zu ihrem Volkstum einzuflößen. Unter den Männern, die unermüdlich in dieser Richtung tätig waren, finden sich neben den Abkömmlingen alter deutscher Pastorengeschlechter nicht wenige germanisierte Letten und Esten, die, ohne ihre undeutsche Herkunft zu verleugnen, doch vollständig in die deutsche Kultur aufgegangen waren. Einig in denselben kulturellen Zielen, arbeiteten alle diese Männer Schulter an Schulter für die gemeinsame Heimat.

Als in den fünfziger Jahren die Lehre von den Rassengegensätzen aufs Tapet kam, bildete sich unter den in Dorpat studierenden Letten ein „engerer Kreis", der sich zur Aufgabe machte, „das lettische Volk aus der geistigen Finsternis zu reißen". Unter den Stiftern sind Woldemar, Allunan, Bárons, Júrjan und Kalning zu nennen. Aber weder diese noch andere spätere Führer der „Jungletten", und „Jungesten", wie diese neuen nationalistischen Richtungen alsbald benannt wurden, ragten geistig über das Mittelmaß empor. Nur in ihrem kritiklosen Hasse gegen das Deutschtum sind sie hervorragend. Als Organ der „Jungletten" wurde 1856 in Riga das Wochenblatt „Mahjas weesis" („Hausgast") gegründet, dessen Tätigkeit sich dahin richtete, das lettische Volk von der Vormundschaft der Deutschen, besonders der Geistlichkeit, zu befreien, die zu diesem Zwecke verdächtigt und mit Invektiven überschüttet wurden. Sehr bald aber genügte weder die lockere Kristallisation der junglettischen Gruppe noch der zahme „Mahjas weesis" dem Tätigkeitsdrange der Nationalisten. In diese Zeit fällt das Bündnis der russischen demokratisch-nationalen Partei mit den baltischen Nationalisten. Diese wurden dazu ausersehen, im beginnenden Kampf dem verhaßten Deutschtum in den Rücken zu fallen. Unter der Protektion des Großfürsten Konstantin gründete Woldemar 1862 in Petersburg die Zeitung „Peterburgas Awises" („Petersburger Zeitung"). Nichts charakterisiert die

Stellung dieses Hetzblattes schlimmster Art zu den herrschenden Regierungskreisen so sehr, als der Umstand, daß sein Redakteur gleichzeitig Zensor des Blattes wurde. Und das bei den geradezu orientalischen Zensurverhältnissen jener Zeit! Es begann denn auch unter dem wohlwollenden Auge der Regierung eine zersetzende und niederreißende Tätigkeit dieses Blattes ohnegleichen. Systematisch wurde Mißtrauen gegen die Deutschen gepredigt, die den Letten und Esten ihr Land geraubt hätten und sie nun durch die Geistlichkeit absichtlich in geistiger Finsternis erhielten, um sie besser knechten zu können. Systematisch wurde das Rechtsbewußtsein untergraben, indem die begehrlichen Instinkte der Masse angestachelt wurden. Systematisch wurde nach bewährter sozialistischer Methode Religion und Glauben in den Schmutz gezogen.

Die Folgen dieser Tätigkeit traten sehr bald zutage. Eine weitgehende Erregung zeigte sich unter dem Landvolk, bei dem sich der Glauben festsetzte, die mit der eben stattgefundenen Aufhebung der Leibeigenschaft in Rußland verbundene Zuteilung von Land gegen Jahreszahlungen müßte nun auch in Livland stattfinden, würde aber von den Gutsherren hintertrieben. Der Generalgouverneur berichtete hierüber nach Petersburg und verlangte, daß die lettische „Petersburger Zeitung" wie alle übrigen Zeitungen, die für die baltischen Provinzen schrieben, seiner Zensur unterstellt werde. Sonst könne er sich nicht für die Aufrechterhaltung der Ruhe unter den Letten verbürgen. Diese Forderung mußte trotz des Widerstandes des Kultusministers Golownin und trotz des Geschreies der slavophilen Presse erfüllt werden.

Woldemar war nun genötigt, zu anderen Agitationsmitteln zu greifen. Die von der Zensur kassierten Artikel wurden vervielfältigt und in großen Massen im geheimen verbreitet. Sie fanden um so mehr Anklang, als allgemein geglaubt wurde, die „Peterburgas Awises" seien von allerhöchster Seite inspiriert.

Im Frühling 1863 schien der Boden genügend vorbereitet, um eine Agitation an Ort und Stelle vorzunehmen. Die infolge der Insurrektion in Litauen vorgenommene Umgestaltung der Agrarverhältnisse bot den erwünschten Anlaß, die Bauern Livlands und Kurlands zur Eingabe von Klagen über die Bedrückung durch die Barone und von Bittschriften um Landzuteilung aufzuhetzen. Neben C. Woldemar machte sich ein gewisser K. Bésbardis [1]) in dieser Richtung bemerkbar. An mehreren Orten in Livland (Aahof) und in Kurland (Grenzhof) kam es zu Unruhen, die das Einschreiten von Militär erforderten, jedoch schnell und unblutig verliefen, sobald die verhetzten Bauern bemerkten, daß die Regierung Ernst machte. Bei den Unruhen in Grenzhof hatte, wie durch die Untersuchung erwiesen wurde, der Schriftsteller Bésbardis die Hand im Spiele gehabt.[2])

Im Februar 1864 berichtet der kurländische Zivilgouverneur v. Brevern [3]) eingehend über die Verschwörung der Vereinigung „Jung-Lettland" und ihrer Häupter. Er schildert deren destruktive Tätigkeit und weist auf die Kniffe hin, deren sie sich bedienen, um ihre Absichten zu verschleiern, insbesondere, wie sie es verständen, den Anschein der Loyalität zu erwecken,

---

[1]) Von Bésbardis sagt C. Woldemar, er sei besonders für die lettisch-russische Verbrüderung eingetreten. Er — Woldemar — sei ihm und einigen anderen lettischen Literaten zu lau und nicht radikal genug. (Die Lettenauswanderung nach Nowgorod usw. Bautzen 1867. S. 28 f.).

[2]) Vgl. (A. Buchholtz) Fünfzig Jahre russischer Verwaltung, a. a. O. S. 255 f.

[3]) Über den Nikolaus I. urteilte: „Ich kenne ihn lange und achte ihn als ausgezeichneten Menschen." „Balt. Monatsschrift" Bd. LV. 1903, S. 454.

während sie tatsächlich staatsfeindliche Tendenzen hätten.[1]) „Sie treiben," so schreibt der Gouverneur, „bewußt oder unbewußt in einer sozialdemokratischen Strömung, bei welcher die angebliche nationale Unterdrückung nur als Aushängeschild dient, um aus dem modernen Nationalitätsschwindel auch für sich einen Vorteil zu ziehen."

Im Dondangenschen Gebiete an der Nordspitze Kurlands, wo C. Woldemar persönlich gewirkt hatte, gärte es unter den an und für sich unruhigen Bauern. Folgende Ansichten, heißt es im Berichte des Zivilgouverneurs, hört man unter den Bauern:

„Solange man uns kein Land zum Eigentum gibt, besitzen wir kein Vaterland und haben daher auch keinen Grund, Rekruten zu stellen.

Wir begreifen, daß zum Erwerb von Land an diejenigen Gutsherren, welche ihre Güter selbst gekauft haben, Zahlung geleistet werden muß, die Ländereien von Majoraten (d. h. in casu in Dondangen) aber müssen unentgeltlich unter die Bauern verteilt werden.

Unsere Brandstiftungen in den Forsten unseres Gutsherrn erweisen sich als ungenügend; man muß auch seine Felder und Gebäude vernichten.

---

[1]) So gibt z. B. der lettische Schriftsteller G. Allunan folgende Anweisung, wie die Zensur zu behandeln sei: „Vor allen Dingen muß schon in der Vorrede die russische Regierung herausgestrichen und darauf aufmerksam gemacht werden, daß alles, was in alter, mittlerer und neuerer Zeit Kommunisten und Demokraten angestrebt, der hochweise Monarch seinen treuen Völkern von selbst aus seinem humanen Antriebe gibt." Vgl. (A. Buchholtz) Fünfzig Jahre usw., a. a. O. S. 256. Dieselbe Taktik findet sich in einer etwa 1871 erschienenen lettischen Proklamation, abgedruckt bei C. Baron Krüdener, Die Privilegien Livlands. Berlin 1872. S. 35.

Einst ist der Adel unter Blutvergießen zu uns gekommen, deshalb müssen wir uns jetzt auch mit Blut seiner entledigen."

Lauter Grundsätze, die 42 Jahre darauf Aljádin in der Reichsduma hätte äußern können!

Die von der Presse geschürte Begehrlichkeit der Bauern nach dem Herrenlande fand einen neuen Boden in dem Beschluß des livländischen Landtages von 1864, die Frone aufzuheben.[1]) Nun hieß es, auch in Livland würden die Gutsherren, ob sie wollten oder nicht, das Land den Bauern abtreten müssen. Im Pernau-Fellinschen Kreise weigerten sich in einzelnen Gegenden die Pächter, ihre Pacht zu bezahlen, da das Land ihnen ohnehin zufallen müsse. Unter den Hauptagitatoren finden sich allenthalben die Popen. Wir haben an anderer Stelle die griechisch-orthodoxe Propaganda des Jahres 1864 geschildert, die in der berüchtigten Visitationsreise des Erzbischofs Platon ihren Höhepunkt fand.[2]) Diesem fanatischen Priester war jedes Mittel, die Gemüter zu erregen, recht. Nicht die vom Flügeladjutanten Brobinski angeblich aufgedeckte betrügerische Propaganda, so log er, sondern die traurigen wirtschaftlichen Verhältnisse in Livland seien an den Wirren schuld. Es entsprach daher seinem Schlachtplan, überall Unzufriedenheit mit den bestehenden Zuständen zu erregen, Wünsche zu entflammen, die Begehrlichkeit der Besitzlosen anzustacheln. Der Takkerortsche Pope Wertohstenski fordert im Sommer 1864 von der Kanzel die Bauern auf, Klagen über ihre Gutsherren beim orthodoxen Propste in Pernau vorzubringen, „es sei endlich die Zeit gekommen, wo das Eisen schmiedbar sei."[3]) Die

---

[1]) Siehe Teil I, S. 39.

[2]) Siehe Teil I, S. 80 ff.

[3]) Protokoll des Gemeindegerichts zu Uhla vom 19. Juni 1864. Der Generalgouverneur richtete, nachdem die polizeiliche Untersuchung den Tatbestand festgestellt hatte, am 8. Aug. 1864 sub Nr. 4048 an den Erz-

Wühlereien dauerten auch in den nächsten Jahren fort. Die Regierung tat alles, was ihnen Vorschub leisten konnte. Durch Senatsukas vom 3. Februar 1866, Nr. 273, wurde der Student Peter Petersohn, einer der Hauptwühler, freigesprochen und gleichzeitig, in direktem Widerspruch zu den Bestimmungen der Bauernverordnung von 1860 (Art. 222 u. 259 b), den Gliedern einer Bauerngemeinde ein Näherrecht beim Kaufe eines in der Gemeinde belegenen Grundstückes erteilt.

Seit Mitte 1866 nahm die Bewegung einen immer mehr sozialistischen Charakter an. Die hier und da vorgenommene Parzellierung von Domänengütern zugunsten orthodoxer Landarbeiter ließ die Hoffnung auf unentgeltliche Zuteilung gutsherrlichen Landes nicht einschlafen. Am 13. April 1869 bemächtigten sich 125 Lostreiber (Tagelöhner) und 16 Urlauber mit Gewalt der Felder des Domänengutes Wolmarshof bei Fellin. Die Verteilung des Landes, so behaupteten sie, sei ihnen aus Petersburg versprochen worden, sie könnten nicht mehr länger warten.[1])

Ähnliche Erscheinungen zeigten sich während des Sommers 1869 im Dorptschen Kreise, wo seit 1867 der Ringensche Pope agitierte[2]), und im Werroschen Kreise. Überall verlangten die aufgehetzten Bauern nach Zuteilung von „Seelenland", wie das in Rußland geschehen sei.

Als nun aber nirgends die erträumte Landverteilung verwirklicht wurde, trat eine Ernüchterung ein, die Bevölkerung jener Gegenden beruhigte sich und die Bewegung, die sich

---

bischof die Forderung, seinerseits eine strenge Untersuchung wider Wertoystenski einzuleiten. Dieses geschah nicht und der Fall geriet durch den Wechsel im Amt des Generalgouverneurs in Vergessenheit.

[1]) Akten des Fellinschen Ordnungsgerichts 1869.

[2]) Bericht des Dörptschen Ordnungsrichters vom 28. Juli 1869. Nr. 6190.

immer nur auf einzelne Teile des Landes erstreckte, den lettischen Teil Livlands z. B. nur in ganz geringem Maße ergriffen hatte, schlief ganz ein.

3. Zweite Periode.

Von der Gründung des Lettischen Vereins bis zur Manasseïnschen Revision (1868—1882).

Während dieser von außen hineingetragene Versuch, Agrarunruhen zu erregen und dadurch dem Beamten- und Popentum Anlaß zu nachhaltigen Eingriffen zu geben, aus Mangel an Nährstoff allmählich verglimmte, blieb die Partei der Jungletten und Jungesten nicht untätig.

Die Mitte der sechziger Jahre bedeutet für die Geschichte der Letten und Esten einen Wendepunkt. Die Regulierung des gutsherrlich-bäuerlichen Verhältnisses, die Aufhebung der Frone und der Übergang zur Geldpacht und zum Grundeigentum führten zu einer stetigen Hebung des Wohlstandes der bäuerlichen Bevölkerung und damit im Zusammenhang zu einer Erhöhung des Bildungs- und Kulturbedürfnisses. Gleichzeitig bewirkte die neue, durch die Landgemeindeordnung von 1866 geschaffene Verfassung der Landgemeinden mit ihrem autonomen Charakter eine Hebung des bäuerlichen Standesgefühls, das sich bei der im lettischen Volkscharakter liegenden Eitelkeit nicht selten zu übertriebenem Nationaldünkel auswuchs.[1])

In dem Maße, als diese Entwicklung vor sich ging, wurden die Bedingungen für nationale Emanzipationsbestrebungen immer günstiger.

Bisher hatte eine kleine, ziemlich radikale Gruppe im engen Anschluß an die russischen Slavophilen den Kampf gegen das

[1]) Vgl. hierzu: Dr. A. Bielenstein, Ein glückliches Leben. Riga 1904. S. 406, und „Balt. Monatsschrift" Bd. XXXI. 1881. S. 489.

Deutschtum mit einigermaßen offenem Visier geführt; jetzt, nach dem finanziellen und moralischen Zusammenbruch ihrer Führer Woldemar und Bésbardis, [1]) änderte sich die Taktik. Die junglettische Partei sah ein, daß es zu früh sei, in der bisherigen Weise in den Kampf einzugreifen, daß es notwendig sei, die ganze Partei auf eine breitere Basis zu stellen. Die große Masse des Volkes war für die nationalistische Idee noch nicht reif. Zwar barg der wachsende Wohlstand der ackerbautreibenden Bevölkerung in sich den Keim zu einer sozialen Evolution, doch mußte seine unmittelbare Folge Zufriedenheit mit der augenblicklichen Lage sein. Waren die bekannten Agitationsmittel: der Hinweis auf die glückliche Lage der benachbarten russischen Bauern, der Lobgesang auf das „warme Land" hinten in Saratow und Ufa einmal als Schwindel erkannt worden, so verfing das Märchen vom Länderraub, den die blutgierigen Deutschen einst an den in Freiheit und idyllischem Frieden lebenden Letten und Esten verübt hatten, nicht genügend, um den offenen Klassen- und Rassenkampf zu entfesseln. Hierzu bedurfte es der sorgfältigen Vorbereitung des Bodens, einer zielbewußten Propaganda. Die wichtigste Rolle hierbei fiel dem 1868 gegründeten „Lettischen Verein" in Riga zu. Bereits zwei Jahre nach seiner Gründung sehen wir den Lettischen Verein als den Mittelpunkt der deutschfeindlichen Agitation.

---

[1]) Hierüber vgl. (A. Buchholtz) Fünfzig Jahre russischer Verwaltung, a. a. O. S. 252 ff. Bezeichnend für den Wechsel der Taktik ist der Unterschied zwischen den Schriften C. Woldemars (Baltische Bauernzustände 1862. Vaterländisches usw. 1871), der noch im wesentlichen den leidenschaftlich-romantischen Standpunkt Garlieb Merkels einnahm, und z. B. Otto Kronwalds (Nationale Bestrebungen 1872), der für die Berechtigung einer lettischen Zivilisation eintrat, die ja in den siebziger Jahren auch von vielen Deutschen anerkannt wurde.

Im Jahre 1870 hatte die Livländische Gouvernementsregierung Gelegenheit, sich eingehend mit der Tätigkeit des Lettischen Vereins zu befassen.

Der Livländische Landtag von 1870 hatte nämlich beschlossen, Kaiser Alexander II. eine Supplik zu überreichen, die einen Protest wider die Nichtachtung der Livländischen Verfassung und der vom Kaiser 1856 bestätigten Landesprivilegien enthielt.[1]) Die junglettische Partei erklärte, es müsse eine Gegensupplik der Letten eingereicht werden, die um Aufhebung der alten Verfassung und Einführung der russischen Semstwo-Institutionen und Justizwesens bäte. Es begann nun eine eifrige Agitation für diese Gegensupplik auf dem flachen Lande. Der Zeitpunkt hierzu war nicht sehr günstig, denn derselbe Landtag von 1870 hatte völlig freiwillig den ersten Schritt zur Heranziehung der Landessteuern zahlenden Bauern zur gemeinsamen Selbstverwaltung mit den Großgrundbesitzern getan, indem er eine neue Kirchspielsordnung geschaffen hatte, durch welche Bauern und Großgrundbesitzer paritätisch bei der Selbstverwaltung des Kirchspiels beteiligt wurden.

Der Landtag hatte hierdurch seine Absicht kundgetan, den organischen Ausbau der Verfassung, um deren Anerkennung er sich an den Souverän gewandt hatte, selbst in Angriff zu nehmen.

Es mußte also der ganze Apparat von Lügen und Entstellungen, der den „Volksführern" zu Gebote zu stehen pflegt, in Bewegung gesetzt werden, um möglichst zahlreiche Unterschriften für die Gegensupplik zu sammeln.

Durch die Gendarmerie in Riga wurde festgestellt, daß der Gedanke der Gegensupplik im „Lettischen Verein" gefaßt, die

[1]) Abgedruckt in Schultheß' Europäischem Geschichtskalender von 1870, S. 465 ff. Vgl. dazu „Balt. Monatsschrift" Bd. XLIX. 1900. S. 239.

Einsammlung von Unterschriften von seinen Emissären in Szene gesetzt worden war.[1])

„In letzter Zeit," schreibt der Livländische Gouverneur am 28. August 1870[2]) über den Lettischen Verein, „ist dieser Klub zum Herd aller unruhigen und unzufriedenen lettischen Elemente geworden, die in allen Gegenden des lettischen Distrikts mit ihm in Verbindung stehen und von ihm äußerst schädliche Weisungen erhalten." Er — der Gouverneur — würde am liebsten den Klub ganz schließen, wage es aber nicht, da ein solcher Schritt zweifellos zahlreiche Klagen nach sich ziehen würde, die „möglicherweise zur Wiedereröffnung des Klubs auf Anordnung der höheren Staatsgewalt (!!) führen könnten," was seiner — des Gouverneurs — Autorität schaden müßte.

Trotzdem der Gouverneur wiederholt[3]) die Schließung des Lettischen Vereins und die Strafversetzung seines Präses, des Kameralhofsbeamten Hofrats Dihrik beantragte und sich dabei auf einen eingehenden, sehr ungünstigen Bericht der Gendarmerieverwaltung stützte, blieb der Lettische Verein infolge der ablehnenden Haltung des Generalgouverneurs Albedinsky unbehelligt.

Dem sehr interessanten geheimen Berichte des Chefs der Gendarmerie in Riga vom 20. Oktober 1870[4]) entnehmen wir

---

[1]) Geheime Berichte des Chefs der Livländischen Gendarmerieverwaltung an den Baltischen Generalgouverneur vom 18. Juli 1870, Nr. 196, und 18. Dez. 1870, Nr. 404.

[2]) Vertrauliche Schreiben des Livländischen Zivilgouverneurs Lysander sub Nr. 184 an den Baltischen Generalgouverneur und sub Nr. 1885 an den Minister des Innern.

[3]) Z. B. in seinem Bericht an den Minister des Innern vom 12. Sept. 1870, Nr. 219.

[4]) An den Livländischen Gouverneur sub Nr. 314 und den Baltischen Generalgouverneur sub Nr. 316.

folgende Streiflichter auf die Rolle, die der Lettische Verein in der junglettischen Bewegung spielte.

Der Bericht weist darauf hin, daß in den zwei Jahren vor Gründung des lettischen Vereins (1866—68) die Agitation des Junglettentums (юнаго латыщества) aufgehört hätte und die Beziehungen zwischen der bäuerlichen Bevölkerung und den Großgrundbesitzern sich infolgedessen verbessert hätten; man könnte sich der berechtigten Hoffnung hingeben, daß sich bei Einigkeit und gegenseitigem Vertrauen die inneren Zustände glücklich entwickeln würden. „Mit der Eröffnung des Lettischen Klubs wurde allen Bemühungen der letzten zwei Jahre ein plötzliches Ende bereitet; langsam aber unaufhaltsam führte der Einfluß des Klubs die Letten zurück zu den früheren Überlieferungen, indem er die kaum beruhigten Leidenschaften wieder erweckte und gegenwärtig offenbaren sich bei der Mehrheit der Letten der frühere Haß wider die Deutschen und die verschiedensten nationalen Emanzipationsgelüste." Die Bestrebungen der Führer des Lettischen Vereins, Dihrik, Baumann, Weinberg und Schönberg, führten zur Beunruhigung des Volkes und entwickelten in ihm einen ungeheuren Dünkel. Hierzu trage auch bei, daß der Verein „statt Schulung und Bildung unter den Letten zu befördern, sie durch Bälle und Theateraufführungen belustigt und ihnen Gelegenheit gibt, ihre Zeit mit Trinkgelagen im Klub zu verbringen," die sich später außerhalb des Klubs fortsetzten und zu Ausschweifungen aller Art führten. „Eine derart künstlich erzeugte Vergnügungssucht ist bei einem Volke wie die Letten, die bisher eine einseitig religiös-moralische Erziehung genossen haben, von besonders schlimmer Wirkung. Was das Streben nach Selbstverwaltung betrifft, so ist in Betracht zu ziehen, daß das lettische Volk erst kürzlich durch das Wohlwollen der Regierung von der Vormundschaft der Gutsbesitzer befreit worden ist;[1]) es muß der Initiative der Regierung überlassen bleiben, wann es zur weiteren Selbstverwaltung, die eine besondere Vorbildung erheischt, herangezogen werden kann. Im übrigen muß zur Ehre unserer Rittergutsbesitzer auf die vorhandene wirtschaftliche Selbständigkeit der Bauern hingewiesen werden, wodurch die Gutsbesitzer selbst sich veranlaßt sahen, die Erweiterung der Rechte der Bauern in der Kirchspielsversammlung zu erwirken.[2]) Auch unterliegt es keinem Zweifel, daß die Ritterschaft nach Maßgabe der Zunahme der bäuerlichen Grundeigentümer um weitere Heranziehung der Bauern zur Teilnahme an der Selbstverwaltung nachsuchen wird."[3])

Diese auffallend sachliche Darstellung der innern politischen Verhältnisse fand ebensowenig Anklang als die wiederholten Hinweise auf die Schädlichkeit des Lettischen Vereins und dessen Führer, deren Tätigkeit nach dem Ausdruck des Gouverneurs „eine immer frechere und dreistere" Form annahm.[4])

Es kann wohl keinem Zweifel unterliegen, daß das Junglettentum durch hohe Gönner geschützt wurde. Darauf weist der obenerwähnte Passus in dem Schreiben des Gouverneurs vom 28. August 1870 über die Möglichkeit der Wiedereröffnung des von ihm geschlossenen Vereins durch die „höhere Staatsgewalt", darauf weist ein Artikel in der „Nordischen Presse" vom 20. Januar 1871 (Nr. 8), der, wie sich der russische Advokat Spassowitsch ausdrückte, „eine deutliche Anspielung darauf enthält, daß die Adresse (der Letten 1870)

---

[1]) NB.! Durch die Landgemeindeordnung von 1866.

[2]) Landtagsschluß von 1870. Vgl. oben S. 19.

[3]) Dieses geschah Anfang der achtziger Jahre. Das Projekt einer Kreis- und Kirchspielsordnung von 1885 wurde jedoch nicht bestätigt. Siehe Teil I, S. 17.

[4]) Schreiben an den Generalgouverneur vom 23. Dezember 1870, Nr. 294.

nicht freiwillig verfaßt worden ist, sondern daß eine unsichtbare Hand in Petersburg und Moskau diese Angelegenheit leitete"[1]), darauf weisen endlich noch andere Umstände, auf die wir im Laufe der späteren Darstellung noch zu sprechen kommen werden.

Wir werden sehen, daß der Lettische Verein, dessen schädlicher Einfluß auf die Volksseele von Tag zu Tag wuchs, in den Jahren der energischen Russifizierung Liebkind der Administration war und als vornehmster Sturmbock gegen das Deutschtum benutzt wurde. Unter dem schützenden Dach des Lettischen Vereins, der im Volksmunde „das Mütterchen" (mahmulina) genannt wurde, wuchsen in den siebziger und achtziger Jahren nationale Vereine in Livland und Kurland wie die Pilze empor unter den verschiedensten Bezeichnungen: landwirtschaftliche, gesellige, Gesangs-, Versicherungs-, Bienenzucht-Vereine, Leih-, Spar- und Sterbekassen usw. usw.[2])

Dieselbe Erscheinung zeigt sich im estnischen Livland und in Estland.

Neben dem Vereinsleben ist es die lettische und estnische Presse, die sich die Pflege der nationalen Bestrebungen angelegen sein läßt. In weniger agressiver Form als die „Peterburgas Awises" verfolgte sie dieselben Ziele wie die

---

[1]) Die Angelegenheit der Lettischen Adresse führte am 29. April 1871 zu einem Preßprozeß, der vom Jungletten C. Woldemar in seinem Buch „Vaterländisches und Gemeinnütziges" I, Moskau 1871, S. 176 ff., in sehr tendenziöser Weise geschildert wird. Woldemar sagt bei Besprechung eines ironischen Artikels in der russischen Moskauer Zeitung (1871, Nr. 58): „Nach der gewöhnlichen Auffassung bilden die Bestrebungen der Letten einen Damm gegen die Germanisierung, durch welche die baltischen Provinzen Rußland entfrembet werden, einen Damm, der allerdings ohne Stütze nicht stark genug ist." Ebenda S. 254.

[2]) Vgl. hierüber die eingehenden Schilderungen in (A. Buchholtz) Fünfzig Jahre, a. a. O. S. 259 ff.

Vereine: die Emanzipation der Letten und Esten von dem wirtschaftlichen, sozialen und politischen Einfluß der Deutschen. Wenn man sich nun fragt: wie verhielt sich die deutsche Bevölkerung zu dieser fieberhaften Tätigkeit der lettischen und estnischen Nationalisten, die in ihren letzten Zielen darauf gerichtet war, die Vorherrschaft des deutschen Elements zu brechen, so findet der Historiker, der nach den zeitgenössischen Äußerungen des Lebens sich sein Urteil bildet, die im ersten Augenblick gewiß überraschende Antwort: ein bedeutender Teil der deutschen herrschenden Klassen empfand nicht die Gefahr, die dem Deutschtum von dieser Seite drohte. Wenn hin und wider bei den langatmigen und geschwollenen Vereinsreden, auf den nationalen Sängerfesten, in den neid- und haßerfüllten Zeitungsartikeln der nationalistische Pferdefuß gar zu deutlich sichtbar wurde, so setzten die meisten Deutschen solches auf das Konto einer kleinen radikalen Gruppe, deren Einfluß auf die große konservative Masse des Volkes gering sei. Dieser Gedankengang ließ zwei Erwägungen außer acht: einmal, daß alle revolutionären Bewegungen von einer — oft geringfügigen — Minorität ausgegangen sind, und dann, daß auch die konservativste Masse durch Erregung ihrer niedrigen Instinkte ins Gegenteil gewandelt werden kann. Liegt doch der Konservativismus einer ackerbautreibenden Bevölkerung in dem instinktiven Festhalten an den bestehenden Verhältnissen, die ihr eine regelmäßige Befriedigung ihrer materiellen Bedürfnisse garantiert. Daher steht der Bauer aller Nationen aus Instinkt jeder Reform feindlich gegenüber. Will man ihn zur Annahme einer neuen Wirtschaftsform bewegen, so bedarf es der handgreiflichen Beweise für deren Nutzen, denn der Bauer ist durch und durch Empiriker und glaubt nur, was er sinnlich wahrnimmt. Die Agrargeschichte aller Länder kennt diese Erscheinung. Es sei, um nur ein Beispiel anzuführen, an die Bauernaufstände in einzelnen Teilen der preußischen Monarchie (z. B. Schlesien) bei Gelegenheit der Einführung des Kartoffelbaues im 18. Jahrhundert erinnert. Kein Bauer nimmt Meliorationen seines Bodens vor, bevor er nicht ihren Nutzen hat feststellen sehen — natürlich durch einen andern Landwirt. Im harten Kampfe mit den Kräften der Natur hat sich im Bauer eine zähe Selbstsucht entwickelt, die fast immer mit einer auf die Scholle gerichteten Habsucht verbunden ist. Die Seele des Bauers ist schollenpflichtig. Um die Scholle leidet der Bauer, erduldet er jede Mühsal, begeht er jedes Verbrechen. Man lese hierüber die feinen Beobachtungen eines Zola, eines W. v. Polenz.[1])

Der Konservativismus des Bauers ist zum großen Teil ein Ausfluß dieser Habsucht. Packt man ihn an dieser Eigenschaft, so kann man ihn leiten, wohin man will. Zur Revolutionierung einer Bauernbevölkerung ist das Versprechen auf Landzuteilung noch stets das sicherste Mittel gewesen. Daher die von der verflossenen Reichsduma verlangte Expropriation alles fiskalischen und gutsherrlichen Bodens zugunsten der Bauern. Ein Bestechungsversuch in noch nie dagewesenem Umfange! Daher gehörte zu den vornehmsten Agitationsmitteln der Nationalisten in den Ostseeprovinzen die immer wieder bald in pseudowissenschaftlicher, bald in legendenhafter Form vorgebrachte Lehre von den deutschen Rittern, die den friedlichen Eingeborenen ihr Land geraubt hätten, woran sich dann mehr oder weniger deutlich die Aufforderung anschloß, das geraubte Land „zurückzunehmen".

Wie sollte der Bauer auf die Dauer dem Zauber dieser Argumentation widerstehen, namentlich wenn ihm der Haß

---

[1]) E. Zola, La terre; W. v. Polenz, Der Büttnerbauer. Berlin 1895. Auch dessen: Der Grabenhäger.

gegen den deutschen Zwingherrn als moralisch berechtigt und die Betätigung des Hasses als eine nationale Tat dargestellt wurde?

Daß die meisten Deutschen an die Hebelkraft der nationalistischen Lehren nicht glaubten, läßt sich psychologisch aus verschiedenen Gründen erklären.

Einmal aus dem Rassehochmut gegenüber dem Letten und Esten, der den deutschen Herrn infolge einer siebenhundertjährigen Herrschaft bei aller wohlwollenden Gesinnung erfüllte. Ihm erschien der „Undeutsche" so inferior, daß er an eine ernstliche Gefahr von dieser Seite nicht glauben konnte; um so weniger als er ihm gegenüber seine Pflicht im vollsten Maße erfüllt zu haben glaubte.

Ferner wehrten sich tiefeingewurzelte Gefühle, die mit der allgemein in deutschen Kreisen herrschenden christlich-idealistischen Weltanschauung im Zusammenhang standen, gegen die Möglichkeit eines innern Nationalitätenkampfes, an den man am liebsten gar nicht glauben wollte. Die Nationalitätsidee galt einerseits für illiberal, für „ungebildet", andererseits für nicht vereinbar mit dem kosmopolitischen Geiste des Christentums. „Es ist offenbar der noch mangelhafte Zivilisationsgrad, der die höheren ethischen Güter nicht recht zu schätzen weiß und sich darum in Naturbestimmtheiten wie Rasse und Sprache herumtreibt," so urteilte 1864 das vornehmste deutsche Organ, die „Baltische Monatsschrift"[1]) über den Nationalismus, und noch 1886 finden wir in dieser Zeitschrift die Äußerung: „Die gegenwärtige Nationalitätsidee ist eine Reaktion gegen das Christentum."[2])

---

[1]) Bd. IX. S. 573.

[2]) Bd. XXXIII. S. 608. Vgl. auch P. F. Luther, Christentum und Volkstum, und P. L. Hörschelmann, Die estnische Alexanderschule und die Pastoren, „Balt. Monatsschrift" XXVIII. 1881, F. Luther, Der

Wie sollte das lettische Volk, dessen ganze Kultur ihm von den Deutschen übermittelt worden ist, dazu kommen, sich dem Nationalismus in die Arme zu werfen — so reflektierte der deutsche Landpastor, der sein ganzes Leben der seelischen und geistigen Entwicklung der Letten geweiht hatte. Nein, was hier vor sich geht, ist das berechtigte Bedürfnis, sein Volkstum zu pflegen, es ist die Frucht unserer eigenen Bestrebungen, die wir dem Volke nicht nur eine Literatur, sondern man könnte fast sagen eine Sprache geschaffen haben. Tritt hier und da Chauvinismus zutage, so ist das der ungebärdige Most, der sich klären wird, der böse moderne Zeitgeist, der überwunden werden muß. Uneingedenk des Goetheschen „Wer mag auf Nationen trauen! Man habe noch so viel für sie getan" machte er den gutgläubigen und ehrlichen Versuch, gemeinsam mit dem Letten und Esten deren Volkstum zu fördern, indem er nicht nur wie bisher auf den Gebieten der Sprachenentwicklung und Folklore weiter sich betätigte, sondern auch ihr Vereinsleben teilte. Die eingewurzelte Liebe zum Volke, wie sie sich noch in der Mitte des 19. Jahrhunderts allenthalben namentlich in Predigerkreisen zeigt,[1]) und die nur mit der Elternliebe, der so oft kritiklosen Liebe des Schöpfers für sein Geschöpf sich vergleichen läßt, die damit verbundene Wertschätzung des lettischen Volkstums konnte nicht plötzlich in Mißtrauen und Nichtachtung verwandelt werden. Studiert man die Protokolle und Arbeiten der Lettisch-literarischen Gesellschaft, so erhält man den psychologischen Schlüssel für viele Dinge, die einem sonst unverständlich erscheinen. Diese Männer, die den Titel „Die Lettenfreunde" führten, waren in der Tat die wür-

---

Nationalismus, ein Feind unserer kirchlichen und staatlichen Ordnung „Balt. Monatsschrift", XXIX. 1882.

[1]) Vgl. z. B. „Balt. Monatsschrift" Bd. XXXIV. 1888. S. 778

digen Nachfolger jener baltischen Reformatoren des 16. Jahrhunderts, von denen gesagt worden ist: „Männer deutscher Nationalität, welche den Letten Letten wurden, wie Paulus den Juden ein Jude und den Griechen ein Grieche.“[1]) Das Verhältnis der Lettisch-literarischen Gesellschaft zu dem Lettischen Verein und den Nationalisten hat etwas Rührendes. Mit geradezu biblischer Geduld erträgt die Gesellschaft die mehr oder weniger offenen Anfeindungen der Nationalisten, immer wieder die frechen und rüpelhaften Überfälle vergebend und dem Gedanken des Nationalismus den der Humanität entgegenhaltend.[2])

So edel, so ethisch hoch eine solche Stellungnahme an und für sich sein mag, so wenig entsprach sie den realen Forderungen der Zeit. Auf der einen Seite zielbewußter Angriff bei skrupelloser Wahl der Waffen, auf der andern irenische Abwehr und blinde Vertrauensseligkeit. Man traut kaum seinen Augen, wenn man in den Protokollen der Gesellschaft von 1887[3]) — als über die Tendenzen des lettischen Nationalismus kein Zweifel mehr obwalten konnte — den Bericht über die Förderung der Volksbildung durch den Lettischen Verein liest, der mit folgenden Worten schließt: „Aus allem geht hervor, daß das lettische Volk immer mehr in Wirklichkeit zu einem Volke heranwächst und nicht mehr bloß eine Nation ist (!); es hat die ihm mögliche, und zwar, was wichtig ist, eine selbständig entwickelte Organisation.“ Und wenn von dem lettischen Vereinsleben gesagt wird: „In ihm liegt ein gewisses heilsames

[1]) Magazin d. Lett. litt. Ges. Bd. 18. 1887. S. 240.

[2]) Vgl. Protokolle von 1881. S. 12, 45 ff., 56 ff.; 1887. S. 11 f.; 1888. S. 15 f.; 1889—1890. S. 57; 1894. S. 50, und im allgemeinen: A. Bielenstein, Ein glückliches Leben. 1904. Kap. X.

[3]) S. 22.

Ferment, da es das Volksbewußtsein gehoben hat; auch hat es an seinem Teil mehr geistiges Leben geweckt." [1])

Unterstützt wurde diese Stellungnahme durch die in Literaten- und zum Teil auch Adelskreisen in den sechziger und siebziger Jahren herrschende doktinär-liberale Richtung, die in ihrem leidenschaftlichen Streben nach einer alle Mitbürger umfassenden ausgleichenden Gerechtigkeit dem Schicksal aller doktrinären Parteien anheimfiel, den Blick für die realen Dinge vollständig zu verlieren.[2]) Noch Ende der siebziger Jahre wurde die von einem Teil der Livländischen Ritterschaft angestrebte Reform der Landesverfassung — die Heranziehung bäuerlicher Vertreter zu den Kreistagen — als „Abolition der Rassenprivilegien" bezeichnet, und diese den tatsächlichen Verhältnissen in juristischer und historischer Hinsicht durchaus widersprechende Phrase fand in „liberalen" Kreisen allgemeine Bewunderung.[3])

Bei der unausrottbaren Verwechselung von politischem Liberalismus und kultureller Aufklärung galt es in diesen

---

[1]) Ebenda S. 11. Es muß darauf aufmerksam gemacht werden, daß bereits 1883, also vier Jahre vor diesem Ausspruch, das Buch von A. Buchholtz „Fünfzig Jahre russischer Verwaltung" erschienen war, wo nachdrücklich auf die destruktiven Tendenzen des Vereinslebens hingewiesen wird (S. 259ff.). 1888 wird das Lettische Gesangsfest begrüßt als „ein erfreuliches Zeichen aufstrebender Kultur seitens des lettischen Volkes". Protokoll d. Lett. lit. Ges. 1888. S. 13.

[2]) Vgl. hierzu „Balt. Monatsschrift" IV. 1861. S. 50ff.; XXXI. 1884, S. 607. Es ist hier nicht der Ort, auf diese Strömungen näher einzugehen, die nach einem Ausdruck Adolf Wagners (Preußische Jahrbücher 1867) „unter der Herrschaft des abstrakt-liberalen und politischen Doktrinarismus" standen. Wer sich eine Vorstellung davon machen will, wie diese Richtung die Geschichtsschreibung in den Dienst ihrer Tendenzen stellte, der werfe einen Blick in O. v. Rutenbergs Gesch. d. Ostseeprovinzen. Riga 1855 bis 1860, und (H. v. Samsons) Livländische Rückblicke. Dorpat 1878.

[3]) Vgl. „Balt. Monatsschrift" XXVI. 1879. S. 312.

Kreisen als ein Zeichen der Vorurteilslosigkeit, die nationalen Velleitäten der Bauern nach Kräften zu unterstützen.[1])

Aber auch in den „konservativen" Kreisen fand sich aus den schon oben dargelegten psychologischen Gründen nicht das volle Verständnis für die Gefährlichkeit der nationalistischen Bewegung während der siebziger Jahre des 19. Jahrhunderts.[2]) Von den Pastoren haben wir bereits gesprochen. Auch der konservativ denkende Gutsherr, gewohnt in patriarchalischer Weise mit seinen Pächtern und Hofesleuten Freud und Leid zu teilen, sah in dem zunehmenden Vereinsleben nichts besonders Gefährliches, zumal die Äußerungen dieses Vereinslebens auf dem flachen Lande meist einen bescheidenen Charakter beibehielten. Höchstens schüttelte er mißbilligend den Kopf über den damit verbundenen ökonomischen Leichtsinn.

---

[1]) Da der Bauer, sofern er nicht aufgehetzt ist, ein stark aristokratisches Empfinden besitzt, so kam es bei solchen Gelegenheiten, wo der deutsche Herr nicht in der gewohnten patriarchalischen Weise, sondern als vorurteilsloser und aufgeklärter Volksfreund sich unter das Volk mischte, nicht selten zu den merkwürdigsten Mißverständnissen, die zu recht peinlichen Situationen führen konnten, wenn zufällig bewußte Nationalisten zugegen waren, die solche Mißverständnisse in ihrem Sinne auszunutzen verstanden. Daß aber derartige Vorkommnisse den „Volksfreunden" die Augen öffnen würden, war natürlich nicht zu erwarten.

[2]) Sehr richtig bemerkt G. Brasche: „Es fällt uns leider schwer, ein objektives Urteil über die Bedeutung und Tragweite der nationalen Bewegungen und Bestrebungen unter unseren Autochthonen zu gewinnen. Ausländer urteilen in der Regel unbefangener und scharfblickender als wir. So sah z. B. Professor Virchow, der sich einige Monate zum Zwecke anthropologischer Studien in Livland aufhielt, in den jungestnischen und junglettischen Bestrebungen eine viel ernstere Gefahr für unsern Landesstaat als in der Feindschaft eines Teils der russischen Presse und des russischen Publikums." (Gedanken zur Konsolidierung des Livländischen Landesstaats. Dorpat 1880. S. 76.)

Durchaus zutreffend kennzeichnet ein kurländischer Pastor[1]) die Lage: „Man täusche sich nicht über das Wesen und die Bedeutung der nationalen Vereine in den Städten, deren bedeutendster und wichtigster unbedingt die „latweeschu beedriba" (der Lettische Verein) in Riga ist. Es gibt in ihrer Mitte gewiß genug gemäßigte, besonnene, einsichtsvolle Männer, aber dieselben nehmen durchaus keine dominierende Stellung ein. Nicht für „Abolition der Rassenprivilegien", nicht für gleiche Verteilung von Sonne und Wind beim Kampf ums Dasein sind unsere nationalen Vereine tätig, nicht um Gleichberechtigung kämpfen sie, sondern um Herrschaft. Das Beispiel Finnlands, wo gegenwärtig unter der Begünstigung der Staatsregierung das schwedische Element aus der Stellung, welches es bisher eingenommen, durch das finnische verdrängt wird, wirkt verlockend auf die Führer unterer Nationalen."

Gegen Ende der siebziger Jahre trat der chauvinistische Charakter der nationalen Bewegung bei Letten und Esten immer stärker hervor. Besonders die Presse schlug einen Ton an, der an Deutlichkeit nichts zu wünschen übrig ließ. Unter der lettischen Presse hatten der „Balß" („Die Stimme") und der „Baltijas Semkopis" („Der baltische Ackerbauer") mit seiner satirischen Beilage „Sohbugals" („Spaßvogel") die Führung. Die Richtung war atheistisch-sozialistisch. Neben Verhöhnung der Religion, Beschmähung der Geistlichkeit und des Adels eine geradezu pathologische nationale Eitelkeit und Überhebung. So wird z. B. der 1879 verstorbene lettische „Dichter" Ausseklis alias Michel Krohgsemm verglichen mit Jesum, „dem großen Reformator und glühenden jüdischen Patrioten",[2]) so

---

[1]) G. Brasche a. a. O. S. 60. Vgl. auch „Balt. Monatsschrift" Bd. XXVII. 1880. S. 355 f.

[2]) „Balt. Semkopis" 1879. Nr. 9.

wird von dem 19. Februar, dem Stiftungstag des Lettischen Vereins, gesagt, daß die Zeiten einst kommen würden, wo dieser Tag für die Letten „ein ebensolches Volksfest sein wird wie die olympischen Feste für die alten Griechen, und daß Riga sein wird der Olymp der Letten.“ [1])

Genau in demselben Sinne wirkte in der estnischen Presse die „Sakkala“ [2]) und die „Tartu Eesti Seitung“ („Dorpater Estnische Zeitung“).

Das Jahr 1880 brachte eine Verschärfung der Tendenzen der nationalen Presse. Während noch im Jahre 1879 eine gemäßigte Richtung in der lettischen Presse, vertreten vom „Baltijas wehstnesis“ („Der Baltische Bote“), „Mahjas weesis“ („Der Hausgast“), „Rigas lapa“ („Rigaer Blatt“) usw., existierte, trat 1880 die ganze nationale Presse trotz heftiger, äußerst persönlicher Polemik der Redakteure untereinander, für Bekämpfung des Deutschtums ein. Programmatisch ist, was schon 1879 der „Semkopis“ (Nr. 18) äußerte: „Die Erhaltung deutscher Bildung und deutschen Geistes ist ein Verbrechen am Wohle des ganzen Reiches.“

Bei dieser Hetzarbeit wurde die lettische und estnische Presse auf das wärmste unterstützt von der seit den Demütigungen des Berliner Kongresses in Rußland unumschränkt regierenden slavophilen Partei. Besonders die „Nowoje Wremja“, die gesinnungsloseste aller russischen Zeitungen,[3]) und der „Golos“ („Stimme“) fielen mit aller Macht über die baltischen Deutschen

---

[1]) Ebenda 1879. Nr. 37.

[2]) Vgl. z. B. 1880. Nr. 1 und 7, wo vielfache Parallelen zu „Semkopis“ 1879. Nr. 37 zu finden sind. Über die gleichzeitigen analogen Erscheinungen bei den Esten vgl. „Balt. Monatsschrift“ Bd. XXVII. 1880. S. 587.

[3]) Vgl. das Urteil, das Max Weber über die „Nowoje Wremja“ in seiner Abhandlung „Rußlands Übergang zum Scheinkonstitutionalismus“ (Archiv für Sozialwissenschaft und Sozialpolitik XXIII. 1906. S. 319) fällt.

her, mit Schmähungen und Verdächtigungen, deren ceterum censeo lautete: die deutsche Kultur an der Ostsee hat zu verschwinden. Der Kampf, den die deutsche Landesvertretung gegen diese beständigen Anfeindungen der lettischen, estnischen und russischen Presse führte, war bei dem unverhohlenen Wohlwollen, das die Regierung und das demokratisch-nationale Russentum der Unterdrückung des Deutschtums entgegenbrachten, von vornherein aussichtslos. Als charakteristisch für die Situation mögen hier zwei offizielle Dokumente aus dem Jahre 1881 erwähnt werden. In einem konfidentiellen Befehl der Oberpreßverwaltung an den Zensor in Riga vom 6. April 1881 [1]) heißt es: „Die Reformen der letzten Zeit und besonders die Einführung der Städteordnung im Ostseegebiet mußten dazu führen, in den Letten und Esten das Bewußtsein ihrer nationalen Selbständigkeit wachzurufen und dementsprechend das Bestreben zu zeitigen, sich von dem ihnen fremden, die ganze Ordnung ihres Lebens im Laufe einiger Jahrhunderte in der Person der örtlichen Edelleute und lutherischen Pastoren bedingt habenden deutschen Elemente zu befreien. Als Ziele zur Erreichung dieser Aufgabe erschien bei ihnen der natürliche Wunsch, sich von denjenigen in der bisherigen Geschichte des Landes sich darstellenden lokalen Lebensbedingungen, welche bisher ihr nationales Wachstum gehindert hatten, zu befreien und sich ganz und gar den allgemeinen Lebenseinrichtungen desjenigen Volkes anzuschließen, unter dessen Schutz allein sich auch ihre nationale Entwicklung ruhig vollziehen kann, das ist des russischen Volkes. Daher ihre durchaus unverstellte tiefe Ergebenheit für den Herrn und Kaiser, ihre

[1]) sub Nr. 1435. Vom Minister des Innern bestätigter Beschluß des Konseils der Oberpreßverwaltung. Auch abgedruckt (in extenso) in (Buchholtz) Fünfzig Jahre russischer Verwaltung, a. a. O. S. 382 f.

unverhohlene, bei jeder Gelegenheit sich äußernde Sympathie für uns Russen und das in letzter Zeit in der Volksschulfrage tatsächlich bereits zutage getretene Bestreben, sich den allgemeinen, für das ganze Reich geltenden Gesetzesbestimmungen unterzuordnen. Man kann nicht umhin anzuerkennen, daß solche Regungen mit den Interessen unseres Reiches vollständig übereinstimmen und Unterstützung und Billigung verdienen."

Das zweite Zeugnis für die Stellung des Russentums ist ein Urteil des Petersburger Appellhofes vom 5. August 1881 in einer Klagesache wider die Zeitung „Golos". In Nr. 240 des „Golos" von 1880 stand u. a. folgender Passus: „Wenn die dort (in Riga) hausenden hochgeborenen Nachkommen der berühmten Deutschordensritter bisher niemand den Bauch aufschlitzten, so ist das lediglich deswegen nicht geschehen, weil sich vorläufig hierzu kein Bedürfnis gezeigt hatte und ihr ritterlicher Wille hierzu noch nicht vorhanden war. Ich bin aber der Überzeugung, daß niemand sie an ihrem Recht auch bei dieser gnädigen Beschäftigung hindern würde; im Gegenteil: es wird sich immer irgend jemand, der seine Lebenszeit im Landgericht oder in irgend einem andern Rate zugebracht hat, finden, der aus irgendeinem „Statut" den dafür passenden Artikel herausfinden wird, daß niemand den hochgeborenen Baron daran hindern könne, auf den Bauch eines gewöhnlichen Sterblichen, insbesondere eines Russen, einen Anschlag zu verüben, falls ihm solches belieben sollte. Der menschliche Verstand vermag nicht die unzähligen Rechte aufzuzählen, mit denen die hochberühmten baltischen Ritter geruhen, ausgestattet zu sein." Ferner hieß es in Nr. 324 des „Golos" von 1880, welche Nummer gleichfalls zu den inkriminierten gehörte: „Es gibt keine Schmutzerei, an der nicht ein

Deutscher beteiligt ist. Angefangen von der pornographischen Literatur bis zum Dokumentendiebstahl, von den schmutzigsten Ausschweifungen bis zur äußersten Unduldsamkeit, immer und überall steckt ein Deutscher dahinter." Einen ähnlichen Charakter trugen zwei weitere Artikel des „Golos" (1880, Nr. 289 und 316). Wegen dieser brutalen Verunglimpfung der Deutschen hatte die livländische Landesvertretung wider den „Golos" Klage erhoben. Zu der Klageschrift hatte der Staatsanwalt Lentowski am 27. Juli 1881 folgendes Gutachten abgegeben: „Indem ich finde, daß die zitierten Artikel des „Golos" erstens weder beleidigende und auf Erschütterung des allgemeinen Vertrauens abzielende Äußerungen über die im Ostseegebiet geltenden Gesetze, noch zweitens Provokationen, welche Feindschaft eines Teils des Reiches gegen den andern oder eines Standes wider den andern hervorrufen könnten, noch drittens Äußerungen über eine Amtsperson oder Institution, welche ein böses Wort oder eine Schmährede enthalten, aufweisen, auch in dem Artikel des „Golos" in Nr. 324 von 1880 nichts über die deutsche Bevölkerung speziell der Ostseeprovinzen gesagt worden ist, bin ich der Ansicht, daß die vorstehende Untersuchung niederzuschlagen sei." Diesem Gutachten entsprechend erkannte der Appellhof am 5. August 1881. Eine Kassationsklage wurde abgelehnt, was vom Senat am 12. Februar 1882 anerkannt wurde.

Dieser allem Rechtsgefühl und jeder Gerechtigkeit hohnsprechende Rechtsspruch kennzeichnet zur Genüge die Stimmung, welche in der russischen Gesellschaft gegenüber dem baltischen Deutschtum herrschte und welche in den nächsten Jahren, den Jahren der berüchtigten Manasseïnschen Revision, in brutalster Weise zum Ausdruck kommen sollte.

Im Frühling 1881 schien die vorbereitende Propaganda der Presse und der Vereine soweit gediehen zu sein, daß zur Agitation übergegangen werden konnte.[1])

In den verschiedensten Teilen Livlands begann es zu gären, besonders im Werroschen und im Pernauschen Kreise. Wieder ist die griechisch-orthodoxe Geistlichkeit bei der Wühlarbeit zu finden; die Popen von Lannemetz (Kirchspiel Harjee) und Wölla (Kirchspiel Audern) forderten die Bauern auf, um Verteilung von Seelenland zu petitionieren. Vergeblich machte die Landesvertretung darauf aufmerksam, daß bei der vollständigen Zügellosigkeit der lettischen und estnischen Presse und der offenkundigen Agitation der Vereine die schlimmsten Ausbrüche zu erwarten wären. Der Gouverneur Baron Uexküll-Güldenbandt, dem die Stimmung der Regierung sehr wohl bekannt war, erklärte die Befürchtungen der Landesvertretung für übertrieben; er habe keine Zeit für „Allotria" (August 1881). [2])

Nun begann die durch ungehinderte Agitation geschaffene Spannung, sich in Brandstiftungen auszulösen. Im Werroschen Kreise mehrten sich diese in den dunklen Herbstnächten in erschreckender Weise. Auf die energischen Vorstellungen der

---

[1]) Im April 1881 war unter den vom Grafen Ignatjew in Szene gesetzten Bauerndeputationen in Gatschina auch eine estnische, übrigens aus Literaten und Beamten bestehende, die dem Kaiser die treuuntertänigen Gefühle des von den Deutschen geknechteten und mit den Russen sympathisierenden Estenvolkes ausdrückten und Ignatjew eine Adresse überreichten, die im wesentlichen desselben Inhalts war wie die lettische Adresse von 1870 (siehe oben S. 19). Vgl. „Russische Wandlungen". Leipzig 1882. S. 360 ff.

[2]) Der Gouverneur sympathisierte mit den nationalen Bestrebungen der Letten und Esten. Vgl. „Balt. Monatsschrift" Bd. XXX. 1883. S. 94 f. Auch der kurländische Gouverneur P. v. Lilienfeld, der bekannte Sozialphilosoph, vertrat diese Richtung. Beide haben später ihre Ansichten wesentlich geändert.

Landesvertretung erwiderte der Gouverneur: Es sei nicht so schlimm; falls Mißstände vorlägen, so sei das Schuld der Ordnungsrichter, die als Wahlbeamte der Ritterschaft nichts taugten. Er werde von ihnen nicht genügend unterrichtet; was er wisse, habe er aus den Zeitungen (Dezember 1881). Tatsächlich hatte der Werrosche Ordnungsrichter, wie sich aus den Akten des Ordnungsgerichts ergibt, in der Zeit vom 13. Februar bis zum 3. Dezember 1881 dem Gouverneur nicht weniger als 30 Berichte über Brandstiftungen in seinem Bezirke übersandt. Endlich entschloß sich der Gouverneur, den Vizegouverneur Tobiesen und den Regierungsrat Jacobi in den Dorpat-Werroschen Kreis zu schicken. Jacobis Berichte, die wahrheitsgemäß die Zustände als sehr bedenklich schilderten, erklärte der Gouverneur für übertrieben. Der Vizegouverneur gab zu, daß die Unruhen keine agraren Ursachen hätten, sondern künstlich durch Presse und Vereine entfacht worden seien. Einer der Führer der Jungesten, der Universitätslektor Dr. Weske, ließ in einem unbewachten Augenblick dem Beamten Jacobi gegenüber die Äußerung fallen: „Es ist beschlossen worden, jetzt nichts zu tun, was uns mit der Staatsregierung in Konflikt bringen könnte."[1])

Diese Äußerung läßt vermuten, daß eine organisierte Partei existierte, welche die sogenannten Agrarunruhen in Szene setzte. Diese Vermutung wird dem Werroschen Ordnungsrichter von zuverlässigen Esten bestätigt. Die Partei mache es sich zur Aufgabe, alle diejenigen Leute, welche Differenzen mit Gutsherren, Pastoren oder auch Gemeindebeamten hätten, zur Selbsthilfe, besonders aber zu Brandstiftungen aufzureizen. Das Endziel sei: Verdrängung der Deutschen mit allen Mitteln.

---

[1]) Bericht des Werroschen Ordnungsrichters an den Livländischen Gouverneur vom 14. Dezember 1881. Nr. 14.

Organ der Partei sei die „Sakkala", ihre Führer deren Redakteur Carl Jacobson, der auch seit 28. August 1881 Präses des „Esti Kirjameeste Selts" („Estnischer literarischer Verein") in Dorpat war, und der Lektor der Estnischen Sprache an der Universität Dorpat Dr. Weske.

Der genannte Verein spielte beim Estentum dieselbe verhängnisvolle Rolle wie der „Lettische Verein" in Riga bei den Letten. In diesen Vereinen liefen alle Fäden der Bewegung zusammen. Nachdem am 10. Januar 1882 im Estnischen Verein nud in der Nacht darauf auf dem Domberge in Dorpat erregte Volksversammlungen stattgefunden hatten, fand man in der Frühe des 11. Januars an den Straßenecken Proklamationen angeheftet, die den Niederschlag der Resolutionen in taciteischer Kürze enthielten:

Schlagt die Deutschen und alle Satane tot
Jacobson und die Sakkala leben hoch
Der Sieg ist unser! Hurra!

Daß die Nationalisten vor dem Äußersten, dem politischen Meuchelmord, nicht zurückschreckten, hatte das kurz vorher — am 1. Dezember 1881 — begangene Attentat auf den Pastor Holst in Kannapäh im Werroschen Kreise bewiesen. Hier hatte die polizeiliche Untersuchung festgestellt, daß der Mordversuch von einem gedungenen Meuchelmörder unternommen worden war. Ein berüchtigter, wegen Heudiebstahls vorbestrafter Agitator namens Märt Mitt wurde als verdächtig verhaftet. Es wurde festgestellt, daß er einem gewissen Jaak Kissa, Besitzer des Rittergutes Sawwern, 200 Rubel für die Ermordung Pastor Holsts geboten hatte. Bei der Haussuchung fand man zahlreiche kompromittierende Schriften, die eine weitverzweigte Verschwörung über das ganze estnische Livland enthüllten, zugleich auch einen Brief, der die Verbindung mit dem Präses des

Lettischen Vereins in Riga, dem Advokaten Kalning, nachwies.[1])

Ein zweiter Vorfall, der bereits in die Zeit der Manasseïnschen Revision fällt, von der wir gleich sprechen werden, wirft ein noch grelleres Licht auf den sozialistischen Charakter der Bewegung. Im August 1882 wurde in Saarenhof im Dörptschen Kreise ein gewisser A. Dido verhaftet, bei dem sich Korrespondenzen mit dem Redakteur des „Baltischen Föderalisten" in Genf, E. Bark, vorfanden. Dieses Blatt verfolgte die Aufgabe, die Verbindung zwischen der baltischen Bewegung und der russischen herzustellen durch Bildung einer baltischen Sektion der russischen Revolutionäre. Schon in seiner zweiten Nummer schließt sich der „Baltische Föderalist" dem Programm der „Narodnaja Wolja" („Volkswillen"), dem Organ des terroristischen Exekutionskomitees, an.[2]) Der erwähnte Dido scheint der Agent des „Baltischen Föderalisten" in Nordlivland gewesen zu sein. Er stand in enger Beziehung zu dem Dorpater Jungesten Dr. Weske, zu dem obenerwähnten Agitator Märt Mitt und — was für uns am interessantesten ist — zu mehreren Jungesten, die ihrerseits Beziehungen zum Senator Manasseïn hatten, nämlich den Herren Weizenberg und Staatsrat Rose und dem Professor der Petersburger Kunstakademie, J. P. Koeler.[3]) Erstere beide waren Beamte des Senators

---

[1]) Bericht des Werroschen Ordnungsrichters an den Livländischen Gouverneur vom 28. Dezember 1881. Bericht desselben an den revidierenden Senator Manasseïn vom 3. Juni 1882. Vorgreifend sei hier erwähnt, daß der Senator Manasseïn den März Mitt am 17. Mai 1882 aus der Untersuchungshaft entlassen und auf freien Fuß setzen ließ.

[2]) Vgl. A. Thun, Geschichte der revolutionären Bewegungen in Rußland. Leipzig 1883. S. 326 f., 366.

[3]) Bericht des Dörptschen Ordnungsrichters an die Staatsanwaltschaft vom 13. August 1882. Nr. 94.

und mußten infolge der kompromittierenden Entdeckung entlassen werden; letzterer stand dem Hause Manasseïns nahe und soll dessen Entsendung nach Livland mit veranlaßt haben.[1])

Welch Geistes Kind der Agitator Dido, dieser Vertraute der Freunde Manasseïns, war, beweist ein von ihm gedichtetes „Kriegslied der Esten", das sich bei der Haussuchung vorfand:

„Obwohl Jakobson uns durch den Tod entrissen ist,
So lebt doch Dr. Weske noch
Und niemand wird uns entrinnen,
Denn Kalew[2]) ist vom Banne des Todes erwacht,
Und alle Feinde des Estenreiches (!)
Sind gleich Spreu,
Wenn ihre Felder vom Feuer verzehrt werden
Und unser Knüttel sie erschlägt." usw.

Bei der schlaffen Haltung der Gouvernementsregierung gegenüber der offenkundigen Agitation der Presse und der Vereine hatten die Unruhen gegen Ende des Jahres 1881 beständig zugenommen. Immer mehr häuften sich die Anzeichen, daß die Unruhen von den russischen Nihilisten, die bekanntlich seit 1877 zum anarchistischen Terror übergegangen waren und am 1. März 1881 den unglücklichen Kaiser Alexander II. ermordet hatten, geschürt wurden. Ende Dezember 1881 berichtet der Werrosche Ordnungsrichter dem Gouverneur: Mehrere bäuerliche Grundbesitzer hätten ihm hinterbracht, daß russische Agenten das Land durchzögen und das Glück des russischen Seelenlandes anpriesen; die Popen hätten ihnen gesagt,

---

[1]) So berichtete das Jungestenblatt „Olewik" in seinem Nekrolog des am 10. April 1899 gestorbenen Koeler wörtlich: „Bruder Koeler war einflußreich und wirksam dafür tätig, daß der Senator Manasseïn, mit dessen Hause er nahe bekannt war, hierher kam, um den Herzschlag unserer Heimat zu untersuchen und uns auf glücklichere historische Bahnen zu führen." „Balt. Chron." 1899. S. 191.

[2]) Der bekannte legendenhafte Nationalheros der Finnen und Esten.

es sei erlaubt, die Gutsbesitzer auszurotten, da diese es gewesen seien, die den Kaisermord veranlaßt hätten! Bezeichnenderweise richtete sich die Agitation auch gegen die konfessionelle Volksschule. Diese sollte dem Einfluß der lutherischen Ritterschaft und Geistlichkeit entzogen und dem Kultusministerium unterstellt werden.

Die Spannung innerhalb der bäuerlichen Bevölkerung wurde immer größer, so daß die Landesvertretung bei der passiven Haltung der Gouvernementsregierung sich genötigt sah, an Allerhöchster Stelle Klage zu führen. Der Kaiser ordnete die für solche Fälle vorgesehene Revision durch einen mit außerordentlichen Vollmachten ausgestatteten Senator an. Der Minister des Innern, Graf Ignatjew, der bekannte Panslavist und Deutschenfeind,[1]) unter dessen mächtiger Ägide die Deutschen in den Ostseeprovinzen nach dem Programm des Großfürsten Konstantin „durch die Esten und Letten erstickt" wurden, machte, wie später der Minister Graf Tolstoi zugegeben hat, seinen ganzen Einfluß gegen die Revision geltend und paralysierte sie — als ihm ihre Verhinderung nicht gelang — durch die Ernennung eines Mannes nach seinem Herzen. Durch Allerhöchsten Befehl vom 23. Januar 1882 wurde der Senator N. A. Manasseïn mit der Revision der Gouvernements Livland und Kurland betraut.

4. Die Manasseïnsche Revision.

Wir haben die berüchtigte „Manasseïnsche Revision" im ersten Teil dieser Abhandlung [2]) flüchtig berührt bei Gelegen-

[1]) A. Thun, Geschichte der revolutionären Bewegungen in Rußland, a. a. O. S. 220, sagt von Ignatjew: „Dieser leitende Minister verfolgte mit schonungsloser Härte die Revolutionäre und suchte der aufgeregten Stimmung ein Ventil in der Juden- und Deutschenhetze zu öffnen."

[2]) S. 134.

heit der Darstellung der Russifizierung des Gerichts- und Verwaltungswesens. Da die Revision mit ihren Begleiterscheinungen in hohem Maße dazu beigetragen hat, die nationalen und sozialen Gegensätze in Livland und Kurland zu verschärfen und dadurch der kommenden Revolution den Boden zu ebnen, so erscheint es an dieser Stelle erforderlich, sie an der Hand des vorliegenden Aktenmaterials zu schildern, trotzdem sie bereits wiederholt in größeren und kleineren Flugschriften behandelt worden ist.[1]) Es würde sonst ein wichtiges Glied in der Kette unserer Beweisführung fehlen.

Die erste Folge des Erscheinens Manasseïns war eine fieberhafte Zunahme der Agitation. Über die Persönlichkeit des Revidenten und seine Tendenzen war die Zentralleitung der nationalistisch-sozialistischen Bewegung von Petersburg aus auf das genaueste unterrichtet. Wir haben oben die Tatsache erwähnt, daß die Esten Weizenberg und Rose, deren Verbindung mit der Bewegung durch die Verhaftung des Agitators Dido aufgedeckt wurde, in den Beamtenstab des Revidenten aufgenommen worden waren. Nun ging von Dorpat und von Riga die Weisung in das Land: jetzt ist endlich der Zeitpunkt gekommen, wo wir für unsere Klagen über die Deutschen williges Gehör finden werden; der Senator ist hergekommen, um der Mißwirtschaft der deutschen Herren ein Ende zu machen, unter anderem auch, um die Pachten und die Kaufschillingszahlungen zu normieren. Überall, in Gemeindehäusern und Krügen, wurden fertige Klageschemata aufgelegt, die nur unterschrieben zu werden brauchten. Da hieß es: die lettische Nationalität werde bedrückt, besonders in den Volksschulen

[1]) Z. B. von J. v. Dorneth, „Die Russifizierung der Ostseeprovinzen". Leipzig 1887. S. 17 ff. Ferner „Das Zerstörungswerk in den russischen Ostseeprovinzen". Berlin 1890. S. 35 ff. „Ein verlassener Bruderstamm." Berlin 1890. S. 185 ff.

durch die deutschen Pastoren. Daher müsse die Volksschule ihrem Einfluß entzogen und vor allem, um die fernere Anstellung deutscher Pastoren zu verhindern, das Patronatsrecht aufgehoben werden. Die Selbstverwaltung der Provinzen liege ausschließlich in den Händen der Deutschen, das müsse geändert und womöglich die russischen Semstwo-Institutionen eingeführt werden. Die Pachten seien zu normieren, der Verkauf des Bauernlandes müsse obligatorisch sein, das Schankrecht und das Jagdrecht seien aufzuheben, die Landpolizei den Verwaltungen der Bauerngemeinden zu übertragen und anderes.

Neben diesen von den estnischen und lettischen Vereinen programmatisch aufgestellten Forderungen traten auch andere noch radikalere auf, namentlich wieder die speziell von den russischen Agitatoren gepredigte Forderung von Seelenland. Der Pope Posharski in Assuma im Fellinschen Kreise veranlaßte im Sommer 1882 zahlreiche Esten, sich bei ihm „auf Seelenland anschreiben zu lassen", natürlich gegen Zahlung einer Gebühr [1]), wodurch zwei Fliegen mit einer Klappe geschlagen wurden. Dasselbe geschah auch an andern Orten, so z. B. in Libbien im Wendenschen Kreise, wo der griechisch-orthodoxe Schullehrer Anschjahn die Anschreibungen vornahm.[2])

Überhaupt lag die russische Agitation in den Händen der Zöglinge der vollkommen vom Nihilismus verseuchten griechisch-orthodoxen Priesterseminare. Immer wieder finden sich Popen und griechisch-orthodoxe Schullehrer unter den wütendsten Agitatoren. Ganz besonders deutlich trat dieser Umstand hervor in den Einweihungsfeierlichkeiten des Estnischen Landwirtschaftlichen Vereinshauses in Fellin am 8. Oktober 1882,

[1]) Bericht des Fellinschen Ordnungsrichters an den Livländischen Gouverneur vom 16. Juni 1882. Nr. 56.

[2]) Erkenntnis des Kirchspielsrichters III. Wendenschen Distrikts vom 7. August 1882. Nr. 2668.

was auch durch den Umstand bedingt sein mag, daß kurz vorher der Bischof Donat in einem Rundschreiben an die Geistlichkeit die geistliche *und politische* Propaganda anempfohlen hatte. Diese Feier wurde durch eine Reihe chauvinistischer Reden verschönt. Dabei beteiligten sich nicht weniger als vier russische Geistliche: der Protohierei Wassiljew und die Popen Rajewski, Teppaks und Kippar, von denen die beiden letzteren Esten waren. Der Pope Kippar äußerte: Die Hilfe und der Hort des Estenvolks seien der russische Glaube, das russische Volk und der russische Kaiser. Rajewski hielt zu Ehren des verstorbenen, übrigens lutherischen, Jungestenführers Jakobson eine Seelenmesse und verstieg sich dabei zu der Äußerung: „Verflucht sei, wer nicht für C. R. Jakobsons unbeabsichtigte Sünden und große Seele bete!" Derselbe Pope bezeichnete bei der Rekrutenvereidigung in Fellin am 14. November 1882 die Deutschen ganz offen als „Feinde der Esten". Welch eine Stimmung damals auf dem Einweihungsfeste in Fellin geherrscht hat, kennzeichnet auch eine Rede des mehrfach erwähnten Lektors Weske, in der er von der Masseïnschen Revision sprach: Es müsse jeder, soviel er könne, über die Deut-
Esten und Gutsherren klagen, damit das Recht auf seiten der
lschen bliebe. „Dann treiben wir," so schloß er, „die Deutschen aus unserem Lande heraus!"[1])

Immer stärker tritt der nihilistisch-sozialistische Charakter der Bewegung hervor. Im Oktober 1882 wurde eine nihilistische Verschwörung im Kirchspiel Seßwegen, Kreis Wenden, aufgedeckt. Neun Letten wurden vom Ordnungsgericht verhaftet, von denen fünf griechisch-orthodoxe Volksschullehrer waren, darunter der oben erwähnte Anschjahn, die der systematischen

---

[1]) Bericht des Fellinschen Ordnungsrichters vom 24. Oktober 1882. Nr. 83.

Verbreitung sozialistischer Ideen und Schriften, wie z. B. der „Narodnaja Wolja“ („Volkswille“), überführt wurden und einer Reihe terroristischer Brandstiftungen dringend verdächtig waren. Man fand bei ihnen eine große Menge belastenden Materials: sozialistische und nihilistische Schriften, meist Übersetzungen aus dem Russischen ins Lettische, gefälschte Siegel, Paßblanketts, Revolver, Munition, Zündschnüre usw. Durch Zeugenaussagen wurde festgestellt, daß einer der Verhafteten hochverräterische Reden gehalten und unter anderem gesagt habe, daß der Kaiser und dessen ganze Familie ausgerottet werden würden.

Nach Verhaftung dieser Bande atmete die ganze Gegend, die bisher unter ihrem Terror gestanden hatte, auf, besonders da auch die chronischen Brandstiftungen mit einem Schlage aufhörten.[1]) Nun geschah aber etwas ganz Unerwartetes. Infolge der sich in erschreckendem Maße mehrenden Verbrechen war dem Gendarmeriekommandeur in Riga, Generalmajor Lacks, im Verein mit der Staatsanwaltschaft durch Allerhöchsten Befehl vom 17. November 1882 die Befugnis erteilt worden, bei Kriminalverbrechen direkt in die Untersuchung einzugreifen und deren weitere Führung selbst zu übernehmen. Kaum war Lacks dieser kaiserliche Befehl bekannt geworden, so erließ er am 5. Dezember 1882 (sub Nr. 777) an das Wendensche Ordnungsgericht den Befehl, die obenerwähnten in Untersuchungshaft befindlichen Verschwörer sofort auf freien Fuß zu setzen. Dieses geschah, trotzdem ein Gendarmerieoffizier und der Manasseïnsche Beamte, Hofrat v. Klugen, sämtlichen Verhandlungen des Wendenschen Ordnungsgerichts beigewohnt

[1]) Es hatten in den zwei Wochen von Ende September bis Anfang Oktober in einem verhältnismäßig kleinen Gebiete nicht weniger als 14 größere Brandstiftungen, abgesehen von den im Entstehen verhüteten stattgefunden.

hatten, also mit dem Tatbestand genau bekannt sein mußten. Die Untersuchung wurde nunmehr von der Gendarmerie übernommen. Lacks und Klugen begaben sich nach Seßwegen und nahmen beim Popen Wohnung.[1]) Ein die Herren begleitender Gendarmerieunteroffizier versicherte den Bauern, es würde aus der Untersuchung nichts herauskommen, nur der Ordnungsrichter würde seine Stelle verlieren. Diese Prophezeiung traf buchstäblich ein. Durch Befehl des Justizministers vom 21. Oktober 1883 (Nr. 5040), wurde die Untersuchung wider die „wegen Zugehörigkeit zu einer angeblich im livländischen Gouvernement gebildeten sozial-revolutionären Gesellschaft" niedergeschlagen.[2]) Am 31. Januar 1884, sub Nr. 22, übersandte die Staatsanwaltschaft dem Wendenschen Ordnungsgericht die den Sozialisten in Seßwegen abgenommenen Beweisstücke. Das uns vorliegende Verzeichnis dieser Gegenstände macht in seinem nüchternen Kanzleistil einen geradezu erschütternden Eindruck. Da werden sorgfältig nach den Registraturvermerken die vielen konfiszierten Schriften und Papiere aufgezählt, darunter das Werk des bekannten Terroristen Al. Michaïlow,[3]) „Die Assoziationen", ferner Paßblanketts, Siegelformen, eine orangefarbene Lunte zum Anrauchen (!), eine Blechdose mit weißem Pulver (!) und anderes.

Man fragt sich: sind denn die Leute mit Blindheit geschlagen gewesen, haben sie sich die Konsequenzen dieses Vorgangs klar-

---

[1]) Treskin in Kerstenbehm, dem Schwiegersohn des Redakteurs des „Rishski Westnik" („Rigaer Anzeiger") Tschitschichin. Der von der Regierung subventionierte „Rishski Westnik" war damals das Organ der deutsch-feindlichen Russen.

[2]) Schreiben des Livländischen Gouvernementstaatsanwalts an das Wendensche Ordnungsgericht vom 1. Dezember 1883. Nr. 110.

[3]) Vgl. Thun, Revolutionäre Bewegungen, a. a. O. S. 121, 137, 181, 186, 282 f. und passim.

gemacht, als sie in geradezu gespenstischer Befolgung des toten Buchstabens der „gesetzlichen Vorschriften" die Beweisstücke den Exkulpierten wieder auslieferten! Und von dem offenbaren Fehlen jedes Rechtsbewußtseins wollen wir gar nicht reden, auch nicht von der demoralisierenden Wirkung, die eine derartige offene Verachtung der primitivsten Rechtsvorstellungen auf das Volk haben mußte. Die unmittelbare Folge dieses Verfahrens war die Wiederaufnahme der Brandstiftungen im Seßwegenschen Gebiete. Schon nach der ersten Freilassung der Sozialistenbande war eine Reihe von Brandstiftungen vorgekommen, und zwar bei solchen Gemeindebeamten, welche die Verhaftung der Sozialisten bewirkt hatten. Einzelne von ihnen hatten zuvor Drohbriefe, unterzeichnet „Präsident der geheimen Gesellschaft," erhalten. Vom Kirchspielsgericht wurde die Handschrift dieser Drohbriefe als die des Gemeindeschreibers Ramman, des Hauptes der freigelassenen Sozialistenbande, erkannt. Der Gendarmeriegeneral Lacks, dem diese Briefe durch das Ordnungsgericht zugestellt wurden, hielt es nicht für erforderlich, deswegen eine Untersuchung anzustellen. Nach der Niederschlagung des Verfahrens im Dezember 1883 entstand unter dem Volke die sehr berechtigte Vorstellung, daß Verbrechen wider die besitzenden Klassen von der Regierung begünstigt würden. Hierzu trug das Vorgehen des Senators Manassein wider die bestehenden Gerichte in hohem Maße bei. Insbesondere konnten die zahlreichen Inhibierungen laufender Untersuchungen auf — meist telegraphisch gegebenen — Befehl des Senators nicht verfehlen, den Eindruck hervorzurufen, als nähme der Senateur die von den einheimischen Richtern unschuldig Verfolgten in Schutz. So mußte z. B. der Schneider Jakob Kiwit, der im Mai 1882 im Odenpähschen geheime Versammlungen im Walde abhielt und Geld für Massensuppliken sammelte, und der, als er sich in frecher

Weise weigerte, der Zitation des Ordnungsgerichtes Folge zu leisten, arretiert worden war, sofort auf telegraphische Weisung Manasseïns freigelassen werden; so wurde die Bestrafung von drei Personen, die wegen Beleidigung von Gemeindebeamten vom Dörptschen Ordnungsgericht zu Gefängnis verurteilt worden waren, inhibiert,[1]) so wurde der mehrfach erwähnte Agitator Märt Mitt trotz schwerster Belastung auf freien Fuß gesetzt. In allen solchen Fällen wurde die weitere Untersuchung der Kriminalverbrechen den ordentlichen Gerichten entzogen, die Akten eingefordert und die Inhaftierten „bis auf weiteres" entlassen. — Man kann sich denken, wie dadurch die Autorität der Gerichte untergraben wurde. Daneben provozierte der Senator offen Beschwerden wider die einheimischen Behörden, Gutsbesitzer und Pastore. Gendarmen mit offener Ordre des Senators durchreisten das Land und sammelten Bittschriften ein. Vom 11. März bis zum 6. April 1883 hielten sich z. B. zwei Beamte des Senators Denissenko und Dihrik zur Revision des Kirchspielgerichtes in Seßwegen auf. Dihrik war ein Verwandter des früheren Präsidenten des Lettischen Vereins und eines der Führer der Jungletten und im Herbst 1882 von Manasseïn aus naheliegenden Gründen als Translateur in seinen Beamtenstab aufgenommen worden, ganz wie dieses mit den estnischen Sozialisten Rose und Weizenberg der Fall gewesen war. Die „Revidenten" nahmen im Seßwegenschen Kruge Wohnung. In der Schenkstube etablierten sich Winkelschreiber, die für wenig Geld und viel Spirituosen für jedermann Bitt- und Klageschriften schrieben, welche alsdann von einem Gendarm eingesammelt und hinauf zu den Herren Revidenten befördert wurden. Dieses Treiben

---

[1]) Bericht des Dörptschen Ordnungsgerichts vom 22. November 1882. Nr. 16710.

erlitt auch Sonntags — dem Tage, wo der Bauer hauptsächlich den Krug aufsucht — verständlicherweise keine Unterbrechung.[1]) Ein zweiter Fall: Ende September 1882 bereiste der Gendarm M. Timm mit einer offenen Order des Generalmajors Lacks einen Teil des Walkschen Kreises und hielt überall bei Bauern, Schullehrern und den griechisch-orthodoxen Geistlichen Umfrage, ob die Rittergutsbesitzer des Walkschen Kreises nicht während des türkischen Feldzuges (1877—78) dem Feinde Spiritus und Gerste geliefert hätten, und ob der (am 18. September 1875) angeblich verstorbene Herr v. Tr. auf R—n. nicht noch am Leben sei und den Türken gedient habe.[2]) Daß diese burleske Umfrage ernst gemeint gewesen sei, kann man keinem halbwegs vernünftigen Menschen zutrauen. Welches Gewicht aber die offizielle Agitation ihr beimaß, beweist der Umstand, daß eine einzige Bauerngemeinde (Laitzen) dem Gendarm Timm für 105 Werst (= 112 km) Schießpferde hatte stellen müssen.

Welch einen Eindruck eine derartige offizielle Kundgebung des Mißtrauens gegenüber den deutschen Rittergutsbesitzern auf das bereits erregte Volk haben mußte, braucht nicht besonders hervorgehoben zu werden.

Dasselbe Verfahren beobachtete der Senator Manassein, wenn er persönlich eine Behörde revidierte. Die Revision ging stets von der Voraussetzung aus, daß irgendeine Mißwirtschaft der Deutschen aufgedeckt werden müßte. Es liegt auf der Hand, wie dieses Verfahren die deutschen Beamten erbittern, die Letten und Esten aber wider die Deutschen auf-

---

[1]) Bericht des Kirchspielsgerichts III. Wendenschen Bezirks vom 10. April 1883.

[2]) Aussagen von fünf Zeugen, darunter dem Popen von Alt-Laitzen, vor dem Kirchspielsgericht V. Wendenschen Distrikts. Protokolle vom 16., 18. und 27. November 1882.

reizen mußte. Nicht immer hatte Manassein in letzterer Hinsicht Erfolg. So geschah es, daß er bei einer Revision des Schloß Luhdeschen Gemeindegerichts am 13. April 1883 entdeckte, daß die der Bauerngemeinde gehörigen Wertpapiere beim Gutsherrn, dem Landrat Baron Wr. aufbewahrt würden. Auf seine Ffage, ob die Gemeinde nicht befürchte, daß die Wertpapiere gestohlen werden oder verloren gehen könnten, begegnete er allgemeiner Heiterkeit, und der Gemeindeälteste erklärte: das sei immer so gewesen und werde auch so bleiben, so lange der Herr Landrat lebe.[1])

Die direkten Folgen dieser planmäßigen autoritativen Hetze und der Unterbrechung der Kriminaluntersuchungen ließen natürlich nicht auf sich warten. Die Kriminalverbrechen: Raubüberfälle, Einbrüche, Pferdediebstähle, tumultuarische Exzesse und besonders Brandstiftungen mehrten sich während des Herbstes 1882 im ganzen Lande in erschreckender Weise, ja nahmen in einzelnen Gegenden einen geradezu epidemischen Charakter an.[2]) Hierauf werden wir weiter unten noch zurückkommen. Alle Versuche der Landesvertretung, an die bessere Einsicht des Senators Manassein zu appellieren, waren an seinem fanatischen Haß gegen das Deutschtum und gegen die aristokratische Struktur der Verfassung der Ostseeprovinzen gescheitert. Daß seine Beamten offen und versteckt agitierten, leugnete er; auf die Vorhaltung, daß keine der unzähligen frivolen Klagen und Verleumdungen geahndet worden sei, er-

---

[1]) Bericht des Walkschen Ordnungsgerichts vom 23. April 1883. Nr. 40.

[2]) Berichte der Ordnungsgerichte 1882: von Riga 25. September, Nr. 10028; Wolmar 22. September, Nr. 38; Wenden 7. Oktober, Nr. 81; Walk 14. und 24. September, Nr. 10158 und 10720; Dorpat 20., 24. und 29. September, Nr. 13670, 13938 und 14092; Werro 14. und 25. August, 1. und 6. September, Nr. 7932, 8420, 8620 und 8827.

widerte er, die Suppliken trügen keinen agitatorischen oder böswilligen Charakter. Als man ihm darauf eine von ihm dem livländischen Hofgericht zur Begutachtung übergebene Supplik vorwies, die von unbewiesenen Beschuldigungen und Invektiven strotzte, entschuldigte er sich, bei etwa 15 000 Fällen könne ein derartiger Gedächtnisfehler vorkommen. Als man darauf hinwies, seine Mission sei vom Landvolk allgemein mißverstanden worden; es sei die Vorstellung entstanden, daß Landverteilung, Pachtnormierung und ähnliches eintreten würden, es wäre infolgedessen notwendig, daß eine aufklärende Kundgebung erfolge, lehnte er solches strikt ab. Seine Instruktion sei seinerzeit publiziert worden, es stände ihm nicht zu, gegenüber der kaiserlichen Instruktion seinerseits Kundgebungen zu erlassen. Auch der Justizminister erklärte sich dagegen, um nicht das Ansehen des Revidenten herabzusetzen (!). Das einzige, was man durch eine Denkschrift der Landesvertretung von Livland und Kurland [1]) erreichte, war die Allerhöchste Zusicherung, daß die Regierung an den Agrarverhältnissen nicht rühren würde.

Endlich im August 1883 verließ Manassein nach anderthalbjähriger unheilvoller Tätigkeit die Provinzen. Auf dem Abschiedsbankett, das die Russen und Letten dem Scheidenden am 15. August 1883 im Klub „Ulei" in Riga gaben, verglich Manassein die Russen in den Ostseeprovinzen mit Vorposten im feindlichen Lande, und empfahl ihnen als solchen Vorsicht, Scharfsinn und Wachsamkeit. Als der Advokat Kalning, Präses des Lettischen Vereins, dessen Verbindung mit dem sozialistischen Agitator Mitt dem Senator wohlbekannt sein mußte, den Dank der lettischen Bevölkerung für die Revision aussprach, da antwortete der Senator: „Ich bin fest überzeugt,

[1]) Dem Minister des Innern übergeben am 30. November 1882.

daß die unerschütterliche Treue der Esten und Letten zum Throne, ihre Liebe zum angebeteten Monarchen, ihr Ordnungssinn, ihre Arbeitstüchtigkeit und Achtung vor dem Gesetz als zuverlässiges Pfand friedlicher und regelmäßiger Entwicklung unserer Ostseegouvernements zu betrachten sind." [1])

Eine Hekatombe von deutschen Beamten und Richtern war der Revision zum Opfer gefallen.

Der wegen angeblicher Eigenmächtigkeit, Kompetenzüberschreitung, Gehorsamsverweigerung und offener Gesetzlosigkeit von Manasseïn suspendierten Beamten harrten meist die schwersten Strafen, zum Teil Verschickung nach Sibirien. Dabei waren die Beamten wider das geltende Recht weder zur Erklärung aufgefordert noch überhaupt einem Untersuchungsverfahren unterworfen worden. Sie klagten infolgedessen sämtlich beim Senat. Manasseïn zögerte mit seiner Klageerklärung. Es bedurfte einer Interpellation des Senators Ssabúrow in der Sitzung des Senats, um ihn zur Abgabe seiner Erklärung zu veranlassen. Die Senatsentscheidungen fielen höchst merkwürdig aus. Die meisten Klagen der livländischen Beamten wurden allerdings abschlägig beschieden. Statt der Verschickung nach Sibirien lautete aber die Strafe auf mehr oder weniger strenge Verweise „mit Eintragung in die Dienstliste". Auch diese Strafe wurde meist infolge des bei Gelegenheit der Thronbesteigung erlassenen Manifestes vom 15. Mai 1883 gestrichen. In den gewundenen Worten der Senatsukase zeigte sich das vergebliche Bestreben, einerseits den Senator Manasseïn nicht bloßzustellen, andererseits das Recht nicht zu beugen. Der außerordentlich umfangreiche Bericht Manasseïns über seine revisorische Tätigkeit in Livland und Kurland ist nie-

[1]) Nach dem Referat des „Rishski Westnik" vom 16. August 1883 Nr. 178.

mals veröffentlicht worden.[1]) Offenbar weil die ihn beseelende deutschfeindliche Tendenz zu handgreiflich war. Die Folgen der Revision aber lagen klar zu tage: das ganze Land war in die größte Erregung versetzt, der Klassen- und Rassenhaß der Letten und Esten auf das heftigste geschürt worden.

Die direkte Folge der offiziellen Agitation war die Zunahme der Unsicherheit von Person und Eigentum auf dem flachen Lande[2]) sowie der geradezu epidemisch auftretenden Brandstiftungen. Diese Erscheinung nahm um so schlimmere Formen an, als von der Staatsregierung nichts geschah, um das Übel mit der Wurzel auszurotten. Im Wendenschen Kreise fanden in der Zeit vom 1. Juni bis zum 10. August 1884 nicht

---

[1]) Obgleich Kaiser Alexander III. es verlangt hatte. Vgl. seine Randbemerkung zum Bericht des Livländischen Gouverneurs über das Verwaltungsjahr 1885/1886. „Balt. Monatsschrift" Bd. 56. 1903. S. 39. Vgl. Lettische Revolution, Teil I, S. 134. Im Dezemberheft 1906 des „Westnik Jewropy" („Europäischer Bote") ist ein Artikel erschienen „Die bäuerliche Frage in Livland, historische Skizze nach den Berichten der Senatorenrevision 1882—1883". Der Artikel scheint sich in seinen historischen Ausführungen sehr genau an den Senatorenbericht zu halten. Er kommt zu dem Schluß, daß es höchst bedauerlich sei, daß die Reformvorschläge Manasseïns für die Agrarordnung Livlands nicht durchgeführt worden seien. Diese Unterlassungssünde sei ein Hauptgrund für die gegenwärtig in Livland herrschende Anarchie. Hätte man die Bauernverordnung von 1860 aufgehoben und sich dem russischen Emanzipationsgesetz vom 19. Februar 1861 genähert, so wäre alles viel besser geworden. Was soll man dazu sagen! Difficile est satiram non scribere.

[2]) Von den Attentaten auf Gutsbesitzer seien hier diejenigen drei genannt, die wegen ihrer Folgen am meisten Aufsehen und Trauer erregten. Am 16. April 1882 auf Baron Reinhold Nolcken bei Appriken (Kreis Hasenpoth), am 9. Oktober 1882 auf Baron Leon Meyendorff bei Ramkau (Kreis Wenden) und am 20. Juli 1883 auf Baron Nikolai Nolde bei Wirgen (Kreis Grobin). Die ersten zwei wurden verwundet, letzterer erschossen, alle durch Schüsse aus dem Hinterhalt an der Landstraße.

weniger als 28 Fälle von Brandstiftungen statt, denen 48 Gebäude zum Opfer fielen. Es handelte sich hierbei um Terrorisierung der gutgesinnten Bauern; das beweist der Umstand, daß von den 28 Brandschäden 24 auf Bauernhöfe entfallen.[1]) In einzelnen Gegenden traten organisierte Banden auf, die planmäßig die Bevölkerung durch Überfälle und Brandstiftungen in Schrecken setzten. Der Landesvertretung gelang es endlich, die Gouvernementsregierung aus ihrer Indolenz aufzurütteln. Der Kirchspielsrichter S. wurde mit außerordentlicher Polizeigewalt ausgestattet und beauftragt, dem Verbrechertum im südöstlichen Teile des Wendenschen Kreises ein Ende zu machen. Mit großer Energie und vielem Geschick erfüllte Herr S. seine schwierige Aufgabe. In der kurzen Zeit von vier Monaten gelang es ihm, in seinem Bezirk Ordnung zu schaffen,[3]) obgleich die Staatsanwaltschaft alles daransetzte, seine Tätigkeit zu stören, indem sie ihm nacheinander drei Revidenten auf den Hals schickte. Trotzdem diese ausnahmslos günstig berichteten, hob der Gouverneur unter dem Einfluß des Staatsanwalts Mjassojédow am 27. Dezember 1884 die Diktatur des Herrn S. auf.[4])

Es erfolgte nun ein merkwürdiges Nachspiel. Einer der Führer der sozialistischen Bewegung im Seßwegenschen Gebiete

---

[1]) Bericht des Wendenschen Ordnungsgerichts vom 27. August 1884. Nr. 39.

[2]) In den vier Monaten September bis Dezember 1884 gelangten 133 Verbrechen, darunter 19 Brandstiftungen, zur Untersuchung, wobei 85 Leute unter Anklage standen, von denen später 47 schweren Freiheitsstrafen, meist Verschickung nach Sibirien, unterzogen und nur etwa vier Personen freigesprochen wurden.

[3]) Bericht des Wendenschen Ordnungsrichters vom 25. Dezember 1884.

[4]) Befehl an das Wendensche Ordnungsgericht vom 27. Dezember 1884. Nr. 15839.

von 1882, der auch 1884 den Terrorismus leitete, der Gemeindeschreiber Ramman, verband sich mit einem lettischen Studenten der Universität Petersburg, Becker, unter der Ägide Mjassojédows zu einem Preßfeldzug wider die einheimischen Polizeiorgane, namentlich wider Herrn S., in der von Aksákow redigierten „Russj" („Rußland"). Eine Reihe von Artikeln überbot sich in den gehässigsten Angriffen wider die „deutsche Freiherrn-Politik." Die Tätigkeit des Herrn S. wurde auf das heftigste angegriffen, als „ein ganzes Epos von Foltern" bezeichnet und ihm alle möglichen Schandtaten: Kompetenzüberschreitungen, Brutalitäten usw., vorgeworfen. Daß der Staatsanwalt Mjassojédow diesen Artikeln nahegestanden hat, beweist der Umstand, daß sie genaue Kenntnis der zurzeit im Wendenschen Landgericht liegenden Akten verriet, die außer dieser Behörde nur der Staatsanwaltschaft zugänglich waren. Sein Haß gegen die Deutschen war durch den Umstand gesteigert, daß er wegen zu plumper Demaskierung seiner parteiischen Gesinnung von Riga nach Taganrog versetzt worden war.[1]) So hinterließ er seinem bisherigen Wirkungskreise die giftgeschwollenen Russj-Artikel „pour prendre congé".

Bis zu welcher blinden Gehässigkeit diese Artikel sich verstiegen, zeigt die Behauptung in einem derselben, Herr S. habe während seiner polizeilichen Tätigkeit in Seßwegen weniger das Verbrechertum als die griechisch-orthodoxen Letten verfolgt. Diese Behauptung gründet sich auf die aktenmäßige Tatsache, daß unter den 85 von Herrn S. in Untersuchungshaft genommenen Verbrechern 25 griechisch-orthodoxe Letten sich befanden, gegenüber 50 Lutheranern.[2]) Dieses Verhältnis

[1]) Es gelang Mjässojedow bald darauf für Taganrog Mitau einzutauschen, wo er noch jahrelang als Oberstaatsanwalt „segensreich" gewirkt hat.

[2]) Von den übrigen zehn ist bei neun die Konfession nicht angegeben; einer war Jude.

— 1 : 2 — ist allerdings sehr ungünstig für die Griechen, da das Verhältnis der Griechen zu den Lutheranern in dem Herrn S. unterstellten Bezirk der Kopfzahl nach 1 : 5 betrug,[1]) die Kriminalität der Griechen also außerordentlich hoch war. Dieser Umstand gestattet aber nur die Schlußfolgerung, daß eine Konvertitenbevölkerung in moralischer Hinsicht nicht viel taugt. Wir werden bei der Darstellung der Revolution diese Schlußfolgerung bestätigt finden.

Trotz der offenbaren Böswilligkeit der Russi-Artikel geriet die öffentliche Meinung in Rußland so sehr in Wallung, daß der Flügeladjutant Oberst Nordt in besonderer Mission zur Untersuchung dieser Angelegenheit nach Livland entsandt wurde; der dann allerdings die Griechenverfolgungen in das Gebiet der Märchen verwies, im übrigen aber ein abfälliges Urteil über die einheimische Polizeiorganisation fällte. Etwas anderes war bei der allgemeinen Abneigung gegen die baltische Selbstverwaltung auch nicht zu erwarten. Unmittelbar darauf wurden durch kaiserlichen Befehl vom 27. Februar 1885 die alten Polizeiinstitutionen aufgehoben.

Welche unheilvollen Folgen die Einführung des russischen Verwaltungs- und Justizwesens gehabt hat, glauben wir im ersten Teile dieser Abhandlung[2]) zur Genüge nachgewiesen zu haben.

5. Dritte Periode.

Von der Manasseïnschen Revision bis zur Revolution. (1882—1905.)

Welches war nun die Wirkung der energischen Russifizierungspolitik der Regierung auf die nationalistische Bewegung als solche?

---

[1]) In den Kirchspielen Seßwegen, Lasdohn, Lubahn, Lösern und Neu-Pebalg gab es 1884 32311 Lutheraner und 6457 Griechen.

[2]) Kapitel III, Abschnitt 3.

Zunächst schienen die kühnsten Träume der Nationalisten ihrer Verwirklichung nahe zu sein. Verführt durch das Geschrei der slavophilen Presse[1]) hofften sie von der dankbaren Regierung an die Stelle der verjagten Deutschen gesetzt zu werden. Triumphfanfaren auf der ganzen Linie! Und die Zukunft licht! An Stelle der feudalen historischen Herzogtümer Livland, Kurland und Estland würden eine lettische und eine estnische Provinz entstehen. Bereits in einer Monsteradresse an den Minister Ignátjew vom April 1881 war dieser Wunsch zum Ausdruck gebracht worden.[2]) Er ist auch später immer wieder aufgetaucht, zuletzt im republikanischen Gewande während des tollen Jahres 1905. Zu dem Föderativstaat Rußland sollten eine lettische und eine estnische Republik gehören. Damals in den achtziger Jahren mochten nur einzelne Schwärmer so weitgehende Gedanken geliebkost haben.

Was aus den depossedierten Deutschen werden sollte, das war nicht ganz klar. Allerdings, die Extremen wußten es ganz genau. Sie sollten ins Exil geschickt oder totgeschlagen werden. Ein Programm, das man 25 Jahre später tatsächlich ins Werk zu setzen begann. Die Gemäßigten scheuten vor so weitgehenden Schritten zurück, hatten auch genug Besinnung bewahrt, um sich zu sagen, daß derartiges nicht möglich sei, solange es noch den Schimmer einer Staatsgewalt gäbe, mochte diese dem Deutschtum auch noch so feindlich gesinnt sein. Es mußte also die Erdrosselung der Deutschen auf friedlichem und legalem Wege vorgenommen werden: Verdrängung aus ihrer politischen Hegemonie durch Einführung einer demokratischen

---

[1]) An erster Stelle des „Golos", dann „Nowoje Wremja", „Sowremennija Iswestija" („Zeitgenössische Mitteilungen"), auch „Peterburgskija Wjedomosti" („Petersb. Nachrichten"). In Riga hauptsächlich der von der Regierung subventionierte „Rishski Westnik".

[2]) Vgl. hierüber: Russische Wandlungen, S. 363, siehe oben S. 6,3 A. I.

Provinzialverfassung und Vernichtung ihres wirtschaftlichen Übergewichts durch eine gleichfalls demokratische Agrarordnung. Ein festumrissenes Programm haben die Männer des Lettischen Vereins damals ebensowenig gehabt wie später. Es ist aber von größtem Interesse für uns, zu erfahren, wie sie sich die „friedliche" Verdrängung der Deutschen eigentlich dachten. In dieser Hinsicht dürfte eine 1884 erschienene Broschüre „Politische Gedanken aus Lettland"[1]) höchst lehrreich sein, die einzige lettische Schrift, in der wir eine Art Programm für die friedliche Verdrängung der Deutschen finden. Der Verfasser geht nach einer kurzen historisch-politischen Einleitung von dem Gesichtspunkt aus, daß es notwendig sei, der drohenden Sozialdemokratie in Lettland eine neue soziale Ordnung entgegenzustellen, da die gegenwärtige wegen der bestehenden großen Kluft zwischen den obern deutschen und untern lettischen Ständen hierzu nicht geeignet sei. Ein Heilmittel wäre die Germanisation der Letten. Dieses könne aber nicht angewandt werden wegen der Kürze der Zeit, der Geringfügigkeit des deutschen Elements und des offenbaren Widerspruchs der russischen Regierung, die hierin eine Gefahr des Separatismus erblicken würde. Es bleibe nur der Ausweg übrig: „Die höheren Klassen des lettischen Volkes, welche sich bereits herausgebildet haben und beständig zunehmen, müssen die leitende Stelle im Lande einnehmen," denn die leitende Rolle in der Selbstverwaltung sowie in der ganzen politischen Entwicklung des Landes gebühre nicht den deutschen, sondern den lettischen höheren Klassen, denen allein das Vertrauen und die Zuneigung des Volkes gehöre. Der soziale Frieden würde durch eine derartige Machtverschiebung

---

[1]) In lettischer Sprache bei Breitkopf u. Härtel in Leipzig. Deutsch 1885 bei O. Wigand ebenda. Der Verfasser ist der bekannte Nationalist und jetzige Redakteur der konservativen „Rigas Awises", F. Weinberg.

um so mehr befestigt werden, als sich bei den Letten keine sozialen Unterschiede ausbilden würden, denn den Letten, die „fast keine Geschichte haben, fehlen deshalb auch historisch erwachsene Vorurteile". „Die Letten dürfen deshalb ohne Scheu daran gehen, aus sich selbst eine Organisation der Gesellschaft herauszubilden, welche vielen andern Völkern zum Vorbild dienen könnte. (!!) Diejenige soziale und (sic!) gesellschaftliche Ordnung, welche wir in England sehen und welche von allen gegenwärtig existierenden die beste ist, kann von den Letten nicht nur in verhältnismäßig kurzer Zeit erreicht, sondern auch in mancher Hinsicht verbessert werden." (!)[1]) Es sei freilich wahr, daß der Großgrundbesitz sich zum weitaus größten Teil in Händen der Deutschen befände. Darin liege aber kein Hindernis; denn einmal sei „die Ansicht, daß der Großgrundbesitz die wahre und einzige Basis des höchsten Standes sei, eine Erinnerung aus den Feudalzeiten" — diese Basis werde im Gegenteil durch „jedes Vermögen" und namentlich durch die Bildung geschaffen —, dann aber werde die Zahl der lettischen Großgrundbesitzer sich zweifellos stets vermehren, und endlich sei anzunehmen, „daß einige Großgrundbesitzer, welche gegenwärtig sich zur deutschen Nationalität halten, sich in Zukunft den Letten anschließen würden". Bei einer derartigen „normalen Ausbildung des Ständewesens" habe „die Entwicklung des lettischen Volkes sehr günstige Aussichten". Um so mehr als es infolge seiner Zugehörigkeit zu einem großen starken Staate von jeder Sorge für die äußere Politik vollständig befreit sei und alle die Kräfte, die sonst in die Diplomatie und hohe Staatsämter abgegeben würden, im Lande behalten könne. Hierdurch würden die Letten in den Stand

[1]) A. a. O. S. 105.

gesetzt werden, sich auf provinziellem Gebiete „mit der Zeit eine glänzende Stellung zu erobern" und „um das ganze russische Reich ein Verdienst auf politischem Gebiete zu erwerben", indem „sie ein gutes Vorbild der lokalen Selbstverwaltung schaffen könnten". Für eine derartige Entwicklung würde den Letten die Sympathie des stammverwandten russischen Volkes zur Seite stehen, insbesondere derjenigen Partei, welche „die selbständigste und mutvollste" sei und in Zukunft voraussichtlich die bedeutendste Rolle spielen würde, nämlich der Slavophilen.

Man sieht: die soziale Frage wird hier spielend gelöst! Fertig in Wehr und Waffen, wie Pallas Athene aus dem Haupte des Zeus, tritt das lettische Volk in die Erscheinung. Zwar ohne Geschichte, doch in vollster politischer Reife. Unbeschwert durch den Ballast der Tradition, ohne hinderliche Vorurteile vermeidet es weise die Irrtümer alter Kulturvölker und wird ein leuchtendes Vorbild den absterbenden Nationen des Westens und den aufstrebenden des Ostens. Den Deutschen aber, die in 700jähriger Herrschaft über die Letten ihre kulturelle Unfähigkeit gründlich nachgewiesen haben, wird es gestattet, in das Lettentum aufzugehen und so an den Segnungen der neuen sozialen und politischen Ordnung teilzunehmen.

Soweit das Programm der friedlichen Nationalisten, das, wie wir annehmen müssen, in allen wesentlichen Punkten auch heute noch Geltung hat.[1]) Nur daß die Zahl der dieses Pro-

---

[1]) Die „Rigas Awises" führt am 26. September 1902. Nr. 41 aus, der baltische Adel, der zum großen Teil von lettischen Häuptlingen abstamme (!!), möge „wieder die Sache des lettischen Volkes als die eigene ansehen lernen und sich noch mehr als bisher von den Einflüssen und Interessen des Germanismus lossagen." Fast gleichzeitig, am 5. Oktober 1902, schreibt die „Balß": „Das Ideal des lettischen Volksstammes ist die Entwicklung seiner Kräfte auf allen Gebieten des sozialen Lebens im baltischen Gebiet zur Er-

gramm vertretenden Personen außerordentlich zusammengeschmolzen ist, aus Gründen, die wir gleich kennen lernen werden. Damals, in der Zeit der Russifizierung, vertrat diese Richtung zweifellos der größte Teil der lettischen Intelligenz.

Die Verwirklichung des Programms sollte, wie der Hinweis auf die Sympathien der Slavophilen bereits besagt, mit Hilfe der Regierung vorgenommen werden.

Den Russifikatoren wurde nach Kräften Weihrauch gestreut. Wo es anging, wurden Verbrüderungen arrangiert. Als der Prokureur Mjässojédow, den wir als einen der fanatischsten und skrupellosesten Russifikatoren kennen gelernt haben, Riga verließ, wetteiferten die Jungletten mit den Russen, ihn zu feiern. Auf dem ihm am 25. Mai 1885 gegebenen Abschiedsbankett sagte der Lette Passit von ihm: „Seine echtrussische (!) Tätigkeit war darauf gerichtet, in den Gerichten Barmherzigkeit und Recht zur Herrschaft zu bringen.“[1])

Ganz besonders wurde der am 12. Juli 1885 zum Livländischen Gouverneur ernannte Generalleutnant M. A. Sinówjew umbuhlt. Vor ihm, dem brutalen Satrapen, lag der Lettische Verein auf den Knien; dessen Führer Kalning, Waeber, Weinberg und Großwald feierten ihn in dithyrambischer Überschwenglichkeit und sonnten sich in der Huld seiner schmeichlerischen Rede.

Die Nationalisten verschacherten in ihrem blinden Haß gegen das Deutschtum ihr eigenes Volkstum, indem sie die nationale Volksschule preisgaben und allenthalben durch Gemeindebeschlüsse russische Schulen (sog. Ministerschulen) auf dem flachen Lande einrichteten. Zum Ruhm und zur Ehre der „Männer

---

füllung der historischen Forderung des Schutzes des Vaterlandes gegen den Anprall der Kräfte von jenseits der Grenze.“ Siehe „Balt. Chronik“, 1902/1903. S. 14.

[1]) „Rishskij Westnik“, 27. Mai 1885. Nr. 113.

der Tat"[1]) Sinówjew und Kapústin, die den nationalistischen Chauvinismus, wo es irgend möglich erschien, anfachten und für die Zwecke der Russifizierung ausnutzten.

Auf einem der Jahresfeste des lettischen Vereins, dem „olympischen Tage" der Letten, hielt Sinówjew eine große Rede, in der er den politischen Weg, den die Letten einzuschlagen hätten, den Weg zur Vereinigung mit der großen russischen Familie, kennzeichnete. „Ich weiß," so führte er aus, „daß früher den Letten, entgegen ihrem Willen, zahlreiche Hindernisse auf diesem Wege entgegengestellt wurden. Man hat ihnen eine Rußland nicht konforme Bildung, fremde Begriffe und eine nichtrussische Ordnung, sowohl der politischen als auch der sozialen Ideen, aufgezwungen. Den Letten stand daher die traurigste Zukunft bevor." Nun aber sei die Möglichkeit vorhanden, sich der russischen Familie anzuschließen. „Der gesunde Sinn der Letten und ihre nationale Weisheit haben ihnen auch den praktischen Weg und diejenigen praktischen Mittel an die Hand gegeben, durch welche dieses Streben auf die richtigste Weise erreicht wird. Als solche Mittel erscheinen: die russische Schule und die Erlernung der russischen Sprache. Noch unlängst wurden im Wendenschen und Walkschen Kreise, dem urlettischen Gebiete, ohne alle äußere Pression auf eigene Initiative der Gemeinden drei Musterschulen des Ministeriums eröffnet." Auf den Bericht hierüber geruhten Se. Majestät allergnädigst folgende Randbemerkung zu schreiben: „Ich freue mich herzlich darüber." „Diese zarische Gnade langte fast wie absichtlich gerade zu dem lettischen Jahresfeste an." Der Gouverneur schloß mit dem Wunsche,

---

[1]) Der klassische russische Ausdruck „djéjatel" ist schwer zu übersetzen, wörtlich „Der Wirkende". Über die Wirksamkeit des Kurators des Dörptschen Lehrbezirks Kapustin siehe Teil I. S. 111 ff.

die Schulgründungen mögen zahlreiche Nachahmungen finden bei den übrigen Landgemeinden, „damit auch diese des beneidenswerten Loses gewürdigt werden, die Seele unseres geliebten Monarchen erfreut zu haben.“[1])

So sprach der höchste Vertreter der Staatsgewalt im Lande. Welche Wirkung mußten seine Worte haben! Ist es denkbar, dem Dünkel der Letten mehr zu schmeicheln und gleichzeitig ihren Rassenhaß wider die Deutschen mehr anzustacheln!

Diese Rede hat einen durchaus programmatischen Charakter. Die ganze Grenzmarkenpolitik der Regierung spiegelt sich in ihr, diese Politik der Kraftlosigkeit und der Selbstvernichtung, welche die verschiedenen Nationen gegeneinander ausspielt, damit sie sich schwächen.

Über diese Politik urteilt eine spätere offizielle Denkschrift folgendermaßen: „Anstatt wie früher in dem Kampfe zwischen diesen Nationalitäten (Esten und Letten) und dem deutschen Adel die russischen Prinzipien und die russische Sprache durchzusetzen, bemühte sich die Regierung, das Nationalgefühl der Esten und Letten zu wecken und aus ihnen eine intelligentere Klasse, als Gegengewicht zu der deutschen, zu schaffen.[2]) Allein in Wirklichkeit erwies sich diese dem deutschen Adel antipathische Weckung des Nationalgefühls als dem allgemeinen Staatsinteresse widersprechend. So wurde nur eine im höchsten Grade unerwünschte Komplikation der Verhältnisse erreicht, nicht aber die Annäherung der Letten und Esten an die Russen.“[3])

---

[1]) Nach dem Referat des offiziösen „Rishski Westnik“ vom 21. Februar 1887. Nr. 42.

[2]) Vgl. hierzu die oben S. 33 angeführte geheime Vorschrift der Oberpreßverwaltung vom 6. April 1881.

[3]) Denkschrift des Staatssekretärs N. Chr. Bunge über die Regierung Alexander III., abgedruckt in dem von J. J. Tschorshéwski verfaßten Bd. IV

Lange konnte der Taumel befriedigten Rachegefühls und geschmeichelter Eitelkeit bei den Nationalisten nicht andauern. Sehr bald erwies es sich, daß die Hoffnungen, welche sie auf die Neuordnung der Verhältnisse gesetzt hatten, verfrüht waren. Sie hatten zu schieben geglaubt und waren geschoben worden. In rascher Folge wurde das Schulwesen, das Verwaltungs- und das Justizwesen russifiziert.[1]) Von einer Berücksichtigung des lettischen und estnischen Volkstums als solchen war nicht die Rede. Die „nationale Weisheit" der Letten, von der Sinówjew gesprochen hatte, durfte sich nicht anders äußern, als im unbedingten Aufgehen in die russische Nation. Nicht einmal ihre Muttersprache, die offiziell als „Mundart" bezeichnet wurde, kam zur Geltung, weder in der Schule noch im öffentlichen Leben.

Eine ungeheure Enttäuschung ergriff die Nationalisten. Es war klar, man war aus der Scylla in die Charybdis gefallen. Was wie das Morgenrot der anbrechenden nationalen Selbständigkeit ausgesehen hatte, war nichts weiter gewesen als der Schein der panslavistischen Brandfackel, die in den deutsch-protestantischen Kulturkreis geschleudert worden war und alles zu zerstören drohte, was ihm angehörte: Deutsche sowohl als auch Letten und Esten.

In dem Maße, als die Erkenntnis dieses Vorganges bei Letten und Esten[2]) durchdrang, ging eine Scheidung der Geister

---

des vom Staatssekretär Kulomsin herausgegebenen offiziellen Werkes „Geschichtlicher Überblick über die Tätigkeit des Ministerkomitees". Petersburg 1902. 5 Bände (russ.). Vgl. „Balt. Monatsschrift" Bd. 56. 1903. S. 38.

[1]) Vgl. die Zusammenstellung der Russifizierungsmaßregeln der Sinówjewschen Ära (1885—1895) im Anhang zur „Balt. Chronik" 1901/02. S. I—VIII.

[2]) Die im wesentlichen analogen Erscheinungen bei den Esten können hier nicht näher beleuchtet werden.

vor sich, die für die spätere Entwicklung ausschlaggebend wurde. Zunächst trennten sich die Jungen von den Alten, die Extremen von den Gemäßigten. Die alte nationalistische Richtung, kristallisiert um den Lettischen Verein in Riga, hielt zwar an ihrem Programm der friedlichen Verdrängung der Deutschen behufs Herbeiführung einer lettischen Selbständigkeit fest, sah sich aber durch die Russifizierungspolitik der Regierung in dem von ihr eingeschlagenen Tempo wesentlich behindert und ging demzufolge langsam und vorsichtig vor, wodurch sie die Herrschaft über die ungeduldige Jugend immer mehr verlor. Es lag im lavierenden Charakter dieser Richtung, daß ihre Preßorgane „Balß" und „Baltijas Westnesis" weder ein deutliches Programm noch überhaupt eine konstante Färbung zeigten, sich bald gouvernemental, bald zu Kompromissen mit den Deutschen geneigt gebärdeten. Gelegentliche Äußerungen in Wort und Schrift erhellen wie Scheinwerfer die Dämmerung, in welche sich die Altnationalisten absichtlich hüllten, und zeigen die frühere haß- und neiderfüllte Gesinnung gegenüber den Deutschen.

Die Führer dieser Richtung waren die Rechtsanwälte Waeber, Großwald und Weinberg.

Die neue Richtung (lettisch: „jauna strahwa")[1]), der sich fast die ganze Jugend und vornehmlich diejenigen, die in Rußland studiert oder Seminare, Feldmesser- und Ackerbauschulen besucht hatten, anschlossen, warf sich dem Sozialismus in die Arme. Diese Richtung war negierend, atheistisch und sozialistisch. Ihr Organ war die „Deenas Lapa", von deren Redakteuren der „Dichter" Pleekschans-Rainis, wie wir sehen werden, auch eine politische Rolle gespielt hat.[2])

[1]) Vgl. A. Bielenstein, „Ein glückliches Leben", a. a. O. S. 432.

[2]) Siehe unten S. 82. Von anderen Redakteuren sind zu nennen Bergmann, Stutschka und Dr. P. Sahlit.

Da es sich bei den zwei charakterisierten Richtungen nicht um politische Fraktionen oder geschlossene Parteien handelt, sondern mehr um geistige Strömungen, so liegt es auf der Hand, daß ihre Grenzen einigermaßen fließend waren, so zwar, daß die äußerste linke Schattierung der einen Richtung sich der äußersten Rechten der andern näherte.

Es erhielt z. B. die altnationalistische Richtung einen fast regelmäßigen Zuwachs aus der in Riga und Jurjew studierenden Jugend, insbesondere aus den Gliedern der Jurjewer Korporation „Lettonia", die zwar nicht nihilistisch gesinnt war, wenigstens nicht im Beginn dieser Epoche, wohl aber radikaler als die Leute der früheren Generation. Diese Elemente, deren Weltanschauung derjenigen verwandt war, die in der „jauna strahwa" herrschte, bildeten naturgemäß eine „Linke" in ihrer Partei. Auch in bezug auf die politischen Ziele waren sie radikaler als die Alten. Seit 1899, dem Jahre der ersten Arbeiterrevolten in Riga, vertiefte sich die Spaltung. Im lettischen Verein[1]) platzten die Geister auf das heftigste aufeinander. Auch in der nationalistischen Presse zeigte sich ein Gegensatz.[2]) Der konservativere Teil scharte sich um die „Balß", deren Redakteur A. Waeber war, die Radikalen um den „Baltijas Westnik" (1900—1902) und „Rigas Awises" (seit 1902), Redakteur Weinberg. Noch mehr links standen der „Wahrds" („Das Wort") und die neuauftauchenden „Peterburgas Awises",[3]) welch letztere Zeitung sehr bald in das revolutionäre Fahrwasser geriet. Außerordentlich erschwert wird die Scheidung der Richtungen, deren Äußerungsform ja in erster Linie die

[1]) Der 1899 942 Mitglieder zählte und ein Vermögen von 80000 Rubel besaß. „Balt. Chronik" 1899. S. 138. Über Streitigkeiten im Lett. Verein. Vgl. ebenda S. 141 und 244.

[2]) „Balt. Chronik" 1899/1900. S. 99.

[3]) Ebenda 1901. S. 51 und 1902/03. S. 66.

Presse ist, durch den Umstand, daß die Redakteure der einzelnen Blätter, die zugleich meist Parteiführer waren, einerseits untereinander in beständiger erbitterter Fehde lagen, wobei sie nicht nur die persönliche, sondern auch die politische Gesinnung des Gegners angriffen,[1]) und andererseits zu verschiedenen Zeiten in verschiedenster Konstellation zueinander erscheinen.

Im Jahre 1902 fand eine Sezession einer großen Anzahl von Gliedern des Lettischen Vereins statt. Die Altnationalisten blieben im Verein, die Sezessionisten gründeten die „Rigaer lettische Vereinigung" (Sabeedriba). Am 8. November 1902 fand die feierliche Eröffnung ihres Klublokals im Hause des Lettischen Hilfsvereins statt unter Beteiligung des Gouverneurs und der Rigaschen Stadtverwaltung.[2]) So sehr war der lettische Nationalismus in Mißkredit geraten, so sehr war der Kompromiß das politische A und O des Deutschtums, besonders des Rigaschen, geworden, daß deutsche Presse und Gesellschaft sich von den Versicherungen versöhnlicher Gesinnung vollständig düpieren ließen und den Kampf des neuen von internationaler Gesinnung beseelten Klubs wider den alten nationalistischen Verein mit derselben Genugtuung begrüßten, wie vorher den Kampf der verkappt-sozialistischen „Deenas Lapa" wider die nationalistische Presse.

Auch wurde der Konkurrenzverein und sein Theater bereitwilligst von der Stadtverwaltung subventioniert. Wenige Jahre darauf war das Klublokal in der Romanowstraße Nr. 25 das Hauptquartier der Revolutionäre in Riga.

---

[1]) Vgl. z. B. „Balt. Chronik" 1901/02. S. 11 zum 11. September 1901 und aus neuerer Zeit den Artikel von A. Waeber in der „Balß" 1904. Nr. 2: „Wo ist die Schuld zu suchen?"

[2]) „Balt. Chronik" 1902/03. S. 27.

Der Vorwurf der politischen Kurzsichtigkeit, der von der Gruppe der staatserhaltenden Nationalisten wider das Deutschtum in bezug auf dessen Stellung zu den „internationalen" Letten erhoben wird,[1]) muß bis zu einem gewissen Grade als berechtigt anerkannt werden. Die Deutschen haben sich düpieren und überrumpeln lassen. Das ist nicht zu leugnen. Die Erklärung liegt, abgesehen von dem schon angeführten Moment der suggestiven Kompromißidee, das nicht für alle Deutschen gilt, in dem Umstand, daß das Deutschtum in dem letzten Jahrzehnt auf das heftigste von den Nationalisten angegriffen worden war und sich gewöhnt hatte, in diesen ihre nächsten Feinde zu erblicken. Auf zwei Gebieten namentlich waren die Angriffe der Nationalisten erfolgt, auf dem Gebiete des Kirchen- und Pfarrwesens und auf dem der städtischen Selbstverwaltung. Zum Verständnis der Situation an der Wende des 19. und am Beginn des 20. Jahrhunderts wird es erforderlich sein, diese zwei Kampfgebiete näher zu beleuchten.

Was zunächst die Kirchenfrage betrifft, so handelt es sich dabei um die Besetzung der Pfarrstellen auf dem flachen Lande.

Die Pastorate[1]) oder Widmen in den Ostseeprovinzen sind kleinere Rittergüter, die den Kirchengemeinden gehören und deren Nutznießung den wesentlichen Teil des Gehaltes der Pastoren bildet. Da die Widmen zum allergrößten Teil durch Landstiftungen von Gutsherren in der Zeit nach der Reformation entstanden sind, so ist ihre Vergebung nach der alten kirchenrechtlichen Vorstellung ein Recht des Stifters und seiner Rechtsnachfolger, denen infolgedessen das Lehnrecht an der

[1]) Vgl. hierzu den Artikel (von A. Needra): „Warum mißtrauen wir Letten den Deutschen?" in „Das freie Wort". Riga, Juni 1906. Nr. 3.

[1]) Vgl. Teil I. S. 45 u. 46 und A. Tobiens daselbst zitierte Denkschrift, S. 22 ff.

Kirche, d. i. das Patronatsrecht, das Recht der Predigerberufung, zustand. Nach dem Provinzialrecht der Ostseeprovinzen ist das Patronatsrecht an den Kirchen auf dem Lande ein Realrecht.[1]) Dieses Recht steht demjenigen Rittergute zu, von welchem seinerzeit die Kirchenwidme abgeteilt worden ist. Es kann auch mehreren, sogar allen Gütern des Kirchspiels zustehen, falls die Stiftung gemeinschaftlich geschehen ist oder wenn das Gut, von dem ursprünglich die Stiftung stammt, später (bis 1832) geteilt worden ist. Das am Gute haftende Patronatsrecht wird ausgeübt von dem jeweiligen Eigentümer des Gutes, wobei die Ausübung, abgesehen vom allgemeinen Erfordernis der Rechtsfähigkeit, ausschließlich an den Eigentumstitel und die Zugehörigkeit zu einem christlichen Bekenntnis gebunden ist.[2]) Es kann also jeder Eigentümer eines Rittergutes, an dem das Patronatsrecht haftet, dieses Recht ausüben, sofern er einer christlichen Konfession angehört, einerlei wes Standes und welcher Nation er sei.

Außer den Patronatspfarren, die den größeren Teil ausmachen, gibt es sog. Regalpfarren, wo das Patronatsrecht der Krone zusteht. Hier findet die Predigerberufung durch den Kirchenkonvent — Rittergüter und Bauerngemeinden paritätisch — unter Bestätigung des Ministers des Innern statt.[3])

Es lag nun auf der Hand, daß es den Nationalisten sehr daran gelegen sein mußte, eine Grundlage für die Pfarr-

---

[1]) Teil III. Privatrecht. Artikel 552. Die Verschiedenheiten des Patronatsrechts in den drei Provinzen können hier nicht weiter untersucht werden. In Estland ist es tatsächlich nur ein Präsentationsrecht, in Kurland ist es mit bedeutenden Pflichten für den Unterhalt der Kirchen und Pastorate verbunden.

[2]) Gesetz für die evangelisch-lutherische Kirche in Rußland. XI. Bd. des Reichsgesetzbuchs. Ausgabe von 1896. Artikel 766—776 (Kapitel XI).

[3]) Ebenda Artikel 410.

berufung zu finden, die es ihnen ermöglichte, undeutsche Pastoren zu erhalten. Daher richteten sie von Anbeginn ihre Angriffe gegen das Patronatsrecht, in welchem sie eine Gewähr des Fortbestehens des deutschen Pastorentums erblickten. Wir haben oben gesehen, daß die Agitation der Jungletten und Jungesten ebenso sehr, ja fast noch mehr gegen die deutschen Pastoren als gegen die deutschen Gutsherren gerichtet war. Unter den wichtigsten Forderungen der Manasseinschen Periode befand sich auch die der Aufhebung des Patronatsrechts.

Diese Forderung stimmte überein mit den Wünschen der Panslavisten, die in dem gemeinsamen evangelisch-lutherischen Glauben mit Recht das stärkste einigende Band zwischen den verschiedenen Nationen der Ostseeprovinzen sahen. Es lag daher auch im russischen Interesse, dieses Band möglichst zu lockern.

Neben der eifrig betriebenen griechisch-orthodoxen Propaganda [1]) ging daher das Bestreben der Russifikatoren dahin, die Angriffe der Nationalisten gegen das Patronatsrecht zu unterstützen und so Unfrieden im Schoße des Luthertums zu erzeugen.

Am 20. März 1897 schrieb ein gewisser Baschmaków, ehemaliger Präsident des Hasenpoth-Grobinschen Friedensrichterplenums, im „Nabljudátel" („Beobachter") folgendes: „Nachdem man einmal begonnen hat, Livland mit russischen Säuren aufzulösen, darf man nicht ruhen, bevor die Auflösung ganz und gar vollzogen ist. Vor allem ist es jetzt dringend notwendig, die kirchliche Organisation des baltischen Gebietes einer durchgreifenden Revision zu unterwerfen. Die materielle Sicherstellung der Pastoren, das Patronatsrecht, die

[1]) Vgl. „Balt. Chronik" 1896/97. Beilage II; 1898/99. S. 77; 1899. S. 220 u. p.

ausschließliche Herrschaft des Deutschtums in der Kirchenverwaltung und andere schreiende Ungerechtigkeiten werden ein reiches Material liefern. In dieser Beziehung sind die staatlichen Interessen völlig identisch mit denen der baltischen Volksmasse." [1])

In derselben Zeit nahm auch die Hetze der nationalistischen Presse gegen die deutschen Pastoren und das Patronatsrecht immer schärfere Formen an, so daß es nicht wunderbar erscheint, daß es zu groben Ausschreitungen wider deutsche Pastoren kam. Am 29. März 1889 wurde die Introduktion des Pastors in Oppekaln (Kreis Walk), am 1. November die des Pastors in Lubahn (Kreis Wenden) und am 8. und 15. November die des Pastors in Schwaneburg (Kreis Walk) gewaltsam verhindert.[2]) In allen Fällen waren die Tumultuanten organisierte Minoritäten, denen die überraschte Masse des Volkes ratlos und feige gegenüberstand. Nur in Schwaneburg kam es beim zweiten Kirchenskandal zu einer blutigen Rauferei an der Kirchentür zwischen den Agitatoren und den zahlreichen Konfirmanden. Dem damaligen Gouverneur Súrowzow, der ungefähr auf dem Baschmakówschen Standpunkt stand, gelang es, diese groben Exzesse in Petersburg als eine rein religiöse Frage darzustellen, und es erfolgte als Remedur am 21. Januar 1899 ein Allerhöchster Erlaß, der die feierliche Introduktion der Prediger in Livland aufhob und durch eine geschäftliche Einweisung in die Widme ersetzte.

---

[1]) „Balt. Chronik" 1896/97. S. 60. Derselbe Baschmaków hatte schon am 13. Januar 1897 in den „Mirowija Otgoloßki" einen Angriff gegen das Patronatsrecht veröffentlicht, der sich gleichfalls durch Unkenntnis, mangelnde Sachlichkeit und bösartige Tendenz auszeichnet. Vgl. ebenda S. 104.

[2]) Vgl. „Balt. Chronik" 1897/98. S. 87, 110, 141, 146; 1898/99. S. 39, 44, 49 f.

Bezeichnend ist es auch, daß das Gericht die Vorgänge in Oppekaln, wo es sich übrigens nicht um eine Patronats-, sondern um eine Wahlpfarre handelt, nicht als „offene Auflehnung gegen die von der Regierung eingesetzten Gewalten", sondern als „Unfug an einem öffentlichen Orte" auffaßte und danach das Strafmaß bestimmte.[1])

Die Folge dieser Haltung der Staatsgewalt war die, daß die Pastoren in Oppekaln, Lubahn und Schwaneburg am 21. März 1899 abermals am Betreten der Kirche verhindert wurden und daß in der Nacht vom 18. auf den 19. Mai ein Attentat auf den Schwaneburgschen Pastor verübt wurde.[2]) Die lettische und estnische Presse hetzte weiter. Immer deutlicher trat bei der Behandlung der Kirchenfrage das nackte Utilitätsprinzip hervor.[3]) Nicht nur das Patronatsrecht sei abzuschaffen, sondern auch die Predigerwahl durch den Kirchenkonvent und die Berufung durch die oberste Kirchenbehörde. Einzig möglich wäre die Wahl durch die ganze Kirchengemeinde.[4]) Es muß, so sagt der „Olewik", endlich „eine offene Scheidung zwischen den nationalen (d. i. estnischen und lettischen) Predigern und denen aus fremdem Volksstamm vollzogen werden".[5])

Natürlich trug diese Agitation und die wohlwollende Haltung

---

[1]) „Balt. Chronik" 1897/98. S. 146.

[2]) Ebenda 1899. S. 184, 248.

[3]) So macht der „Apskats" am 21. März 1903 zwei lettischen Pastoren des Wendenschen Sprengels bittere Vorwürfe darüber, daß sie ihre Stimmen zur Propstwahl einem Deutschen gegeben hätten. „Balt. Chronik" 1902/03, S. 89 f. Siehe auch die Rede des gewesenen Pastors W. Plutte alias Olavs am 12. Januar 1904; ebenda 1903/04. S. 94.

[4]) Vgl. auch die Broschüre von A. Grenzstein, Redakteur des „Olewik": „Herrenkirche und Volkskirche". 1898.

[5]) Am 2. Februar 1899. „Balt. Chronik" 1899, S. 132. Vgl. S. 113 und 186.

der russischen Presse zu den „Emanzipationsbestrebungen" der Esten und Letten[1]) ihre Früchte.

Bei jeder neuen Pfarrbesetzung in den Wahlpfarren kam es zu erregten Wahlkämpfen. Die Wahlagitation wurde von Delegierten des Lettischen Vereins, meist Studenten und Polytechnikern, geleitet und skrupellos durchgeführt. Es kamen Fälle vor, wo die eingepfarrten Gutsbesitzer erklärten, auf die Seelsorge des trotz ihres Protestes und vermittelst schmutziger Wahlmanöver gewählten Pastors ultranationalistischer Richtung verzichten zu müssen, andere Fälle, wo die Pfarre jahrelang vakant blieb, weil bei dem in den Kirchenkonventen geltenden Paritätsprinzip kein Kandidat die Stimmenmehrheit erhielt.[2])

Völlig unleidlich waren die Zustände bei der Neubesetzung einer Patronatspfarre. Die Patrone, die nach alter Tradition in ihrem Berufungsrecht weniger ein Recht als eine öffentliche und moralische Pflicht sahen, gerieten nicht selten in einen Gewissenskonflikt. Einerseits sahen sie deutlich, daß in der Patronatsfrage für die verhetzten Bauern nicht sowohl kirchliche als nationale Beweggründe maßgebend waren, andererseits mußten sie alles versuchen, um den kirchlichen Frieden aufrecht zu erhalten. In den meisten Fällen überließen sie die Predigerberufung dem Konsistorium. Zu welchen Folgen die Ausübung des Patronatsrechts führen konnte, beweist der Fall Marienburg im Jahre 1902, wo eine Reihe von Brandstiftungen im Gutsbezirk des Patrons und auf dem Pastorat die Predigerberufung quittierte. Der Marienburgsche Brandstifterprozeß wurde zu einer cause célèbre aufgebauscht. Die Verteidiger der Brandstifterbande, zwei Juden und ein Pole,

---

[3]) Vgl. „Balt. Chronik" 1899. S. 113 und 1899/1900. S. 43.

[4]) Vgl. ebenda 1899. S. 255.

die der Lettische Verein bezahlt haben soll, gaben ihren Plaidoyers einen hochpolitischen Anstrich, indem sie sich gegen das Patronatsrecht wandten, das als ein Überbleibsel der Leibeigenschaft bezeichnet wurde, „von dem ein Hauch grauen Altertums weht". Die Brandstifter aber erscheinen nicht als gemeine Verbrecher, sondern als „Träger des Volksgedankens, des Volkswillens". Darauf wurden die Angeklagten, die zum Teil geständig waren, zwar schuldig erkannt, „eine verbrecherische Vereinigung zum Zweck von Brandstiftungen" geschlossen zu haben, aber in Anbetracht der Umstände mit dem mildesten Strafmaß belegt.[1])

Die Kirchenfrage steht noch heute auf der Tagesordnung. Was wir bisher auf diesem Gebiete erlebt haben, gestattet uns nicht, anzunehmen, daß sie auf dem Wege der Kompromisse wird gelöst werden können. Jedenfalls nicht, solange die Presse in so unumschränkter Weise über Geister und Seelen des Volkes herrscht. Bis zu welchem Grade die Moral der „öffentlichen Meinung" verwildert ist, zeigt jede einzelne Nummer der nationalistischen Presse. Es sei hier eine Nummer der augenblicklich „konservativen" „Rigas Awises" herausgegriffen. Es ist die Nr. 19 von 1904, wohlgemerkt: v o r der Revolution! Hier knüpft ein Artikel „Weswegen?" an die Tatsache der Ermordung des Propstes Hoffmann zu St. Jakobi in Estland [2]) folgende Betrachtungen: Wie kommt es, daß derartige Racheakte gerade an lutherischen Geistlichen in den Ostseeprovinzen verübt werden? Während doch sonst überall kirchlicher Frieden herrscht, sowohl in anderen lutherischen

---

[1]) Vgl. „Balt. Chronik" 1903/04. S. 11—28, wo der ganze Prozeß ausführlich geschildert wird.

[2]) Ermordet in seinem Schlafgemach von einem Gemeindegliede am 15. Januar 1903 aus Rache wegen kirchlicher Bestrafung. „Balt. Chronik" 1903/04. S. 75.

Ländern als auch bei unseren Griechen und Katholiken. „Wie freundlich und gekräftigt in der christlichen Wahrheit leben z. B. in unseren orthodoxen Gemeinden die Seelenhirten, die Väterchen, mit ihren Gemeindegliedern!" Warum der Haß gegen unsere lutherischen Pastoren? Sollte es nicht daran liegen, „daß in unseren lutherischen Gemeinden vielfach nicht die rechten Männer am Platze sind? Zum Prediger einer christlichen Gemeinde ist nur ein solcher zu erwählen, der sie zu pflegen imstande ist, der in Worten und Werken seine Gemeinde zu überzeugen und zu Christum zu führen vermag und der dabei keines Dolmetschers[1]) bedarf". Also der feige Meuchelmord eines Seelsorgers durch sein Gemeindeglied löst in der „Rigas Awises" nur die Empfindung aus: das kommt davon, daß es bei uns deutsche Pastoren gibt. Jeder weitere Kommentar ist überflüssig!

Es ist ganz klar, die einzige Lösung der Kirchenfrage, welche die Nationalisten befriedigen wird, ist die, daß man das ganze Kirchenwesen auf dem flachen Lande ihnen überläßt.

Wie sehr diese Stellungnahme der Nationalisten Wasser auf der Mühle der Sozialisten war, braucht nicht erst hervorgehoben zu werden. Sie half ihnen, das festeste Bollwerk gegen ihre Einflüsterungen stürzen, die kirchliche Gesinnung der großen Masse des Volkes.

Das zweite Kampfgebiet zwischen Deutschen und Indigenen war die städtische Selbstverwaltung. Je größer die Anzahl der in die Städte gezogenen Letten und Esten wurde, je größer das in ihren Händen befindliche Kapital, insbesondere der Immobiliarbesitz anwuchs, um so lebhafter wurde das Bedürfnis

---

[1]) Eines Dolmetschers bedürfen die deutschen Pastoren natürlich nie, da sie alle der autochthonen Sprachen vollkommen mächtig sind.

bei den leitenden Kreisen, diesen Umstand als Machtfaktor gegen das Deutschtum auszunutzen.

Die seit dem 26. März 1877 durch die Einführung der neuen Städteordnung vom 16. Juni 1870 veränderte Gestalt der Selbstverwaltung in den baltischen Städten gab hierzu die Möglichkeit. An Stelle der alten ständischen Verfassung (Gilden und Rat) trat eine neue auf demokratischer Grundlage, nach der jeder 25 jährige unbescholtene Stadteinwohner stimmberechtigt wurde, sofern er ein städtisches Immobil besaß oder gewisse Abgaben als Handels- oder Gewerbetreibender entrichtete.[1]) Es handelte sich nur darum, die erforderliche Stimmenzahl für die Stadtverordnetenwahlen zusammenzubringen.

Schon 1881 hatten sich in Riga und Reval nationalistische Wahlkomitees gebildet,[2]) jedoch die Versuche, eine nennenswerte Wählerziffer zu erhalten, scheiterten vollständig, sowohl dieses Mal als auch in den nächsten Wahlperioden, so daß die Führer es für richtiger hielten, die Parole auszugeben, sich jeder Beteiligung an den Wahlen zu enthalten. Erst 1901 trat die Partei des Lettischen Vereins und des „Baltijas Westnesis“[3]) in Riga wieder mit aller Energie für einen Wahlkampf wider die konservative Wählergruppe der Deutschen und Russen, der sich auch einige rechtsstehende Letten zugesellt hatten, in die Schranken. Trotz aller Anstrengungen unterlagen die Nationalisten. Derselbe Vorgang wiederholte sich 1905, obgleich die Letten dieses Mal alle Mittel aufgeboten hatten und auch

---

[1]) Vgl. J. Keußler, „Analyse der neuen Stadtverfassung.“ „Balt. Monatsschrift“ Bd. 25. 1877. S. 420 ff.

[2]) Vgl. „Russische Wandlungen“, a. a. O. S. 363.

[3]) Vgl. das lettische Wahlprogramm in d. „Balt. Westnesis“ 1901. Nr. 41. Dagegen wendet sich die „Balß“. Nr. 25.

vor terroristischen Gewaltakten nicht zurückschreckten.[1]) Fielen doch schon die Wahlen im Frühling 1905 in den Beginn der revolutionären Bewegung. Wie erbittert der Wahlkampf 1905 war, beweist die Zahl der abgegebenen Stimmen: 3196 gegen nur 2333 im Jahre 1901. Dagegen haben bei den letzten Wahlen die Nationalisten nicht nur in den meisten kleinen Städten der Ostseeprovinzen, sondern sogar auch in Reval gesiegt, was bereits die schlimmsten Folgen für das Kommunalwesen dieser Städte gehabt hat.

Wir haben hier unserer Darstellung zeitlich vorgegriffen, denn es lag uns daran, zu erklären, wie es kam, daß im Jahre 1902 das deutsche Element in Riga sich für die Richtung des neuen lettischen Klubs und gegen den alten Lettischen Verein erklärte. Von den lettischen Nationalisten auf das heftigste angefeindet und in seinen vitalsten Interessen bekämpft, sah das deutsche Element in ihnen mit Recht seine derzeit erbittertsten Feinde und übersah die Größe und Nähe der sozialistischen Gefahr.

Bevor wir nun daran gehen, das Erscheinen, Heranwachsen und bewußte Auftreten der organisierten Sozialdemokratie zu untersuchen, werden wir gut daran tun, noch einmal das, was wir über die nationalistische Richtung festgestellt haben, in kurzen Worten zu rekapitulieren.

Bis zur zweiten Hälfte der achtziger Jahre gab es im wesentlichen neben der großen Masse des indifferenten Volkes nur eine politische Richtung, die früher „Jungletten" genannten Nationalisten, deren Mittelpunkt der Lettische Verein in Riga und deren Führer die Vorsteher dieses Vereins und die Redakteure der lettischen Hauptzeitungen waren. Innerhalb dieser

---

[1]) Der „Balt. Westnesis" von 1904. Nr. 271 sagt zu den Wahlen: „Wir werden nehmen, was man uns verweigert."

Richtung, deren Tätigkeit wir im vorstehenden Kapitel zur Genüge beleuchtet haben, gab es verschiedene Färbungen, je nachdem die einzelnen von nihilistischen und sozialdemokratischen Ideen ergriffen waren oder nicht. Das Ziel der Nationalisten war Verdrängung der Deutschen, um selbst zur Herrschaft zu gelangen. Dieses Ziel glaubten sie im panslawistischen Ansturm zu erreichen. Als diese Hoffnung zuschanden wurde, spaltete sich die ganze Gruppe. Von den Nationalisten sonderten sich die radikalen Elemente ab und gingen in das Lager der Sozialdemokraten und Sozialrevolutionäre über, die, wie wir im zweiten Kapitel sehen werden, sich damals zu organisieren begannen.

Diese Spaltung fand natürlich nicht auf einmal statt. In den fünfzehn Jahren nach der Russifizierung differenzierten sich vielmehr die einzelnen Schattierungen allmählich, bald schneller, bald langsamer, entsprechend dem Einfluß äußerer Verhältnisse.

Die einzelnen Gruppen sind, wenn wir von den „bewußten" Sozialdemokraten absehen, nicht fest umgrenzt. Während der linke Flügel der Nationalisten sich bereits an die Sozialdemokratie anlehnte, vertrat der rechte noch das staatserhaltende Prinzip. Das einigende Band war die nationalistische Idee: die Verdrängung der deutschen besitzenden Klassen durch die Letten.

Seit 1899 scheint die Differenzierung energischer vor sich zu gehen. 1902 kam es zur ausgesprochenen Parteibildung. Der alte Lettische Verein blieb auf dem Boden des Junglettentums, der neue dagegen, der alle radikalen Elemente in sich vereinigte, wurde die Hochburg der Sozialdemokratie.

Kapitel II.

Die lettische Sozialdemokratie.

I. Anfänge.

Wir haben im vorhergehenden Kapitel die nationalistische Bewegung in den Ostseeprovinzen durch vier Jahrzehnte verfolgt. Wir haben gesehen, daß es sich um einen Kampf einer Anzahl ehrgeiziger, aus dem Bauernstande hervorgegangener Literaten gegen die privilegierten und besitzlichen Stände handelte. Für diesen Kampf war die große Masse des Volkes nur zu haben, wenn ihr materielle Vorteile winkten. Der Grundzug der Bewegung war daher naturgemäß sozialistisch. Ein willkommenes Mittel, die vorhandenen sozialen Gegensätze zu verschärfen, war den Agitatoren der Umstand, daß die „Herrenklasse" einer fremden Nation angehörte. Wir haben dieses nationale Moment eingehend untersucht und festgestellt, daß es nur scheinbar von primärer, tatsächlich von sekundärer Bedeutung für die ganze Bewegung gewesen ist. Mittel zum Zweck. Freilich bei einigen zum Selbstzweck geworden unter der panslawistischen Suggestion oder der Autosuggestion nationalen Dünkels. Im Vordergrund steht der Klassenkampf, die Erlangung sozialer und besonders wirtschaftlicher Vorteile. „Sie treiben", berichtet 1864 der kurländische Zivilgouverneur von den Letten, „bewußt oder unbewußt in einer sozialdemokratischen Strömung, bei welcher die angeblich nationale Unterdrückung nur als Aushängeschild dient, um aus dem modernen Nationalitätsschwindel auch für sich einen Vorteil zu ziehen."[1])

---

[1]) Siehe oben S. 14.

Von einer irgend tiefergehenden Aufnahme abstrakt sozialistischer Ideen kann in den sechziger Jahren nicht die Rede sein. Höchstens die Führer haben sich mit dem Rüstzeug des akademischen Sozialismus versehen, das sie von den russischen Republikanern bezogen. Ihnen arbeiteten, wie wir gesehen haben, die Zöglinge der russischen Priesterseminare allenthalben in die Hände. Immer mit den brutalsten Mitteln, indem sie die Begehrlichkeit der nichtbesitzlichen Klassen durch Verheißung von Landteilungen aufpeitschten. Als diese Verheißungen nicht eintrafen, trat bei dem betrogenen Volk zunächst eine Ernüchterung ein, und es bedurfte einer zehnjährigen systematischen Wühlarbeit der Jungletten und Jungesten, um den verlorenen Boden wiederzugewinnen. Ende der siebziger Jahre, als das große Haberfeldtreiben der Panslawisten gegen das Deutschtum begann, konnten die lettischen und estnischen Nationalisten wohleinexerzierte Scharen heranführen, um den Deutschen in den Rücken zu fallen. Vereine und Presse überboten sich in chauvinistischer Hetze. Im Jahre 1881 zeigten sich alle Anzeichen einer organisierten Verschwörung, deren lokale Mittelpunkte der Lettische Verein in Riga und der Estnische Literarische Verein in Dorpat waren. Die Fäden dieser Verschwörung reichten einerseits nach Rußland (Petersburg), anderseits nach Genf; hier versuchte der Sozialist E. Bark die Verbindung zwischen der russischen revolutionären Bewegung und der baltischen herzustellen. Im Jahre 1882 wurde eine sozialistische Verschwörung im Wendenschen Kreise im südöstlichen Livland entdeckt. Die Hauptverschwörer waren griechisch-orthodoxe Volksschullehrer, Zöglinge der vollkommen durch den Nihilismus verseuchten Priesterseminare: alles Letten. Die bei ihnen gefundene illegale Literatur wies auf eine Verbindung mit den russischen Terroristen hin. Aus dem Tagebuch Karps, eines der verhafteten Lehrer, geht hervor, daß damals schon in Riga eine sozialistische Gruppe von 20 Gliedern existiert habe. In demselben Jahre wurde die unseres Wissens erste gedruckte lettische Proklamation sozialistischen Inhalts aufgefangen. Gleichzeitig fand in Riga der Prozeß wider den Leutnant Aisup, einen Letten, statt wegen sozialistischer Umtriebe.

Alle diese Umstände weisen darauf hin, daß schon zu Beginn der achtziger Jahre eine sozialistische Bewegung in den Provinzen existierte. Von ihrer Organisation wissen wir aber nichts.

Mittlerweile war der panslavistische Feldzug gegen das Deutschtum der Ostseeprovinzen siegreich durchgeführt worden, unter tätiger Beihilfe der Jungletten und Jungesten. Als diese nun bei der Liquidation ihren Lohn empfangen wollten, bekamen sie nur Lob wegen ihrer vortrefflichen Haltung und tadellosen russischen Gesinnung zu hören. Im übrigen könnten sie nicht erwarten, daß sie, entgegen dem russischen Staatsgedanken, ihr Volkstum bewahren würden. Das hieße ja nur, statt des deutschen Fremdkörpers einen lettischen und estnischen gewinnen. Die Nationalisten, die in ihrem naiven Dünkel der Politik des „ôte toi de là, que je m'y mette" auf mehr gehofft hatten, ergriff eine furchtbare Enttäuschung. Sie sahen nun, daß sie Baal durch Beelzebub vertrieben hatten.

Wir haben oben dargestellt, daß eine Folge dieser Enttäuschung eine tiefgehende Spaltung im nationalistischen Lager war. Die Jungen sonderten sich von den Alten. Beide behielten die bewährte nationale Firma bei. Während aber die Alten ihren Kampf wider das deutsche Element in der bisherigen Weise mit legalen oder wenigstens legal scheinenden Waffen weiterkämpften, ja, einige unter ihnen sich sogar zu Kompromissen bequemten, andere wieder auf den Gedanken der russischen Assimilierung eingingen, warfen sich die Jungen dem Sozialismus und der Sozialdemokratie in die Arme.

In der zweiten Hälfte der achtziger Jahre keimte diese Bewegung ganz im stillen.[1]) Aus Deutschland wurden zahlreiche sozialistische Schriften, insbesondere solche, die auf dem Boden der Lehren von Marx und Engels standen, importiert und unter der lettischen Intelligenz verbreitet. Der Hafen Libau war der Einfuhrort.[2]) Die lettische Literatur dieser Epoche zeigt keine nennenswerten Spuren eines bewußten und geschulten Sozialismus. Nur wird die Tendenz der Literatur in ihrem materialistischen Pessimismus und ausgesprochenen Atheismus immer destruktiver. Es scheint, daß über die realen Ziele der neuen Richtung damals nur mündlich verhandelt wurde. Die große Heimlichkeit konnte anfangs auch nur fördernd wirken. Der Reiz des Verbotenen.

Anfangs der neunziger Jahre hatte die neue Richtung so weit Boden gefaßt, daß sie sich ein eigenes Preßorgan leisten konnte, die „Deenas Lapa" („Tageblatt"), deren Redakteur der lettische „Dichter" J. Pleekschans alias Rainis war. Fast ganz öffentlich, auf den Vortrags- und Diskutierabenden in den Redaktionsräumen der „Deenas Lapa" wurden sozialdemokratische Dogmen in ihrer Anwendung auf die Ausbeutung der lettischen Arbeit durch das deutsche Kapital vorgetragen. An die Möglichkeit der Verfolgung der neuen Lehren schien niemand zu glauben, erfreuten sie sich doch im Westen, woher sie stammten, der Legalität. Die sozialistische Bewegung wuchs rapid, unter der Ägide der „Deenas Lapa", genährt

---

[1]) Die folgende Darstellung der sozialdemokratischen Bewegung beruht im wesentlichen auf den umfassenden und gründlichen Untersuchungen und Materialsammlungen des Dr. M. v. Vegesack in Riga.

[2]) „Die Wahrheit über unsere Sozialdemokraten" von S. P. Manuskript beschlagnahmt durch die Gendarmerie. Zum Teil veröffentlicht in der „Rigas Awises" und darnach in der Balt. Monatsschrift, Bd. 63, 1907, Heft 3.

durch die aus Deutschland massenhaft eingeführte sozialdemokratische Literatur, die von den ungebildeten Zensoren als solche zum Teil nicht erkannt wurde.[1]) In welchem Umfang diese Einfuhr geschah, beweisen die Verhandlungen des Königsberger Sozialistenprozesses von 1904, wo es sich um viele Zentner konfiszierter sozialdemokratischer Literatur handelte.

Die Hegemonie der alten Nationalistenführer und des Lettischen Vereins war ernstlich gefährdet, zumal die neue Richtung auf einen offenen Bruch mit ihnen hinarbeitete.[2]) In dieser Kalamität griffen die Nationalisten zu dem altbewährten Mittel der Denunziation und machten die politische Polizei auf die umstürzlerische Bewegung aufmerksam. Die Gendarmerie traf ihre Maßregeln. 1897 schlug sie die Falle zu und nahm in den größeren Städten Livlands und Kurlands gleichzeitig massenhaft Verhaftungen vor, darunter von etwa hundert Genossen, die sich mit dem Import illegaler Literatur aus Deutschland befaßt hatten. Der Redakteur Pleekschans wurde nach Wjatka verbannt.[3]) Wer der Verhaftung entging, floh ins Ausland, wo sich alsbald in London, dann in der Schweiz und Amerika lettische sozialdemokratische Gruppen bildeten. Von ihnen wurden als regelmäßig erscheinende Zeitschriften: „Auseklis" („Der Morgenstern") und „Latweeschu Stradneeks" („Der lettische Arbeiter") herausgegeben, welche

---

[1]) In der Broschüre: Die revolutionäre Sozialdemokratie in den Ostseeprovinzen, 1905 (russisch), schreibt ein lettischer Revolutionär: „1896 hat uns die Post während mehrerer Monate nach Dorpat die „Leipziger Volkszeitung", den „Wahren Jakob" und die „Neue Zeit" zugestellt."

[2]) „Der erste Schritt der lettischen Sozialdemokratie war ein schonungsloser Kampf gegen unsere nationalen Bourgeois und ihre hypernationalen Volksfeste usw." „Zihna" (der Kampf) vom 25. März 1906, Nr. 29.

[3]) Von wo er 1903 ins Ausland ging, um erst zum Ausbruch der Revolution wieder ins Land zurückzukehren.

letztere Zeitschrift 1900 durch den „Sozialdemokrats“ abgelöst wurde.[1])

Dieser Schlag hatte zur größten Genugtuung der Nationalisten die sozialdemokratische Bewegung in den Ostseeprovinzen vorläufig niedergeworfen. Die zurückgebliebenen Anhänger der neuen Richtung verhielten sich äußerlich ruhig, nur im Geheimen glimmte der Funke weiter. Es war nun offenbar geworden, daß die russische Regierung in dieser Hinsicht keinen Spaß verstand und daß man nicht, wie im freiheitlichen Westeuropa, ungestraft in Wort und Schrift an der Gesellschafts- und Staatsordnung rütteln durfte. Für die Zukunft kam nur der Weg der Verschwörung in Betracht. Diesen Weg betraten die lettischen Sozialdemokraten ungesäumt, vor allem gingen sie daran, eine Organisation zu schaffen. Im Mai 1899 brachen in Riga Arbeiterunruhen aus.[2]) Es kam wiederholt zu blutigen Zusammenstößen mit der Polizei und dem Militär. Der Pöbel stürmte und verbrannte etwa fünfzehn öffentliche Häuser. Nachdem der Gouverneur eine Art kleinen Belagerungszustandes über Riga verhängt hatte, legten sich die Ausschreitungen ziemlich schnell, und die Erregung verpuffte allmählich in verhältnismäßig unschuldigen Aufzügen. Es liegt nahe, diesen Unruhen eine große Bedeutung für die Geschichte der revolutionären Bewegung beizumessen. Man würde jedoch hierin einen Irrtum begehen. Die Unruhen waren hauptsächlich eine Folgeerscheinung der damals hereinbrechenden wirtschaftlichen Depression, die ein starkes Sinken der Arbeitslöhne veranlaßt hatte. Bezeichnenderweise begannen die Unruhen

---

[1]) Vgl. Die revolutionäre Sozialdemokratie in den Ostseeprovinzen (russisch) a. a. O.

[2]) Vgl. Bericht des livländischen Gouverneurs an den Minister des Innern in der livländischen „Gouvernements-Zeitung“ 1899, Nr. 70. „Balt. Chronik“ 1899, S. 208, 212 und passim.

unter den Arbeiterinnen einer Jutefabrik, für die dann die bereits unzufriedenen männlichen Arbeiter der umliegenden Fabriken Partei ergriffen. Der bösartige Charakter der Demonstrationen ist durch den Umstand zu erklären, daß man an einen energischen Widerstand des Militärs nicht glaubte. Nachdem aber wiederholt Blut geflossen war, trat die Ernüchterung bald ein. Natürlich versuchten die destruktiven Elemente die Gelegenheit auszunutzen, indem sie die Erregung nach Kräften schürten. Namentlich russische Studenten sollen eifrig gehetzt haben. Auch die lettischen Sozialisten machten im letzten Augenblick den Versuch, durch hektographierte Proklamationen die abflauende Bewegung wieder aufzupeitschen, doch vergebens. — Dieser Mißerfolg diente jedoch den lettischen Sozialisten zur Lehre. Von da ab begann eine planmäßige Propaganda unter der in den letzten Jahren zu ungeheurer Höhe angewachsenen Arbeiterbevölkerung Rigas.[1] Hierbei war der Antagonismus zwischen den lettischen und litauischen Arbeitern äußerst hinderlich. Letztere — ein halbwildes Volk — hatten die ohnehin fallenden Lohnpreise auf die Hälfte heruntergedrückt und sich dadurch den heftigsten Haß der übrigen Arbeiter zugezogen. Dieser Antagonismus, der nicht selten in blutigen Händeln sich Luft machte, war natürlich für die sozialdemokratische Propaganda mit der kosmopolitischen Devise: „Proletarier aller Länder, vereinigt euch!" ein schwer zu überwindendes Hindernis. Auch mit anderen Schwierigkeiten hatten die Sozialdemokraten zu kämpfen. Es fehlte an Geldmitteln und an geschulten Kräften für die propagandistische Tätigkeit. Der Schreck von 1897 und 1899 saß noch allen in

---

[1] Vgl. den Artikel „Übersicht über die Anfänge der sozialistischen Bewegung unter den Letten 1892—1897" in „Sozialdemokrats" 1901, Nr. 3 (lettisch).

den Gliedern. Den Massen fehlte überdies die revolutionäre Tradition, wie sie sonst dem städtischen Proletariat meist eigen ist. Der größte Teil der Arbeiter war vom Lande zugezogen. Es war schwer genug, die Lehren eines Bebel und Kautsky dem bäuerlichen Verständnis anzupassen. Dabei war das Mißtrauen gegenüber der illegalen Broschürenliteratur zu überwinden. Da verbotene Schriften ungern gelesen wurden, so griff man zu dem merkwürdigen Auskunftsmittel, die Broschüren mit dem Vermerk: „Von der Zensur erlaubt" zu versehen. Äußerst hinderlich für die Propaganda war auch der Umstand, daß nach Unterdrückung der „Deenas Lapa" die Sozialisten über kein legales Organ verfügten, das ihre Lehren täglich in die breitesten Schichten tragen konnte.

So mußte denn die Propaganda sehr heimlich und verhältnismäßig langsam vor sich gehen. Kleine Gruppen von acht bis zwölf Personen beschäftigten sich mit der Anwerbung neuer Anhänger, die dann wieder zu kleinen Gruppen zusammengeschweißt wurden.

Darüber vergingen zwei Jahre.

Als die Zahl der organisierten Genossen und Gruppen allmählich stark gewachsen war, machte sich das Bedürfnis einer einheitlichen Leitung in den einzelnen Zentralpunkten geltend. In den Jahren 1901 bis 1903 [1]) bildeten sich in Riga, Libau, Windau und Talsen sogenannte Komitees, Gruppen höherer Ordnung, die sich nicht direkt mit der Propaganda beschäftigten, sondern nur die Beziehungen der einzelnen Gruppen zueinander aufrecht erhielten und die Herstellung von Aufrufen und die Ausgabe und den Transport der illegalen Literatur besorgten.

---

[1]) Bericht des ersten Parteikongresses 1904. „Zihna" (lettisch) Juni 1904, Nr. 4.

Die Propaganda wurde jetzt zielbewußter, die Organisation strammer.

Im Dezember 1904 erschien eine Flugschrift der lettischen sozialdemokratischen Arbeiterpartei unter dem Titel: „Das revolutionäre A-B-C“. Hier finden wir genauen Aufschluß über die innere Organisation und das Wesen der propagandistischen Tätigkeit; gewissermaßen ein Rezept für die Propaganda.

Der Begriff Propaganda [1]) ist nach dem „A-B-C“ die Ausbreitung einer gewissen Lehre mit Worten und Schriften zum Zwecke der Werbung von Genossen für eine bestimmte Arbeit. Will man einen Genossen werben, so empfiehlt es sich, zuvor den Charakter des Betreffenden genau zu studieren, bevor man ihm die sozialistischen Schriften zu lesen gibt. Erweist sich der Betreffende z. B. als fromm, so erscheint es nicht angebracht, mit der religiösen Frage in sozialdemokratischer Beleuchtung zu beginnen, man wähle lieber ein anderes Thema, z. B. die Ausbeutung der arbeitenden Klassen durch das Kapital. Ist es aber nicht möglich, den Charakter des Proselyten zu ergründen, so empfiehlt es sich, ihm die sozialdemokratischen Schriften heimlich zukommen zu lassen und dann auf Umwegen seine Gedanken über das Gelesene zu erfahren. Übergibt man persönlich illegale Schriften, so geschehe das nur unter vier Augen und mit nur einem Buch zu gleicher Zeit. Ist der Pro-

---

[1]) Im A-B-C und überhaupt in der lettischen sozialdemokratischen Literatur wird Propaganda und Agitation begrifflich nicht unterschieden; meist wird der Ausdruck Agitation gewählt, so auch hier im A-B-C, wo es sich offenbar um Propaganda handelt, d. h. um die Vorbereitung der Massen zu umstürzlerischer Tätigkeit durch Verbreitung sozialistischer Lehren, während unter Agitation die Aufreizung von Individuen oder Gruppen zu direkter revolutionärer Tätigkeit zu verstehen ist. Vgl. hierzu D. Mackenzie Wallace, Rußland, 4. Aufl., II, 1906, S. 284.

pagandist in der Gegend unbekannt, so führe er einen fremden Namen. Die mündliche Propaganda darf nur an fremdem Ort, und zwar öffentlich, geschehen: in der Kirche, im Kruge, auf Tanzereien oder Kirchhofsfesten und niemals ohne Wissen der örtlichen Organisation. Daher wird dort, wo keine örtliche Organisation besteht, auch nicht öffentlich Propaganda getrieben. Die schriftliche Propaganda durch gedruckte oder hektographierte Aufrufe wird gleichfalls sorgfältig vorher organisiert. Die Flugblätter sollen immer nur einzeln verteilt werden und gewöhnlich nur an Orten, wo Volksansammlungen stattfinden, wie z. B. auf dem Markte und in der Kirche.

Für die Verteilung der sozialdemokratischen Flugschriften hat als Grundsatz zu gelten, daß eine gewisse Reihenfolge hinsichtlich der Schriften einzuhalten ist, um die Leser zum Verständnis der sozialdemokratischen Lehren zu erziehen. Eine solche Vorschrift erschien um so notwendiger, als die Zahl der im Auslande in lettischer Sprache herausgegebenen sozialistischen Schriften außerordentlich groß geworden war. Ihren größten Teil bildeten populär gehaltene Übersetzungen der Schriften westeuropäischer und russischer Sozialisten.

Der zweite Teil des „Revolutionären A-B-C" handelt von der Organisation. Darunter wird verstanden die Vereinigung der überzeugten Genossen zum zielbewußten Kampf für die Verbesserung der Lage der arbeitenden Klassen und für die politische Freiheit.

Die durch die Propagandisten angeworbenen Genossen werden einer Prüfung unterzogen, indem ihnen gewisse Aufgaben zur Durchführung übertragen werden. Man beginnt mit ganz leichten Aufgaben: Nachrichtendienst, Aufbewahrung von Schriften, Verbreitung von Aufrufen und ähnlichem. Die strebsamsten und ernsthaftesten Proselyten werden nach Ablauf der Prüfungszeit miteinander bekannt gemacht und zu Gruppen (lettisch: pulzin) vereinigt.

Die Gruppe betreibt die Propaganda in der Nachbarschaft ihres Wohnorts. Jedes ihrer Glieder nimmt einen fremden Namen, einen nom de guerre an, der aber nur in der Organisation gebraucht werden darf und sonst geheim gehalten werden muß.

Jede Gruppe wählt sich einen Vorsitzenden, einen Bibliothekar und einen Schatzmeister. Wenigstens einmal monatlich versammelt sich die Gruppe, um die neuesten sozialistischen Veröffentlichungen gemeinschaftlich zu lesen und durchzusprechen. Diese Versammlungen werden im Sommer im Walde abgehalten, im Winter bei einem Genossen, gewöhnlich unter dem Vorwande einer Festlichkeit. Der Versammlungsort wird beständig gewechselt. Für die Winterversammlungen gilt als Voraussetzung, daß die Hausleute des betreffenden Genossen zuvor durch Propaganda gewonnen sein müssen, da es schwer fällt, das Treiben vor ihren Augen zu verbergen; können sie nicht gewonnen werden, so müssen sie nach Möglichkeit durch andere Dienstboten ersetzt werden, die der Propaganda zugänglicher sind.

Bestehen in einer Gegend mehrere Gruppen, so werden sie einmal im Laufe des Sommers auf einer Waldversammlung vereinigt. Solche größere Versammlungen werden mit aller Vorsicht umgeben: Kundschafter werden ausgesandt und Wächter aufgestellt; nur wer die Parole kennt, kann sich dem Versammlungsort nähern. Auf den Waldversammlungen wird die geleistete Propaganda der ganzen Gegend in längeren Reden besprochen; zum Schluß wird Geld für Parteizwecke kollektiert. Die Tagesordnung, die Redner, Zeit und Ort der Versammlung werden zuvor von den Leitern der einzelnen Gruppen, den ältesten und erfahrensten Genossen, in geheimer

Sitzung festgestellt. Diese Versammlung der Gruppen-Häupter hält die Beziehungen zu den Komitees aufrecht. Es ergibt sich also die Stufenleiter: Gruppe, Versammlung der Häupter, Komitee.

Jeder Genosse ist verpflichtet, die Beschlüsse der Organisation, zu der er gehört, unweigerlich zu erfüllen, und darf sich der übernommenen Aufgabe nicht ungestraft entziehen. Jeder Genosse hat 1—2 % seines Lohnes in die Kasse seiner Gruppe zu zahlen; auch ist er verpflichtet, Geld durch Verbreitung von Schriften zu sammeln. Für alle Geldzahlungen werden vom Komitee gedruckte Quittungen, versehen mit der Chiffre der betr. Gruppe, ausgegeben.

Jedem Genossen wird es zur Pflicht gemacht, bei Haussuchungen und bei Verhaftung jede Erklärung zu verweigern (wofür das geltende Strafrecht keine Strafe kennt), ferner alles zu leugnen, auch wenn die Gendarmerie die überzeugendsten Beweise in Händen haben sollte. Spione und Schwätzer verlieren ihr Recht auf Unterstützung und werden aus der Organisation ausgeschlossen, auch werden ihre Namen in den Parteiblättern veröffentlicht, wodurch sie der Rache der Genossen anheimgegeben werden. Internierte Genossen haben die Pflicht, unter den Mitgefangenen die Propaganda fortzusetzen.

Diese im „Revolutionären A-B-C" gegebenen Organisationsprinzipien galten in erster Linie für das flache Land; für die Fabrikstädte erhielten sie eine sinngemäße Abänderung. In Riga finden wir folgende Organisation: in jeder Fabrik gibt es einen Fabrikrat, der aus den Leitern der in der Fabrik befindlichen Gruppen, unter Umständen, falls es nur eine Gruppe gibt, aus dieser gebildet wird. Als die Zahl der organisierten Genossen sehr anwuchs, wurde die Stadt vom Komitee in Bezirke geteilt, die je einen Vorsteher oder Repräsentanten erhielten. Diese Bezirksrepräsentanten bilden behufs gemeinsamer Beschlüsse Versammlungen, zu denen auch ein Delegierter des Komitees erscheint. Hierdurch wird ein lebendiger Zusammenhang zwischen dem Komitee und den kleinen Gruppen ermöglicht, ohne daß es nötig ist, Massenversammlungen einzuberufen, die an sich nur gefährlich sind. Denn die Repräsentanten stehen ihrerseits in engster Beziehung zu den Fabrikräten, denen sie die Beschlüsse des Komitees übermitteln. Dieses geschieht regelmäßig mündlich, wie denn überhaupt aus Vorsicht wegen etwaiger Haussuchungen möglichst wenig schriftliche Aufzeichnungen gemacht werden dürfen und auch diese nur in versteckten Worten mit fingierten Bezeichnungen. Die Vorsicht verlangt es auch, daß sich die Genossen auf der Straße oder an öffentlichen Orten nicht grüßen, außer wenn sie sonst im bürgerlichen Leben miteinander bekannt geworden sind. Auch dürfen die Genossen auf den geheimen Versammlungen keine richtigen Legitimationspapiere bei sich führen, durch welche die Polizei bei Verhaftungen ihre Wohnungen erfahren könnte. Die nicht verhafteten Genossen sind dann in der Lage, alles Komprimittierende zu verbergen oder zu vernichten. Den Gruppenvorstehern liegt es ob, darüber zu wachen, daß die Genossen ihrer Gruppe alle Vorsichtsmaßregeln befolgen und überhaupt ihre Pflichten erfüllen. Bei der Kleinheit der Gruppen fällt ihnen diese Aufsicht leicht.

Hinsichtlich des inneren Lebens der Gruppen[1]) erfahren wir die interessante Tatsache, daß sie ihre Glieder in systematischer Weise zu Propagandisten erziehen. Der sozialistische Lehrstoff ist in Lektionen eingeteilt, die frei vorgetragen und dann eingehend durchgesprochen werden. Ein Durchschnitts-Propagandist muß etwa 5—7 solcher Lektionen beherrschen, um eine Gruppe leiten zu können. So bildet jede Gruppe

[1]) Vgl. den Bericht über den II. Parteikongreß, Juni 1905.

gewissermaßen ein Seminar oder eine Akademie der Propaganda. Ja, man kann einen niedern und höhern Typus unterscheiden. In den gewöhnlichen Gruppen werden im ganzen etwa 6—7 Lektionen vorgetragen; in den Propagandistengruppen werden diese Lektionen in erweitertem Umfange durchgenommen und außerdem noch einzelne Fragen besonders behandelt, z. B. die Parteitaktik und das Parteiprogramm, die Entwicklung der gesellschaftlichen Formen, die materialistische Weltanschauung, die Stellung der Frauen und die Familie. Außerdem werden regelmäßig Referate über die sozialdemokratische Bewegung des Auslandes und die periodische Literatur gebracht, wobei besondere Aufmerksamkeit den agraren und religiösen Fragen und der Revolutionstaktik geschenkt wird.

Uns liegt ein hektographischer „Konspekt" zweier solcher „Lektionen" vor, der in vielfacher Hinsicht interessant ist. Vor allem ist die geschickte Anordnung des Lehrstoffs und die Anpassung an das Auffassungsvermögen des ungebildeten Arbeiters hervorzuheben.

Die Lektionen behandeln das „Parlament" und den „politischen Kampf". Aus den Überschriften der einzelnen Abschnitte und einigen Erklärungen wird der Leser sich ungefähr eine Vorstellung von der Anordnung und Behandlung des Stoffes machen.

1. Das Parlament. Einleitung (Definition). Wahlagitation. Unantastbarkeit der Person. Wahlen. Wahlort. Wahlprozeß. Wahlrecht. Wahlbetrug. (Hier ist u. a. als Wahlbetrug angeführt: die unregelmäßige und künstliche Einrichtung von Wahlbezirken, z. B. in Deutschland die Bismarcksche Wahlgeographie.) Das richtige Wahlrecht. Geheime Stimmabgabe. Das passive Wahlrecht. Wie gelangt man zur Zusammenberufung eines Parlaments?

2. Der politische Kampf. I. Wie sollen die Arbeiter gegen ihre Aussauger und Bedrücker kämpfen? II. Wer stört die Arbeiter in ihrem Kampf? III. Was ist die politische Freiheit? Wir verlangen den Sturz der Selbstherrschaft und die Aufrichtung einer demokratischen Republik. IV. Unsere Kampfmittel, A. In Rußland: 1. Streiks, a) politische b) wirtschaftliche, c) Generalstreiks; 2. Demonstrationen: unbewaffnete und bewaffnete. 3. Volksversammlungen: Gruppen, in Wäldern, in Fabriken, auf der Straße, Familienfeste. 4. Proklamationen (Flugblätter), Bücher, mündliche sozialdemokratische Agitation, 5. Boykott und Verprügelung der Spione und N. N. (unleserlich); 6. Boykott des fiskalischen Branntweins. 7. Partisanenkampf: Entwaffnung und Vernichtung der Polizei und der Kosaken, desgleichen der Spione. 8. Passiver Widerstand. Nichtbeachtung der Gesetze und obrigkeitlichen Verordnungen usw. Verweigerung der Steuern und Abgaben. B. Im Auslande: a) Parlamentsdebatten und Obstruktion, Sturz der Minister, b) Demonstrationen, Straßenkampf (Österreich, Belgien, England), c) Versammlungen oder Meetings, d) wirtschaftliche Streiks, e) Generalstreiks (Italien, Belgien), f) Parlamentspetitionen, g) Wahlagitation, Kampf um ein gutes Wahlrecht, h) Der Kampf in Zeitschriften. Im Auslande muß anders (sc. wie bei uns) gekämpft werden gegen die Bourgeoisie, Geistlichkeit, Adel und auch Thron (Amerika, Frankreich, Belgien, Deutsches Reich und Österreich). Es können solche Momente vorkommen, wo der Parlamentskampf unzulänglich ist, wie z. B. jetzt im Deutschen Reichstag, wo die wichtigsten Gesetzesvorlagen durch die Gemeinheit der Regierung an die konservativen Provinziallandtage verwiesen werden. V. Wer führt noch den politischen Kampf in Rußland? 1. die Sozialrevolutionäre (sehr abfällige Kritik). 2. die Liberalen (desgl., Charakteristik der liberalen Führer Schipów,

Trubetzkói, Struwe). Zum Schluß: Quellen: 1. „Das Schicksal der Arbeiter in Rußland." 2. Rouskow „Über die Arten der Volksvertretung" (russ.) 3. „Zihna" („Der Kampf") Nr. 11. 4. Marx, „Revolution und Konterrevolution in Deutschland". 5. Marx, „Die Klassenkämpfe in Frankreich 1848". 6. Marx, „Der 18. Brumaire (des Louis Bonaparte)". 7. Engels, „Die Entwicklung des Sozialismus".

An der Hand derartiger „Konspekte" wurden die Lektionen gelesen und in immer weitere Kreise die Lehren der Sozialdemokratie und vor allem die den einfachen Mann geradezu berauschenden Schlagworte hineingetragen. Die besten Propagandistengruppen wurden wöchentlich zusammenberufen.

Solcher Propagandistengruppen gab es relativ wenig. Dem Rechenschaftsbericht des Rigaschen Lokalkomitees für die Zeit Juni 1904/05 entnehmen wir, daß unter 273 Gruppen im Juni 1905 mit zusammen 2750 Genossen nur zehn Propagandistengruppen existierten. Unter diesen zehn Gruppen waren zwei Gruppen höherer Ordnung, zu denen die professionellen Volksredner gehörten.[1]) Diese waren naturgemäß nicht zahlreich, besonders solche, die alle Lektionen beherrschten. Im Juni 1905 zählte das Komitee 15 solcher Redner, während es über 50 Redner verfügte, die nur einen Teil der Lektionen, besonders die beiden beliebtesten: über die Organisation und über den politischen Kampf, beherrschten. Diese Redner standen natürlich in hohem Ansehen. Wurde einer abgefangen oder kam er im Kampfe mit der Staatsgewalt ums Leben, so gab es ein großes Lamento bei den Genossen.

[1]) Der technische Ausdruck für diese höheren Propagandisten oder Rhetorengruppen lautete nach den lettischen Quellen Propagandistengruppe. Es scheint, daß es sich gerade hier eher um Agitatoren handelt. Vgl. oben S. 87 Anm.

In der hierarchischen Ordnung der Partei steht obenan das Komitee. Wir haben oben erwähnt, daß in den Jahren 1901—1903 in Riga, Libau, Mitau, Windau und Talsen solche Lokalkomitees entstanden waren, also in Kurland vier gegenüber nur einem in Livland. Allerdings hatte dieses, das Rigasche Komitee, naturgemäß die größte Bedeutung. 1902 veranstaltete es die erste Maifeier, am 17. August 1903 die erste größere Demonstration am Rigaer Bahnhof aus Anlaß der Verschickung von zehn seiner Parteiglieder.[1]) Das 1901 gegründete Mitauer Komitee erließ zu Weihnacht 1902 die erste gedruckte Proklamation unter dem geschmackvollen Titel: „Friede auf Erden."[1]) Die verschiedenen Komitees unterhielten von Anfang an Beziehungen zu den Konspirationen der Russen und Juden. Am 20. Februar 1902 erließ das „Rigasche vereinigte Arbeiter-Organisationskomitee" gemeinschaftlich mit Delegierten der Russen und der jüdischen Verbände einen Aufruf an die „Genossen und Genossinnen".[2])

2. Zentralisation.

Sehr bald nach der Gründung der einzelnen Komitees machte sich das Bedürfnis geltend, sie zu einem größeren Verbande zusammenzuschließen. Am 5. April 1902 vereinigten sich die Komitees von Riga, Windau und Talsen zur „Baltisch-lettischen sozialdemokratischen Arbeiterorganisation", wählten ein Zentralkomitee und machten den „Sozialdemokrats" zu ihrem Parteiorgan, dessen in Zürich lebender Herausgeber, Fr. Rosin (spr. Rosing), als Vertreter des Zentralkomitees im Ausland erklärt wurde.[3]) 1903 schloß sich auch das Komitee

---

[1]) „Zihna", Juni 1904, Nr. 4.

[2]) Lettisch: beedri un beedrenes. „Sozialdemokrats", April 1902, Nr. 6.

[3]) Am 5. April 1902. Vgl. „Sozialdemokrats", Mai 1902, Nr. 7, und

in Libau der „Lettischen sozialdemokratischen Organisation" an.[1]) Endlich folgte 1904 auch die „Sozialdemokratische Gruppe in Kurland" als Mitauer Komitee. Auf dem ersten lettischen sozialdemokratischen Kongreß zu Riga im Juni 1904 wurde die Vereinigung zu einer „Lettischen sozialdemokratischen Partei" proklamiert und die Grundzüge des Parteiprogrammes und Parteistatutes festgelegt. Die Annahme der Entwürfe erfolgte dann auf dem nächsten Kongreß im Juni 1905. Das Parteiprogramm,[2]) das ganz auf dem Boden des Marxismus steht, enthält im wesentlichen folgende Forderungen:

1. Einberufung einer konstituierenden Versammlung auf Grund des allgemeinen, gleichen, direkten und geheimen Wahlrechts.

2. Gründung einer russischen demokratischen, föderalistischen Republik mit weitestgehender Selbstverwaltung der Provinzen.

3. Damit im Zusammenhang: Aufhebung aller Stände und Privilegien, des Paßzwanges usw. und vollkommene Freiheit der Person. Unentgeltlich: Rechtspflege, Unterricht, Krankenversorgung.

4. Aufhebung des stehenden Heeres.

Oktober 1903, Nr. 19. F. Rosing (Rosin) ist der Verfasser des Buches „Der lettische Bauer". Sozialdemokratische Bibliothek Nr. 20. Bern, Druckerei der baltisch-lettischen sozialdemokratischen Arbeiterorganisation, 1904 (lettisch). Eine Art Agrargeschichte der Ostseeprovinzen in marxistischer Beleuchtung. Das Buch ist nicht ohne Originalität. Der Verfasser macht höchst merkwürdige Versuche zur Objektivität; so verdammt er z. B. das Märchen von den deutschen Rittern, die das Land der Letten raubten und diese zu Sklaven machten; dafür tischt er das Märchen von der lettischen Abstammung vieler baltischer Adelsgeschlechter auf.

[1]) „Sozialdemokrats" vom Oktober 1903, Nr. 19.

[2]) In extenso abgedruckt in deutscher Übersetzung in „Balt. Monatsschrift" Bd. LX, 1905, S. 377—382.

5. Trennung von Kirche und Staat.

6. Ersatz aller Steuern durch eine progressive Einkommensteuer.

7. Neuordnung der Arbeitergesetzgebung mit Berücksichtigung eines ausgedehnten Arbeiterschutzes.

Die **Statuten der Partei**, die 1904 2500 bewußte Genossen umfaßte, lauteten nach der Fassung von 1905:[1])

1. Als Genosse der Partei gilt jeder, der das Parteiprogramm und die Taktik annimmt, in irgendeiner Parteiorganisation arbeitet und nach Kräften die Partei materiell unterstützt.

2. Die höchste Instanz der Partei ist der Kongreß, der von dem Zentralkomitee der Partei mindestens einmal im Jahre zusammenberufen wird. Falls drei Lokalkomitees es verlangen, muß der Kongreß auch häufiger berufen werden.

Das Zentralkomitee muß mindestens vier Wochen vorher den Lokalkomitees die Tagesordnung bekannt geben, damit diese ihre Vorlagen anmelden und ihre Delegierten und Gäste nennen können. Der Kongreß berät die Fragen des Programms, bestimmt die allgemeine Taktik und hört die Berichte der Delegierten an. Der Kongreß erwählt aus seiner Mitte die drei Glieder des Zentralkomitees und den ausländischen Parteirepräsentanten.

3. Der Kongreß besteht aus a) dem Zentralkomitee, das drei Stimmen hat, b) den Delegierten der Lokalkomitees, deren Stimmenzahl nach der Zahl der repräsentierten Genossen geregelt ist,[2]) c) dem ausländischen Repräsentanten mit einer

[1]) Mitteilungen der lettischen sozialdemokratischen Arbeiterpartei vom II. Kongreß. Bern 1905, Ausländische Partei-Typographie (lettisch).

[2]) Die Zahl der Komiteestimmen wurde auf diesem Kongreß folgendermaßen verteilt: das Rigasche Komitee 6 Stimmen, Libau 4, Mitau 3, Windau 2, Talsen-Tuckum 1. Und für livländische Landkomitees, falls sie vor dem nächsten Kongreß gegründet werden, 3 Stimmen.

Stimme, d) den Gästen, die ein Stimmrecht in allen Fragen haben, ausgenommen bei Wahlen. Im ganzen darf die Zahl der Gäste acht nicht übersteigen. Das aktive Wahlrecht haben nur die Delegierten und der ausländische Repräsentant, das passive dagegen alle Teilnehmer des Kongresses.

Jedes Komitee kann mehrere seiner Stimmen einem Delegierten übertragen. Die Gäste auf dem Kongreß werden vom Zentralkomitee aus den angemeldeten Personen designiert.

4. Die Aufgabe des Zentralkomitees besteht in der Leitung und Überwachung der allgemeinen Parteiarbeit bis zu dem nächsten Kongreß: er sagt gemeinsame Protestversammlungen an, besorgt die Ausgabe der Literatur und deren Transport bis zu den Lokalkomitees, verwaltet die technischen Mittel, ordnet eine richtige Verteilung der Kräfte an, verwaltet das gemeinsame Parteibudget und die allgemeine Unterstützungskasse (das „Rote Kreuz"), repräsentiert die Partei anderen Organisationen gegenüber und tritt erforderlichenfalls mit solchen in nähere Beziehungen, beruft den Parteikongreß und bestätigt neue Komitees.

Zur Durchführung dieser Aufgaben hat das Zentralkomitee das Recht, geeignete Personen im Aus- und Inlande zu kooptieren, ohne daß diese Personen ein Stimmrecht auf dem Kongreß erwerben. Wenn das Zentralkomitee aus irgendeinem Grunde eines seiner Glieder verliert, so wird dessen Platz durch Kooptation ausgefüllt. Die Glieder des Zentralkomitees können nicht mit Stimmrecht einem Lokalkomitee angehören.

5. Die Lokalkomitees leiten die sozialdemokratische Agitation und Organisation in ihren Arbeitsrayons, sowohl in den Städten als auch auf dem flachen Lande. Sie führen den politischen und wirtschaftlichen Kampf — veranstalten die loka-

len Protestkundgebungen, geben die örtlichen Aufrufe heraus, verbreiten die Parteiliteratur und zahlen in die Zentralkasse die ordentlichen Mitgliedsbeiträge, und zwar nicht weniger als 20 Rubel monatlich, sowohl für allgemeine Bedürfnisse als auch für bestimmte Zwecke, z. B. für das „Rote Kreuz", für Waffen usw. Die Lokalkomitees organisieren in ihrem Arbeitsgebiete ländliche und städtische Zentren, erziehen Propagandisten, halten Propagandistenversammlungen ab, die ihre Resolutionen dem Zentralkomitee einzureichen haben. Die Lokalkomitees halten ihre gegenseitigen Beziehungen durch das Zentralkomitee aufrecht. Haben sie untereinander direkte Beziehungen, so müssen diese dem Zentralkomitee bekannt sein. Die Lokalkomitees müssen mindestens zweimal monatlich dem Zentralkomitee Berichte über den Gang des Kampfes in ihrem Rayon einschicken. Alle berufsmäßigen Revolutionäre, die in den Lokalkomitees arbeiten, werden vom Zentralkomitee unterhalten.

6. Die im Auslande lebenden Genossen halten ihre Beziehungen zu der Partei durch deren beständigen Repräsentanten aufrecht. Die ausländischen Genossen können mit anderen russischen Organisationen nur durch den ausländischen Vertreter der Partei in Beziehung treten.

Anmerkung: Das Zentralkomitee ist berechtigt, die im Auslande gegründeten Organisationen der Genossen zu bestätigen, falls deren Statuten folgende Bestimmungen enthalten:

1. Die ausländischen Organisationen müssen dem Zentralkomitee jährliche Berichte über ihre Arbeit einreichen.

2. Die ausländischen Genossen müssen ordentliche monatliche Beiträge zahlen, nicht weniger, als das Abonnement des „Sozialdemokrats" beträgt.

3. Die Genossen der ausländischen Organisationen müssen

zu den Gewerkschaften der örtlichen sozialdemokratischen Partei gehören.[1])

4. Wenn die Gruppe sich auflöst, so geht ihr Vermögen in das Eigentum der Partei über.

3. Beziehungen zu anderen revolutionären Parteien.

Was die Beziehungen der lettischen sozialdemokratischen Partei zu den gleichgesinnten Parteien anderer Nationen betrifft, so finden wir schon früh, gleich nach dem Inslebentreten der Lettischen Partei auf dem I. Kongreß zu Riga im Mai 1904, Versuche zu Kartellbildungen und Fusionen. Auf dem Amsterdamer Sozialistenkongreß am 13. August 1904 waren auch Letten zugegen, jedoch ohne Stimmrecht. Nach Schluß des Kongresses fand eine Konferenz der sozialdemokratischen Verbände Rußlands statt. Es waren anwesend: drei russische Genossen, vier polnische Sozialisten, und zwar je zwei vom „Proletariat" und von der polnischen sozialdemokratischen Partei, drei Glieder des jüdischen „Bund" und ein Glied der lettischen sozialdemokratischen Arbeiterpartei. Auf der Konferenz wurde die Möglichkeit einer Vereinigung aller revolutionären Verbände Rußlands, sowohl der Sozialdemokraten als auch der Sozialrevolutionäre, besprochen.[2]) Die Vereinigung wurde abgelehnt, da man an einen Zusammenschluß der sozialdemokratischen Gruppen allein dachte. Die Verhandlung über die zahlreichen Wünsche der lettischen Delegierten wurde vom Vorsitzenden (Plechánow) nicht zugelassen.

Auf dem Pariser Sozialistenkongreß am 20. September 1904, der von den russischen Liberalen und Sozialrevolutio-

[1]) Dieser Punkt wurde in der Folge von den „Genossen" im Ausland heftig angegriffen, weil die Gewerkschaften viel zu bürgerlich seien und den Namen sozialdemokratischer Organisationen gar nicht verdienten.

[2]) „Zihna" vom August 1904, Nr. 6.

nären, den Finnländern, Polen, Armeniern und Grusiniern beschickt worden war, nahm von den sozialdemokratischen Gruppen Rußlands nur die lettische teil, die sich durch die Beschlüsse des Amsterdamer Kongresses für nicht gebunden erklärte.

Bezeichnend für die Stellung der Letten war ein Wortwechsel zwischen ihrem Vertreter und dem Russen Struwe, dem bekannten Redakteur der „Oswoboshdénie" (Befreiung). Der Lette wünschte die Veranstaltung von Demonstrationen anläßlich der Mobilisationen für den japanischen Krieg. Struwe erklärte, die russischen Liberalen seien für einen solchen unpatriotischen Vorschlag nicht zu haben. Der Kongreß dauerte sechs Tage. Zu dem Beschlusse des Kongresses, bei allen größeren Zeitungen des Auslandes einen Nachrichtendienst über die russische Freiheitsbewegung einzurichten, gab der lettische Vertreter seine ausdrückliche Zustimmung.[1])

Die Erfahrungen auf den ausländischen Kongressen lehrten das lettische Zentralkomitee, daß die Letten dort nicht die erforderliche Gegenliebe finden würden, und daß für die praktische Revolutionsarbeit wenig zu erwarten wäre. Er verlegte daher das Schwergewicht seiner Einigungsarbeit nach Rußland. Hier fand er genügende Anlehnung an den jüdischen „Bund".[2])

Seit dem September 1904 gab es in Riga ein Föderativkomitee, bestehend aus sechs Gliedern, die zur Hälfte vom Zentralkomitee des jüdischen „Bundes", zur Hälfte vom Zentralkomitee der lettischen sozialdemokratischen Partei gewählt waren. Im Frühjahr 1905 wurde das Föderativkomitee durch

[1]) „Sozialdemokrats" vom August 1905, Nr. 34.

[2]) Der offizielle Titel des „Bundes" ist: Allgemeine jüdische Arbeitervereinigung in Rußland und Polen. Ihr Organ heißt „Sowremennija Iswestija" (Zeitgenössische Nachrichten). Vgl. Wallace, Rußland II, S. 402.

drei von der Rigaschen Ortsgruppe der russischen sozialdemokratischen Partei entsandte Glieder verstärkt, so daß es aus neun Personen, zu gleichen Teilen: Juden, Letten und Russen, bestand, als es seine berüchtigte Tätigkeit während der Revolution in Riga ausübte.

Zunächst — im Herbst 1904 — standen aber nur Letten und Juden beisammen, eine merkwürdige Allianz: die jüngste und die älteste Nation, die sich gleich unbeschwert von Vorurteilen auf dem gemeinsamen Boden der bis zum Fanatismus gesteigerten Begehrlichkeit gefunden hatten.

Im November 1904 verschickten das lettische Zentralkomitee und der jüdische „Bund" einen Aufruf an die sozialdemokratischen und revolutionären Organisationen Rußlands zu einer gemeinsamen russischen Konferenz. Es war aber nicht so leicht, alle die Gruppen unter einen Hut zu bringen; eine mußte ausgeschlossen, eine Einladung zurückgenommen werden. Die Eifersucht der Vertretung der russischen Partei im Auslande war erregt. Sie arrangierte mit Hilfe der deutschen Sozialdemokraten Bebel und Adler einen Konkurrenzkongreß in Zürich im Januar 1905. Dieser scheiterte kläglich, es erschienen auch dort nur die Vertreter der Letten und Juden.

Der erste sozialdemokratische Kongreß in Rußland fand im Januar 1905 statt. Es nahmen teil: die russische Partei, der „Bund", die Kleinrussen und die Letten. Die Letten und Juden schlugen ein Organisationsstatut für eine allrussische sozialdemokratische Partei vor.[1]) Es kam jedoch weder auf diesem noch auf den beiden nächsten Kongressen zu einer Einigung, da Letten und Juden auf der Forderung eines föderalistisch-nationalen Charakters der Organisation bestanden, während die Russen den internationalen Charakter der Sozialdemokratie

[1]) „Sozialdemokrats" vom August 1905, Nr. 34.

festhalten wollten und ein Auseinanderfallen befürchteten, da sie mit Recht voraussetzten, daß dieselben Rechte wie den Juden und Letten auch den Polen, Kleinrussen, Litauern, Armeniern, Grusiniern usw. erteilt werden müßten.

Mittlerweile war die russische Revolution zum Ausbruch gekommen. Am 9./22. Januar hatten die vom Popen Gapón in Szene gesetzten Riesendemonstrationen streikender Arbeiter auf den Straßen Petersburgs zu einem blutigen Zusammenstoß mit den Truppen geführt, der zahlreiche Opfer gefordert und eine hochgradige Erbitterung in den Schichten des Proletariats hervorgerufen hatte.

So wenig auch die Arbeiterdemonstrationen vom sozialdemokratischen Standpunkt aus Revolutionsarbeit waren, weil es sich um getäuschte Massen und nicht um bewußten Kampf wider die Regierungsgewalt handelte, so sehr waren die Sozialrevolutionäre über den unerwarteten Erfolg befriedigt. Vor allen der Expriester Gapón. Der sah sich schon an der Spitze der revolutionären Bewegung Rußlands. Als seine Herde am 9./22. Januar vor dem Narvaschen Tore zusammengeschossen und niedergeritten wurde, da war er spurlos verschwunden. Erst im Auslande tauchte er wieder auf. Zum April 1905 berief er einen Kongreß der Sozialrevolutionäre und Sozialdemokraten nach Paris.[1]) Im ganzen waren achtzehn organisierte Parteien eingeladen worden aus allen Teilen und von allen Nationen Rußlands: Russen, Juden, Polen, Litauer, Weißrussen, Kleinrussen, Armenier, Grusinier und Letten.

Wie in Amsterdam kam es auch in Paris zu erbitterten Streitigkeiten zwischen den Sozialrevolutionären und Sozialdemokraten. Dieses Mal siegten erstere. Als die lettische sozialdemokratische Arbeiter-„Partei", unterstützt von den

---

[1]) „Sozialdemokrats" vom Juni 1905, Nr. 32.

Russen und Juden, die Entfernung der lettischen sozialrevolutionären „Vereinigung" (Ssáweeniba) verlangten, wurde ihr Ultimatum nicht beachtet, und die sozialdemokratischen Verbände verließen den Kongreß.

Es ist hier der Ort, über diese „Vereinigung" (Ssáweeniba) einige Worte zu sagen.

Zu Beginn 1903 trat die Gruppe „Vorwärts" (Us preekschu) aus der lettischen sozialdemokratischen „Arbeiter-Organisation" aus, weil diese ihr nicht genügend radikal war oder, wie sie sich ausdrückten, weil ein zu großer Bureaukratismus in ihr herrsche. Diese Gruppe nahm bald darauf den Namen „Ssáweeniba" an. Im November 1903 traten die Glieder der Züricher Sektion der lettischen „Organisation", E. Rolaws und Mikel Walter, an ihre Spitze. Sehr bald kam es zu Reibungen zwischen den beiden Gruppen. Die „Organisation" hatte einen großen Posten illegaler Literatur, der für die „Ssáweeniba" bestimmt war, auf eigene Rechnung verkauft und behielt den Erlös in der Tasche.[1]) Als dann nach der Ermordung des Ministers Plehwe (15. Juli 1904) die „Partei" den Versuch machte, eine Fusion mit der „Ssáweeniba" zustande zu bringen, verhielt sich diese ablehnend. Darob erbitterte Feindschaft. Den Parteigenossen wird verboten, den „Vorwärts" zu lesen.[2]) Auf dem Amsterdamer Sozialistenkongreß (1904), von dem wir oben gesprochen haben, kam es zu einem wahren Satyrdrama zwischen den Vertretern beider Gruppen.[3]) Der Vertreter der „Partei" Rosin protestierte gegen die Anerkennung des Mandats des Vertreters

[1]) Die Wahrheit über unsere Sozialdemokraten, a. a. O.

[2]) Vgl. „Us preekschu" (Vorwärts) vom Mai 1905, Nr. 5.

[3]) Ebenda. Vgl. den Artikel von V. (M. v. Vegesack): Die lettische Sozialdemokratie und ihre Agitation auf dem Lande. „Düna-Zeitung" Nr. 141 vom 2. Juli 1905.

der „Sſáweeniba“ Rolaws, weil der „Partei“ allein die Vertretung des lettischen Proletariats zukomme. Die „Sſáweeniba“ sei für den Terror, sie habe daher mit der Sozialdemokratie nichts gemein. Hiergegen eiferte Rolaws: Zwar habe die „Sſáweeniba“ die terroristische Kampfmethode adoptiert, doch habe sie mit dem Anarchismus nichts zu tun. Da wendet sich der österreichische Sozialdemokrat Adler an Rosin und fragt ihn, auf Rolaws weisend: „Kennen Sie diesen Mann als ehrlichen Revolutionär?“ „Wie sollte ich ihn nicht kennen,“ antwortet Rosin, „er war mein Mitschüler, auch haben wir wegen derselben Sache zusammen im Gefängnis gesessen...“ „Aha, jetzt verstehe ich,“ ruft Adler, „im Gefängnis könnt Ihr zusammen sitzen, aber auf dem Kongreß nicht!“ Daraufhin wurden beide Vertreter zum Kongreß zugelassen.

Die „Sſáweeniba“ geriet nun immer mehr in das Fahrwasser der übrigen russischen sozialrevolutionären Gruppen, von denen sie auch materiell unterstützt wurde, was sie befähigte, im März 1905 die Ausgabe der „Rèvolutionara Baltija“ zu beginnen. Ihr früheres Organ „Us preekſchu“ (Vorwärts) konnte im Mai 1905 mit Nr. 5 wieder regelmäßig monatlich erscheinen. Ihr drittes Organ war „Próletareeſcha“ (Der Proletarier.)

Die Stellung der „Sſáweeniba“ zur „Partei“ blieb nach wie vor feindlich. Es zeigte sich auch hier, um ein Wort Wallaces[1]) anzuführen, „gegenseitige Eifersucht und Haß, die für revolutionäre Sekten ebenso häufig charakteristisch sind als für religiöse“. In ihren, Organen, dem „Vorwärts“ (Us preekſchu) und dem „Kampf“ (Zihna), befehdeten sie sich auf das heftigste. Die „Partei“ behauptete,[2]) die „Sſáweeniba“ sei keine sozial-

[1]) Rußland II, S. 342.

[2]) „Zihna“ Nr. 23, 1905.

demokratische Partei. Die „Ssáweeniba" erwiderte:[1]) so ein Gaukelspiel könne nur die „Partei" sich erlauben, die da der „Ssáweeniba" vorwerfe, sie habe ihr Programm wörtlich als das ihre abgedruckt, und dann in einem Atem behaupte, sie, die „Ssáweeniba", sei keine sozialdemokratische Partei. Logischerweise sei ja die „Partei" dann selbst nicht sozialdemokratisch.

Tatsächlich vertrat die „Ssáweeniba" dasselbe Programm[2]) wie die „Partei", doch ging sie in ihren politischen Wünschen noch weiter als diese, insofern sie sich die russische Republik noch föderalistischer dachte. Sie verlangte einen russischen Bundesstaat und insbesondere für die Letten eine vollständige Autonomie: die lettische Republik. Von diesem Gesichtswinkel aus erklärte sie sich gegen ein russisches Reichsparlament als schädlich für die weitere Entwicklung der Einzelstaaten.[3])

Der Hauptgegensatz zwischen den beiden lettischen Gruppen lag aber in der Taktik. Den Gegensatz charakterisieren die beiderseitigen Parteiorgane. So schreibt die „Zihna" (Kampf),[4]) das Organ der Partei: „Große Straßenschlachten zu organisieren, werden wir niemals imstande sein, aber einen Partisanenkrieg können wir ohne Unterlaß führen und so in die Kreise der Selbstherrschaft eine große Unsicherheit hineintragen und ihre Knechte in beständiger Furcht erhalten, so daß sie unzuverlässig werden. Laßt uns ja nicht in den Fehler der Sozialrevolutionäre verfallen, die den Terror in besonderen Kampfesorganisationen verwirklichen und dabei den revolutionären Geist der Masse unterdrücken, indem sie die Initiative bei den Über-

---

[1]) „Us preekschu" Nr. 10 vom November 1905, S. 6.

[2]) Abgedruckt in „Us preekschu" Nr. 9 vom Oktober 1905.

[3]) „Us preekschu" Nr. 10 vom November 1905, S. 4.

[4]) Von Februar und März 1905, Nr. 11, Artikel: Wie müssen wir kämpfen?

fällen nicht der Masse überlassen. Verschieden sind die Kampfmittel des Volkes, aber niemals darf eines allein angewandt werden. Daher dürfen wir beim begonnenen offenen Kampf nicht die weitere Organisations- und Agitationsarbeit vernachlässigen. Wir müssen das Privateigentum schützen, um nicht von Anfang an weitere Kreise der niedern Bourgeoisie uns feindlich zu stimmen."

Die „Sſáweeniba" proklamiert dagegen den Kampf der bewaffneten Massen gegen die Staatsgewalt, im Gegensatz zu der „Partei", die, wie die „Sſáweeniba" höhnisch meint, „ihr Proletariat vor den Waffen wie vor dem Feuer aushütet". „Eins ist für uns klar, und das werden wir nicht aufhören, bei unserer Agitation zu verkünden: sobald die Regierung uns mit Ideen bekämpfen wird, werden wir mit Ideen antworten, aber gegenüber Gewalttaten antworten wir mit Gewalttaten und gegenüber bewaffneten Überfällen mit bewaffneten Überfällen auf jeden Staatsbeamten." „Wir wissen sehr gut, daß wir keine Garantie für die Freiheit haben, solange wir noch Kompromisse mit der bestehenden Ordnung schließen. Solange wir dessen gewiß sind, daß die bewaffnete Macht der Selbstherrschaft auf unsere Presse, auf unsere Versammlungen und auf jeden einzelnen von uns lauert, können wir nicht an einen friedlichen Kampf denken."[1])

Es ist also im wesentlichen derselbe Gegensatz, der zwischen den russischen Sozialdemokraten und Sozialrevolutionären bestand. Nur scheinen die lettischen Sozialdemokraten in allem weniger doktrinär zu sein als die Russen und namentlich auch leichter geneigt, von den marxistischen Höhen zu dem in thesi perhorreszierten Terror herabzusteigen.

---

[1]) „Us preekschu" 1905, Nr. 10, S. 3.

Im „Sozialdemokrats" vom August 1902 Nr. 8 findet sich folgender Satz: „Aber dieser Kampf (der offene Kampf gegen die Staatsgewalt) wird, wie es scheint, nicht auf den Straßen stattfinden, wo die zu Bluthunden dressierten Soldaten uns mit den von uns bezahlten Flinten und Kanonen zusammenschießen können, sondern so, daß wir überall Eisenbahne nund Telegraphen zerstören werden, jeden Staatsbeamten, wo wir ihn nur treffen, erschlagen werden usw. Mit einem Wort: wir werden darnach trachten, dem modernen Staat die Lebensadern zu durchschneiden." Diese Sprache ist wesentlich anders wie die der russischen oder deutschen Sozialdemokratie, jedenfalls enthüllt sie offener die gemeinschaftlichen Ziele. Wir werden im nächsten Abschnitt sehen, wie die lettische Sozialdemokratie, die ja an und für sich wie alle sozialdemokratischen Parteien „keinen sentimentalen Widerwillen gegen Blutvergießen"[1]) hatte, sich immer mehr die Taktik der Sozialrevolutionäre aneignete.

In den Streitigkeiten zwischen den beiden lettischen Konkurrenzgruppen kam es nicht selten zu unfreiwilliger Komik. So greift die „Ssáweeniba" im „Vorwärts" die „Partei" in einem Artikel mit der Überschrift „Ein Judaskuß" auf das heftigste an. Das Libausche Komitee der „Partei" hätte in einer Proklamation gesagt, in Libau seien wegen Beteiligung an der Beraubung der dortigen Filiale der Moskauer internationalen Handelsbank am 12. Oktober 1905 zwei Glieder der „Ssáweeniba" verhaftet worden, und hinzugefügt, „die Sozialdemokratie, die Partei des politischen Kampfes der Arbeiterklasse, billigt weder das Programm noch die Taktik, welche von den Revolutionären der „Ssáweeniba" vertreten wird. Wir sind nicht für ihre Kampfmethode, wir for-

---

[1]) Wallace, Rußland II, S. 344.

dern die Arbeiterklasse auf, ihnen nicht zu folgen." „Ei ei," ruft die „Sfáweeniba" aus, „das Komitee kritisiert unser Programm, unsere Taktik und Kampfmethode. Wir wollen dieses Mal nicht polemisieren, aber möchten nur eins wissen: wie sind die in der „Zihna" veröffentlichten Quittungen zu verstehen, denen man entnimmt, daß aus der und der Gemeindekasse, aus der und der Monopolbude so und so viel eingenommen worden ist........, Evang. Math., Kap. VII, Vers 5!!"[1]) (Gleichnis vom Splitter und Balken.) Es ist an und für sich immer erheiternd, wenn zwei Spitzbuben sich gegenseitig die schmutzige Wäsche waschen. Das Erheiterndste an diesem Vorgange war aber das Nachspiel: seitdem sind in der „Zihna" keine Quittungen über Einnahmen aus Gemeindekassen und fiskalischen Branntweinläden mehr erschienen. Um aber das Maß der Komik voll zu machen, geschah folgendes: am 13. Februar 1906 wurde der große Helsingforser Bankraub ausgeführt. Die Hauptrolle spielten die Glieder der lettischen „Partei": Kalning (Mister), Straume (Gedus), Missinbart, Tschokke u. a.[2]) Von dem Raube blieben über 100 000 Rbl. in ihren Händen. Flugs erließ die „Sfáweeniba" Protestartikel in finnländischen, deutschen und russischen Zeitungen.[3]) Die unangenehme Affäre mit dem Libauer Bankraub war damit wett gemacht. Eigentlich hätten sich nun beide ehrenwerte Genossenschaften nichts mehr vorzuwerfen!

Beide Organisationen bestehen, wie wir weiter unten sehen werden, noch heute nebeneinander.[4]) Die „Sfáweeniba" war

---

[1]) „Us preekschu" 1905, Nr. 10, S. 12.

[2]) Vgl. „Nowoje Wremja" vom 25. März 1906, Nr. 10786.

[3]) Vgl. Die Wahrheit über unsere Sozialdemokratie, a. a. O.

[4]) Im Bericht des Zentralkomitees der lettisch-sozialdemokratischen Arbeiterpartei an den III. Parteikongreß, Juli 1906, heißt es: „Die Vereinigung" bemühte sich, die Literatur an den Orten zu verbreiten, wo es

und ist an Gliedern weit schwächer als die „Partei". Trotzdem hat sie wegen ihrer radikaleren Richtung gerade während der Revolution eine bedeutende Rolle gespielt, besonders während der Schreckenszeit im November und Dezember 1905 in Riga, wo sie mit den russischen Sozialrevolutionären ein Föderativkomitee (Saweenotu komiteja) gegründet hatte.

Wir kehren nun zurück zu der Entwicklungsgeschichte der sozialdemokratischen Bewegung in Livland und Kurland.

4. Reorganisation 1905.

Wir haben oben erwähnt, daß der zweite allgemeine Kongreß der lettischen sozialdemokratischen Arbeiterpartei im Juni 1905 zu Riga stattfand. Auf ihm wurde der oben wiedergegebene Wortlaut des Parteistatuts festgestellt.

Der Kongreß faßte ferner eine Resolution dahingehend, daß eine allrussische sozialdemokratische Partei zu gründen sei unter der Voraussetzung, daß die bestehenden nationalen Gruppen ihre innere Selbständigkeit bewahrten, so z. B., daß fremde nationale Gruppen sich nicht an das lettische Proletariat ohne Wissen des lettischen Zentralkomitees wenden dürfen, dem allein die Vertretung innerhalb seines Rayons zusteht. In den Städten, deren Bevölkerung verschiedenen Nationalitäten angehört, sind Föderativkomitees zu errichten aus Gliedern der verschiedenen sozialdemokratischen Organisationen. Die Vertreter jeder Nationalität bleiben ihrer Organisation verantwortlich und handeln im Einvernehmen mit ihr.[1])

der „Partei" noch nicht gelungen war, Verbindungen anzuknüpfen. Die Literatur der „Ssáweeniba" wurde in Seßwegen, Lubahn und Lasdohn verbreitet. In Lasdohn ging eine Gruppe (sc. der „Partei") zur „Ssáweeniba" über." Demselben Bericht entnehmen wir andererseits, daß die 40 Glieder der „Ssáweeniba" in Wolmar (und Wenden?) zur „Partei" übergingen.

[1]) Mitteilungen der „Partei" über den II. Kongreß. Bern 1905.

In Riga bestand, wie wir gesehen haben, ein solches Föderativkomitee bereits seit dem September 1904. Im Revolutionsjahre 1905 waren im Föderativkomitee die Letten, Juden und Russen durch je drei Glieder vertreten.

Seit 1905 wurde die Organisation der „Partei" in Stadt und Land immer straffer. Mit der zunehmenden Verseuchung des Landvolkes, die durch die Schwäche der russischen Administration und das offenkundige Wohlwollen der russischen Richter und Beamten unterstützt wurde, machte sich das Bedürfnis geltend, die Parteiorganisation auf dem flachen Lande auszubauen. Für die Agitation wurde aus den Urgruppen (lettisch: pirmpulzins) durch indirekte Wahl eine Gruppe höherer Ordnung gebildet, das „Zentrum", dessen Gebiet, genannt „Rayon", eine oder mehrere Landgemeinden umfaßte. Aus den „Zentren" eines gewissen Gebietes wurde durch indirekte Wahl entweder ein „Komitee" oder eine „Organisation" gebildet. Das „Komitee" ist in seinem Gebiet autonom und untersteht bloß dem Zentralkomitee der „Partei" in Riga, von dem es bestätigt worden ist. Die „Organisation" ist nicht autonom und untersteht entweder einem städtischen Lokalkomitee oder direkt dem Zentralkomitee. Solcher „Komitees", die wir zum Unterschied von den städtischen Lokalkomitees (Riga, Libau, Mitau) als „Landkomitees" bezeichnen wollen, gibt es nur drei: in Kurland das Windau-Dondangensche und das Tuckum-Talsensche,[1]) in Livland das Grenzkomitee (Máleenas komiteja).[2])

---

[1]) Früher Lokalkomitees. Siehe oben S. 86.

[2]) Gegründet am 19. Dezember 1905, bestehend aus 3 Gliedern; geschlossen am 28. Dezember 1905 wegen Ankunft von Militär. Am 2. Juli 1906 fanden abermals Wahlen von 6 Zentren für das „Grenzkomitee" statt. Bericht an den III. Kongreß, Juni 1906.

Von den „Landorganisationen" sind dem Zentralkomitee direkt untergeordnet in Livland drei: Wenden-Alt-Pebalg („Wideenas" = Mittelland), Sissegal = Römershof und Riga-Strand, in Oberkurland die Landorganisation „Gaisma" (Das Licht). Außerdem gibt es noch je eine Landorganisation unter dem Libauschen und Mitauschen Lokalkomitee.[1])

Die ländlichen Urgruppen führen alle besondere Namen, in Analogie zu den noms de guerre der Genossen. Diese Gruppennamen erinnern in ihrer selbstzufriedenen und kindlichen Symbolistik an das Indianerspiel von Knaben. Da gibt es Gruppen wie: „Morgenstern", „Wurzelbrecher", „Rächer", „Blitz", „Skorpion", „Neues Evangelium", „Gotteskind", „Faun", „Sokrates", „Zündhölzer", „Troubadour" (!), „Baron", „Angstmeier", und besonders geschmackvoll: „Nikolais Einsarger".

Es erübrigt uns noch, einen ziffernmäßigen Überblick über das Anwachsen der aktiven Glieder[2]) der lettischen sozialdemokratischen Partei auf Grund ihrer eigenen Berichte zu geben.

Darnach gab es in Kurland:

1904 Juni......	715	Glieder,
1905 Juni......	2270	„
1906 Juni......	2838	„

---

[1]) Siehe die statistischen Beilagen im Anhang.

[2]) Wallace, Rußland, II, S. 402 f., unterscheidet innerhalb der sozialdemokratischen Organisationen 3 Kategorien: 1. die gebildeten aktiven Mitglieder, die das leitende, beaufsichtigende Element bilden; 2. die voll eingeweihten Rekruten aus den arbeitenden Klassen und 3. Arbeiter, die nur ihre materielle Lage zu verbessern wünschen, aber an politischen Kundgebungen teilnehmen, in der Hoffnung, die Arbeitgeber einen Druck fühlen zu lassen und so die Regierung zu veranlassen, zu ihren Gunsten einzugreifen. Wir unterscheiden nur 2 Kategorien: 1. aktive Genossen, d. h. bewußte, durch Propaganda gewonnene Sozialdemokraten und 2. passive Genossen, durch Agitation aufgehetzte Mitläufer.

Hinsichtlich ihrer territorialen Verteilung findet von 1904 bis 1906 eine Verschiebung statt. 1904 befand sich die größte Gruppe in Mitau, 1905 und 1906 in Libau; die Gruppen in Windau und Talsen (1904) sind verschwunden, dafür sind Gruppen in Goldingen, Tuckum, Pilten, Dondangen und im Friedrichstädtischen entstanden, von denen die Gruppe im Goldingenschen Kreise die bedeutendste ist, allerdings an die Gruppen von Mitau und namentlich an die in Libau (inkl. die Kreise Grobin und Hasenpoth) nicht heranreicht.

Für die vier lettischen Kreise Livlands ergibt sich folgende Tabelle:

Kreis	Juni 1905	vor 17. Okt. 1905	nach 17. Okt. 1905	Juni 1906
Riga	40	457	860	471
Wolmar	0	195	410	200
Wenden	480	1750	2500	640
Walk	0	270	800	167
Der lettische Teil Livlands:	520	2672	4570	1478

Wir sehen also, daß aus einem mäßigen Stamme aktiver Genossen im Juni 1905 die sozialdemokratische Partei, dank der schlaffen Haltung der Regierungsorgane in vier Monaten auf das Fünffache anwuchs, um dann im Taumel der revolutionären Bewegung nach dem Manifest vom 17. Oktober 1905 ihren Höhepunkt, das Neunfache ihres früheren Bestandes, zu erreichen. Das energische Vorgehen der Regierungsgewalt seit dem Dezember 1905 hat die Ziffer wieder stark herabgesetzt. Die Genossen konnten zum größten Teil unbehindert ins Ausland fliehen, da diese, wie wir sehen werden, in Riga solange ein Asylrecht genossen, bis sie Gelegenheit zur Auslandsreise fanden. Ein weiterer Teil ist durch die Strafexpeditionen erschossen oder verhaftet worden, und schließlich gibt es zweifellos noch heute zahlreiche Genossen mit schwer belastetem

Gewissen, die sich unbehelligt in Riga aufhalten, bis ein für sie unglücklicher Zufall sie ans Messer liefert. Immerhin ist die Gesamtzahl der ländlichen aktiven Genossen im Mai 1906 noch fast dreimal so groß, als ihre Zahl im Juni 1905. Wie aus der obigen Tabelle ersichtlich ist, hat der Kreis Wenden die meisten aktiven Genossen: 640, ihm folgt Riga mit 471, dann Wolmar mit 200 und endlich Walk mit 167. Die am meisten infizierten Kirchspiele sind im Kreise Wenden: Seßwegen (59), Lasdohn (65), Alt-Pebalg (76), Laudohn (80), Wenden (80), Lubahn (130). Im Kreise Riga: Kokenhusen (58), Ascheraden (79), Sissegal (102), Schlock (130). Im Kreise Wolmar: Rujen (100) und im Kreise Walk: Schwaneburg (102). Die Zahl der passiven Genossen, der Mitläufer, die, ohne in die sozialistischen Lehren eingeweiht zu sein, mit der Bewegung aus den verschiedensten, meist grobmateriellen Gründen sympathisieren, ist natürlich sehr viel größer. Nach dem Bericht des Zentralkomitees zum 3. Parteikongreß (Juli 1906) gehörten im Herbst 1905 „alle" oder „fast alle Einwohner" der sozialdemokratischen Rayons in den lettischen Kreisen Livlands zu den passiven Genossen. Wir werden hierauf noch im dritten Abschnitt zurückkommen.

5. Finanzwirtschaft der lettischen Sozialdemokratie.

Was endlich die materiellen Mittel betrifft, über welche die lettische Sozialdemokratie verfügte, so sind wir in dieser Hinsicht weniger gut unterrichtet als über ihre Organisation und die Anzahl ihrer aktiven Genossen. Dieses liegt daran, daß die in der Parteipresse von Zeit zu Zeit veröffentlichten Budgets ziemlich vage gefaßt sind und sich meist nur auf einen Teil der organisierten Partei beziehen, auch sind die außerordentlichen Einnahmen, die zum größten Teil aus dem Erlös von Raubmorden bestehen, nicht immer registriert. Einen

Grund hierfür haben wir oben (S. 109) im Zeitungsgezänk der „Partei" mit der „Sſáweeniba" kennen gelernt.

Immerhin können wir auch aus den gegebenen Daten eine annähernd richtige Vorstellung über die verfügbaren Gelder der Sozialdemokratie gewinnen.

Die Einnahmen zerfallen, wie in allen ordentlichen Budgets, in ordentliche und außerordentliche. Zu den ordentlichen gehören in erster Linie die Mitgliedsbeiträge, die zirka 20 Kopeken (43 Pf.) monatlich betragen, dann kommen die Einnahmen aus der Parteipresse, der Parteiliteratur und der Parteibuchhandlung, endlich die regelmäßigen Kollekten auf den Parteiversammlungen.

Zu den außerordentlichen Einnahmen gehören freiwillige Gaben der Genossen und anderer Gönner, die Unterstützungen, die die Genossen im Auslande, besonders in Deutschland, für revolutionäre Zwecke gewähren, und endlich die auf dem Wege der Expropriation, d. h. durch Straßenraub, Einbruch, Diebstahl und Raubmord, erzielten Einkünfte.

Die Höhe der Unterstützungen des „internationalen Bureaus für die russische Revolution" in Brüssel läßt sich nicht feststellen, sie muß aber ziemlich bedeutend gewesen sein, wenn man in Betracht zieht, welche außerordentlich großen Ausgaben allein der Ankauf von Waffen während der Revolution beanspruchte. Nach einer Notiz der „Zihna"[1]) wurden den Letten im Mai 1905 2000 Frcs. vom Bureau zugesprochen. Der Parteivorstand der deutschen Sozialdemokraten hat bekanntlich einen nicht geringen Teil der Spargroschen der deutschen Arbeiter „für die Verwundeten in den russischen Metzeleien" geopfert. Nach den Berichten des „Sozialdemokrats" (lett.)[2]) erhielt das Zentralkomitee in Riga aus diesem Fonds:

[1]) Nr. 17, vom 16. Juli 1905.
[2]) 1905, Nr. 31, 32 und 33.

im März 1905 .... 258 M. 45 Pf.
im April 1905 .... 1800 „
im Juni und Juli 1905 1500 „

Zweifellos sind auch später Beiträge aus derselben Quelle den Letten zugeflossen. Wir wissen ja zur Genüge, welche heiße Sympathie die deutschen Sozialdemokraten den feigen lettischen Meuchelmördern ihrer Stammesgenossen entgegenbrachten.[1]) Auf dem Parteikongreß in Jena, der sog. roten Woche im September 1905, wo eine Sympathiekundgebung für die kämpfenden Genossen in Rußland einstimmig angenommen wurde, berichtete u. a. der Parteiführer Singer über die materielle Hülfe, welche die Partei den Revolutionären in Rußland hat zukommen lassen.[2]) Der „Vorwärts" quittierte im Oktober 1905 über 116 390 Mark zugunsten der russischen Revolutionäre. Nach einer Versicherung des Genossen Liepmann auf einer Versammlung des 5. Berliner Wahlkreises hat allein die Berliner Sozialdemokratie 307 000 Mark deutscher Arbeitergroschen für die russischen Revolutionäre aufgebracht.[3])

Um ein Bild von der sozialdemokratischen Finanzwirtschaft zu gewinnen, lassen wir hier einige Budgets aus verschiedenen Zeiten folgen. Die Einnahmen und Ausgaben der lettischen sozialdemokratischen Gruppe in Kurland (später Mitausches Komitee) betrugen in der Zeit vom 1. Juli bis 31. Dezember 1902:[4])

---

[1]) Vgl. z. B. den Artikel: Die Sozialdemokratie und das baltische Deutschtum in der „Kreuzzeitung", September 1905, referiert in „Düna-Zeitung" Nr. 198 vom 9./22. September 1905.

[2]) Vgl. „Sozialdemokrats" Nr. 11 vom Februar 1903.

[3]) Vgl. „Düna-Zeitung" 1905, Nr. 224, und 1906, Nr. 192.

[4]) „Sozialdemokrats" Nr. 23, Februar 1904.

Einnahmen.

Mitgliedsbeiträge	200	Rbl.	7	Kop.
Gaben (Kollekten)	270	„	15	„
Literatur	55	„	15	„
Außerordentliche Einnahme	27	„	60	„
Zürich	19	„	—	„
Diversa	12	„	50	„
	584	„	47	Kop.

Ausgaben.

Für die Verschickten	230	Rbl.	20	Kop.
Für die Gefangenen	55	„	10	„
Literatur	57	„	95	„
Konspiration (Propaganda)	23	„	85	„
Agitation	13	„	—	„
Buchbinder	2	„	90	„
Diversa	12	„	75	„
	395	Rbl.	25	Kop.

Es bleibt also ein Saldo von 189 Rbl. 22 Kop. Bedeutend stattlicher ist natürlich das Budget der „Organisation", der späteren „Partei". Nach dem Kassenbericht der Organisation stellt sich ihr Budget pro 1903 folgendermaßen:

Einnahmen.

1. des Zentral- und Rigaschen Komitees				
Mitgliedsbeiträge	1684	Rbl.	07	Kop.
Gaben (Kollekten)	2974	„	52	„
Literatur	764	„	16	„
Rotes Kreuz	540	„	97	„
Saldo von 1902	228	„	12	„
	5741	Rbl.	84	Kop.
2. Libauer Komitee	241	„	29	„
3. Windauer Komitee	154	„	65	„
4. Talsener Komitee	150	„	—	„
	6287	Rbl.	78	Kop.

Ausgaben.

1. Zentral- und Rigasches Komitee					
Illegale Literatur	1759	Rbl.	25	Kop.
Rotes Kreuz	690	„	25	„
Konspiration	3071	„	04	„
Diversa	16	„	50	„
2. Libauer Komitee	238	„	17	„
3. Windauer Komitee	148	„	13	„
4. Talsener Komitee	145	„	—	„
	6068	Rbl.	34	Kop.

Es bleibt also ein Saldo von 219 Rbl. 44 Kop. pro 1904. Diese verhältnismäßig bescheidenen Budgets wuchsen natürlich mit den höheren Zwecken.

Die Einkünfte des Libauer Komitees betrugen 1904 bereits 70—80 Rbl. monatlich,[1]) die des Rigaschen Komitees sogar 309 Rbl. im Durchschnitt monatlich. Die Einkünfte des Rigaschen Komitees erreichten in den ersten fünf Monaten 1905 einen Durchschnitt von 678 Rbl. bei stetig steigender Tendenz (im Mai 1905: 1053 Rbl. 80 Kop.).[2])

Das Steigen der Einnahmen hängt zusammen mit dem rapiden Wachsen der Zahl der Genossen und vor allem damit, daß eine neue Quelle für unregelmäßige Einnahmen erschlossen wurde: die Expropriation fremden Eigentums, d. h. der systematische Raub.

Die geraubten Summen, oder sagen wir im Parteijargon: die expropriierten Werte flossen natürlich nicht vollständig in den Parteisäckel, sondern blieben zum Teil an den blutigen Händen der Herren Expropriateure kleben, immerhin vergrößerten die abgelieferten Summen in angenehmer Weise

---

[1]) „Zihna" Nr. 5 vom Juli 1904, enthalten im Bericht über den I. Kongreß.

[2]) Bericht an den II. Parteikongreß, a. a. O.

das „Haben" des Parteikontos. Nach der peinlichen Auseinandersetzung mit der Konkurrenz bei Gelegenheit des Libauer Bankraubes wurden die expropriierten Werte nicht mehr gebucht und mußten sich seitdem unter irgendeinem andern Titel des Budgets oder in einem besonderen geheimen Konto schamhaft verbergen.[1]) Aus der Zeit der naiven Offenheit führen wir hier folgende Posten im Budget des Mitauer Komitees pro Juli 1905 an: [2])

Von den Gemeindehäusern in Garrosen, Annenburg und Alt-Bergfried	433	Rbl.	62	Kop.
Vom Gemeindehause in Neu-Bergfried ..	401	„	47	„
Von dem fiskalischen Branntweinladen (sog. Monopolbude) in Annenburg	58	„	—	„
	893	Rbl.	9	Kop.

Eine ganz stattliche Einnahme! Einen ausgezeichneten Eindruck machen die sorgfältig aufgeführten Kopeken.

Sehr viel größer waren natürlich die Einnahmen bei der Expropriation einer Bank. Wie wir oben gesehen haben, blieben bei dem Helsingforser Bankraub am 13./26. Februar 1906 über 100 000 Rbl. in Händen der Expropriateure. Der

[1]) Nachdem das Schweizer Bundesgericht (15 Glieder) am 12./25. Februar 1907 einstimmig die Plünderung des Schatzamtes (Kronsrentei) von Duschet im Kaukasus für einen politischen Delikt erklärt und die von Rußland beantragte Auslieferung der Räuber abgelehnt hat, weil der Bundesrichter Merz „festgestellt" hatte, daß der Raub durch die „Kampforganisation des georgischen Bundes" ausgeführt worden sei, dürfte die Anschauung, daß es sich bei Raubmorden und Einbruchsdiebstählen von Revolutionären um gemeine Verbrechen handle, von „aufgeklärten" Leuten für veraltet gehalten werden.

[2]) Vgl. „Zihna" Nr. 19 vom August 1905. Die Überfälle auf die genannten Gemeindehäuser und die Monopolbude fanden in der Zeit vom 25.—28. Juli 1905 statt.

Verfasser von „Die Wahrheit über unsere Sozialdemokratie"[1]) behauptet, daß das Zentralkomitee diese Summe, und zwar genau 100 783 Rbl. 68 Kop. (!) eingenommen hätte.[2]) Aus dem Budget pro 1905/1906, das wir weiter unten besprechen werden, ist dies nicht ersichtlich. Nach der ganzen traurigen Finanzlage der Partei auch kaum anzunehmen. Auch werden die Herren Expropriateure weder so ehrlich noch so dumm gewesen sein, auf dem halben Wege nach Amerika ihren wohlerworbenen Raub an die Parteikasse auszuliefern.

Zu dieser Annahme sind wir auf Grund zahlreicher authentischer Beispiele von Veruntreuung von Parteigeldern durch Genossen durchaus berechtigt.

Bevor wir in der Betrachtung der Finanzwirtschaft der Genossen fortfahren, müssen wir den in einem sozialdemokratischen Budget auffallenden Posten „Rotes Kreuz" näher erklären, wobei wir auch einen Einblick in die Art der Verwendung der „Spargroschen" gewinnen werden.

Das im Budget des Zentralkomitees von 1903 figurierende „Rote Kreuz" war eine Unterstützungskasse für die inhaftierten, verschickten oder bei Zusammenstößen mit der Staatsgewalt verunglückten Genossen und deren Familien.

Das Sonderbudget des Roten Kreuzes pro 1904, das auch das bedeutende Wachsen der sozialdemokratischen Mittel illustriert, war folgendes:[4])

---

[1]) Siehe oben S. 82. Anm. 2.

[2]) Bei dem mehrfach erwähnten Bankraub in Libau am 15. Oktober 1905 blieben 15 000 Rubel in Händen der Expropriateure. Bei einem Raubmord in Riga, Turmstraße, am 11. Oktober 1905 wurden dem Unternehmer Orlow 24174 Rubel geraubt.

[3]) Über die „Moral" der Genossen gibt „Die Wahrheit über unsere Sozialdemokraten" eine Fülle von Details.

[4]) Bericht an den II. Parteikongreß a. a. O.

Einnahmen.

1.	Zahlungen der Gruppen	1748	Rbl.	81	Kop.
2.	Vertrieb der legalen Literatur	547	„	97	„
3.	Verkauf von Karikaturen, Liedern usw.	144	„	02	„
4.	Durch die sog. „Listen"	500	„	43	„
5.	Verlosungen	341	„	80	„
6.	Kollekten	306	„	33	„
7.	Veranstaltungen (Feste usw.)	213	„	19	„
8.	Gaben	192	„	27	„
9.	Durch Schecks (?)	20	„	75	„
10.	Vom Libauschen Komitee	35	„	—	„
		4050	Rbl.	77	Kop.

Ausgaben.

1.	Unterstützung der Verhafteten und ihrer Familien	2313	Rbl.	85	Kop.
2.	Für die legale Literatur	919	„	62	„
3.	Für Verloosungen	34	„	30	„
4.	Postausgaben	2	„	84	„
5.	Buchbinder	—	„	80	„
		3271	Rbl.	41	Kop.
	Saldo pro 1905	779	„	36	„

Den Berichten des „Roten Kreuzes" entnehmen wir, daß in der Zeit vom 5. Juni 1904 bis zum 11. Mai 1905 im ganzen 115 Personen unterstützt wurden mit in Summa 2208 Rbl. 35 Kop. Die Unterstützungen schwankten zwischen zwei und zwölf Rubeln monatlich pro Person; 11 Personen hatten Darlehen von zusammen 105 Rbl. 50 Kop. erhalten. Natürlich führte das „Rote Kreuz" sorgfältig Buch über seine „verunglückten" Genossen. Am 5. Juni 1904 saßen 53 im Gefängnis; im Laufe des Jahres wurden 77 verhaftet und 60 entlassen. Am 11. Juni 1905 saßen 70 fest; 12 waren verschickt worden, 10 durften aus der Verbannung zurückkehren, einer war aus Olonetz geflohen.

Eine wichtige Episode in der Tätigkeit des „Roten Kreuzes" spielten die blutigen Januartage 1905 in Riga. Es mußten außerordentliche Einnahmen beschafft werden, um die Opfer der Januartage zu unterstützen. Die Kollekten ergaben 1968 Rubel 5 Kop. Hiervon wurden verausgabt:

1. Für die Familien von 23 Erschossenen und von 45 Verwundeten	533	Rbl.	50	Kop.
2. Kosten der Kliniken	387	„	66	„
3. Beerdigung der Gefallenen	126	„	30	„
4. Unterstützung des Generalstreiks	297	„	55	„
	1345	Rbl.	1	Kop.

Schließlich sei noch erwähnt, daß die Bibliothek des „Roten Kreuzes" 1904/05 aus 102 russischen, 26 deutschen und 26 lettischen Büchern bestand und den verhafteten Genossen 41 Bücher zum Lesen ausgereicht wurden.

In der Zeit der Revolution, wo die „Lettische sozialdemokratische Arbeiterpartei" eine kriegführende Macht darstellt, bewegt sich das Budget naturgemäß in ganz anderen Zahlen. Im „Rigaer Tageblatt"[1]) findet sich über das Budget Juni 1905 bis Juni 1906 ein vortrefflich orientierender Artikel, „Die revolutionäre Bewegung in Wort und Bild", den ich in extenso hierhersetze: „Der „Finanzminister" der lettischen sozialdemokratischen Arbeiterpartei veröffentlicht in Nr. 47 der „Zihna" einen spezialisierten Rechenschaftsbericht über Einnahmen und Ausgaben des Parteisäckels für den Zeitraum vom Juni 1905 bis zum Juni 1906. Dieser Bericht wird als der „echte" (ihstais) bezeichnet, während der in der Nr. 46 der „Zihna" veröffentlichte von der Revisionskommission der Partei als durchaus fehlerhaft und falsch zurückgewiesen wird. Ob die „Revisionskommission" auch den nunmehrigen „echten" Bericht als

---

[1]) 1906, Nr. 208.

solchen anerkennen wird, bleibt abzuwarten; jedenfalls ist bei dessen Abdruck nicht gesagt, daß er von der Kommission approbiert wäre. Wie dem jedoch auch sei, dieser „echte" Rechenschaftsbericht bietet auch für weitere Kreise manches Interessante, da man bei Verfolgung und Vergleichung des Steigens nnd Sinkens der monatlichen Einnahmen und Ausgaben zugleich ein recht anschauliches Bild von dem Steigen und Sinken der revolutionären Bewegung in dem gedachten Zeitraum gewinnt.

Das nachfolgende Diagramm soll dieses deutlicher, in einem graphischen Bilde, dem Leser zur Anschauung bringen.

Die gebrochene schwarze, volle Linie stellt das Steigen und Sinken der Einnahmen, die punktierte hingegen das der Ausgaben dar. In vertikaler Richtung sind die Einnahmen und Ausgaben in Intervallen von je 500 Rbl. aufgetragen, während in der horizontalen Richtung die Monatsintervalle eingetragen sind. Hierbei ergibt sich nun folgendes:

Im Juni 1905 haben die Einnahmen 1500 Rbl. erreicht (eigentlich 1340 Rbl. 20 Kop.),[1]) um schon im Juli auf 3000 Rbl. zu steigen. Im August sinken sie auf 1000 Rbl., steigen im September auf 1500, schnellen dann aber mit dem Zunehmen der revolutionären Bewegung rapid empor, um bereits im Oktober die Summe von 3500 (eigentlich mehr), im November aber, da die Wogen der Revolution am höchsten gehen, den Kulminationspunkt mit über 5000 Rbl. (nämlich 5373 Rbl. 59 Kop.) zu erreichen. Im Dezember sinken die Einnahmen auf 4500 Rbl., im Januar aber, da die Strafexpeditionen allenthalben zu wirken beginnen und zahlreiche Agitatoren

---

[1]) Wir nehmen als Maßeinheit die runde Summe von 500 Rubeln, obgleich nach dem Rechenschaftsbericht die monatlichen Einnahmen und Ausgaben um einiges über oder unter der Summe 500 resp. ihres Vielfachen schwankt.

das Weite suchen, vollzieht sich ein furchtbarer Kurssturz, indem die Einnahmen auf 500 Rbl. zurückgehen, um etwa auf dieser Höhe bis zum März zu verbleiben. Im April und Mai nimmt man ein Ansteigen der Einnahmen bis auf 1000

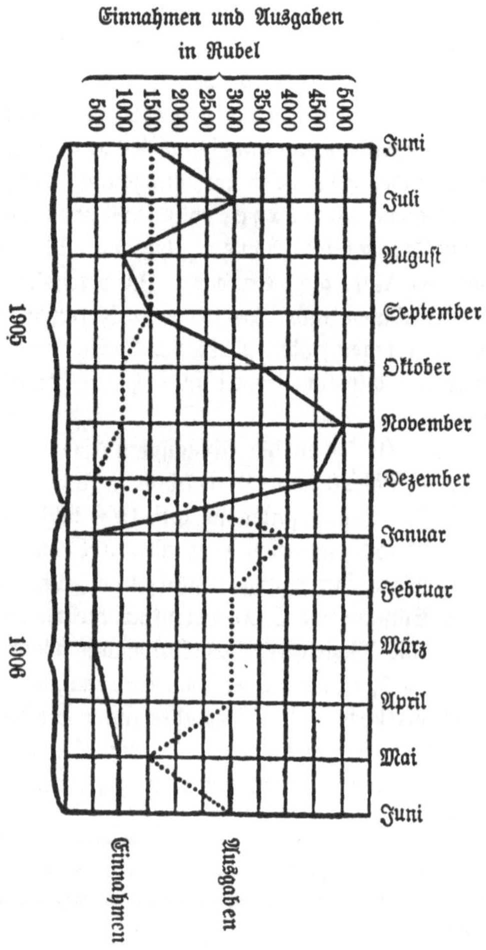

Rubel wahr, welche Summe auch im Juni nicht überschritten wird.

Interessant ist es nun, zu beobachten, wie in diesen Zeiträumen sich die Ausgaben, im Vergleich zu den Einnahmen, gestalten. — Im Juni 1905 halten sich Einnahmen und Ausgaben mit etwa 1500 Rbl. die Wagschale, um dann gänzlich auseinanderzugehen (nur im September fallen sie noch zusammen). Während nämlich im Oktober, November und Dezember die Einnahmen, mit dem Losbrechen der Revolution, am höchsten werden, erreichen die Ausgaben in dieser Zeit ihren Tiefstand (mit 500 Rbl. im Dezember, eigentlich 441 Rbl. 8 Kop.). Dann aber, als im Januar 1906 die Einnahmen rapid stürzen, schnellen die Ausgaben fast ebenso reißend (auf 4000 Rbl.) empor, was wohl mit den vermehrten Ausgaben, die die Flucht der Agitatoren veranlaßte, im Zusammenhang steht. Im Februar, März und April halten sie sich in der Höhe von etwa 3000 Rbl., sinken im Mai gar auf 1500 Rbl. und erreichen im Juni wiederum die Summe von 3000.

Aus obigem Diagramm ist ferner ersichtlich, daß die Einnahmen in den letzten Monaten des Vorjahres, also zur Zeit der Revolution, die Ausgaben bei weitem übersteigen, während in der ersten Hälfte des laufenden Jahres, zur Zeit des Niedergangs der revolutionären Bewegung, das Gegenteil eintritt, indem die Ausgaben die Einnahmen bedeutend überragen. — Zum Schluß ist aus dem Rechenschaftsbericht zu ersehen, daß in der sozialdemokratischen Parteikasse zum 1. Juli 1906 nur 104 Rbl. 66 Kop. verblieben sind."

Daß die Einnahmenkurve der Revolutionszeit dem Gang der revolutionären Bewegung vollständig entspricht, beweist die Kurve der von den Revolutionären begangenen Verbrechen, die wir an anderer Stelle geben werden. Der Niedergang der Einnahmen seit dem Abflauen der revolutionären Bewegung scheint sich rapide zu vollziehen. Für den Juli 1906 wird durch die „Zihna" bereits ein Fehlbetrag von 1745 Rubel und 87 Kop. festgestellt, der durch eine Anleihe! gedeckt werden mußte.

Man wird sich der Hoffnung hingeben können, daß seit Wiedereinführung der Standgerichte am 22. August 1906 die Einnahmen der Parteikasse durch unfreiwilligen Austritt zahlreicher Genossen und die Einschränkung von Expropriationen noch mehr heruntergegangen sein werden, während die Ausgaben, besonders die des „Roten Kreuzes", dementsprechend gestiegen sein müssen. Wenn die Genossen in Deutschland nicht helfen, so könnte der lettische „Finanzminister" bald in arge Nöte geraten.

Wir werden im Schlußkapitel noch einmal besonders auf die lettische Sozialdemokratie zurückkommen und schildern, wie sich ihre Organisation und Taktik 1906 änderte.

Kapitel III.

Die Revolution von 1905.

1. Der Ausbruch der Revolution in Rußland.

Die Wurzeln der Revolution liegen weit zurück.

Wir haben zu Beginn des ersten Kapitels die Freiheitswallungen nach dem Krimkriege geschildert. Wir haben die tiefgehende Unzufriedenheit aller gebildeten Kreise Rußlands mit dem autokratischen System kennen gelernt und den Beginn einer sozialistischen Bewegung. Wir haben gesehen, wie sich aus dem akademischen Nihilismus mit seinen unreifen und phantastischen Ideen und seinen nebelhaften Zielen eine neue Form des Revolutionarismus entwickelte, deren Vertreter die Propagandisten waren. Sozialisten, die durch langdauernde Propaganda unter dem Volke die Revolution vorbereiten wollten. Als es sich erwies, daß das Volk aus Unkultur und aus angeborener Indolenz nicht fähig war, die Lehren des Sozialismus in sich aufzunehmen, und als gleichzeitig zahl-

---

[1]) Vgl. Thun, „Geschichte der revolutionären Bewegungen in Rußland" a. a. O. „Das Wesen der sozialen Revolution in Rußland usw." in „Balt. Monatsschrift" Bd. XXVIII, 1881. — Th. Schiemann, „Deutschland und die große Politik Anno 1904 und 1905." — Max Weber, „Rußlands Übergang zum Scheinkonstitutionalismus", in „Archiv für Sozialwissenschaft und Sozialpolitik" von W. Sombart, M. Weber und E. Jaffé. Bd. XXIII. — Sir D. M. Wallace, „Rußland", II., 1906. — M. Hardens Leitartikel in der „Zukunft", XIII. Jahrgang (1905), Nrn. 17, 18, 19, 24, 23 und XIV (1906), Nr. 48.

reiche Propagandisten verhaftet wurden und auf immer in den Kasematten der Peter-Pauls-Festung oder den Bergwerken Sibiriens verschwanden, da trat abermals eine gänzliche Änderung in der revolutionären Bewegung ein. Es bildete sich um 1877 die extreme Richtung des Terrorismus aus. Ihre Vertreter, die „Narodowóltsy" („Männer vom Volkswillen"), glaubten durch den Terror das zu erlangen, was durch eine Massenbewegung nicht hatte erreicht werden können. Gleichzeitig bekam die ganze Bewegung infolge des moralischen Bankerotts, den der Staat im Türkenkriege (1877 — 1878) erlitt, eine vorherrschend politische Färbung, während das sozialistische Moment zeitweilig zurücktrat. Eine Reihe politischer Attentate setzte seit dem Februar 1878 das Reich in Schrecken. Die Regierung antwortete mit Repressalien. Die Terroristen beschlossen hierauf die Ermordung des Zaren. Am 1. März 1881 fiel Alexander II., der Zarbefreier, einem Bombenattentate zum Opfer. Man sagt: in dem Moment, als bereits der Entwurf einer freiheitlichen Verfassung in der Staatsdruckerei lag.

Alexander III., der nun den schwankenden Thron des Zaren bestieg, war in allem das Gegenteil seines Vaters. Nicht zum Purpur erzogen, wenig gebildet und beschränkt, aber ehrenhaft und sittenstreng. Ein überzeugter Anhänger des Absolutismus. Sein Ideal war der griechisch-orthodoxe nationalrussische Staat mit dem unumschränkten und unfehlbaren Papstkaiser als Krönung. Konstantin Pobjedonószew, Graf Dimitri Tolstoi und Graf Nikolaus Ignátjew bildeten nun das Dreigestirn, das am verfinsterten Himmel Rußlands blinkte. Das im Katkówschen Geist von Pobjedonószew verfaßte Manifest vom Mai 1881 enthielt eine schroffe Ablehnung aller Reformforderungen. Ein eisernes Polizeisystem wie zu Zeiten Nikolaus I. wurde durchgeführt. An revolutionäre Erhebungen war nicht zu denken. Abermals fand eine Wandlung in der revolutionären Bewegung statt. Zwar blieb noch eine anarchistische Gruppe, die der „Bakunisten", übrig, die den Terror predigte und den Grundsatz vertrat: „Das Aufbauen ist nicht Sache der Generation, deren Pflicht das Zerstören ist", doch wandte sich die große Masse der Revolutionäre in erzwungener Resignation wieder dem langsamen und mühevollen Wege der sozialistischen Propaganda zu.

Auch in der sozialistischen Lehre trat eine Wandlung ein. Statt der französischen und englischen Doktrinen herrschten nun Marx und Engels. Namentlich Marx galt und gilt als Prophet für die russischen Sozialisten, wie einst Comte für die liberalen Reformer der Ära Alexander II., wie Saint Simon und Fourier für die Nihilisten und Proudhon für die Anarchisten. Als Beginn dieser Wandlung kann das Jahr 1883 bezeichnet werden, als die Broschüre G. Plechánows, „Der Sozialismus und der politische Kampf", den enttäuschten und zersprengten Revolutionären neue Horizonte öffnete.

Hiermit hielt die Lehre der Sozialdemokratie ihren Einzug in Rußland.

Wie alle vorhergegangenen Phasen der revolutionären Bewegung blieb auch die sozialdemokratische einige Zeit im akademischen Stadium.

Sieben Jahre brauchten Plechánow und seine Anhänger, um die russische Intelligenz davon zu überzeugen, daß die westeuropäische Methode der Sozialdemokratie auch auf das dunkle Rußland anwendbar sei.

Im Jahre 1890 begannen die Propagandisten der neuen Schule ihre erste vorsichtige Arbeit in Petersburg. Unter außerordentlichen Schwierigkeiten, die nicht so sehr in der polizeilichen Überwachung als in dem Volkscharakter lagen. Die russischen Arbeiter sind meist Bauern, die bei dem herrschenden Agrarsystem nicht einmal immer völlig von der Scholle gelöst sind. Ihr geistiges Begriffsvermögen ist ganz unentwickelt, ihre Bildung gleich Null, ihr Denken bewegt sich in uralten überlieferten Vorstellungen. Zwar kann man ihnen allmählich begreiflich machen, daß eine Arbeiterkoalition ein Machtfaktor ist und der Streik eine Kampfmethode, wohl geeignet, seine Wünsche durchzusetzen. Wie aber diesen praktischen Sozialismus mit politischen Zielen verbinden? Bei der stumpfsinnigen Gläubigkeit und der eingewurzelten Kaisertreue der Massen eine wahre Danaidenarbeit. „Schön", sagt der Bauer, „wir schlagen die Tschinowniks und die Gutsherren tot, wir teilen uns in alles Land und brauchen keine Steuern zu zahlen und bekommen den Schnaps um die Hälfte billiger. Das ist die Republik. Aber wer wird dann Zar-Selbstherrscher in der Republik sein?"

Sehr langsam gelang es der unermüdlichen sozialdemokratischen Propaganda, das Arbeiterproletariat so weit vorzubereiten, daß es begann, politische Forderungen mit wirtschaftlichen zu verbinden. Doch auch heute noch ist wohl nur ein geringer Teil der russischen Fabrikarbeiter ganz und gar von den Lehren der Sozialdemokratie durchdrungen, nämlich derjenige, welcher allmählich jeden Zusammenhang mit dem Dorf verloren hat und zu einer wirklichen Berufsgruppe geworden ist.

Um diese Tatsache, die der westeuropäischen Entwicklung so sehr widerspricht, zu verstehen, müssen wir im Auge behalten, daß die russische Industrie gewissermaßen noch in den Kinderschuhen steckt und — wenn man von einigen wenigen Zentren: den Hauptstädten und den Grenzprovinzen absieht — recht eigentlich eine Schöpfung des Finanzministers Witte ist. Die Finanzpolitik dieses hochbegabten, gewalttätigen und in seinen Mitteln wenig wählerischen Staatsmannes ist ja wohl weltbekannt. Um die Einführung der als einzige Rettung der erschütterten Finanzlage Rußlands erscheinenden Goldwährung zu ermöglichen, brachte Witte mit allen ihm zu Gebote stehenden Mitteln einen künstlichen Aufschwung der russischen Industrie, besonders der Eisenbranche, zustande. Schutzzölle, Vorzugstarife, Erweiterung des Eisenbahnnetzes, kolossale Regierungsaufträge usw. lockten das auswärtige Kapital, das denn auch lebhaft hinzuströmte, besonders aus Belgien und Frankreich. „Und in der ganzen Zeit stiegen die Einnahmen des Staatsschatzes sprungweise, so daß die Einführung der Goldwährung ohne Schwierigkeit bewirkt werden konnte. Witte wurde für den größten Minister seiner Zeit erklärt, für den russischen Colbert oder Turgot, oder für alle beide in einer Person." [1])

Eine unmittelbare Folge des Industrieaufschwungs war die massenhafte Einwanderung bäuerlichen Proletariats in die Städte. Dieser Vorgang konnte um so größere Dimensionen annehmen, als die Landflucht der Bauern eine bereits gewohnte Erscheinung war. In 88 russischen Städten betrug der Bevölkerungszuwachs in den zwei Jahren 1885 bis 1887 33,2 %. Diese Völkerwanderung der Bauern ist auf die trostlosen Agrarverhältnisse Rußlands zurückzuführen. Es kann nicht unsere Aufgabe sein, diese Verhältnisse zu schildern, die eine Folge der höchst unglücklichen Lösung der Leibeigenschaftsfrage durch das Emanzipationsgesetz vom 19. Februar 1861 war. Über diese Dinge sind ganze Bibliotheken von russischen und nichtrussischen Forschern geschrieben worden.[2]) Die

[1]) Wallace, „Rußland", II. S., 319.

[2]) Von den vielen neuern Schriftstellern seien genannt: G. J. Uspenski, A. N. Terpigórjew, W. E. Póstnikoff, A. J. Skworzóff, J. Keußler, G. v. Schultze-Gäwernitz, E. v. d. Brüggen, Nikolai-on und besonders Wlad. Gr. Simkhówitsch, „Die Feldgemeinschaft in Rußland", Jena 1898.

Resultate aller Untersuchungen stimmen im wesentlichen überein: die bäuerlichen Zustände sind infolge der Feldgemeinschaft und des damit zusammenhängenden Landmangels,[1]) infolge der völligen Verlumpung des Landadels, der Unfähigkeit der Selbstverwaltungsorgane, der fiskalischen Mißwirtschaft und nicht zum wenigsten der stumpfen Indolenz der Bauern selbst die denkbar schlechtesten, ja, so gut wie hoffnungslos!

Was sollen wir dazu sagen, wenn wir in dem vortrefflichen und gründlichen Buch von Simkhówitsch, „Die Feldgemeinschaft in Rußland",[2]) lesen, daß 70,7 % der gesamten Bauerschaft von ihren Landanteilen weniger Getreide erhalten, als das Existenzminimum es erfordert, daß weitere 20,4 % nicht in der Lage sind, ihr Arbeitsvieh zu ernähren und daß also nur 8,9 % imstande sind, nach Deckung ihres eigenen Bedarfs ihre Produkte zum Verkauf zu bringen!

Es gibt Gouvernements, Astrachan und Wologda, wo die ganze Bauerschaft nicht das erforderliche Existenzminimum erreicht; in Tschernigow sind es 99,5 %, in Archangelsk 98,3, in Mohilew 98,2, in Moskau 97,9, in Witebsk 97,8, in Pskow 97,3 % der Bauerschaft! Von 46 Gouvernements sind es 14, in denen über 90 % der Bauern nicht das Existenzminimum aus ihrem Lande erarbeiten können, und 25 Gouvernements (d. h. 54,3 %), wo diese Kategorie 80 % übersteigt. Diese verzweifelte Lage treibt den Bauer in die Hände der Wucherer, die ihn in eine Sklaverei schlagen, die unendlich härter ist wie die Leibeigenschaft es war. Die Wucherzinsen erreichen

[1]) „Der Landwirtschaftsminister Jermólow hat sich sehr richtig geäußert, daß bei der zunehmenden Bevölkerung das Recht der Gemeindegenossen auf gleichmäßigen Landanteil endlich ein gleiches Recht auf den Hungertod bedeuten würde." Gr. Simkhówitsch, a. a. O. S. 299.

[2]) A. a. O. S. 292.

eine märchenhafte Höhe: 300, ja 800 %! Wenn ein Wucherer 60 oder 100 % verlangt, so wird er, wie Stepniak [1]) erzählt, von den Bauern als Wohltäter verehrt. Die Vampyrrolle, die diese Dorfwucherer, die berüchtigten „Kulaki", im Bauernleben spielen, ist ja bekannt; desgleichen der verhängnisvolle Hang zur Trunksucht, dem durch den fiskalischen Branntweinverkauf ein bedauerlicher Vorschub geleistet wird. Die Folgen dieser Verhältnisse sind regelmäßig eintretende Hungersnöte und massenhafte Auswanderung in die Städte. Die Maßregeln, welche von der Regierung ergriffen werden, um die Agrarnöte zu bekämpfen, sind im besten Falle Palliative. Sie bestehen in periodischer Streichung von Steuerrückständen und regelmäßiger Unterstützung der jeweils hungernden Gouvernements durch Brotkorn, Saatkorn und Arbeitsvieh. Diese Unterstützungen, die jährlich viele Millionen ausmachen, müssen natürlich von den Steuerzahlern, die gerade nicht hungern, aufgebracht werden. Sie werden überdies ohne jede Gegenleistung verabfolgt, so daß die Bauern der Hungergouvernements sich daran gewöhnt haben, die regelmäßig eintretende Unterstützung als eine notwendige Verpflichtung der Regierung anzusehen und sie sozusagen in ihr Budget aufzunehmen. In zahlreichen Fällen werden das Korn und die „zarischen Pferde" schon lange vorher dem Kulak verpfändet und in Branntwein umgesetzt. So wirkt diese humanitäre Maßregel der Regierung als Prämiierung der Unfähigkeit und Faulheit![2]) Die massenhafte Auswanderung der Bauern in die Städte kann sie aber nicht aufhalten.

---

[1]) Stepniak, „Der russische Bauer", deutsch 1893, S. 390 ff. Vgl. Simkhówitsch a. a. O. S. 390 ff.

[2]) Vgl. H. Löwe, „Der sittliche und kulturelle Inhalt der russischen Revolution", in „Hochland", 4. Jahrgang (1906/07), Heft 3 und 4.

Diese Massen bettelarmer, dem Trunk ergebener, meist völlig ungeschulter Bauern vermehrten nun während der Witteschen Industrieperiode das Arbeiterproletariat der Städte.

Wie das nicht anders zu erwarten war, erfolgte sehr bald ein Umschwung wegen der notwendig eintretenden Überproduktion. Gleichzeitig stellte die Regierung ihre Eisenbahnbautätigkeit ein und beschränkte ihre Aufträge. Die Börse wurde allgemein von der Vorstellung erfaßt, Witte habe nur seinen Zweck: Einführung der Goldwährung, erreichen wollen und lasse nun die Industrie fallen. Die nun eintretende Panik entsprach der schwindelhaften Höhe der vorhergegangenen Gründungen; 1899 entstand eine furchtbare Industrie- und Handelskrise.

Diese Krise ermöglichte endlich der Sozialdemokratie den so mühsam angestrebten Erfolg unter dem zum Teil arbeitslosen und hungernden Arbeiterproletariat.

Jetzt schien es an der Zeit, alle revolutionären Kräfte in Rußland zu einem Vorstoß zu sammeln.

Die ungeheure Spannung, die unter dem byzantinisch-tatarischen Regime Alexanders III. in der russischen Intelligenz entstanden war, drängte zum Ausbruch. Die Hoffnungen, die beim Thronwechsel 1894 auf den jungen Kaiser gesetzt wurden, hatten sich sofort verflüchtigt, als Nikolaus II. am 17. Januar 1905 öffentlich erklärte: „Es ist mir bekannt, daß kürzlich in einigen Semstwoversammlungen Stimmen von Leuten vernommen worden sind, die sich von absurden Träumen haben fortreißen lassen, wonach die Semstwovertreter an der Administration teilnehmen sollten. Mögen diese wissen, daß ich alle meine Kräfte dem Wohle des Volkes widmen, aber auch die Grundsätze der Autokratie ebenso fest und unentwegt aufrecht erhalten werde wie mein unvergeßlicher Vater!" An eine Änderung dieses Programmes war trotz einer in der nächsten Familie des Kaisers herrschenden entgegengesetzten Strömung kaum zu denken, da dem Lehrer des Kaisers, Pobjedonószew, der mit Recht als der Träger der autokratischen Idee galt, nach wie vor der größte Einfluß auf die innere Politik eingeräumt wurde. Da gleichzeitig die starke Hand des sittenstrengen, einfachen und sparsamen Alexander III. fehlte, die das verlotterte und diebische Tschinowniktum zusammenhielt, fiel das letzte äußere Korrektiv gegenüber dem bureaukratisch-absolutistischen System fort, und die Unzufriedenheit der liberalen Intelligenz nahm immer stärkere Formen an. Beonders gärte es unter der studierenden Jugend, wo die Oberströmung des nach Befreiung von der geistigen Fesselung ringenden Liberalismus der revolutionären Unterströmung begegnete.

Das russische Studententum ist der wichtigste Träger des revolutionären Gedankens. Wir müssen ihm daher einige Worte widmen.[1])

Nachdem in der liberalen Ära Alexanders II. die alten kadettenkorpsartigen Hochschulen zusammengebrochen waren, fand der neue Geist der Aufklärung naturgemäß seinen Mittelpunkt in den reorganisierten Hochschulen, wo die nach geistiger Freiheit durstende Jugend zusammenströmte. Alle geistigen Strömungen jener Epoche: der doktrinäre Liberalismus, der englische Konstitutionalismus, der Nihilismus, der Anarchismus, der Panslawismus und der Nationalismus, fanden ihre Pflanzstätte an den Universitäten. Der russische Student dieser Zeit, mehr und mehr aus den niedrigeren sozialen Schichten sich rekrutierend, gefiel sich in der Rolle eines Vertreters und

[1]) Vgl. Fürst Eugen Trubetzkoi, „Die Universitätsfrage", in „Russen über Rußland", edit. J. Melnik, 1906, und den vortrefflichen Aufsatz von Heinr. Löwe, „Die russischen Hochschulen und die politischen Wirren in Rußland", in der Zeitschrift „Hochland", III. Jahrg., 1905, Heft 1 und 2.

Vorkämpfers der bäuerlichen und proletarischen Massen, des „schwarzen Volkes" (tschórny naród). Die Epoche Alexanders III. mit dem bureaukratisch-rückschrittlichen Universitätsstatut Katkóws von 1884 veränderte nur äußerlich diesen Charakter der Universität. Der vorschriftsmäßige nationalistische Geist, der Ausschluß einer Reihe westlicher Disziplinen trugen nur dazu bei, das Bildungsniveau der lernenden Jugend herabzusetzen. Der polizeiliche Zwang rief eine erbitterte Opposition hervor, die besonders von dem immer mehr an die Oberfläche dringenden Judentum getragen wurde. Überall bildeten sich revolutionäre Vereinigungen. Die Studenten beschäftigten sich in erster Linie mit Politik; das Studium trat immer mehr in den Hintergrund, wozu der barbarische Schematismus der „Kurse" mit zwangsweisen Examina nicht wenig beitrug. So entstand „wissenschaftliche Anämie, tiefe Unwissenheit und fortschreitende Proletarisierung" der Hochschulen.

Beim Regierungsantritt Nikolaus II. (1894) waren die höheren Lehranstalten mit wenigen Ausnahmen durch und durch revolutioniert. Die Kursker Landsmannschaft an der Universität Moskau erklärte, „daß die Studentenschaft stark genug organisiert sei, um die Initiative zu einer sozialen Bewegung zu ergreifen".[1])

In den folgenden Jahren fanden sporadisch an verschiedenen Universitäten Unruhen statt, die seit 1899 einen chronischen Charakter angenommen haben. Mit Ausnahme der Universität in Helsingfors haben sämtliche Universitäten des Reiches und die meisten anderen höheren Lehranstalten mehr oder weniger grobe Unruhen gehabt, die zum Teil blutig unterdrückt werden mußten.[2])

[1]) Vgl. Trubetzkoi a. a. O. S. 36.

[2]) Vgl. das Communiqué des Ministeriums im „Regierungsanzeiger" vom 2. April 1899. „Balt. Chronik", 1899, S. 180, vgl. auch S. 136.

Alle Maßnahmen der Regierung zur Änderung der Universitätsverhältnisse konnten den Geist des Umsturzes nicht dämpfen. Der Kultusminister Bogoljépow versuchte durch Verstärkung der Inspektionen und Einrichtung von Studenten-Konvikten die konspirativen Geister einer Kontrolle zu unterwerfen. Diese Versuche scheiterten kläglich. Sie hatten ebensowenig Erfolg wie die ungefähr gleichzeitig von der Regierung ins Leben gerufenen Gewerkschaften der Arbeiter. Wie vorauszusehen war, wurden die Konvikte vielmehr Brutstätten der Verschwörung. Bogoljépow mußte seine „Reformen" mit dem Leben bezahlen. Sein Nachfolger Wannówski, der frühere durch seine Demokratisierung der Armee bekannte Kriegsminister, hatte ebensowenig Erfolg. Seine Erklärung, er würde sein Ressort nur „mit dem Herzen" (sserdétschno) leiten, war nicht imstande, den rollenden Stein aufzuhalten, sie fügte zur planlosen Schwäche der Regierungnur den Fluch der Lächerlichkeit.[1]) Ebensowenig hatte der Kultusminister Sänger mit der Wiederherstellung des gewählten Professorengerichts Glück. Alles das waren Palliativmaßregeln, die nicht mehr helfen konnten. Es handelt sich auch nicht mehr um Universitätsreformen, sondern um Staatsreformen. Darauf weist der bekannte liberale Professor Fürst Eugen Trubetzkoi: „Solange die gegenwärtige Staatsordnung besteht, werden auch die Studentenstreiks nicht aufhören."[2])

Dieselbe Bewegung hat auch die mittleren Lehranstalten ergriffen. Ein Zirkular des Kultusministers vom Juni 1903[3]) an die Lehrbezirkskuratoren konstatiert, „daß Insubordination, grobe Ausschreitungen der Schüler gegen die Lehrer, sogar

[1]) Vgl. Löwe a. a. O. S. 207.
[2]) A. a. O. S. 43.
[3]) Siehe „Balt. Chronik" 1902/03, S. 119 f.

tätliche Beleidigungen, Gehorsamsverweigerung ganzer Klassen und unter den älteren Schülern eine regierungsfeindliche Propaganda in letzter Zeit oft beobachtet werden".

So sehen wir denn am Beginn des 20. Jahrhunderts die russische Jugend — das, was man die „Hoffnung des Landes" zu nennen pflegt, in vollkommener Zersetzung begriffen. Die Idee des politischen und sozialen Umsturzes gehört bei ihr zur Aufklärung. Wer nicht so denkt, gilt für rückständig und ungebildet, er ist ein Reaktionär, womöglich ein „Tschornossótinetz".[1])

Diese Auffassung herrscht um so gewaltiger, als sie sich mit vererbten Vorstellungen deckt. Zu Beginn des 20. Jahrhunderts lebt schon die zweite Generation, die in diesem Ideenkreise aufgewachsen ist. Die Kinder der „Märtyrer der Aufklärung" streben gleichfalls nach der Märtyrerkrone. Der Mörder des Ministers Ssipjägin, der Student Balmasétow, war der Sohn von sogen. politischen Verbannten.

Der Niederschlag dieser geistigen Strömung findet sich allenthalben in der russischen Literatur. Man braucht nur an Maxim Gorki zu denken, den Verherrlicher des Verbrechertums.

Wir können hier nicht weiter fortfahren, ohne eines andern weltberühmten Schriftstellers zu gedenken, der, ohne dem Kreise der revolutionären Jugend anzugehören, durch seine soziologischen und religiösen Schriften ungeheuer viel zur revolutionären Bewegung beigetragen hat: Leo Tolstois.

Tolstoi, der bekanntlich auf dem Boden des primitiven Christentums steht und dessen Ideal die „innere Befreiung" des Individuums zur Selbstverleugnung ist, nach dem Worte der Schrift „Du sollst deinen Nächsten lieben als dich selbst", erklärt den Staat für den natürlichen Feind einer solchen Ent-

---

[1]) Glied der sagenhaften „Tschórnaja ssotnja" (Schwarze Hundertschaft).

wicklung: „Die Lösung der Arbeiter-, der Bodenbesitzfragen, der politischen, der religiösen Fragen wird von der Staatsgewalt nicht nur nicht gefördert, sondern geradezu aufgehalten.“[1]) Alle Gesetze, und vor allem die Wehrpflicht, das Heer und die Polizei, seien unmoralisch und müßten bekämpft werden, indem man die Gesetze nicht erfülle und die Wehrpflicht nicht leiste. „Zu der Vernichtung der Regierungen ist eines nötig: die Menschen müssen begreifen, daß jenes Gefühl des Patriotismus, welches allein dieses Werkzeug der Vergewaltigung stützt, ein rohes, schädliches, schimpfliches und schlechtes Gefühl ist, vor allem aber ein unmoralisches.“ [2])

Man kann sich denken, welchen tiefen Eindruck derartige Lehren auf die gärende Masse der russischen Intelligenz machen mußten, um so tiefer und gewaltiger, als „der Weise von Jásnaja Poljána“ mit dem Nimbus des weltberühmten Philosophen und fast eines Heiligen ausgestattet war. Die Nutzanwendung der Lehren lag auf der Hand. Daran änderte nichts, daß Tolstoi den sozialistischen Zukunftsstaat für einen weit schlimmeren Knechtungskerker erklärte, als es der bestehende sei, und lehrte, daß durch allmähliche innere Umwandlung des Individuums und nicht durch Umsturz die erstrebenswerten paradiesischen Zustände verwirklicht werden müßten. Diese phantastische Forderung wurde einfach als Utopie beiseite geschoben, und es blieb nach die Forderung der Vernichtung des Staates.

Von irgendeiner Gegenwirkung durch die Religion kann bei dem starr-formalistischen Charakter der griechisch-orthodoxen Kirche und dem geringen geistigen und moralischen Einfluß der teils völlig ungebildeten, teils sozialistisch verseuchten Geistlichkeit nicht die Rede sein.

---

[1]) Tolstoi, „Das Reich Gottes ist in Euch“, deutsch 1903, II., S. 28.

[2]) Tolstoi, „Patriotismus und Regierung“, deutsch, 1901, S. 30. Vgl. A. Goldschmidt, „Leo Tolstois soziales Problem“, 1905, S. 35.

An der Spitze der revolutionären „Intelligenz" marschieren die Juden.

Der Einfluß der Juden in Rußland, die vor dem Gesetz fast rechtlos sind, die von der Beamtenschaft unterdrückt oder aufs schamloseste ausgebeutet werden, die vom niedern Volk, dessen Blutsauger sie sind, gehaßt und von Zeit zu Zeit dezimiert werden, ist in Rußland fast unbegrenzt. Diesen Einfluß verdanken sie nicht nur ihrer geschäftlichen Überlegenheit, sondern auch dem Umstand, daß der Staat durch seine Schulpolitik der jüdischen Intelligenz eine Auslese der Besten zugeführt hat, indem er bestimmte, daß nur ein niedriger Prozentsatz jüdischer Schüler nach dem Prinzip strengster Konkurrenz in den staatlichen Lehranstalten Aufnahme fände. Hierzu kommt die der jüdischen Rasse eigene zähe Ausdauer, ihr Solidaritätsgefühl und ihr Zielbewußtsein. Die jüdische Intelligenz „allein weiß, was sie will, ist trefflich organisiert und beeinflußt die gesamte westeuropäische Presse." Wie auf wirtschaftlichen, so auf geistigen Gebieten ist der impulsive, indolente und energielose Slawe dem Juden vollkommen in die Hand gegeben. Seine einzige Reaktion besteht darin, daß er in bestimmten Intervallen einen Teil seiner Sklavenhalter knüppelt, wobei die Regierung bekanntlich schmunzelnd zusieht.[1])

Daß die Gleichberechtigung der Juden, die mit so elementarer Energie von der Judenschaft angestrebt wird, deren Erreichung gewiß zu den Hauptforderungen der Revolutionäre gehört, hierin eine Änderung bringen wird, ist nicht anzunehmen. Im Gegenteil: je größer die den Juden gegebene Möglichkeit, die andern Nationen zu exploitieren, um so stärker die Reaktion, um so blutiger die Ausbrüche des Hasses beim ohnmächtigen

---

[1]) Vgl. z. B. die Verhandlungen in der Reichsduma vom 8. Juni 1906. Schiemann, Politik 1906, S. 240 f.

russischen Volke. Man hört schon jetzt warnende Stimmen im eigenen liberalen Lager und dumpfe Drohungen bei den Gegnern. Der „Verband wahrhaft russischer Männer", diese merkwürdige mystisch-reaktionäre Blüte auf dem Baum der Revolution, hat in einer Adresse vom November 1906 an den Kaiser darauf hingewiesen, daß die Juden die Revolution gemacht hätten und daß daher die russische Volksseele die Erfüllung ihrer Forderungen nicht verstehen würde. In der Tat stehen die Juden zweifellos in erster Reihe unter den Revolutionskämpfern. Wir haben ihre revolutionäre Arbeiterorganisation, den „Bund", schon kennen gelernt. Den „Nachrichten vom 7. Kongreß des Bundes" [1]) entnehmen wir, daß der „Bund" im September 1906 über 254 inländische und 20 ausländische Organisationen mit zusammen 33 890 Gliedern verfügte, von denen bloß 355 auf die ausländischen Organisationen entfallen. Die Zahl der nicht zum „Bund" gehörigen revolutionären Juden[2]) ist natürlich sehr viel größer, sie wird auf 250 000 Köpfe geschätzt.[3])

So lagen die Verhältnisse, als der Krieg mit Japan zum Ausbruch kam.

Die Entstehung und der Verlauf dieses unseligen Krieges sind noch in aller Erinnerung. Bereits Ende 1902 hatte der damalige Finanzminister Witte nach seiner Rückkehr von einer Dienstreise in die Mandschurei sich dahin ausgesprochen, daß die durch den Frieden von Shimonoseki (1895) geschaffene Kollision der Interessen Japans und Rußlands im „fernen Osten", insbesondere in Korea, notwendig zu einem Kriege führen müsse. Er wies auf die völlig unzu-

[1]) Genève, Imprimerie Israëlite, Rue de Carouge 81 (1906).

[2]) Unter den organisierten revolutionären Parteien gibt es z. B. auch eine, die sich Sozialisten-Zionisten nennt.

[3]) G. Cleinow, „Die politischen Parteien in Rußland", „Grenzboten", 1905, Nr. 38.

reichende Kriegsbereitschaft Rußlands in Ostasien hin und riet dringend zur Nachgiebigkeit. Ihm stimmte der Kriegsminister Kuropatkin zu.

Trotzdem gelang es dem Einfluß eines im öffentlichen Leben fast unbekannten Mannes, eines gewissen, 1903 zum Staatssekretär ernannten Besobrásow, die entgegengesetzte Politik durchzusetzen. Dieser Besobrásow gehörte zu einer Gruppe der Regierung nahestehender — man sagt zum Teil sehr nahestehender — Männer, die eine Konzession der koreanischen Regierung zur Ausbeutung von Waldungen und Bergreichtümern am Jalu besaß. Mit dieser Gruppe verbanden sich andere Männer, die, ohne selbstische Hintergedanken, eine Expansionspolitik Rußlands im Osten für angezeigt hielten, unter ihnen der Minister Plehwe, dessen Haupttriebfeder wohl der Haß gegen Witte war. Witte wurde gestürzt, der zuerst widerstrebende, dann von Besobrásow gewonnene Admiral Alexéjew zum Statthalter des „fernen Ostens" mit fast unumschränkten Befugnissen ernannt. Diese Ernennung und die Wiederbesetzung Mukdens durch die Russen ließen für Japan den letzten Zweifel an den aggressiven Absichten der russischen Politik schwinden. Alexéjew drängte auf eine kriegerische Auseinandersetzung, die seiner Meinung nach lieber früher als später zu erfolgen hätte. Da verlor Japan, das durch sein Bündnis mit England (1902) die erforderliche Rückendeckung hatte und überdies vollständig gerüstet war, die Geduld und stellte am 13./26. Januar 1904 ein Ultimatum. Als keine Antwort erfolgte, brach Japan am 24. Januar (6. Februar) den diplomatischen Verkehr ab und eröffnete in der Nacht vom 26. auf den 27. Januar (8./9. Februar) durch einen Angriff auf die schlafende russische Flotte in Port Arthur die Feindseligkeiten, zur höchsten Überraschung der Regierung in Petersburg und des Kaisers, die bis zum letzten Moment an die Möglichkeit einer Kriegseröffnung durch die verachteten Japaner nicht geglaubt hatten. Der weitere Verlauf des Krieges mit seiner langen Kette von Niederlagen und Rückzügen, der überall hervortretenden mangelnden Vorbereitung, den riesenhaften Unterschleifen und der energielosen, widerspruchsvollen Führung ist so bekannt, daß er nicht weiter geschildert zu werden braucht. Trotz der unstreitigen zähen Tapferkeit, trotz des beispiellosen Opfermutes der braven russischen Soldaten mußte er zur vollständigen Niederlage führen. Nie war ein Krieg in Rußland weniger populär. Sonst pflegte, während die Armee für die Ehre und den Ruhm des Vaterlandes kämpfte, Ruhe im Lande zu herrschen, und die Hydra der Revolution mußte ihre Häupter verbergen, jetzt wurde der Krieg mit seinen Begleiterscheinungen ein neuer Anlaß zur bewußten Revolutionierung des Volkes.

Diesem Vorgang leistete das starr-bureaukratische, jeder Freiheit feindliche System Plehwes Vorschub.[1]) Am 15. Juli 1904 wurde Plehwe ermordet. Ihm folgte der liberal gesinnte Fürst Swjätopolk-Mirski. Doch die bis zum äußersten Grade gestiegene dumpfe Spannung konnte durch die in wahlloser Hilflosigkeit hier und da geöffneten Ventile des neuen liberalen Systems nicht mehr gemindert werden.[2]) Die Bewegung für Einführung einer neuen Verfassung war ganz allgemein. Nur über ihren Charakter waren „Liberale" und „Revolutionäre" verschiedener Meinung. Aber auch hier fällt eine reinliche Scheidung der Anschauungen, der wildwogenden Ideen schwer. Im November 1904 fand eine Sitzung der „Literarischen Gesellschaft" zu Kiew statt, die von 800 Personen besucht war, darunter Professoren, Staatsanwälte, hohe Offiziere und viele Vertreter der Provinzialbureaukratie. Es wurde viel über das gesprochen,

[1]) W. K. Plehwe, Minister des Innern seit 4. April 1902.

[2]) Vgl. über Swjätopolk-Mirski die treffende Charakteristik in der „Zukunft", 1905, S. 247.

was Rußland not täte, und alle gelangten zum Schlusse: nur die Konstitution könne helfen. Dieselbe Gesellschaft, so berichtet der Korrespondent der „Vossischen Zeitung",[1]) ehrte das Andenken des Mörders von Ssipjägin[2]) durch Erheben von den Sitzen und trank auf das Wohl des Mörders Plehwes. „Und Prokurore und Offiziere erhoben sich und klatschten Beifall!"

Zu ähnlichen Beschlüssen gelangten die überall tagenden Versammlungen von Vertretern der Stände, der Universitäten, verschiedener Korporationen und Berufsgruppen.

Am 8. November 1904 unterzeichneten 102 Vertreter der Semstwos (von 104) eine Denkschrift, die dem Minister des Innern überreicht wurde und die folgende Forderungen enthielt:

1. Unverletzlichkeit der Person und der Wohnung.
2. Freiheit des Gewissens, der Rede und der Presse, Versammlungs- und Vereinigungsfreiheit.
3. Größere Freiheit der Selbstverwaltung der ländlichen und städtischen Kommunen.
4. Eine Versammlung selbstgewählter Vertreter die an der Gesetzgebung und Verwaltung teilzunehmen haben.
5. Zur Durchführung dieser Forderungen und Ausarbeitung einer dementsprechenden Verfassung die sofortige Einberufung einer konstituierenden Versammlung.

Gleichzeitig mit diesen Manifestationen der Liberalen fanden an vielen Orten solche statt, die bewiesen, daß die extremen

---

[1]) Vom 1./14. Dezember 1904. Vgl. Th. Schiemann, „Deutschland und die große Politik Anno 1904", S. 326 f.

[2]) Der Minister des Innern, D. S. Ssipjägin, wurde am 2. April 1902 ermordet.

Revolutionäre: Sozialdemokraten und Sozialrevolutionäre, eifrig bei der Arbeit waren.

Dieses zeigte sich ganz besonders bei den Mobilisationen für den japanischen Feldzug, wo es wiederholt zu groben Ausschreitungen und Blutvergießen kam. Es sind Fälle vorgekommen, wo große Trupps von Reservisten, trunken gemacht und bis zur Verzweiflung gebracht durch die Vorstellung, unnütz und ruhmlos zur Schlachtbank geführt zu werden, sich weigerten, weitertransportiert zu werden, ihre Führer überwältigten und auf einer einsamen Steppenstation des Ostens entsprangen.

Dieser ungeheueren Gärung stand die Regierung ratlos gegenüber. Sie sah ein, daß es mit kommissarischer Behandlung der Bauern- und Arbeiterfrage nicht getan sei, daß nur tiefeinschneidende Veränderungen der Verfassung dem Volke genügen würden. Andererseits scheute sie vor dem letzten Schritt zurück. Das Prinzip der Selbstherrschaft wollte sie nicht opfern. Die einflußreiche Hofpartei drängte dazu, das Schwert in die Wagschale zu werfen. Bezeichnend für diese zwiespältige Stimmung waren die Erlasse vom 12. und 14. Dezember 1904, die gewissermaßen eine Antwort auf die Forderungen der Semstwomänner vom 8. November waren. Der „Allerhöchste Befehl über Entwürfe zur Vervollkommnung der Staatsordnung" vom 12. Dezember enthielt das Versprechen, Reformen auf allen Gebieten des Wirtschafts-, Rechts- und Verfassungslebens vorzunehmen,[1]) nur eines enthielt er nicht, das Wichtigste, die Nationalversammlung. Natürlich war von der Einberufung einer Konstituante erst recht nicht die Rede. Alle Reformen

[1]) Folgende neun Fragen sollten durch das Ministerkomitee beraten werden: 1. Reform des Bauernstandes, 2. Wahrung der Gesetzmäßigkeit. 3. Erweiterung der kommunalen Selbstverwaltung, 4. Abschaffung der Standesvorrechte, 5. Arbeiterfrage, 6. Revision der Ausnahmegesetze, 7. Glaubensduldung, 8. Rechte der Andersstämmigen, 9. Presse.

sollten durch das Ministerkomitee beraten und, wie man in Rußland sagt, „nach gesetzlicher Ordnung" durchgeführt werden.

Um jeder Mißdeutung dieser Absichten entgegenzutreten, betonte eine Kundgebung der Regierung vom 14. Dezember die Unverbrüchlichkeit der Selbstherrschaft und der Reichsgrundgesetze und bedrohte alle gesetzwidrigen Handlungen wider dieses Prinzip auf das schwerste. Diese Kundgebung wirkte auf die liberalen Elemente wie eine Fanfare: Die ganze Ohnmacht, die ganze Hilflosigkeit der Regierung lag offen zutage, ihr Mangel an gutem Willen, ihre Fähigkeit, den berechtigten Forderungen des Volkes zu entsprechen.

Von ihr war keine Hilfe zu erwarten.

Nach dem Fall von Port Arthur am 20. Dezember 1904 schien das Schicksal Rußlands nicht nur im fernen Osten, sondern auch in Europa besiegelt zu sein. Jeden Augenblick konnte die offene Revolution zum Ausbruch kommen. Am 15. Dezember schrieb der Fürst P. N. Trubetzkoi dem Minister des Innern, er hätte dem Zaren den erschreckenden Zustand geschildert, in dem sich das Reich befände, er hätte ihm dargelegt, „daß das, was jetzt vor sich gehe, n'est pas une emeute, mais une révolution." [1]) Er hatte Recht. Am 9. Januar 1905 begann das blutige Trauerspiel.

Die Inszenierung war echt russisch. Ungeheuere Massen mühsam verhetzter Fabrikarbeiter, verstärkt durch allerlei Volk, die unzähligen Bettler und Arbeitslosen der russischen Großstädte, wälzten sich unter Gejohl und dem Absingen religiöser und revolutionärer Hymnen durch die Straßen Petersburgs. Zwischen ihnen in sorgfältiger Mischung die bewußten Revolutionäre: langhaarige, blusentragende, schlechtgenährte und schmutzige Studenten und Seminaristen, die keinerlei Ver-

---

[1]) Vgl. Schiemann a. a. O., 1905, S. 27.

kleidung bedürfen, um für reinblütige Proletarier gehalten zu werden, fanatische Frauenzimmer aller Stände, von der Straßendirne und der bebrillten Kursistin bis zur Generalstochter, die eine Dynamitbombe im Reticule führt.[1]) An der Spitze des Haufens ein Pope im Ornat, das gleißende Kreuz in der Hand. So wollen sie zum Väterchen-Zaren ziehen, ihm ihre Wünsche und Bitten vortragen, zum großmächtigen, rechtgläubigen Zaren, den die Stimme seines Volkes nicht erreichen kann, weil ihn eine Mauer von Tschinowniks, Generälen und Großfürsten umgibt. Denn um Bitten handelt es sich, nicht um Forderungen. So haben es ihnen die „Herren" ausdrücklich versichert, die sich ihrer als Brüder annehmen und ihnen zu reichlichem Verdienst bei möglichst wenig Arbeit verhelfen wollen. Vor allem Väterchen Gapon, der an ihrer Spitze zieht, hat es ihnen versichert. Kein Zweifel am Erfolg! Die „Bittschrift" Gapons, die bekanntlich die Forderung einer Konstitution und des sofortigen Friedensschlusses enthielt,[2]) hatten die wenigsten Arbeiter gelesen, und die, welche sie gelesen hatten, hatten sie in ihrer Tragweite jedenfalls nicht verstanden. Zur Übergabe der Bittschrift kam es nicht. Den Zugang zum Zarenschloß versperrten die Garden, von denen die „Herren" gesagt hatten, sie würden nicht auf ihre Brüder schießen. Ein kurzer Zuruf, die Aufforderung, auseinanderzugehen. Stumpf verharrt die Menge: wir wollen zum Väterchen-Zaren, er wird uns von den Tschinowniks befreien er wird uns Brot geben. Es lebe die Freiheit! Nieder mit der Selbstherrschaft![3])

[1]) Bei einem Besuch, den die Generalstochter Tatjana Prinz am 28. Juli 1906 ihren Freundinnen, den Töchtern des Generalgouverneurs Baron Kaulbars in Odessa machte, fand man in ihrem Reticule eine Bombe, die dem Hausherrn zugedacht war.

[2]) Vgl. Schiemann, a. a. O. 1905, S. 37 ff.

[3]) Einen charakteristischen Fall von der Konfusion politischer Vor-

Nochmals ein Zuruf. Dann ein kurzes Kommando. Das Rasseln der Flintenschlösser. Salve auf Salve. Wehgeschrei und Todesröcheln. In panischem Schrecken stiebt die Menge auseinander. An einzelnen Stellen versucht sie wieder vorzudringen. Die Revolutionäre tun ihr Möglichstes, die Masse zum Widerstand zu entflammen. Auf Wassili-Ostrow werden einige Barrikaden gebaut. Vergeblich. Dem entsetzlichen Schnellfeuer hält nichts stand. Die Kavallerie zersprengt die zaudernden Reste, die Nagaika der Kosaken säubert die Straßen. In wenigen Stunden ist die äußere Ruhe in der Residenz hergestellt. „Als Bodensatz der Petersburger Vorgänge", so schrieb damals Theodor Schiemann[1]) in seiner Zeitchronik, „ist aber eine ungeheure Erbitterung zurückgeblieben, die von Petersburg auf das Reich übergeht und den revolutionären und direkt anarchistischen Elementen einen fruchtbaren Boden zu weiterer und gefährlicher Agitation bietet." Nun ging das Schicksal seinen unerbittlichen Gang. Am 4. Februar 1905 wurde der Oheim des Kaisers, der als Haupt der reaktionären Partei geltende Großfürst Ssergei Alexandrowitsch, in Moskau ermordet. „Wir sind", so schrieb am 5. Februar die „Peterburgskija Wjedomosti", „in die Zone der schrecklichen politischen Stürme eingetreten. Unheilverkündende Flammen färben die Ferne des aufsteigenden Tages. Mit Verbrechen gegen das Leben des Nächsten suchen sinnlose Fanatiker eine mehr als problematische bessere Zukunft

---

stellungen bei der Arbeiterbevölkerung Petersburgs registriert Schiemann (a. a. O. S. 136): „Ein Haufe Ausständiger zieht durch die Straßen mit dem Rufe: „Fort mit der Selbstherrschaft, wir brauchen sie nicht, wir haben einen Zaren und der darf tun, was er will!"" Das erinnert lebhaft an den Dezemberaufstand 1825, wo den Garden gelehrt wurde, zu rufen: „Es lebe Konstitutia!" (das russische „Konstitution"). Dieses sei die Gemahlin des Großfürsten Konstantin.

[1]) „Deutschland und die große Politik Anno 1905", S. 39.

zu schaffen. — — — Der Kampf der Parteien, der Zwist im Innern, die im Jahre der verlorenen Schlachten Rußland erschöpft und beschimpft haben, die gedrückte und krankhafte Stimmung, die Ertötung der national-patriotischen Empfindungen, auf die man noch vor kurzem so übertriebene Hoffnungen setzte, das alles fließt zusammen zu einem lichtlosen Nebel, aus dem das Auge vergeblich nach einem nahen Ausgange sucht."

Es herrschte das Chaos.

Und die Regierung? Am 18. Februar 1905 erschien ein kaiserliches Manifest, das in der feierlichen Sprache einer päpstlichen Bulle die russische Christenheit beschwor, sich mit dem Zaren „zu vereinigen zu gemeinsamer Tätigkeit mit Wort und Tat in dem heiligen und großen Vorhaben der Unterdrückung des äußern Feindes und zur Ausrottung der Rebellion in Unserem Lande". „Durch die Gebete der heiligen, rechtgläubigen Kirche unter dem Schirm der zarischen Selbstherrschergewalt und in der unzerreißbaren Einigung mit ihr hat das russische Land wiederholt große Kriege und Wirren überstanden und ist aus Not und Schwierigkeiten mit neuer Kraft und unversehrt hervorgegangen." Der Zar betet zu Gott, er möge „dem Volke Frieden und Ruhe, den Gesetzen Kraft und dem Glauben Gedeihen verleihen zur größeren Festigung der wahren Selbstherrschaft, zum Wohle aller Unserer getreuen Untertanen".

Dieses Manifest, das am 18. Februar früh im „Reichsanzeiger" erschien, brachte eine ungeheure Erregung hervor, schien es doch nichts weniger als eine offene Kriegserklärung an den Umsturz. Offenbar, so sagte man sich, haben Trépow und die Hofpartei gesiegt, und die Regierung ist gewillt, mit eisernem Arm alle freiheitlichen Forderungen abzuwehren und der Gewalt Gewalt entgegenzusetzen. Kaum hatte man sich von seiner Überraschung erholt, so erschien am nächsten Morgen ein gleichfalls [1]) vom 18. Februar datierter kaiserlicher Erlaß an den Minister des Innern, in welchem folgendes zu lesen war: „Indem ich die Herrscheraufgabe meiner gekrönten Vorfahren, das Sammeln und Organisieren der russischen Lande, als überkommenes Erbe weiterführe, habe ich den Entschluß gefaßt, mit Gottes Hilfe fürderhin die durch das Vertrauen des Volkes ausgezeichneten, von der Bevölkerung gewählten würdigsten Personen zur Teilnahme an der vorbereitenden Bearbeitung und Beratung der gesetzgeberischen Entwürfe heranzuziehen." „Ich sehe", so heißt es weiter, „die Schwierigkeit und Kompliziertheit der Durchführung der Reorganisation bei der unbedingten Aufrechterhaltung der Unerschütterlichkeit der Grundgesetze des Reiches voraus."

Hier also war die Gewährung der Nationalversammlung, allerdings bei Aufrechterhaltung der Grundgesetze, d. h. der Autokratie!

Die Regierung will also nicht den Kampf mit der Freiheitsbewegung aufnehmen, sondern sucht den Frieden auf dem Wege des Kompromisses.

Wie war dieser Umschwung innerhalb vierundzwanzig Stunden zu erklären? Wir wissen es. Das Manifest war der Ausdruck des persönlichen Willens des Zaren oder vielmehr der Anschauungen seiner nächsten Umgebung. Als es erschien, war niemand überraschter als der Minister des Innern, Bulygin, der einen schönen Schreck gehabt haben muß, als er es am Morgen früh im „Reichsanzeiger" las. In größter Eile begab er sich nach vorhergegangener Konferenz mit seinen Kollegen an das kaiserliche Hoflager in Zárskoje Sseló, und es gelang den Ministern, den Kaiser zu bewegen, das Manifest durch einen

[1]) Nur der Ort der Datierung ist ein anderer. Das Manifest ist aus Zárskoje Sseló, das Reskript aus Petersburg datiert.

Erlaß an den Minister des Innern zu paralysieren, ja sogar eine Art Konstitution zu versprechen. Eine Art Konstitution! Denn um eine wirkliche Konstitution im westeuropäischen Sinne kann es sich bei Aufrechterhaltung der Autokratie neben einer Volksvertretung natürlich nicht handeln, sondern um etwas Ähnliches wie einen modernisierten altrussischen „Sémskij ssobór", eine vom Volke gewählte Notabelnvertretung als eine Art erweiterten Kronrates.

Das Versprechen dieser Scheinkonstitution hat darum auch nicht den von der Regierung gewünschten Eindruck gemacht. Im Gegenteil: die Liberalen setzten ihre Agitation mit verdoppeltem Eifer fort, und Sozialdemokraten und Sozialrevolutionäre taten dasselbe, indem sie ihr Augenmerk besonders auf die Anzettelung von Bauernunruhen richteten.

Den weiteren Verlauf der russischen Revolution eingehend zu schildern, ist hier nicht der Ort, wir werden bei der Darstellung des Aufstandes in den Ostseeprovinzen, dem wir uns nun zuwenden, gelegentlich die wichtigsten Phasen der russischen Revolution, mit der die der Letten aufs engste verknüpft ist,[1]) hervorheben.

2. Der Ausbruch der Revolution in den Ostseeprovinzen.

Die revolutionäre Bewegung in den Ostseeprovinzen wurde, wie wir gesehen haben, durch die lettische Sozialdemokratie aus langer Hand vorbereitet.

---

[1]) Ja, es gibt sogar Letten roter Observanz, die für ihre Nation die Priorität in Anspruch nehmen; so schreibt die in russischer Sprache in Petersburg erscheinende Zeitung „Das baltische Echo" am 28. Januar 1907 (Nr. 5) wörtlich: „Glaubt ihr (Deutschen) wirklich, daß das lettische Volk die von ihm begonnene Erneuerung und Befreiung ganz Rußlands austauschen wird gegen preußische Ordnung?"

Die Wittesche Industriepolitik hatte auch in den größeren Städten der Ostseeprovinzen, in Riga, Reval und Libau, während der zweiten Hälfte der neunziger Jahre des vorigen Jahrhunderts eine bedeutende Steigerung der industriellen Unternehmungen zur Folge gehabt. Aktiengesellschaften und Privatpersonen gründeten zahlreiche Fabriken. Gleichzeitig stieg die Bautätigkeit in den Städten bis zu einem nie geahnten Umfang. Infolgedessen strömten Massen ländlicher Arbeiter in die Städte, ja, zu Zeiten nahm dieser Zug in die Stadt derartige Dimensionen an, daß die Landwirtschaft direkt darunter litt. Besonders gerieten die bäuerlichen Hofbesitzer (Bauernwirte) durch die Steigerung der Landarbeiterlöhne in eine schwierige Lage. In den Städten sammelte sich ein großes Arbeiterproletariat an, das zum großen Teil eine Beute der Sozialdemokratie wurde.

Wir haben oben die Art und Weise, wie die Arbeitermassen für die Sozialdemokratie gewonnen wurden, ausführlich geschildert. Wir haben auch ihre Organisation kennen gelernt. Als nach dem großen Industriekrach 1899 die Rückströmung der Arbeiter auf das flache Land stattfand, wurde das Gift der sozialistischen Lehren auch in den Körper des Landvolkes eingeführt. Wir werden weiter unten auseinandersetzen, welche Ursachen diesen Prozeß begünstigten und in welcher Weise die verschiedenen Bevölkerungsgruppen darauf reagierten.

Wir wollen zunächst die Ereignisse schildern, welche dem Ausbruch der Revolution unmittelbar vorausgingen.

Nachdem bereits im Jahre 1903 eine verstärkte sozialdemokratische Propaganda in einzelnen Teilen Livlands und Kurlands bemerkt worden war, steigert sich nach dem Ausbruch des japanischen Krieges die Tätigkeit der verschiedenen sozialistischen Gruppen zu offener Agitation wider die Staatsgewalt. Im Winter 1903/04 und im Frühling und

Sommer 1904 wurde das ganze Land mit flammenden Proklamationen wider den Krieg erfüllt: die Reservisten wurden aufgefordert, dem Mobilisationsbefehl nicht zu gehorchen, die Rekruten sollten den Eid verweigern, die Soldaten sollten meutern, um dem Schicksal zu entgehen, auf die mandschurische Schlachtbank geführt zu werden. Gleichzeitig wurden die Arbeiter in den Städten und auf dem flachen Lande aufgefordert, zu streiken. In Riga kam es wiederholt zu Krawallen; am 15. August 1904 wurde der Versuch gemacht, gefangene Sozialisten aus dem Gefängnis zu befreien, wobei der Gehilfe des Polizeimeisters lebensgefährlich verwundet wurde. Während des Herbstes 1904 wurden in den lettischen Kirchen Rigas an mehreren Sonntagen revolutionäre Proklamationen ausgestreut. Auf dem flachen Lande kam es während der Mobilisation im November und Dezember 1904 zu groben Ausschreitungen. Besonders die Rekruten des Wendenschen Kreises zeichneten sich hierin aus. Verschiedene Eisenbahnstationen wurden demoliert. Anfang Dezember steigerten sich die Ausschreitungen der Rekruten im Seßwegenschen und den benachbarten Kirchspielen des Wendenschen Kreises zu Überfällen auf die Gutshöfe. Betrunkene Rekruten sammelten gewaltsam Reisegeld. Hierbei wurden merkwürdige Reden laut. Der Tag sei nicht weit, wo alles Eigentum der Gutsherren an das Volk übergehen würde. Auf dem Rittergute Libbien erschien die Erpresserbande mit der roten Fahne der Sozialisten. Das „Reisegeld" der Rekruten wurde etwas stürmisch eingefordert. Steine hagelten gegen die Fenster, mit einem Balken sollte die Haustür eingerannt werden, Reisig wurde herbeigeschleppt, um das Herrenhaus in Brand zu setzen. Ein wohlgezielter Schrotschuß aus einem Fenster brachte den Vorkämpfer mit dem Sturmbock zu Fall und zerstreute die heulende, betrunkene Bande.

Hier sehen wir das bescheidene Vorspiel der kommenden schrecklichen Ereignisse. Die Staatsgewalt benahm sich alledem gegenüber äußerst nachsichtig. Die Direktive lautete: soweit als möglich durch die Finger sehen, die Rekruten sanft anfassen, solange sie auf heimatlichem Boden sind. Vor allem: keine Anwendung von Waffengewalt. Daß es sich um eine tiefgehende revolutionäre Bewegung handelte, wurde der Außenwelt gegenüber einfach geleugnet.

Livland und Kurland hatten bei alledem noch das Unglück, ganz ungewöhnlich untaugliche Gouverneure zu besitzen. Gleich nach den oben geschilderten Vorgängen im Wendenschen Kreise hatte die livländische Landesvertretung den Gouverneur Generalleutnant Páschkow auf die bedrohliche Gärung im Lande hingewiesen, die durch die Agitation der sozialdemokratischen Emissäre und der lettischen Presse immer mehr anwachse und das Schlimmste befürchten lasse. Noch sei es vielleicht möglich, einen Ausbruch der Bewegung durch geschickte Verteilung von Militär zur Verstärkung der ganz ungenügenden Polizei und durch Entsendung von Detektivs zur Ermittlung der Rädelsführer und Agitatoren zu verhindern. Der Gouverneur erklärte, getreu der von ihm geübten Vogel-Strauß-Politik, die geäußerten Befürchtungen für übertrieben. Militär könne erst geschickt werden, wenn wirklich ernsthafte Unruhen ausgebrochen seien. Überhaupt könne man durch vorbeugende administrative Maßregeln nicht den Ausbruch von Unruhen vermeiden. Im übrigen hätte er auch zu wenig Militär zu seiner Disposition. Das einzige, was erreicht werden konnte, war die Vermehrung der Landpolizisten auf Kosten des Landes.

Inzwischen war die offene Revolution in Rußland ausgebrochen.

Am 11. Januar 1905 traf in Riga die Nachricht von den Petersburger Straßenkämpfen ein. Noch in derselben Nacht beschloß das Zentralkomitee für Riga den allgemeinen Arbeiterstreik, und am 12. Januar früh verkündete eine blutrote Proklamation[1]) diesen Beschluß: „Genossen! das Blut unserer gefallenen Genossen schreit nach Rache. Die Fäuste ballen sich. Aus der Brust ringt sich der Ruf: Tod den Gewalthabern!" Die Proklamation stellt acht wirtschaftliche und politische Forderungen, darunter die Einberufung eines Volksparlamentes und die sofortige Beendigung des Krieges, und schließt mit den Worten: „Tod den Machthabern! Nieder mit der bestialischen, mit Arbeiterblut bespritzten Regierung! Fort mit dem Kriege! Es lebe der Achtstundenarbeitstag! Es lebe die Revolution! Es lebe die Sozialdemokratie!"

Dieser Aufforderung oder vielmehr diesem Befehl des sozialdemokratischen Föderativkomitees wurde sofort Folge geleistet, widerstrebende Arbeiter wurden durch Drohungen und Mißhandlungen zur Einstellung der Arbeit gezwungen; am Abend des 12. Januars 1905 war die Mehrzahl der Rigaschen Fabrikarbeiter im Ausstande, und am 13. Januar wurde auf keiner Fabrik mehr gearbeitet. „So war das lettische Proletariat in die allgemeine russische revolutionäre Bewegung eingetreten."[2])

Ähnliche Vorgänge spielen sich am 12. Januar in Reval und am 13. Januar in Libau ab. In Riga und Reval kam es zu blutigen Zusammenstößen mit dem Militär. In Riga trat eine Kompagnie des dort stationierten Unteroffizierlehrbataillons den riesigen Arbeitermassen, die sich aus den Vor-

---

[1]) Die Proklamation, datiert 12. Januar 1905 (15 000 Exemplare), trägt die Aufschrift: „Legt die Arbeit nieder! Schließen wir uns dem Petersburger Generalstreik an!"

[2]) Vgl. „Balt. Monatsschrift", Bd. LXI, S. 312, 1906, und „Balt. Chronik" 1905/06, S. 5 ff. Eine andere Proklamation vervielfältigte den bekannten Aufruf Gapons, den er in der Nacht des 9. Januar an die Proletarier Rußlands erließ.

städten in die Stadt wälzten, bei der großen Eisenbahnbrücke über die Düna entgegen. Die Massen, kühn geworden durch die während des Tages mehrfach gemachte Erfahrung, daß das Militär sich ruhig insultieren ließ, ja selbst Schüsse nicht erwiderte, überschüttete die Soldaten mit einem Hagel von Steinen und begann sie aus Revolvern zu beschießen. Die Kompagnie des Lehrbataillons sah sich genötigt, scharf zu schießen. Es blieben 22 Tote und 60 Verwundete auf dem Platz. Von letzteren starben noch 19. Zahlreiche Verwundete wurden von ihren Genossen fortgebracht. Die Arbeitermassen zerstreuten sich in regelloser Flucht.

Dieses energische Vorgehen des Militärs, das nicht nur selbstverständlich, sondern auch durchaus notwendig erscheint, wenn man sich vergegenwärtigt, daß die soldatische Ehre die Beschimpfung der Uniform nicht dulden darf, oder sagen wir: dürfte, kam den örtlichen Regierungsautoritäten höchst ungelegen. Der Gouverneur Páschkow stand wie die meisten seiner Kollegen auf dem Standpunkt, daß ein guter Administrativbeamter alles vermeiden müsse, was der Regierung Weiterungen verursachen könnte. Es ist dies ein in Rußland jedem Tschinownik in Fleisch und Blut übergegangenes Axiom. Der Ideal-Tschinownik ist derjenige, welcher es möglich macht, nur eine Form des Berichtes über seine Tätigkeit abstatten zu können: Alles geht nach Wunsch! (**Wsjo blagopolútschno**).

Ob die „übereifrigen" Soldaten den üblichen Verweis bekommen haben oder nicht, wissen wir nicht. Jedenfalls wurde in der Folgezeit die äußerste Langmut anbefohlen, so daß die Revolutionäre sich schnell von dem gehabten Schreck erholen und die äußerste Nichtachtung der Staatsgewalt an den Tag legen konnten. Am 14. Januar morgens wurde am Polytechnikum eine schwarze Fahne mit der russischen Inschrift: „Ruhm den Gefallenen, Tod den Mördern" zum Fenster hinaus gehängt, während die revolutionären Studenten eine Gedenkfeier für den tags zuvor an der Eisenbahnbrücke gefallenen Studenten Petschúrkin abhielten. Die Entfernung der Fahne wurde von den Studenten, die erklärten, sie bis zum letzten Blutstropfen verteidigen zu wollen, durch Vermittlung des Direktors des Polytechnikums verhindert. Der Gouverneur verfügte die Zurückziehung des Militärs. Auch die Leiche des Petschúrkin wurde ausgeliefert und am Tage darauf unter revolutionären Demonstrationen beerdigt.

Der Generalstreik in Riga, an dem sich nach Schätzung des dortigen Börsenkomitees[1]) etwa 42000 Arbeiter beteiligten, begann bereits am 17. Januar stark abzuflauen. Bei vielen Arbeitern war die Sorge um das tägliche Brot stärker als die Parteidisziplin oder der Terror. Die Sozialdemokraten sahen ein, daß sie selbst den Generalstreik aufheben müßten, um nicht ihre Autorität bei den Arbeitermassen preiszugeben. Am 19. Januar erließen die Rigaschen Komitees der Letten, Juden und Russen eine gemeinschaftliche lettische Proklamation: „An alle Rigaschen Arbeiter", in der mitgeteilt wurde, daß der Generalstreik zur Unterstützung der Petersburger Arbeiterschaft angesagt worden wäre, daß nun in Petersburg die Arbeit wieder aufgenommen worden sei und daß daher die vereinten Organisationen der Sozialdemokraten in Riga vorschrieben, den Generalstreik zu beenden. Am 24. Januar hatten bereits 83% aller Arbeiter die Arbeit wieder aufgenommen; der Rest folgte in den nächsten Tagen. Wie das Börsenkomitee berichtet, ist die lange Dauer des Generalstreiks einerseits durch den Terror, anderseits durch die schlappe Haltung vieler Fabrikanten zu erklären. Diese waren der Meinung, durch Kon-

[1]) Jahresbericht des Rigaer Börsenkomitees pro 1905 im „Rigaer Handels-Archiv", 33. Jahrg., 1906, S. 3.

zessionen die Bewegung zum Stillstand bringen zu können. „Diese Politik der Nachgiebigkeit erwies sich, wie überall, so auch hier als eine verfehlte. Konnte man doch beobachten, wie gerade auf den Fabriken, wo die größten Konzessionen gemacht worden waren, die Arbeiter mit immer neuen und immer größeren Forderungen hervortraten."[1])

Der Generalstreik war für die Sozialdemokratie ein ungeheuerer Erfolg. Er hatte ihnen als Mobilisation des Arbeiterproletariats gedient. Er hatte bewiesen, daß es möglich sei, binnen 24 Stunden ein Heer von 40 000 Mann auf die Beine zu bringen. Und das gewissermaßen vom grünen Tisch aus. Die Organisation — wie wir sie im II. Kapitel geschildert haben — hatte sich vortrefflich bewährt. Sie war unter den Augen der unfähigen Administration zu einem Faktor von der größten Bedeutung für das Wohl und Wehe des Landes geworden. Nun galt es, diese Macht zielbewußt auszubauen und auszunutzen.

Die sozialdemokratische Zentrale in Riga entfaltete eine fieberhafte Tätigkeit. Proklamation auf Proklamation flog in das Land hinaus: Rache für die von der Soldateska ermordeten „unbewaffneten friedlichen Arbeiter". „Wir schwören Rache bis zum Grabe!" „Zittert Gewalthaber!" „Nieder mit der Selbstherrschaft! Es lebe die Republik."

Nun hieß es, auch die Bauern zum Kampf zu entflammen!

Die Sozialdemokratie hatte, wie wir oben erwähnt haben, bereits seit einer Reihe von Jahren ihre Propaganda auch auf das flache Land ausgedehnt.

Sie fand vielfach vorbereiteten Boden. Wir kennen die Faktoren, welche das lettische Volk so weit gebracht haben,

---

[1]) Ebenda S. 4.

daß es wie eine reife Frucht der Sozialdemokratie in den Schoß fallen mußte.

Wir haben im ersten Teil dieses Buches die Folgen der Russifizierung kennen gelernt. Wir haben Schritt für Schritt den Gang der Demoralisierung und Verrohung des Landvolks durch die religiöse Bedrückung, die Erschütterung der Rechtsverhältnisse und die Verelendung des Unterrichtswesens ververfolgt. Wir haben als erschütterndes Resultat der letzten 20 Jahre der Regierungspolitik festgestellt, daß die jüngere Generation des Landvolkes der Religion, des Rechtsbewußtseins und der Schulbildung, mit einem Wort aller sittlichen Grundlagen entbehrte. Dafür hatte sich das Land mit Elementen gefüllt, die, sei es Russen, sei es auf russischen Universitäten, Priesterseminaren oder Fachschulen verbildete Letten und Esten, von republikanischer Gesinnung verseucht waren. In dieser Gesinnung fühlten sich diese Nationen eins. „Vor sechs Jahren", sagte der Elementarlehrer Selénko auf dem Volksschullehrerkongreß in Riga am 14. November 1905, „vor sechs Jahren wurde ich vorbereitet zum Russifikator, zum Provokator, aber man hat sich in mir getäuscht. Mein Verstand und meine Gefühle zogen mich auf die andere Seite. Lange suchte ich die Wahrheit und schließlich schloß ich mich den Lettischen Sozialdemokraten an und nun fühle ich mich glücklich."[1])

Mit Leuten dieses Schlages waren die Schulen, die Behörden, die Verkehrsanstalten angefüllt. Der größte Teil aller niedern Beamten waren Letten und Esten. Nach den Erfahrungen der Revolutionsjahre fast ausnahmslos von revolutionärer Gesinnung. Es ist gar nicht zu beschreiben, welchen Schaden diese Leute der ruhigen Entwicklung des Landes gebracht haben. Nur wer die russische Beamtenwirtschaft kennt,

[1]) Nach dem Bericht der sozialdemokratischen Zeitung „Deenas Lapa".

weiß, welchen Einfluß der Subalternbeamte, wenn er fähig und fleißig ist, auf den Gang der Geschäfte ausübt. Es ist eine Tatsache, daß ein kleiner Kanzlist von Elementarschulbildung, der Este Neü, in der livländischen Gouvernementsregierung Jahre hindurch den allergrößten Einfluß auf die Gouverneure Ssúrowzow und Páschkow gehabt und durch sie gewissermaßen das Land regiert hat, und zwar weil er der einzige Kenner der sehr komplizierten Verhältnisse und gleichzeitig ein glühender Feind der Deutschen war.

Dieselbe Erscheinung widerholte sich in allen Behörden und Institutionen. Überall stieß man auf lettischen und estnischen Einfluß, der regelmäßig im nationalistischen, deutschfeindlichen Sinne ausgeübt wurde und allen positiven und sachlichen Bestrebungen zur kulturellen Entwicklung des Landes hindernd entgegentrat.

Wir kommen nun auf den zweiten Faktor, welcher der sozialdemokratischen Propaganda den Boden ebnete, den lettischen und estnischen Nationalismus.

Wir haben oben im ersten Abschnitt die nationalistische Bewegung genau verfolgt. Wir haben gesehen, daß sie ihrem Wesen nach eine sozialistische war, da es sich um die Verdrängung der in politischer, sozialer und wirtschaftlicher Hinsicht höher stehenden Klassen durch die breiten Massen des Volkes handelte. Der zufällige Umstand, daß die soziale Frage gleichzeitig eine nationale war, gab der Bewegung seine besondere, den Demagogen äußerst erwünschte Färbung. Die nationalistische Bewegung hatte die im Volke schlummernden Leidenschaften und begehrlichen Instinkte bereits auf das heftigste angefacht. Der künstlich geschürte Haß gegen die deutschen Bedrücker, die bis zur Krankhaftigkeit gesteigerte nationale Eitelkeit, der Antagonismus auf kirchlichem Gebiete, alles das waren Faktoren, die den Sozialdemokraten vortreffliche Dienste leisteten.

Die Propaganda machte sich diese Momente zunutze. Wenn sie die Ausbeutung der Arbeitenden durch die Kapitalisten in schwarzen Farben schilderte, so war der Kapitalist eben der deutsche Herr, der Nachkomme der Räuber des 13. Jahrhunderts, wenn sie die Notwendigkeit sozialen und politischen Umsturzes predigte, so erweckte sie Träume von einem möglichst autonomen Lettland, wenn sie darlegte, wie unnütz und kindisch die Religion und alles Kirchenwesen sei, so freute sich die ohnehin atheistische Jugend dessen, daß nun der deutsche Pastor verschwinden würde, der nicht nur, wie die nationalistische Presse lehrte, der gefährlichste Verteidiger der deutschen Herrenrechte sei, sondern auch das höchst unbequeme Gewissen personifizierte. Kurz: die Nutzanwendung der sozialdemokratischen Lehre auf die tatsächlichen sozialen und politischen Verhältnisse war so handgreiflich, daß sie nicht einmal mit dürren Worten ausgesprochen zu werden brauchte. Jeder, auch der dümmste Bauer, konnte sie mühelos selbst ziehen.

Die Agitation der Sozialdemokraten brauchte bloß an die der Nationalisten anzuknüpfen. So beginnt eine Proklamation mit folgenden Sätzen: „Bauern! Verschiedene Drohnen streiten sich um unseren Schweiß. Die größten Nichtstuer und Blutsauger auf dem flachen Lande sind aber die Gutsherren. Diese stammen ab von den ins Land gebrochenen Rittern, die mit Waffengewalt die baltischen Ureinwohner besiegt und unterjocht und 600 Jahre in tiefer Sklaverei gehalten haben!" Eine andere Proklamation[2]) enthält den Passus: „Aus der Sklaverei der Deutschen sind wir in die der Russen gefallen und vielfach tragen wir ein doppeltes Joch: das der deutschen

[1]) Proklamation des Windauer sozialdemokratischen Komitees vom Spätsommer 1904 mit der Überschrift: „Nieder mit den Gutsherren!"

[2]) Des lettischen sozialdemokratischen Zentralkomitees vom Februar 1905.

Barone und das der russischen Tschinownikі." „Wir haben zwei Feinde, gegen die wir zu kämpfen haben, die alte russische Regierung und die deutsche Ritterschaft."

Wenn wir uns die im ersten Abschnitt geschilderte Agitation der Nationalisten ins Gedächtnis rufen, so sehen wir: es ist Fleisch von ihrem Fleisch und Bein von ihrem Bein. Nur daß die Agitation jetzt weit zielbewußter war, das internationale Programm der Sozialdemokratie zur Grundlage hatte und sich vor allem gegen die Regierung richtete.

„Was ist ein Sozialist?" ist die Überschrift einer Proklamation,[1]) und die Antwort lautet: „Sozialisten sind die, welche kämpfen wider die Bedrückung durch die Regierung und ihre Knechte und welche das Volk befreien wollen vom Sklavenjoch der Kapitalisten, d. h. der Herren und Fabrikanten." In einer andern, direkt an die Bauern gerichteten Proklamation[2]) heißt es: „Unser Ziel besteht darin, das Joch der Regierung und der Gutsherren (Edelleute) abzuwerfen", und an anderer Stelle:[3]) „Beginnen wir den offenen Kampf wider die Regierung und die Ritterschaft."

Der nächste Feind ist der Kapitalist, also für den Bauer der Gutsherr, der weitere Feind die Regierung. Beide müssen gleichzeitig bekämpft werden, da sie sich gegenseitig stützen. Aus demselben Grunde sind auch die Pastoren zu bekämpfen, die, wie es in einer Proklamation[4]) heißt: „Knechte der Regierung und willfährige Werkzeuge in der Hand der Gutsherren" seien.

So verstand die Sozialdemokratie trefflich, den vorhandenen Gärstoff für ihre Zwecke auszunutzen.

---

[1]) Der lettischen sozialdemokratischen Partei vom Dezember 1904.

[2]) Des lettischen sozialdemokratischen Zentralkomitees vom März 1905.

[3]) Proklamation des Windauer lettischen sozialdemokratischen Komitees vom Februar 1905.

[4]) Des lettischen sozialdemokratischen Zentralkomitees vom Mai 1905.

Auch in den Detailfragen wirtschaftlicher Natur dasselbe Anpassungsvermögen. Sie wandte sich hauptsächlich gegen die den Rittergütern als solchen zustehenden Privilegien, die Vertretung im Landtage, das Brau- und Schankrecht, das Jagdrecht usw., die bereits, dank der nationalistischen Presse, wie ein rotes Tuch wirkten. Dagegen traten die extremen Forderungen des Sozialismus: Abschaffung des Privateigentums und dergl., in den Hintergrund, um die lettische Bourgoisie, die bäuerliche Hofbesitzerklasse, nicht abzuschrecken, die, wie wir gesehen haben, Anno 1905 in Livland allein 1093152 Deßjätinen (= 1194269 ha) erb- und eigentümlich besaß.[1]) Nur in bezug auf nichtbäuerlichen Besitz wurden kommunistische Absichten in Kurs gesetzt: „Alle Wälder, Flüsse und Seen, Pastorenwidmen und Apanagengüter müssen Gemeindeeigentum werden."[2])

Unter diesen Umständen konnte es der sozialdemokratischen Agitation nicht schwer fallen, die Geister zu erregen. Die nichtbesitzlichen Klassen, die vom verheißenen Zukunftsstaate nur Vorteile erwarteten, waren leicht gewonnen. Und auch die besitzlichen Bauern waren nicht überall gegen die Verführung gefeit. Die Pächter[3]) erwarteten zum mindesten Überlassung ihrer Höfe zu ganz niedrigen Kaufpreisen, die Eigentümer Erlaß der Kaufschillingsrückstände und Pfandbriefschulden, beide Anteil an den gutsherrlichen Waldungen und Gewässern. Immerhin verhielten sich die bäuerlichen Elemente, die bei einer Umwälzung des Bestehenden etwas zu verlieren hatten, trotz aller Verheißungen und Drohungen meist durchaus abwartend. Es waren zahlreiche einsichtige und konservative Männer unter ihnen, die genau wußten, daß ihre wirtschaftlichen Interessen

[1]) Vgl. Teil I, S. 51.

[2]) Eine der achtzehn Forderungen in der Proklamation des Zentralkomitees vom März 1905.

[3]) Die 1905 11,37 % des Bauerlandes aller Rittergüter innehatten.

eng mit denen ihrer gutsherrlichen Nachbarn verbunden sind, die einsahen, daß die Sozialdemokratie beim „Großreinemachen" bei ihnen nicht einhalten würden, daß die Reihe an sie kommen würde, nachdem die Gutsherren abgetan worden. Unter den Grundeigentümern und Pächtern waren auch viele ältere Leute, die aus der Zeit vor der Russifizierung stammten, eine gute Schulung genossen hatten und christlicher Gesinnung waren. Alle diese sahen voller Entsetzen den Geist des Umsturzes täglich wachsen, aber sie wagten — mit wenigen rühmlichen Ausnahmen — nicht an irgendwelchen Widerstand zu denken. Heimlich, wie einst Nikodemus, erschienen sie bei ihrem Gutsherrn oder Pastor, schütteten ihr Herz aus und baten um Rat und Hilfe. Wenn es aber dann hieß: tut euch zusammen, duldet nicht die Handvoll Agitatoren, verprügelt sie, daß sie das Wiederkehren vergessen, oder übergebt sie der Polizei. Wenn ihr allein nicht wagt, gegen die Aufrührer vorzugehen, wir Gutsherren sind bereit, uns mit euch gegen den gemeinschaftlichen Feind zu verbünden! dann wurden allerhand Bedenken vorgebracht, die schließlich immer in der Furcht vor Rache wurzelten. Wenn man in Betracht zieht, daß die Hofbesitzer in den weit auseinanderliegenden Einzelhöfen sich in einer sehr exponierten Lage befanden, daß sie sich im eigenen Hause von Verrat umgeben wußten, daß die terroristischen Drohungen meist unerbittlich ausgeführt wurden, daß die Staatsgewalt so gut wie keinen Schutz gewährte, so muß man zugeben, daß es eines hohen Maßes moralischen und physischen Mutes bedurft hätte, wenn die konservative Bauerschaft sich zu offenem Kampfe gegen die Umstürzler aufgerafft hätte. Wo das tatsächlich geschehen ist, läßt es sich durch das Zusammentreffen verschiedener glücklicher Umstände erklären. Wir sprechen hier von dem Beginn der revolutionären Bewegung, als die durch die sozialistische Propaganda vorbereitete Volksmasse durch Proklamationen und

Agitatoren zum offenen Aufruhr gedrängt wurde. Im großen und ganzen verhielten sich die Hofbesitzer ängstlich abwartend. Sie suchten es mit keiner Partei zu verderben. Eine Ausnahme machten viele jüngeren Hofbesitzer, die teils aus Überzeugung, teils aus materiellen Gründen (Verschuldung) sich der sozialistischen Bewegung anschlossen. Überhaupt läßt sich, wie wir oben schon angedeutet haben, vom Alter der Leute meist ein Rückschluß auf ihre Gesinnung und Beteiligung an der revolutionären Bewegung ziehen. Die jüngeren Generationen, besonders die jüngste, waren zum überwiegend größten Teil für den Umsturz zu haben. Neben den Schullehrern, die, wie wir sehen werden, eine Hauptrolle in der Revolution spielten, gehörten zahlreiche Söhne von Hofbesitzern, die eine sog. bessere Bildung genossen hatten, zur Sozialdemokratie, ferner die auf dem Lande wohnenden Handwerker. Letzteres läßt sich leicht aus dem Umstand erklären, daß die ländlichen Handwerker zum Teil, wie z. B. viele Schneider, kein seßhaftes Gewerbe haben, sondern von Bauerhof zu Bauerhof ziehen und dabei Gelegenheit zu Gedankenaustausch und endlosem Geschwätz finden; auch sind es häufig intelligentere Leute, die allerhand gelesen haben, wie die Schullehrer im Kannegießern über unverdaute soziale und politische Fragen von jeher geübt sind und sich für berufen halten, das dumme Volk aufzuklären.

Diese Elemente bildeten den Stamm der Sozialdemokratie auf dem flachen Lande. Die zweite Gruppe umfaßt den größten Teil der landlosen Bauern. Diese folgten weniger aus Überzeugung als aus materiellem Interesse der roten Fahne. Es sind die passiven Genossen, die Mitläufer. Die dritte Gruppe endlich wird von den meisten Hofbesitzern und einigen, meist älteren Landlosen gebildet, die gegen ihre Überzeugung aus Furcht oder politischer Klugheit im Hintertreffen marschierten, bereit, sofort Kehrt zu machen, wenn das Kriegsglück sich wandte.

Die vierte und letzte Gruppe besteht aus den wenigen wirklich konservativen Bauern, einigen Hofbesitzern und auf den Gutshöfen dienenden Leuten, die ihrer Überzeugung nicht untreu werden wollten. Sie haben ihre treue Gesinnung nicht selten als „Volksverräter" und „Spione" mit ihrem Eigentum und Leben bezahlen müssen. An dieser Stelle muß auch die Haltung der meisten halbgermanisierten Letten, der sog. Halbdeutschen, rühmend hervorgehoben werden, die sich zahlreich als Gutsbeamte, Inspektoren, Buchhalter, Schreiber und Förster auf den Rittergütern finden. Sie sind meist, ohne große Tapferkeit zu zeigen, die man billiger Weise nicht verlangen kann, ihrer Pflicht unter äußerst schwierigen Verhältnissen treu geblieben.

Unmittelbar nach den Arbeiterunruhen in den Städten begann also eine sehr energische Agitation auf dem flachen Lande. In einer vom Zentralkomitee der lettischen sozialdemokratischen Partei „an alle lettischen Bauern" erlassenen Proklamation vom Februar 1905 heißt es: „Ganz Rußland steht in Flammen des Aufruhrs. Es empören sich Arbeiter, Studenten, Professoren, Schriftsteller, Städter und Bauern und sogar die Soldaten der Mandschurischen Armee! Es ist, als wenn ein lange zurückgedämmter Strom sich endlich Bahn breche und ein neues, freieres Bett wähle. Die Tage der alten Zarenherrschaft sind gezählt, sie selbst erkennt ihren Bankrott und beginnt zu paktieren, so daß in nächster Zeit die größten Umwälzungen bevorstehen. — Mit Rußlands Zukunft ist die jeder seiner Untertanen verknüpft." Daher, so heißt es weiter, müssen auch wir lettischen Bauern, um uns vom Joch des russischen Tschinowniks und der deutschen Barone zu befreien, mit Worten und Taten am Aufstande teilnehmen. „Die Mutter aller Reformen ist stets die blutige Empörung gewesen." Die deutschen Großgrundbesitzer haben schon Schritte getan, um sich bei einer neuen Kirchen- und Landesreform die größten Vorteile zu sichern.

Es ist die höchste Zeit, daß wir auftreten und unsere Forderungen geltend machen: die Einberufung eines Volksparlaments auf Grund des allgemeinen, gleichen, direkten und geheimen Wahlrechts, die Einführung von Selbstverwaltungen im Ostseegebiet, beginnend mit den Gemeinden und Städten bis zu den Kreisen und Gouvernements, auf demokratischer Grundlage, nationale freie Volksschulen, Religionsfreiheit, Aufhebung des Patronatsrechts und des Parochialzwanges, Aufhebung aller Rechte der Gutsherren am Bauerlande, Rede-, Preß-, Versammlungs- und Vereinsfreiheit. Diese Forderungen haben wir mit allen Hilfsmitteln durchzusetzen, durch Versammlungen, Demonstrationen und, wo es möglich ist, durch Entwaffnung der Schergen der Regierung. „Sollte man das für Aufruhr erklären und uns zur Verantwortung ziehen, so werden wir uns verantworten mit den Worten des Kirchenvaters Augustin: „Wenn die Wahrheit reden sich verschwören bedeutet, so werden wir uns mit Gottes Hilfe verschwören." Nieder mit der Selbstherrschaft. Nieder mit den Gutsherren. Es lebe die Volksrepublik!"

Dieser Proklamation folgten zahlreiche andere, sowohl vom Zentralkomitee als den anderen Komitees und den ländlichen Gruppen. Die Proklamationen dieser letztern waren meist hektographiert und trugen einen lokalen Charakter. Alle aber waren auf einen Ton gestimmt: Zwei Feinde sind es, die wir bekämpfen müssen: die deutschen Herren, die von unserm Schweiße leben, und die Regierung, die uns systematisch aussaugt und unser Blut auf den Schlachtfeldern trinkt. In den lokalen Flugblättern sind die Farben stärker aufgetragen, entsprechend dem groben Appetit der Bauern. So heißt es in einem Flugblatt, das im Februar 1905 im Kirchspiel Kalzenau (Kreis Wenden) verteilt wurde: „Wie kommt es, daß der Bauer sein Leben lang Not leidet, obgleich er es ist, der das Brot erzeugt. Der

Pastor, zu dem ihr euch in eurer Verzweiflung wendet, erzählt, daß Gott den Bauer wegen seiner ererbten Sünden straft, daß er verdammt sei, Not und Entbehrung zu leiden und den Herren zu gehorchen. — Bauern, glaubt nicht an solche fromme Lügen! Die Pastoren sind alle Hunde der Regierung, die um ihres Brotes wegen bellen. Beziehen sie doch von der Regierung für die Verdunkelung des Volkes große Gehälter — natürlich von unseren Groschen. Aber es steht so: ihr seid es, die ihr arbeitet und einen durchlöcherten Sack füllt. Schaut um euch: zahlreich sind die, welche sich von eurem Schweiße nähren und das von uns Erworbene rauben. Laßt uns von denen nehmen, die uns am nächsten sind, den Gutsbesitzern. Die Gutsbesitzer schlugen unsere Väter, knechteten sie, tauschten sie gegen Hunde, bedrückten und saugten sie aus und schließlich nahmen sie unser Land, das ihnen die Krone als freies Eigentum anerkannte. Und nun müssen wir unser Land, auf dem unsere Ahnen längst vor der deutschen Einwanderung lebten, mit Gold aufwiegen! — Dulden wir in Zukunft nicht derartige Ungerechtigkeit, verjagen wir diese Böcke, Hunde und Dickwänste von Gutsbesitzern! — Unser zweiter Blutsauger ist der gekrönte Spitzbube Nikolai mit seiner derzeitigen Regierungsbande, die noch schlimmer ist als die Gutsherren. Ihr genügt es nicht, uns unsere Menschenrechte zu nehmen, sie bestiehlt und beraubt uns durch Akzisen, Zölle und Steuern. Sie nährt sich nicht nur vom Schweiß, sie trinkt das Blut der Arbeiter und Schüler und verschlingt Tausende und Abertausende von Menschenleben. — Zu Tausenden hängen Menschenhäute über der Kriegskarte der Mandschurei, die der Menschenfresser Kuropatkin abgezogen hat. Nun wird der Zar und seine Räuberbande ihr Leben lang genug Blut anstatt Wein trinken können und genug Stiefel aus Menschenhaut zu vertragen haben. Millionen und Abermillionen verschwinden spurlos, ohne daß wir darüber einen Laut verlieren dürfen. Bauern, ein Tier, das zur Schlachtbank geführt wird, widersetzt sich! Der Frosch, ein so schwaches Tier, piepst, wenn man auf ihn tritt, aber ihr Bauern, die ihr fünf Sinne habt, die ihr die Gewalt in Händen haben könntet, wenn ihr einmütig wäret, ihr seid schlimmer als das Vieh. Ihr seid die ersten, die behilflich sind, sich selbst umzubringen. Doch es gibt einen Weg, auf dem wir aus dieser lebendigen Hölle herauskönnen, das ist der Kampf wider alles dieses. Öffnet eure von euren Quälgeistern, Kanzelherren und Tschinownikš geschlossenen Augen! Weckt eure schlummernden Gefährten! Die Sonne der Freiheit geht auf; schon flattert frei die rote Fahne über den Häuptern der aufgeklärten Genossen. Laßt uns die Reste der alten Dunkelheit ausrotten! Laßt uns eine neue Ordnung einsetzen! Es lebe die neue Ordnung! Nieder mit den Gutsherren! Nieder mit der Selbstherrschaft!"

Obgleich man von diesem blutrünstigen Erguß mit Fug und Recht sagen kann: „Ein politisch Lied, ein garstig Lied", so war es doch notwendig, diese Flugschrift im Wortlaut zu bringen, weil sie charakteristisch ist für die Mischung der traditionellen nationalistischen Hetzphrasen mit den Lehren Kautskys und Bebels in ihrer Nutzanwendung auf lokale Verhältnisse.

Neben den Flugblättern und Proklamationen der Sozialdemokraten, die zunächst die Aufgabe hatten, das Landvolk in Erregung zu versetzen, erschienen auch solche, die ganz direkte taktische Hinweise enthielten: die Knechte auf den Gutshöfen sollten streiken, die Pächter ihre Pachten nicht bezahlen, die Gesindeeigentümer ihre Schuldforderungen nicht begleichen, sämtliche Bauern ihre öffentlichen Abgaben und Steuern verweigern.

Natürlich, wie nicht anders zu erwarten war, hatte diese Agitation durch Wort und Schrift Folgen.

Aus den verschiedensten Teilen des Landes liefen Nachrichten ein über Streiks der Landarbeiter, Zahlungsverweigerungen und Brandstiftungen. An einzelnen Orten, wie z. B. am 20. Februar in Kokenhusen. kam es zu tumultuarischen Erpressungsversuchen.

In der Umgegend Dorpats, im estnischen Teile Livlands, nahm die Streikbewegung der Hofesknechte einen größeren Umfang an. Hier hatten estnische Agitatoren und besonders die zahlreichen revolutionären Studenten der Universität Jurjew auf das eifrigste gehetzt. Anfang März 1905 kamen zahlreiche Streiks im westlichen Kurland (Kreise Grobin, Hasenpoth und Windau) und im östlichen Livland (Kreise Dorpat, Werro, Wenden) vor. Die Streiks wurden meist in demonstrativer Form in Szene gesetzt, Umzüge veranstaltet, Drohungen ausgestoßen. In vielen Fällen wurden die Gutsarbeiter durch die von Agitatoren geführten Sozialdemokraten des betr. Gebietes zur Niederlegung der Arbeit gezwungen, dann zog der ganze Haufen nach reichlichem Branntweingenuß johlend und singend zum Gutsherrn und brachte seine Forderungen vor, die meist ebenso unannehmbar wie kindisch waren. So findet sich nicht selten die übliche Forderung des Achtstunden-Arbeitstages auch bei den Landarbeitern! Bei diesen Umzügen tauchte hier und da auch die rote Fahne auf,[1]) ohne die später nichts Ordentliches unternommen werden konnte. An einzelnen Orten kam es bereits zu groben Ausschreitungen. In Allatzkiwwi bei Dorpat wurde am 2. März das Verwaltungsgebäude demoliert, der Oberförster beschossen und sieben Scheunen in Brand gesteckt. In Odensee (Kr. Wenden) kam es am 7. März zu einer blutigen Prügelei zwischen einer Bande fremder Tumultuanten

[1]) Am 3. März in Gotthardsberg (Kreis Wenden), am 5. März in Durben (Kreis Grobin), am 6. März in Dondangen (Kreis Windau) usw.

und den Gutsarbeitern, die den Zugang zum Gutshofe erfolgreich verteidigten. Ein ähnlicher Vorgang spielte sich am 8. März in Lunia (Kr. Dorpat) ab, wo der Anführer einer herbeigezogenen Bande erklärte, sie seien Glieder einer sozialistischen Gesellschaft und wollten ihren bedrückten Brüdern zu ihrem Recht verhelfen oder aber alles vernichten. Die bedrückten Brüder wollten aber von den Befreiern nichts wissen, und da einige Soldaten auf dem Gute standen, so zog die Bande wieder ab. Am 13. März plünderte in Tolema (Kr. Werro) ein Haufe Gutsarbeiter und auswärtiges Gesindel den fiskalischen Branntweinladen, brannte einen Krug nieder, wobei der Landgendarm schwer verwundet wurde, demolierte alsdann das Gutshaus und verwundete den Gutsbesitzer, einen Mann estnischer Herkunft.

Die Streikbewegung verbreitete sich besonders in der Umgegend von Libau und von Dorpat wie eine Epidemie, sorgfältig geschürt und geleitet von sozialdemokratischen Agitatoren. Eine Bekämpfung der Bewegung wie in normalen Zeiten durch Anrufung der Gerichte und der Polizei, schien nicht mehr möglich, um so weniger, als die Einzelrichter, Untersuchungs- und Friedensrichter, meist ganz offen mit den Tumultuanten sympathisierten und den Klagenden nicht zu ihrem Rechte verhalfen.

Weit schlimmer aber wirkte die Haltung der Gouverneure Swerbéjew und Páschkow, die an der Fiktion festhielten, daß es sich hier lediglich um „Agrarunruhen" handelte. Die Vorstellungen der Landesvertretung, daß man den Unruhen, die auf sozialistische Umtriebe zurückzuführen seien, gleich bei ihrem Beginn energisch entgegentreten müsse, daß Militär auf dem Lande verteilt und alle Exzesse streng geahndet werden müßten, hatten nur wenig Erfolg. Der Gouverneur Páschkow erklärte, er habe kein Militär, und wichtiger als alle Repressivmaßregeln sei es, daß die Lage der ländlichen Arbeiter unverzüglich „verbessert" werde. Es half nichts, daß man ihm nachwies, daß die Lage der Gutsarbeiter völlig zufriedenstellend sei, es half auch nichts, daß einer seiner Beamten auf einer Konferenz der Administrativbeamten und der Landesvertretung zu Riga am 3. März 1905 betonte, „daß man im Interesse der Gerechtigkeit anerkennen müsse, daß die Landarbeiter in den innern Gouvernements es sich auch nicht träumen lassen könnten, in so guten Verhältnissen zu leben wie die Landarbeiter in Livland". Es half endlich auch nichts, daß man immer wieder den offenkundigen Zusammenhang der sozialdemokratischen Unruhen in den Städten mit den Unruhen auf dem flachen Lande nachwies und hervorhob, daß eine revolutionäre Erhebung von Bauern sich in ihren Anfängen gar nicht anders äußern könne als in „agraren" Formen. Der Gouverneur Paschkow blieb hartnäckig dabei, es handele sich in seinem Gouvernement lediglich um lokale Agrarunruhen, die durch Zugeständnisse der Gutsbesitzer und milde Behandlung der „bedauernswerten Landlosen" seitens der Administration zur allgemeinen Zufriedenheit beigelegt werden könnten.

Die Folgen dieser Vogel-Strauß-Politik blieben nicht aus. Die an und für sich meist unfähige und energielose Landpolizei versagte angesichts dieser Haltung ihres allmächtigen Chefs vollständig. Was aber noch schlimmer war, die Bauerkomissäre, d. h. die administrativen Vorgesetzten der Landgemeinden, begannen sich in das rein privatrechtliche Verhältnis der Gutsbesitzer zu den Gutsarbeitern eizumischen, indem sie sich bei Arbeiterstreiks eine Vermittlerrolle anmaßten, wobei entsprechend sie den Intentionen des Gouverneurs die Partei der Arbeiter ergriffen. Ein solcher Fall ereignete sich am 9. März 1905 auf dem Gute Aya im Dörptschen Kreise, wo der Bauerkommissär Grödinger, ein Russe jüdischer Extraktion, kategorisch vom Gutsinspektor die sofortige Bewilligung sämtlicher Forderungen der streikenden Gutsarbeiter verlangte. Die Zeit der Leibeigenschaft sei vorüber. Er ignorierte den Einwand des Inspektors, daß er keine Vollmacht dazu habe, und drohte, daß im Weigerungsfalle das auf dem Gute befindliche Militär zurückgezogen werden würde. Der Gutsinspektor sah sich infolge dieser Drohung genötigt, um nicht das ihm anvertraute Eigentum der Zerstörung preiszugeben, die Forderungen der Streikenden zu bewilligen.

Die Nachricht von diesem Vorgang, die sich wie ein Lauffeuer verbreitete, erweckte natürlich die Vorstellung, daß die Regierung die Streiks begünstige. Infolgedessen nahmen die Unruhen, wie wir schon oben erwähnt hatten, im Dörptschen und Werroschen einen immer größeren Umfang und bösartigeren Charakter an. Aus den sogen. Streiks entwickelten sich förmliche Raubzüge, an denen sich unter Leitung einiger Agitatoren alles Gesindel der Umgegend beteiligte.

Diese Bewegung in den estnischen Kreisen Dorpat und Werro hätte wahrscheinlich zu einer Reihe von Zerstörungen von Gütern und sonstigem Unheil geführt, wenn es nicht am 19. März auf dem Gute Moisekatz im Werroschen Kreise zu einem blutigen Zusammenstoß zwischen dem Militär und den Tumultuanten gekommen wäre, wobei es unter den letzteren 13 Verwundete gab.

Damit war die Vorstellung von der unerschöpflichen Langmut des Militärs zerstört. Ebenso schnell wie die Vorgänge in Aya wurden auch die von Moisekatz bekannt. Die Banden zerstreuten sich, die aufgehetzten Gutsarbeiter beruhigten sich und die Agitatoren wurden vorsichtiger. Seitdem sind wohl sporadisch im estnischen Livland noch Unruhen ausgebrochen, sie trugen aber stets einen lokalen Charakter und hatten nichts gemein mit der revolutionären Bewegung unter den Letten.

Wenn wir uns fragen, wie es kam, daß unter genau denselben politischen, sozialen und wirtschaftlichen Verhältnissen die Bauern der einen Nationalität sich der Revolution anschlossen und die der andern nicht, so finden wir zwei Gründe für diese auffallende Erscheinung.

Der eine Grund ist völkerpsychologischer Natur. Der Este ist seiner Natur nach durch und durch konservativ, weit weniger kulturfähig und viel nüchterner als der Lette. Bei ihm sind die bäuerlichen Eigenschaften: die Abneigung gegen Neuerungen, das Mißtrauen gegenüber neuen Ideen und allem, was nicht empirisch begründet ist, weit stärker ausgeprägt als beim Letten, der anpassungsfähig, lernbegierig und phantasievoll ist. Man bedenke, daß der Este dem ugro-finnischen, der Lette dem lito-slawischen Volksstamm angehört, und man wird verstehen, daß eine weitgehende Verschiedenheit der Charaktere dieser Volksstämme, die zwei ganz anderen Rassen angehören, bestehen kann. Der zweite Grund, der gewissermaßen im ersten wurzelt, ist der, daß die lettische Sozialdemokratie beim Beginn der Revolution eine vollständig ausgebildete Organisation besaß, während die estnische Sozialdemokratie in den Kinderschuhen steckte. Es war der letzteren wohl möglich, hier und da Unruhen hervorzurufen, ja, in Estland sogar eine Bewegung zu entfesseln, die wie ein Zyklon in wenigen Tagen die schrecklichste Zerstörung bewirkte, eine Volksbewegung wie die lettische konnte sie aber nicht zustande bringen.

Mittlerweile war die lettische sozialdemokratische Arbeiterpartei in vollster Tätigkeit. Das Land wurde im März mit Proklamationen an die Bauern geradezu überschüttet. Einzelne erlebten zwei Auflagen von zusammen 30 000 Exemplaren. Neben den Forderungen von Selbstverwaltung und Landzuteilung tritt immer energischer die Forderung sofortigen Friedensschlusses, der Abrüstung und Einrichtung einer allgemeinen Volksmiliz: „Die Bewaffnung des ganzen Volkes an Stelle der jetzigen Heeresmacht, die nur ein fügsames Werkzeug der Staatsgewalt gegen das eigene Volk ist."[1]) Gleichzeitig wurden die Bauern aufgefordert, den Kampf gegen die Regierung und die Gutsherren in der Weise zu führen, daß sie keinerlei Verpflichtungen nachkommen, keine Abgaben, Steuern und Pachten zahlen. Dagegen wird vor Zerstörung und Brandstiftung gewarnt, „da wir unsern Gegnern hierdurch keinen Schaden zufügen, denn ihr Eigentum ist versichert, aber wir verlieren alle Sympathien und unser Renommee und geben Veranlassung, uns als Räuber und Mordbrenner zu betrachten und zu richten". Gleichzeitig wurden die Landarbeiter aufgefordert, in einen Generalstreik einzutreten und überall die gleichen Forderungen von Lohnerhöhung und Herabsetzung der Arbeitszeit geltend zu machen. „Wollen wir uns vorbereiten zum letzten Kampf, laßt uns geheime Häuflein bilden! Unter der Führung der sozialdemokratischen Arbeiterpartei wollen wir uns Waffen verschaffen und neue Genossen gewinnen. Die städtischen Arbeiter bereiten sich schon auf den Tag vor, an dem wir Brust gegen Brust stehen werden im letzten Kampf wider die bestialische Selbstherrschaft. Und dieser große Tag der Revolution ist nahe!"[2]) Darnach, wenn die Selbstherrschaft des Zaren gestürzt sein wird, wird das ganze Volk durch seine Vertreter neue Gesetze geben und einen Glückszustand ohne Gleichen herbeiführen, der ganz besonders den Arbeitern zugute kommen wird, da statt aller andern Steuern

---

[1]) Proklamation des Zentralkomitees vom März 1905 in 25000 Exemplaren an die Bauern.

[2]) Proklamation des Zentralkomitees vom April 1905 an die Landarbeiter in 40 000 Exemplaren.

die Einkommensteuer eingeführt werden soll, die erst bei einem Einkommen von 300 Rbl. jährlich (also etwa 650 M.) beginnt, dafür aber die Reichen um so härter trifft.

Aus den Proklamationen der Sozialdemokratie vom März und April 1905 erhellt die Besorgnis der Zentrale, daß die Bewegung in einer falschen Richtung verlaufe. Die Bewegung sollte zunächst einen wirtschaftlichen Charakter tragen. Durch das schon erprobte Gewaltmittel des Generalstreiks sollte die Macht der sozialistischen Organisation bewiesen und gleichzeitig wirtschaftliche Vorteile errungen werden; die schwache und ängstliche Staatsregierung sollte noch mehr eingeängstigt werden. An einen bewaffneten Aufstand aber konnte man vorläufig noch nicht denken. Weder war die sozialistische Organisation der Landbevölkerung ausreichend durchgeführt worden, noch gab es genügend Waffen, um einen Kampf mit der Polizei oder gar mit den Truppen aufzunehmen. Daher waren die immer wiederkehrenden Ausschreitungen der aufgehetzten Landarbeiter, die Zerstörungen, Plünderungen und Brandstiftungen der Zentrale sehr unbequem. Das Renommee der Sozialdemokratie konnte — wie jene Proklamation sehr richtig bemerkte — durch derartige Vorgänge, die wenig schädigten und naturgemäß Repressalien hervorrufen mußten, nur leiden.

Alle Versuche der Zentralleitung, die Bewegung gleichzeitig zu schüren und in gewissen Grenzen zu halten, scheiterten aber an der mangelnden Disziplin der ländlichen sozialdemokratischen Gruppen und an dem Umstande, daß sich jetzt, wie nicht anders zu erwarten war, alles arbeitsscheue und verbrecherische Gesindel um die rote Fahne scharte und unter diesem Zeichen nach Herzenslust plünderte und brannte. Alle niedrigen Instinkte der Massen waren geweckt: Neid, Habgier, Rachsucht. Nun war der Augenblick gekommen, diese Instinkte zu befriedigen. Da gab es kein Einhalten mehr. Die Geister, welche die Sozialdemokratie gerufen hatte, die wurde sie nun nicht mehr los.

In dieser Zeit, im Frühling 1905, wo die revolutionären Pläne der Sozialdemokratie jedermann, selbst dem beschränktesten Tschinownik, offenbar wurden, konnte die Regierung mit starker Hand die schwelende Flamme der Revolution leicht unterdrücken. Es genügte ein energisches Eingreifen der Truppen bei Exzessen, die unerbittliche Handhabung des Gesetzes bei Streiks und andern wirtschaftlichen Obstruktionen und vor allem die Verhaftung der allen bekannten Agitatoren und Leiter der sozialdemokratischen Partei. Lauter Maßregeln, wie sie, als es zu spät war, mit dem besten Erfolg angewandt wurden. Statt dessen geschah nichts von alledem. Die Sozialdemokratie, die mit Recht Repressalien befürchtete, die alle ihre Pläne in Frage gestellt hätten, hatte die Schwäche der Regierung doch noch unterschätzt.

In Livland, wo der Gouverneur Páschkow gegenüber den Vorstellungen und Warnungen der Landesvertretung taub blieb, obgleich am 14. März durch den Minister des Innern über das Gouvernement der sog. verstärkte Schutz, d. h. der kleine Belagerungszustand, verhängt worden war, geschah nichts. Weder wurden genügend Truppen auf das flache Land geschickt, noch die Polizei genügend reorganisiert und verstärkt. Für die vier lettischen Kreise Livlands, ein Gebiet größer als die Großherzogtümer Baden und Hessen zusammengenommen,[1]) wurden 41 neue Landgendarmen eingestellt, die zum größten Teil wegen Untauglichkeit: Trunksucht, Faulheit und Fraternisierens

[1]) Die vier lettischen Kreise Livlands umfassen 22 850,5 qkm, Baden und Hessen 22 761,8 qkm. Zum Vergleich könnte noch das Königreich Württemberg herangezogen werden, das 19 513,6 qkm groß ist. Der Kreis Riga allein hat 6223,2 qkm, ist also fast so groß wie Oldenburg mit 6427,4 qkm.

mit den Revolutionären, wieder entlassen werden mußten. Die Landpolizei in den vier lettischen Kreisen taugte überhaupt sehr wenig; die Kreischefs (Polizeihauptleute) von Wolmar, Wenden und Walk erwiesen sich als ganz und gar unbrauchbar. Sie blieben aber trotz aller Klagen, trotz aller offenbaren Mißerfolge auf ihren Posten.[1]) Ebensowenig taugten die Polizeioffiziere, die meist weder das Land und das Volk, noch seine Sprache kannten und nur durch Dolmetscher sich verständlich machen konnten. Die niedern Polizeichargen endlich, die Landgendarmen, waren größtenteils Letten und als solche ganz und gar unzuverlässig. Entweder sympathisierten sie mit den Revolutionären, oder sie ließen sich terrorisieren und verhielten sich infolgedessen möglichst passiv.

Unter diesen Umständen blieb die Verhängung des kleinen Belagerungszustandes über Livland eine rein papierene Maßregel, die nur geeignet war, den revolutionären Elementen die Augen über die Schwäche der Regierung zu öffnen.

3. Die sogenannten Kirchenunruhen.

Während des Aprils 1905 wurde die sozialdemokratische Agitation in einzelnen Teilen Kurlands und Livlands, besonders im Wendenschen Kreise, immer lebhafter. Sie wandte sich jetzt hauptsächlich den kirchlichen Fragen zu, für welche sie namentlich im südlichen Teil des Wendenschen Kreises einen günstigen Boden fand. Hier war die lutherische Bevölkerung stark durchsetzt mit griechisch-orthodoxen Elementen. Die religiöse Indifferenz der Konvertiten, die seinerzeit meist um materieller Vorteile willen vom lutherischen Glauben abgefallen waren, hatte durch den Umstand, daß sie sich nur äußerlich an

---

[1]) Bis auf den Walkschen Kreischef, der 1906 wegen Unterschlagung öffentlicher Gelder entlassen werden mußte, sind sie noch heute in Amt und Würden.

die griechische Kirche gebunden fühlten, sowie durch die nihilistische Gesinnung der meisten Popen und Volksschullehrer einen außerordentlich hohen Grad angenommen. Die Konvertiten galten daher mit Recht von jeher für sittlich tiefstehend. Die Gegenden, in denen sie zahlreich waren, zeichneten sich durch Verbrechertum aus. Wir erinnern hier an die im ersten Abschnitt berichteten Erfahrungen aus der Manasseïnschen Epoche.[1]) Aus der Zusammenstellung der revolutionären Verbrechen nach einzelnen Kirchspielen ergibt sich dasselbe Bild für die Zeit der Revolution, was uns bei dem engen Zusammenhang des sittlichen Zustandes der Bevölkerung mit ihrer Stellung zum Staat und der bestehenden Gesellschaftsordnung nicht weiter wunder nehmen kann. Es ist nur zu wahr, was Montesquieu über den Religionswechsel größerer Volksmassen sagt: „On donne à l'état, au moins pour quelque temps, et de mauvais citoyens et de mauvais fidèles."

Natürlich sind es nicht die Konvertiten allein, die in jenen Gegenden Träger der revolutionären Bewegung waren; der sittliche Tiefstand hatte sich auch vielen lutherischen Gemeindegliedern mitgeteilt. So waren jene Gegenden, in denen schon im Beginn der achtziger Jahre des 19. Jahrhunderts eine sozialistische Bewegung beobachtet wurde, naturgemäß der Schauplatz, den sich die sozialdemokratische Organisation für ihr erstes demonstratives Auftreten ausersehen hatte.

Die kirchlichen Demonstrationen begannen schon in der Osternacht (16./17. April) in zahlreichen griechischen Kirchen. Der greulichste Unfug wurde verübt, geraucht, getrunken, blas-

[1]) Siehe oben S. 44 f.

[2]) „De l'esprit des loix", liv. XXV, chap. XI. Œuvres, T. III. Genève 1777. Es sei hier auch an den Ausspruch Kaiser Konstantins erinnert: „Wie sollte derjenige dem Kaiser Treue bewahren, der auf Untreue gegen seinen Gott betroffen ward?" (Eusebius, „Vita Constantini", I, Kap. 15.)

phemische Lieder gesungen, Heiligenbilder herabgerissen, die Kirchen besudelt, die Popen mißhandelt. Diese ekelhaften Exzesse machten aber nicht genügendes Aufsehen, da die Zahl der Besucher der griechischen Kirchen nicht groß zu sein pflegt. Der Hauptschlag sollte bei den lutherischen Kirchen geführt werden, wo sich allsonntäglich zum Gottesdienste viele Tausende versammelten.

Mit den schlimmsten Erwartungen sahen die Pastoren und die loyale Bevölkerung dem 1. Mai, dem Weltfeiertage der Sozialdemokratie, entgegen, für welchen Tag durch Flugblätter Demonstrationen im großen Stil angekündigt worden waren. Diese gingen denn auch planmäßig vor sich. Die im Südosten des Wendenschen Kreises schon zahlreichen „Genossen" hatten den Auftrag erhalten, am 1. Mai in Versohn zu erscheinen und möglichst viele Mitläufer mitzubringen. Dieses war bei der erregten Stimmung, in welche die Bevölkerung seit Monaten versetzt worden war, nicht schwer. Aus den Kirchspielen Lasdohn, Seßwegen und Laudohn strömten die Leute am 1. Mai nach Versohn, wo dann unter Leitung der griechisch-orthodoxen Schullehrer ein Umzug mit roten Fahnen arrangiert wurde. Die Geistlichen der griechischen und der lutherischen Kirche wurden von der Bande gezwungen, mitzugehen, um Zeugen ihrer Forderungen auf dem Gutshofe zu sein. Die dort stationierte Infanterie (ein Offizier und fünfzehn Soldaten) ließen den Umzug ruhig zu, obgleich eine der Fahnen die Aufschrift „Nieder mit der Selbstherrschaft" trug; dagegen verwehrten sie aber der Bande den Zugang zum Gutshofe, worauf sich die Tumultuanten zerstreuten. Ein ähnlicher Vorgang spielte sich am 3. Mai in Erlaa (Kreis Wenden) ab, wo der Pastor unter Drohungen und groben Insulten gezwungen wurde, die Hand auf die Stange einer der roten Fahnen zu legen und mitzuziehen.

Bisher aber waren noch die lutherischen Gottesdienste nicht gestört worden. Hiervon versprachen sich die Agitatoren den größten Erfolg. Zum 8. Mai war das sozialistische Aufgebot nach Lasdohn (Kr. Wenden) bestellt worden. Der günstige Ausgang der Demonstrationen in Bersohn und Erlaa, die passive Haltung der Polizei und des Militärs ließen eine große Beteiligung Skandalsüchtiger und Neugieriger erwarten. Alles war vorbereitet. Alle Rollen verteilt. Während des Gottesdienstes drang eine Bande in die Kirche und unterbrach die Predigt durch den Gesang eines revolutionären Liedes. Vergeblich versuchte der Pastor die Leute zur Ruhe zu ermahnen. Er war nicht imstande, das Kirchengebet und die Liturgie zu sprechen, und mußte sich in die Sakristei zurückziehen. Die Gemeinde, feige und unorganisiert, verhielt sich passiv oder verließ die Kirche. Währenddessen wurde der Balgentreter von der Orgel gerissen und das Orgelspiel unterbrochen. Ein Mann in einer roten Maske bestieg die Kanzel und hielt eine gotteslästerliche und revolutionäre Rede, in der er das Gotteshaus einen Götzentempel nannte und zur Vernichtung der Verkehrseinrichtungen, Eisenbahnen, Telegraphen und Telephone, und zur Niedermetzelung der Beamten, der Polizei und des Militärs aufforderte. Unten umringte die Kanzel eine bewaffnete Bande, welche mit Händeklatschen und Hurra Beifall spendete. Hierauf erschienen in der Sakristei mehrere Männer, die den Pastor aufforderten, vor die Kirche zu kommen, wo er verlangt werde. Der Pastor weigerte sich und wies auf ein Paar, das die Trauung erwarte. Der Führer der Sozialisten gab ihm sein Ehrenwort, daß er in fünf Minuten entlassen sein würde und seinen Amtspflichten dann nachkommen könne; folge er aber nicht, so müßten sie Gewalt anwenden. Schweren Herzens trat der Pastor vor die Kirche, wo er sofort von einer vielhundertköpfigen johlenden Menge umringt wurde. Man drückte ihm eine rote Fahne in die Hand. Als er sich weigerte, die Fahne zu tragen, wurde er gestoßen und hin und her gezerrt. Doch erlaubte man ihm wenigstens, seinen Talar abzulegen. So ward er, trotz heftigen Protestes, fortgezogen und geschoben und mußte über zwei Kilometer in der Prozession mitziehen. Die Bande, verstärkt durch die teils terrorisierten, teils neugierigen Kirchenbesucher, war ca. 1500 Mann stark, darunter Leute aus allen Nachbarkirchspielen. Viele waren bewaffnet und schossen von Zeit zu Zeit ihre Gewehre ab. Elf rote Fahnen wurden in der Prozession mitgeführt mit verschiedenen revolutionären Aufschriften: „Nieder mit dem Kaiser!" „Es lebe die Republik" u. a. Beständig wurden gotteslästerliche und revolutionäre Lieder gesungen, meist nach Kirchenmelodien, die ja allen Bauern bekannt sind. Der Pastor, den lauter Fremde umgaben, wurde verhöhnt und verspottet. Er wurde mit Gapon verglichen, der auch an der Spitze der Freiheitsmänner marschiert sei, er wurde aufgefordert, mitzusingen, und gefragt, wo denn sein Christus sei und warum er ihm nicht helfe? So mußte der Unglückliche, ein Mann lettischer Herkunft und ein treuer Freund seines Volkes, den Leidensweg ziehen, körperliche und geistige Qualen duldend. Währenddessen beobachtete von dem nur zwei Kilometer entfernten Modohn aus der dort stationierte Polizeioffizier, dem über 50 Infanteristen zu Gebote standen, diesen Vorgang, ohne eine Hand zu rühren.

Ähnliche gegen die Geistlichkeit und den Gottesdienst gerichtete Ausschreitungen fanden im Laufe des Mai und Juni 1905 in zahlreichen Kirchspielen Livlands und Kurlands statt. Die Polizei erwies sich als machtlos. Wo sie einschritt, traf sie auf bewaffneten Widerstand. In Smilten (Kreis Walk) wurde am 15. Mai ein Polizeibeamter schwer verwundet, in Groß-Würzau (Kreis Doblen) ein Landgendarm erschossen. Das

Militär, das den Befehl erhalten hatte, nur im äußersten Notfall von der Waffe Gebrauch zu machen, ließ sich Gewehr bei Fuß verhöhnen, was einerseits seine Disziplin untergrub und andererseits die Frechheit der Tumultuanten ins Ungemessene steigerte. Die sozialdemokratischen Agitatoren unterließen nicht, zu verbreiten, daß die passive Haltung der Staatsgewalt teils auf Furcht, teils auf Wohlwollen zurückzuführen sei.

In einzelnen Fällen scheuten die Demonstranten auch vor groben Mißhandlungen der Geistlichen nicht zurück. So wurde der Pastor zu Festen (Kreis Wenden) am 29. Mai von einer Bande vor der Kirchentür nach beendigtem Gottesdienst überfallen, geprügelt, niedergeworfen und, nachdem man ihm eine schwarze Fahne zuerst in den Talar gesteckt, dann in die Hände gedrückt hatte, bis zum Kirchhof geschleppt, wo er am Grabe eines im Januar erschossenen Revolutionärs bei Entfaltung einer roten Fahne wüste, revolutionäre Reden anhören mußte. Am 12. Juni wurde in Landohn (Kreis Wenden) der greise emeritierte Propst D., der den als Feldprediger auf dem Kriegsschauplatz weilenden Pastor loci vertrat, während des Gottesdienstes von der Kanzel gerissen, und als er sich standhaft weigerte, die Prozession mit der roten Fahne mitzumachen, zu Boden geworfen, mißhandelt und schließlich liegend durch die Kirche und weiterhin 200 bis 300 Schritt auf der Straße durch Straßenkot und Pfützen geschleift, bis sein Talar in Fetzen um ihn hing. Während dieses empörenden Vorganges verhielt sich die Gemeinde feige und teilnahmslos; nur zwei der Familie des Pastors loci — eines Letten — angehörige Damen verteidigten den Zugang zur Kanzel, und ein Gymnasiast stand dem mißhandelten Greise bei, als er auf der Straße liegen blieb, während die Tumultuanten auf den Schreckruf „Die Kosaken kommen" auseinanderstoben. Die Kosaken, von denen eine kleine

Abteilung in der Umgegend stand, kamen aber nicht, nicht einmal, als sie während des Beginnes des Kirchentumultes von einem Herrn der Gemeinde dazu aufgefordert wurden. Sie hatten keinen Befehl erhalten! „Die Gemeindeglieder", äußert sich hierzu der offizielle Bericht des Polizeiministeriums vom August 1905 über die revolutionäre Bewegung in Livland und Kurland,[1]) „schieben die leitende Rolle bei dieser empörenden Demonstration einem Studenten des Rigaschen Polytechnikums zu und erklären die Gärung unter den Landarbeitern durch die Agitation, die unter ihnen durch drei Studenten bäuerlichen Standes getrieben wurde."

Am 1. Mai wurde der Pastor der lettischen Gemeinde von Neu-Libau, während er im dortigen Bethause einen Konfirmandenunterricht abhielt, von zehn Sozialisten überfallen, niedergeworfen, mißhandelt und lebensgefährlich durch Messerstiche verwundet.

Zu den Mißhandlungen der Geistlichen gesellten sich Brandstiftungen. So wurden am 20. Mai im Pastorat Seßwegen fünf Nebengebäude und am 31. Mai das Wohnhaus des griechischen Geistlichen in Saußen (Kreis Wenden) eingeäschert.

Auch diese gegen die Geistlichkeit gerichtete Bewegung ging über das Ziel hinaus, das sich die sozialdemokratische Zentrale gesteckt hatte und das darin bestand, die Macht der Sozialdemokratie zu zeigen, die Schwankenden herüberzuziehen und die konservativen Elemente einzuschüchtern Auf dem II. Parteikongreß in Riga im Juni 1905 wurde infolgedessen die Resolution gefaßt, die Person der Geistlichen zu schonen und sie nicht gewaltsam zum Tragen der roten Fahne zu zwingen. Die

---

[1]) Abgedruckt in deutscher Übersetzung in „Rigasche Rundschau", 1905, Nr. 176 und 177.

hochtrabende Begründung dieses Beschlusses lautet: weil ein derartiger Zwang nicht der Würde der roten Fahne, dieses Symbols der Sozialdemokratie, entspräche.

Tatsächlich befürchtete man die hier und da eingetretene Reaktion der Gemeindeglieder, deren religiöses und Autoritätsgefühl durch die rohen Mißhandlungen ihrer Prediger beleidigt worden war. Die Sozialdemokratie sollte nicht diskreditiert werden.

Neben den Ausschreitungen gegen die Geistlichkeit fanden in einzelnen Gegenden des Landes Demonstrationen gegen die Regierungsinstitutionen und Gutsbesitzer statt; Polizisten und Gutsbeamte wurden gezwungen, die rote Fahne zu tragen, die Reichsadler an den Gemeindehäusern wurden herabgerissen, die Kaiserbilder, die nach dem Gesetz in jeder Gerichtsstube hängen müssen, wurden zerstört, nicht selten in raffinierter Weise, indem die Augen ausgestochen wurden oder der Kopf ausgeschnitten und „erhängt" wurde. Am 18. Mai ward ein Gutsbesitzer, Baron W., und seine Gemahlin bei Modohn (Kreis Wenden) auf der Fahrt durch Schrotschüsse verwundet.

Eine allgemeine Gärung und Unsicherheit griff um sich. Die Agitatoren der Sozialdemokratie arbeiteten fieberhaft. Überall sah man unbekannte Leute mit Verbrecherphysiognomien auf Fahrrädern hin und herfahren, die Flugblätter verstreuten oder an belebten Orten aufhetzende Reden hielten.

Was geschah nun, um der immer mehr umsichgreifenden Bewegung Einhalt zu tun? Die wiederholten dringenden Vorstellungen der Landesvertretung hatten den Erfolg gehabt, daß mehrfach höhere Beamte zur Untersuchung der Zustände in die Provinz geschickt wurden, da die Gouverneure sich nicht zu energischem Vorgehen entschließen konnten und besonders der General Päschkow hartnäckig an der Fiktion der Agrarunruhen festhielt. Die Sendung des Minister-Gehilfen Rydsewsky nach

Riga hatte zur Folge, daß Páschkow Mitte April seinen Abschied einreichte und Mitte Juni abberufen wurde. Zum Gouverneur wurde der Geheimrat Swegínzow ernannt, dem der Ruf eines ebenso klugen als energischen Mannes vorausging, der also in allem das Gegenteil seines Vorgängers sein mußte. Inzwischen wurde Livland durch den Vizegouverneur Neklјúdow verwaltet, der etwas Wollen, aber wenig Können zeigte.

Trotzdem der Polizeiminister Trépow ein energisches Vorgehen gegen die Anarchie anbefahl, kam man über halbe Maßregeln nicht hinaus. Die Polizei, die in Livland aus meist unfähigen Beamten bestand, wurde nicht reorganisiert. Die Verstärkung der untern Polizeichargen (Landgendarmen) auf Kosten der Landeskasse brachte wegen des minderwertigen Materials keine Besserung. Das in den unruhigen Kreisen stationierte Militär, Infanterie und einige Ssotnien (Schwadronen) Kosaken, war numerisch zu schwach und außerdem durch die untaugliche Polizei, deren Befehlen es unterstand, gelähmt. Bei Polizei und Militär war vor allem die Vorstellung herrschend — die ja überhaupt für die damalige Haltung der Regierung gegenüber der Revolution charakteristisch war —, daß man möglichst in gutem die Ordnung aufrechtzuerhalten oder wiederherzustellen habe. Dieselbe kränkliche Impotenz, die, wie die Geschichte lehrt, die meisten Regierungen beim Ausbruch aller Revolutionen gezeigt haben und die dann unweigerlich gerade zu dem geführt hat, was sie vermeiden wollten, zu unendlichem Blutvergießen.

Die Tätigkeit der Polizei wurde außerdem noch in hohem Grade gehindert durch den Umstand, daß sie sog. politische Verbrecher der Gendarmerie zu überliefern hatte, welche ihrerseits bestrebt war, den politischen Charakter der begangenen Verbrechen durch Anwendung der bequemen Formel von den wirtschaftlichen Unruhen zu eskamotieren. Die verhafteten Verbrecher gelangten alsdann an die Untersuchungsrichter und waren dadurch jeder Gefahr entronnen, da diese fast ausnahmslos mit der Revolution sympathisierten und außerdem bei dem traditionellen Gegensatz zwischen Administration und Justiz die „Opfer der Polizeiwillkür" begünstigten. Ein nie versagendes Mittel zur Befreiung dieser Opfer „aus Mangel an Beweisen" gab ihnen das öffentliche Verfahren der Zeugenvernehmung. Die Zeugen, die vor der Polizei die belastendsten Aussagen gemacht hatten, wußten entweder von gar nichts, wenn sie dem Verbrecher Auge in Auge gegenüberstanden, oder sie büßten später ihre Aussagen mit ihrer Habe, die ihnen niedergebrannt wurde, oder gar mit dem Leben. Es kam sehr bald so weit, daß die terrorisierte und unbeschützte Bevölkerung vor Gericht überhaupt keine Aussagen mehr machte und daß jeder, auch der notorische Verbrecher, frei ausging, sobald er dem ordentlichen Gericht übergeben wurde.

Die Lage, in der sich die regierungstreue Bevölkerung durch diese Verhältnisse gebracht sah, war eine wahrhaft verzweifelte. Sie sah die Anarchie täglich, ja stündlich wachsen, sie sah deutlich voraus, daß eine schreckliche Katastrophe bevorstand, sie sah, daß ihre Bitten um Schutz und um durchgreifende Herstellung der Ordnung scheiterten an dem Unvermögen der Regierung, sich zu außergewöhnlicher Energie aufzuraffen und mit dem verfaulten alten System des „Bumáshnoje proiswódstwo" (etwa: Kanzleiverfahren) zu brechen. Dabei wurden der loyalen Bevölkerung die schwersten materiellen Opfer auferlegt, indem die im Lande dislozierten Truppen größtenteils von ihr erhalten werden mußten.

In dieser furchtbaren Lage sahen sich die baltischen Deutschen auf Selbstschutz angewiesen, falls sie nicht die väterliche Scholle und die siebenhundertjährige deutsche Kultur dem Pöbel preisgeben wollten. Vor allem galt es, die Kirche und ihre Diener vor Entweihung und Mißhandlung zu schützen. Die Kirchenvorsteher organisierten aus den eingepfarrten Gutsbesitzern und Gutsbeamten einen Kirchenschutz. Die Herren verpflichteten sich, zum Gottesdienst zu erscheinen und mit bewaffneter Hand Kirche und Prediger zu schützen. Die Heranziehung der konservativen bäuerlichen Elemente, insbesondere der Gesindewirte (Hofbesitzer) zum Kirchenschutz, mißlang fast überall, da der Terror, den die Sozialisten ausübten, weit stärker war, als das Pflichtgefühl. In einzelnen Kirchspielen sprach sich die Versammlung der Gesindewirte direkt gegen einen Kirchenschutz aus. Bis zu welchem Grade die moralische Verwilderung in einzelnen Gegenden bereits damals gediehen war, beweist der ad vocem Kirchenschutz gefaßte Beschluß der Wirtsversammlung in Lennewarden (Kreis Riga) vom 20. Juni 1905.[1]) Es heißt in der Begründung der Ablehnung jeglichen Kirchenschutzes: „Die Kirche ist zu einem Schauplatz böswilliger Politik geworden und hat deswegen ihre Autorität eingebüßt." Ein Beweis dafür sei, daß bei den zahlreichen Demonstrationen kein Gemeindeglied sich dem entgegengestellt habe. „Die deutschen Barone und Pastoren können diese traurige Wahrheit nicht mit ihrem Märchen (!) von Aufrührern und Sozialisten verbergen. Hier hat man es zu tun mit einer systematischen Kirchenschändung, die seit Jahrzehnten datiert und von der Kanzel ausgeht." Die Wirtsversammlung übernimmt daher keine Garantie dafür, daß Störungen der Gottesdienste nicht eintreten, und beschließt folgende Forderungen: der verstärkte Schutz (Belagerungszustand) ist aufzuheben und Rede-, Preß- und Versammlungsfreiheit zu erteilen. Die Gemeinde hat den

---

[1]) Abgedruckt in Nr. 50 der „Peterburgas Awises", 1905. Vgl. „Düna-Zeitung" 1905, Nr. 143 und 144.

Prediger zu wählen und zu besolden, die Widme fällt der Gemeinde zu Bildungszwecken zu.

Es ist derselbe Geist, der aus der Petition der lettischen Vereine an das Ministerkomitee spricht, die damals eingereicht wurde, derselbe Geist, der sich in den Proklamationen des sozialdemokratischen Zentralkomitees findet, das alte nationalistische Gewebe mit sozialdemokratischem Einschlag!

So waren denn die deutschen Herren auf sich und die wenigen treuen Gutsleute angewiesen. Nichtsdestoweniger haben sie ihre Pflicht erfüllt und wenn es sein mußte, mit ihrem Leben bezahlt. So wurde am 3. Juli in der Kirche von Sessau (Kreis Doblen) Baron Alexander Bistram erschossen und der Kirchenvorsteher Baron Hahn verwundet, während die zum Schutz aufgerufenen Kirchenvormünder (bäuerlichen Kirchenbeamten) und Gemeindeglieder keinen Finger rührten und in wilder Panik flohen. So wurden auf dem Kirchhofe in Widdrisch (Kreis Riga) am 31. Juli der Kirchenvorsteher Baron Maydell und noch zwei deutsche Herren in einem förmlichen Gefecht mit 20—30 aus Riga zugereisten Sozialisten mehr oder weniger schwer verwundet. Auch hier verhielt sich die erschreckte Gemeinde passiv.[1]

Bald wurde es völlig klar, daß die wenigen im einzelnen Kirchspiele lebenden Herren nicht imstande waren, ihre Kirchen zu schützen, da die Unsicherheit auf dem flachen Lande in erschreckendem Maße zunahm. Es bildete sich daher in Riga aus dort und in der Umgegend lebenden deutschen Herren ein „Selbstschutz,“ der es sich zur Aufgabe machte, die bedrohten Kirchen, Gutshöfe und Pastorate zu schützen, sobald seine Hilfe angerufen würde. Dieser Selbstschutz hat in der aufopferndsten

[1]) In deutscher Übersetzung abgedruckt in „Düna-Zeitung“ 1905, Nr. 139 und 142.

Weise Zeit und Kraft darangesetzt, um den Bedrängten und oft schwer Bedrohten beizustehen, er hat in den folgenden schweren Monaten in zahllosen Fällen das Leben und das Eigentum der Deutschen in den revoltierten Kreisen Riga und Wenden gerettet und hat dazu beigetragen, daß die deutschen Eingesessenen noch monatelang auf dem Lande ausharren konnten.

4. Das Anwachsen der revolutionären Bewegung und das Manifest vom 17. Oktober 1905.

Die revolutionäre Bewegung nahm im Juni und Juli einen immer größeren Umfang an. Außer planmäßigen Verkehrsstörungen, Demonstrationen, Zerstörung der Reichsadler und Kaiserbilder mehrten sich die Waffenraube und gleichzeitig die Attentate auf Beamte und Privatpersonen.

Das Zentralkomitee der lettischen sozialdemokratischen Arbeiterpartei hatte schon seit dem April in einer Reihe von Proklamationen den bewaffneten Aufruhr gepredigt und aufgefordert, sich mit „Schieß-, Hieb- und Stichwaffen zu versorgen". „Laßt uns die Patrouillen der Schutzleute entwaffnen, laßt uns die Spione, Gendarmen und Polizisten niedermachen."[1])

Jetzt im Juni, nachdem sich, wie wir im zweiten Kapitel dargestellt haben, die Partei noch straffer organisiert hatte, nachdem aus den verschiedensten Gegenden Rußlands von Aufständen berichtet wurde, nachdem die Nachricht von der Meuterei des Kriegsschiffs „Fürst Patjómkin" eingetroffen

---

[1]) Proklamation des Zentralkomitees vom 22. April 1905 in 30 000 Exemplaren mit der Aufschrift: „Unter dem verstärkten Schutz". Vgl. die Proklamation des Rigaschen Komitees vom Mai 1905 in 20 000 Exemplaren mit der Aufschrift: „Zum zielbewußten Kampf! Genossen!" und die Proklamation des Zentralkomitees vom Mai 1905 in 35 000 Exemplaren mit der Aufschrift: „Des Volkes Wünsche werden erfüllt werden".

war, nahm der Ruf zum Kampf, den die sozialdemokratischen Organisationen ergehen ließen, immer leidenschaftlichere Töne an.

„Genossen! Noch fließt in Strömen das Blut der Arbeiter in Rußland. Doch jene sterben nicht wie Schlachtopfer, sie fallen als Freiheitshelden, die Waffen in der Hand, und ihr Fall reißt ihre Gegner mit nieder. Der Kampf um die Freiheit lodert in hellen Flammen und verlangt von uns große Opfer. Doch unter der roten Fahne zu sterben ist leicht, und im Todeskampf kann man die Augen schließen im sichern Bewußtsein, daß der Sieg unser sein wird. Vorwärts denn, Genossen, mutig und kraftvoll! Mag das Blut fließen, wir wollen kämpfen, bis daß die Sklavenketten brechen! Nieder mit der Selbstherrschaft! Es lebe die Revolution!"

Wir können an dieser Stelle die sich immer mehrenden Ausschreitungen gegen die Staatsgewalt, die terroristischen Verbrechen wider Person und Eigentum der loyalen Untertanen nicht aufzählen. In dem im Anhange folgenden statistischen Abschnitt werden wir die Ziffern der Verbrechen anführen, die eine laute und verständliche Sprache reden. Wir müssen uns hier begnügen, einige wenige Ereignisse herauszugreifen, die ein Bild der immer schlimmer werdenden Zustände während des Sommers 1905 geben. Wir haben die Ermordung des Barons Bistram bei Ausübung des Kirchenschutzes in Sessau am 3. Juli erwähnt. Am 15. Juni wurde bei Praulen (Kreis Wenden) eine Kosakenpatrouille aus dem Hinterhalte beschossen, wobei ein Offizier[2]) getötet und ein

[1]) Proklamation des Zentralkomitees vom Mai 1905 in 35 000 Exemplaren mit der Aufschrift: „In Aufruhrsflammen". In der Proklamation sind die Vorgänge in Lodz vom 8. bis 11. Juni und die Meuterei des „Patjómkin" am 14. Juni 1905 beleuchtet.

[2]) Der Choruntschy Firssow.

Unteroffizier verwundet wurden. Am 16. Juni wurde in Lüdern (Kreis Wenden) auf einem Jahrmarkt der Landgendarm Sled überfallen und von der Menge in entsetzlicher Weise ermordet. Nach einer lettischen Korrespondenz in der „Rigas Awises"[1]) ergriffen junge Mädchen und Frauen die gräßlich verstümmelte Leiche — die Augen waren ausgestochen worden — und tanzten mit ihr unter dem Gesang sozialistischer Lieder im Kreise umher. Darauf steckten sie der Leiche ein Brot in den Mund und riefen ihr zu, sie möge doch den Schweiß des Volkes fressen. Ein unbekannter Sozialist trat darauf mit seinen Füßen auf die Leiche und hielt eine Brandrede.

Am 17. Juni wurde ein anderer Landgendarm bei Ronneburg ermordet. Am 25. Juni wurde in Dondangen (Kreis Windau), wo die revolutionäre Bewegung sehr lebhaft war, der Kreischefsgehilfe Schmidt auf der Fahrt meuchlings erschossen. Am 9. Juli wurde gleichfalls auf der Fahrt der Bauerkommissar von Brewern bei Durben (Kreis Grobin) aus dem Hinterhalt erschossen. Am 17. Juli wurde der Besitzer von Meshcneeken (Kreis Hasenpoth), Baron Adolf Bistram, von einer Bande fremder, zum Teil auf Fahrrädern angekommener Banditen überfallen und durch mehrere Revolverschüsse ermordet. Dieselbe Bande plünderte und demolierte nachher das Schloß Amboten und das Gemeindehaus in Preekuln, wo das Kaiserbild vernichtet und 700 Rbl. aus der Gemeindekasse geraubt wurden.

Wir halten inne mit der Aufzählung der einzelnen Verbrechen, die täglich stattfanden. Aus der weiter unten gegebenen Statistik werden wir das sprunghafte Anwachsen der revolutionären Verbrechen vom Juni zum Juli ersehen. So wuchsen z. B. in Livland die Brandstiftungen von 10 auf 46, die Über-

---

[1]) Vom 17. März 1907.

fälle von 2 auf 11, die Summe aller revolutionären Verbrechen von 28 auf 65; in Kurland die Brandstiftungen von 2 auf 23, die Überfälle bewaffneter Banden auf Wohnstätten von 5 auf 52, die Summe aller revolutionären Verbrechen von 8 auf 84.

In Kurland hatte die Bewegung, von zwei Zentren, Libau und Mitau, ausgehend, ein stärkeres Tempo eingeschlagen als in Livland, wo die Hauptkraft der sozialdemokratischen Organisation durch die große Industrie- und Handelsstadt Riga in Anspruch genommen war. Bisher war von den vier lettischen Kreisen Livlands eigentlich nur der Wendensche Kreis und die angrenzenden Gebiete des Rigaschen und Walkschen Kreises in offenen Aufruhr versetzt worden. Jetzt im Juli wurde die Bewegung in den südlichen Teil des Rigaschen Kreises getragen, und zwar von der Eisenbahnlinie Riga-Dünaburg aus. Täglich konnte man von den Stationen Ringmundshof, Römershof, Kokenhusen und Stockmannshof die Emissäre der sozialdemokratischen Zentrale auf Fahrrädern in die angrenzenden Kirchspiele eilen sehen, und bald befanden sich diese, die Kirchspiele Lennewarden, Ascheraden, Kokenhusen, Sissegal, im vollsten Aufruhr.

„In Riga selbst" — sagt der offizielle Bericht des Polizeiministeriums — „ist die Lage eine äußerst beunruhigende. Seit dem 15. Juli hat hier wieder der Arbeiterstreik eingesetzt, sich allmählich auf sämtliche Fabriken und den Hafen verbreitet und auch das Handwerk und den Handel ergriffen. Den Streik begleiteten Exzesse zunächst auf den Fabriken, wo alle Meister und Arbeiter gewaltsam entfernt wurden, sobald sie der revolutionären Bewegung ihre Sympathie versagten. Von dort fanden die Exzesse ihren Weg auf die Straße; fast täglich wiederholten sich Kundgebungen und dauerten am 26. Juli beinahe den ganzen Tag an verschiedenen Punkten der Stadt. In der Revalschen Straße wurde ein Haufe auseinander gesprengt, der Revolverschüsse auf die Polizei und die Kosaken abgab. Auf der Holmschen Fabrik entfalteten 500 Arbeiter eine rote Fahne, und auf der Wolfschmidtschen Fabrik griffen Arbeiter die Kosaken auf dem Fabrikhofe an. Dabei fanden fortgesetzt Überfälle auf die Polizeiposten statt."

Das Polizeidepartement weist in seinem Bericht auf die schädliche Tätigkeit der zwei lettischen sozialdemokratischen Organisationen: der Arbeiterpartei und des Arbeiterverbandes (Ssáweeniba) hin. „Unter dem Einfluß einer verstärkten Agitation, die von den Vertretern der genannten Parteien unter der städtischen und ländlichen Bevölkerung getrieben wurde, begann die soziale Bewegung in den Ostseeprovinzen in letzter Zeit, vielfach einen schroff-revolutionären und häufig einen offen anarchistischen Charakter anzunehmen, wobei sie die Bedeutung einer normalen sozialen Erscheinung verlor und unaufhaltsam auf die Zerstörung der Fundamente des sozialen und staatlichen Lebens hinzielte, wobei Religion, Menschenleben und privates Eigentum völlig mißachtet wurden. Sogar die als Endziel aller revolutionären Bestrebungen proklamierte Freiheit der Persönlichkeit wird in der Praxis von den Leitern dieser Bewegung nicht anerkannt, da sich der Erfolg dieser in so hohem Grade zerstörenden Tätigkeit, der die Zerrüttung und den Niedergang des Wohlstandes des ganzen Gebiets nach sich zieht, in hohem Grade durch die systematische Terrorisierung der Majorität der örtlichen Bevölkerung durch die Agitatoren erklären läßt. Mit Hilfe von Proklamationen, illegalen Schriften und sogar mit Hilfe der bis zu letzter Zeit zu Petersburg in lettischer Sprache herausgegebenen Zeitung „Peterburgas Awises" wird unter der Majorität dieser Bevölkerung eine versteckte regierungsfeindliche Agitation getrieben, wodurch auch das passive Verhalten des Volkes zu den vor seinen Augen verübten Widergesetzlichkeiten der Revolutionäre unterstützt wird."

Der offizielle Bericht schließt mit folgendem Satz: „Die in vorstehender Publikation dargestellten Ereignisse bezeugen die von den revolutionären Parteien bewirkte vollständige Desorganisation des örtlichen kommunalen und politischen Lebens im Gouvernement Kurland und die systematische Verletzung der Staatsordnung, begleitet von Verbrechen gegen Person und Eigentum der Bewohner. Die Folge davon war die Verhängung des Kriegszustandes über das Gouvernement Kurland, in Erfüllung des Allerhöchsten Befehls vom 6. August des Jahres."

Die Regierung hatte also endgültig mit der Fiktion der Agrarunruhen gebrochen, sie anerkannte die Bewegung als revolutionär und erklärte, daß sie unterdrückt werden müsse. Bedauerlicher Weise ergriff sie wieder nur halbe Maßregeln. Über Kurland, wo jetzt fast alle Kreise im Aufruhr begriffen waren, wurde am 6. August der Kriegszustand verhängt, über Livland, wo „bloß" zwei Kreise revoltierten, nicht, d. h. die strengen Maßregeln gegen die Revolutionäre hörten an der Grenze Kurlands auf. Die Banditen, denen der kurländische Boden zu heiß wurde, brauchten also nur nach Riga oder Livland zu gehen, dessen langgestreckte Grenze überall gastfreundlich offen stand und wo das alte, schöne, papierene Verwaltungssystem weiter blühte. Daß von dieser Möglichkeit nicht noch mehr Gebrauch gemacht wurde, als dieses tatsächlich geschah, hat seinen Grund darin, daß auch der über Kurland verhängte Kriegszustand so gut wie auf dem Papier blieb, da das scharfe Schwert des Kriegszustands in die schwache Hand eines freundlichen alten Paradegenerals, des Generalleutnants Böckmann, gelegt wurde, der seinerseits von einem andern Paradegeneral abhängig war, dem Befehlshaber des Wilnaschen Militärbezirks[1]) Freese.

[1]) Militärisch gehört Kurland und der Rigasche Kreis von Livland

Unter diesen Umständen zeigte die revolutionäre Bewegung im August eine kaum wahrnehmbare Verminderung der Ausschreitungen und Verbrechen auf dem flachen Lande, während in Riga die revolutionären Morde und Mordversuche auf Polizei und Privatpersonen von 37 (im Juli) auf 66 stiegen.

Diese ungeheure Zunahme der terroristischen Mordtaten in Riga ist wohl auf zwei verschiedene Gründe zurückzuführen. Einmal hängt sie mit dem damals in Riga herrschenden Generalstreik zusammen, und zweitens ist sie der Ausdruck der Stellungnahme der Sozialdemokratie zu den ganz Rußland erregenden politischen Ereignissen, dem Allerhöchsten Befehl vom 6. August 1905 über Errichtung einer Reichsduma und dem Friedensschluß mit Japan zu Portsmouth am 19. (resp. 23.) August. Beide Ereignisse waren wohl geeignet, die revolutionäre Bewegung zu hemmen, und mußten daher der Sozialdemokratie höchst unbequem sein.

Der kaiserliche Befehl vom 6. August wurde in einer Proklamation des Zentralkomitees[1]) nach Kräften verhöhnt und als ein Gaunerstückchen dargestellt, durch welches das dumme Volk auf den Leim des innern Friedens gelockt werden sollte. Die Duma würde dem Volke nichts nützen, sie würde weiter nichts sein, als ein untertäniges Werkzeug der Selbstherrschaft. Nieder mit der Reichsduma!

In einer andern Proklamation wandten sich die Sozialdemokraten gegen den Friedensschluß von Portsmouth:

„Wenn dort Frieden geschlossen wird, so wird hier das revo-

---

zum Wilnaschen Militärbezirk, das übrige Livland zum Petersburger Militärbezirk. Diese am grünen Tisch fixierte Zweiteilung bildete ein bureaukratisches Haupthindernis für die Verhängung des Kriegszustandes über Livland.

[1]) Vom August 1905 in 45 000 Exemplaren mit der Aufschrift: „Die Reichsduma und der Revolutionskrieg".

lutionäre Proletariat das zu bezahlen haben. Die Mobilisation wird fortgesetzt, denn der Krieg gegen den „innern Feind" ist noch nicht beendet. Wir, Arbeiter, schließen weder Frieden noch Waffenstillstand mit der Selbstherrschaft. Wir wollen uns vorbereiten zum Kampf, zum Entscheidungskampf!"[1])

So entbrannte denn das, was die sozialdemokratische Literatur euphemistisch den „Partisanenkrieg" nannte, d. h. bewaffnete Banden zogen von Ort zu Ort, überfielen und beraubten Gutshöfe, Pastorate, Forsteien, Krüge, Bauerhöfe, wo sie sicher waren, nicht auf Widerstand zu stoßen; Gemeindehäuser und fiskalische Branntweinläden wurden „expropriiert", Reichsadler und Kaiserbilder zerstört, die Akten der Gemeindeverwaltungen und die Archive der Pastoren wurden geraubt und verbrannt, um die standesamtlichen Grundlagen für Steuererhebung und Mobilisation zu vernichten; nachts wurden Futterscheunen und abgelegene Wirtschaftsgebäude heimlich angezündet; wo es anging, wurden Polizeibeamte und Militär aus sicherem Versteck ermordet — kurz, ein hinterlistiger, feiger und gemeiner Raubkrieg geführt.

Zahlreich sind die Fälle, wo die Freiheitshelden nachts auf dem Felde Getreide, Klee und Flachs verbrannten, Obstbäume vernichteten und sogar Vieh und Pferde nicht schonten. Am 6. September 1905 wurden von ihnen in Meiran (Kr. Wenden) neunzehn junge Kühe, die dem Gutspächter, einem Letten, gehörten, aufs Feld hinausgetrieben und dort der Reihe nach erschossen; am 13. September wurden in Dondangen einem Forstwächter zwei Pferde geschlachtet. In den herrschaftlichen Wäldern wurden große Treibjagden veranstaltet und erbarmungslos alles Wild, besonders das Edelwild, niedergeknallt.

[1]) Proklamation des Rigaschen Komitees vom 19. August 1905 in 5000 Exemplaren mit der Aufschrift: „Laßt uns den Generalstreik beenden!"

Die Kadaver ließ man liegen und verludern. Überall rohester Vandalismus. Auch vor gemeinem Giftmord scheuten die Revolutionäre nicht zurück. Am 25. Juli erkrankten in Seßwegen (Kreis Wenden) 34 Mann von den dort stehenden 35 Kosaken unter verdächtigen Erscheinungen. Bei der Untersuchung fand sich Arsenik in ihrem Backtrog. Schon vor dem 25. Juli kursierte in Seßwegen das Gerücht von dem an diesem Tage bevorstehenden Tode der Kosaken. Am 21. August wurde ein ähnlicher Vergiftungsversuch mit Branntwein gegen die in Lubahn (Kr. Wenden) stationierten Kosaken gemacht, der noch rechtzeitig entdeckt wurde.

Diesem „Partisanenkrieg" trat die Regierung mit ganz unzulänglichen Mitteln entgegen; in den Rigaschen Kreis wurden vier Schwadronen des 9. Dragonerregiments, in den Wendenschen und Walkschen Kreis vier Ssotnien Kosaken geschickt. Die Schwadron resp. Ssotnja war damals etwa 80 Pferde stark. Die Truppen wurden in Zügen und halben Zügen auf einzelnen Gütern stationiert. Bei dem großen Mangel an Offizieren kommandierten nicht selten Unteroffiziere. Die Truppen hatten den Auftrag, die Polizei zu unterstützen und auf deren Anordnung auch mit der Waffe vorzugehen. Im Rigaschen Kreise, dessen Süden sich seit Mitte Juli in voller Gärung befand, konnte der Aufruhr mit Hilfe der sehr brauchbaren Dragoner oberflächlich niedergehalten werden, und zwar dadurch, daß es der Landesvertretung gelungen war, die Anstellung von zehn deutschen Herren, die mit den örtlichen Verhältnissen genau vertraut waren, als außeretatsmäßige Polizeioffiziere durchzusetzen. Diese Herren, denen die Dragoner unterstellt waren, nahmen mit großer Energie den „Partisanenkrieg" auf. Monatelang kämpften sie, unterstützt von den Herren des Selbstschutzes, gegen den heimtückischen Feind, Tag und Nacht im Sattel, beständig von äußerster

Gefahr umgeben, nicht selten ihr Leben wagend. Ähnlich gestalteten sich die Verhältnisse in den andern insurgierten Kreisen, nur daß hier die deutschen Polizeioffiziere bei den Kosaken nicht dieselbe Unterstützung fanden, wie ihre Kollegen im Rigaschen Kreise. Die Kosaken erwiesen sich überall als undiszipliniert und eigenwillig, ihre Offiziere meist als ganz unfähig. Es hing von lauter Zufälligkeiten ab, ob eine Unternehmung gut auslaufen würde oder nicht. Sehr erschwerend war auch der Umstand, daß die Kosaken ihre Pferde, die ihnen persönlich gehören, sorgfältig schonten, z. B. nachts ungern brauchten. So hing es denn davon ab, wie der Polizeioffizier sich mit den Kosaken persönlich stand, ob der Kosakenoffizier resp. Unteroffizier seine Leute in der Gewalt hatte, wie diese gelaunt waren, ob sie ihrer Pferde wegen die Strapazen scheuten und dergleichen. Nicht selten spielte der Bakschisch eine große Rolle bei alledem. Waren die Kosaken aber einmal am Feinde, so hielten sie sich brav. Wenn einer der Ihren oder ein Pferd verwundet wurde, so konnten sie sehr unangenehm werden. Sie waren auch bei den Bauern äußerst gefürchtet, und bei dem Ruf „Kosaken kommen!" stob die größte Volksmenge in regelloser Flucht auseinander.

Natürlich konnte mit so geringfügigen Kräften nichts Durchgreifendes geschehen. Man konnte nicht mehr tun, als den Ausbruch einer offenen Volkserhebung gerade nur verhindern. Die übrigen Verbrechen dagegen: Brandstiftungen, Überfälle auf fiskalische Branntweinläden und Gemeindehäuser, Entwaffnung von Förstern und andern einsam wohnenden Personen, Zerstörung der Telephon- und Telegraphenlinien und Meuchelmorde konnten nur selten verhindert werden. Außerordentlich erschwerend war auch der Umstand, daß die Verbrecher, die auf handhafter Tat ergriffen worden waren, nach kurzer Haft wieder entlassen wurden und daß andere

Verbrecher regelmäßig „wegen Mangel an Beweisen" sofort freigelassen wurden. Die Gründe hierfür haben wir bereits oben[1]) besprochen. Das Resultat hiervon war das beständige Anwachsen einerseits des Terrors der Bevölkerung und andererseits der Frechheit der Revolutionäre. Eine weitere Folge war die Entmutigung der Polizeioffiziere, die den schlimmsten Agitatoren und Verbrechern nichts anhaben konnten, obgleich sie sie genau kannten. Es ist nicht selten vorgekommen, daß ein Verbrecher zwei- bis dreimal hintereinander festgenommen wurde und immer wieder triumphierend zu seiner Tätigkeit zurückkehrte. Es kam soweit, daß Polizei und Truppen es als Glück begrüßten, wenn sie auf bewaffneten Widerstand stießen und dann selbst von ihren Waffen Gebrauch machen konnten.

Erst die Feldgerichte haben diesem unhaltbaren Zustande ein Ende gemacht. Die Feldgerichte, die einen solchen Sturm der Entrüstung bei Liberalen und Radikalen der Duma hervorgerufen haben. Nur wer die russischen Gerichtsverhältnisse nicht kennt oder wer ein unverbesserlicher Doktrinär ist, wird die Notwendigkeit der Feldgerichte bei Unterdrückung der revolutionären Bewegung nicht einsehen.

Damals, im Sommer und Herbst 1905, scheute die Regierung vor diesem notwendigen Mittel zurück.

Es kann nicht unsere Aufgabe sein, die Gründe zu untersuchen, welche die Regierung bewogen haben, die Revolution anwachsen zu lassen, ohne auch nur den Versuch zu machen, sie energisch niederzuwerfen. Die einen suchen die Gründe für diese schlaffe Regierungspolitik bloß in dem Mißtrauen zu der eigenen militärischen Kraft, die andern in den hochfliegenden Plänen Wittes, der, an den endgültigen Sieg der

[1]) Siehe S. 187.

Revolution glaubend, ein doppeltes Spiel gespielt und das Wachsen der Revolution begünstigt habe.[1])

Wir wollen nur konstatieren, daß unendliches Unheil, die Zerstörung unersetzbarer Kulturwerte und vor allem viel Blutvergießen vermieden worden wäre, wenn die Regierung damals, im Sommer 1905, mit fester Hand eingegriffen hätte. Es ist dieses keine billige, ex post aufgestellte Behauptung. Die Vertretungen der baltischen Ritterschaften haben seit dem Frühling 1905 zu wiederholten Malen in ausführlich begründeten Denkschriften die Lage beleuchtet, über die man sich ja vollkommen klar sein mußte, wenn man nicht blind sein w o l l t e; sie haben die Gründe des Anwachsens der revolutionären Bewegung sorgfältig dargelegt, sie haben die Mittel zu ihrer Bekämpfung vorgeschlagen, sie haben endlich darauf hingewiesen, daß es mit Notwendigkeit zu einer entsetzlichen blutigen Katastrophe kommen müßte, wenn nicht rechtzeitig eingegriffen würde. Die Regierung hat wohl die Gründe des Anwachsens der Revolution anerkannt, nicht aber die Mittel zu ihrer Bekämpfung. Sie antwortete mit halben Maßregeln.

Trotzdem gab man die Hoffnung nicht auf, daß die Regierung ihre loyalen Untertanen schützen würde. Man hoffte von Monat zu Monat, von Woche zu Woche, von Tag zu Tag. Man spannte alle Kräfte an zum Widerstande gegen die Revolution. Man setzte Gut und Blut für die gute Sache ein. Auf dem livländischen Landtage im Juli 1905 wurden in einer Viertelstunde von den Rittergutsbesitzern gegen fünf Millionen Rubel gezeichnet zur gegenseitigen Versicherung des toten und lebenden Inventars auf den Gutshöfen gegen Demolierung

[1]) Vgl. die „Enthüllungen eines russischen Ministers über Wittes Politik" im „Neuen Wiener Tageblatt" im September 1906, wiedergegeben in „Düna-Zeitung" 1906, Nr. 213 und Hardens Artikel „Die Nikolaiten" in der „Zukunft" vom 1. September 1906, Nr. 48.

durch die Revolutionäre. Man bewaffnete sich und gelobte sich gegenseitig Schutz und Hilfe. Es gab gewiß auch verzagte Seelen, die ihre bare Habe nach Möglichkeit zusammenrafften und sich selbst in Sicherheit brachten; es gab auch Opportunisten, die es vorzogen, zu lavieren, und ihre Segel nach dem Winde zu spannen — aber weitaus die meisten waren entschlossen, den Kampf aufzunehmen und nicht zu weichen.

Man konnte, man durfte nicht voraussetzen, daß die Regierung einen im Stich lassen würde. Mittlerweile aber vergingen Wochen und Monate, und die Unruhen nahmen einen immer größeren Umfang an. Zerstörungen, Brandstiftungen und Morde häuften sich. Der Terror der Bauern stieg ins Ungemessene. Keiner war seines Lebens sicher. Plötzlich erschienen per Fahrrad oder Wagen unbekannte Leute mit geschwärzten Gesichtern und den üblichen Schlapphüten, verlangten Geld oder erklärten, im Auftrage des „Komitees" ein Urteil an den „Spionen" vollziehen zu müssen, und erschossen die Wehrlosen. So wurden am 4. September in Fistehlen (Kreis Riga) der lettische Krüger (Schankwirt) Kalning und seine Frau kurzer Hand erschossen. Am 6. September wurde ebendaselbst der griechische Priester Lihzit[1]) durchs Fenster erschossen. Am 10. September kamen mehrere fremde Männer in das Pastorat Nitau (Kreis Riga) und übergaben dem Pastor Schilling ein Schreiben. Während er dieses las, ermordeten

[1]) Wie der „Rishski Westnik" mitteilt, war Lihzit ein Greis von 72 Jahren und seit 1859 in Fistehlen als Pope tätig, der Verfasser der „Aufzeichnungen des orthodoxen Letten Straumit" (über die Konversion der Letten 1841—1845), die Juri Ssamárin für seine Zwecke ausgenutzt hat. Siehe oben S. 10.

Die „Deenas Lapa" meint zu dieser Eröffnung, es sei fraglich, ob die Mörder den Lihzit, der in seiner Jugend so warm für seine lettischen Stammesgenossen gefühlt habe, ermordet hätten, wenn sie sein Buch gelesen hätten! Dieser Ausspruch läßt tief blicken. Vgl. „Düna-Zeitung" 1905,

ihn die Fremden durch Revolverschüsse. Am 18. September wurde die Frau des Volksschullehrers D. bei Jakobstadt (Kreis Illuxt) im Schulhause erschossen. Am 21. September wurde der Hofbesitzer Petersohn in Turkaln (Kreis Riga) durchs Fenster erschossen.

Alle diese Morde und viele andere, die wir nicht aufzählen, hatten den Zweck, den Terror unter den regierungstreuen Bevölkerung zu verbreiten. In vielen Fällen waren vorher den Opfern Drohbriefe zugegangen, in denen ihnen von irgendeinem der ländlichen sozialdemokratischen Komitees: „Dioskuren" oder „Blitz" und wie sie alle hießen, in schwülstiger Sprache eine Verwarnung oder ein Todesurteil zugefertigt wurde. Nicht selten waren diese Schriftstücke mit geheimnisvollen Stempeln versehen, auf denen Totenköpfe und gekreuzte Schwerter oder andere unheimliche Symbole zu sehen waren.

Dieses Vorgehen der Sozialdemokraten erreichte seinen Zweck vollkommen. Der Terror wuchs von Tag zu Tag. Kein Mensch wagte die Polizei zu benachrichtigen oder gar Aussagen zu machen, da die unerbittliche Rache des „Komitees", das alle kannte und alles wußte, wie ein Damoklesschwert über ihnen hing. Die an und für sich schwierige Tätigkeit der Polizei wurde dadurch ganz und gar gelähmt. Fast nie gelang es, der Verbrecher habhaft zu werden. Deren Straflosigkeit erhöhte wieder den Terror. Die Zustände wurden täglich unhaltbarer. So kam der Oktober heran.

Die Haltung der Regierung in Petersburg erschien immer schwankender, immer unverständlicher. Am 12. Oktober war die Versammlungsfreiheit verkündet worden. Die Straßen

---

Nr. 206. Der Mörder war der Weißenseesche Bauer Mikel Bittit, der im September 1906 festgenommen und erschossen wurde. Er gestand ein, sieben Personen ermordet zu haben. Vgl. „Balt. Tageszeitung" 1906, Nr. 192.

Petersburgs füllten sich mit lärmenden Menschenmassen, die von dieser Freiheit den ausgiebigsten Gebrauch machten, die Arbeitermarseillaise brüllten und die Republik hoch leben ließen. Da erschien am 13. Oktober ein Tagesbefehl des Generalgouverneurs Trépow an die Truppen, keine revolutionären Demonstrationen zu dulden, „keine blinden Salven abzugeben und Patronen nicht zu schonen". Die Antwort war der am 13. Oktober einsetzende Streik der Beamten des Post- und Telegraphenwesens und der Eisenbahnen, dem der Generalstreik der Arbeiter folgte.

In Riga begann der Generalstreik am 15. Oktober. Große Demonstrationen der Arbeiter, Polytechniker und Juden auf den Straßen. Die Schulen wurden gewaltsam geschlossen. Am 16. Oktober fand mitten in der Stadt im Anlagenviertel ein Gefecht zwischen Sozialisten und Kavallerie statt. Am 17. Oktober erschien das bekannte kaiserliche Manifest, das die Konstitution verkündigt.

Das Manifest, weit entfernt, die Gemüter zu beruhigen, steigerte die Erregung ins Ungemessene. Ein wahrer Taumel erfaßte die Arbeiterbevölkerung. Unter der Leitung der sozialdemokratischen Organisationen wurden Volksversammlungen abgehalten. Im neuen lettischen Verein, der sozialdemokratischen Zentrale, tagten am 18. Oktober etwa 6000 Personen, die das Manifest für unklar und für ungenügend zur Sicherung der Ordnung erklärten und eine Reihe von Forderungen stellten, deren wichtigste die Aufhebung aller Ausnahmezustände, Zurückziehung der Truppen, Befreiung der politischen Verbrecher, neue Stadtverordnetenwahlen und der achtstündige Arbeitstag waren. Der Generalstreik sollte bis auf weiteres aufrecht erhalten werden.[1])

---

[1]) Nach dem Bericht des lettischen „Balt. Wehstnesis".

Diese Resolutionen wurden am 19. Oktober von einer Volksversammlung, die auf 50 000 Teilnehmer geschätzt wird, gebilligt.

Es folgten nun täglich riesige Volksversammlungen, die vor der Stadt auf dem Griesenberge abgehalten wurden. Diese Versammlungen zerfielen bei der ungeheuren Anzahl der Teilnehmer in eine Reihe von einzelnen Versammlungen, zuerst nach Nationen, später nach Professionen. Endlose Reden über die neuerrungene Freiheit wurden gehalten. Alle Register des sozialdemokratisch-anarchistischen Spiels wurden gezogen: Vernichtung der Selbstherrschaft, Aufrichtung einer demokratischen Republik, Tod den Machthabern, Aufteilung des Kapitals, Herrschaft der schwarzen Masse.

„Mit jedem Tage", so schrieb damals der „Baltijas Wehstnesis",[1]) „mit jeder Stunde wuchs der Freiheitssturm an, immer größere Begeisterung, immer mehr gefüllte Straßen, immer zuversichtlichere Gesichter, immer lautere Worte — ganz Rußland eine gewaltige Zunge, eine große Volksversammlung."

Es schien allerdings das Zeitalter des uferlosen Geschwätzes angebrochen zu sein. Volksversammlungen in und vor der Stadt, Meetings in den Vereinen, Meetings in den Schulen und Theatern, Umzüge mit und ohne roten Fahnen auf den Straßen.

Keiner dachte an Arbeit. Im Gegenteil: es durfte nicht gearbeitet werden gegen den Willen des freien Volkes. Am 20. Oktober wurde die Volksküche gewaltsam geschlossen, ein Institut der deutschen Bürgerverbindung, das seit 35 Jahren täglich gegen 800 Arme speiste. Lieber hungern, als im Solde der Bourgeoisie arbeiten. Die Dienstboten wurden aus den

---

[1]) Nr. 229, Oktober 1905.

Häusern geholt, oft unter Drohungen und mit Gewalt, um auf dem Griesenberge der Predigt vom goldenen Zeitalter zu lauschen. Pflichten gab es nicht, nur Rechte. Das Recht, alles fordern zu dürfen, was das Herz begehrte. Die Straßen gehörten dem freien Volk. „Alle Vorrechte müssen aufgehoben werden", so schrieb die „Deenas Lapa"[1]), „Wir glauben an das neue Lettland und Rußland" der „Balt. Wehstnesis".[2])

Am 21. Oktober 1905 erschien der Amnestieerlaß für die politischen Verbrecher. Im Triumph wurden die befreiten Browning- und Bombenhelden durch die Straßen geleitet.

Im neuen lettischen Verein in der Romanowstraße tagte das Föderativkomitee der lettischen, russischen und jüdischen Sozialdemokratie; ein förmliches Revolutionstribunal, vor welches Polizeibeamte [3]) und „Spione" geschleppt wurden.

Die Staatsgewalt verhielt sich während dieser Freiheitstage mäuschenstill. Es hieß, sie wolle den ersten Rausch sich verflüchtigen lassen. Das Volk solle sich nach Herzenslust aussprechen. Die Ernüchterung würde von selbst eintreten.[4])

---

[1]) Nr. 231, Oktober 1905.

[2]) Nr. 230, Oktober 1905.

[3]) In der Nacht vom 23. auf 24. Oktober 1905 wurden zwei Polizeibeamte in der Marienstraße überfallen, gebunden und in die Romanowstraße 25 geschleppt, wo sie am Morgen erst befreit wurden. „Düna-Zeitung" vom 25. Oktober 1905, Nr. 234.

[4]) Es heißt in der Bekanntmachung des livländischen Gouverneurs vom 26. Oktober: „Doch veranlaßten mich die Regeln des neuen Gesetzes (vom 12. Oktober), die für solche Versammlungen den Anmeldemodus und Termine für ihre Einberufung stipulieren, angesichts der begreiflichen Ungeduld verschiedener Personen und Gruppen der Bevölkerung, einen sofortigen Meinungsaustausch herbeizuführen, Versammlungen sowohl unter freiem Himmel wie in geschlossenen Räumen ohne Rücksicht auf die im Gesetz enthaltenen Einschränkungen zu gestatten." Abgedruckt in „Düna-Zeitung" 1905, Nr. 236.

Die äußeren Ereignisse schienen dieser Erwägung bis zu einem gewissen Grade Recht zu geben. Unter den Arbeitern regte sich vielfach Widerspruch. Die deutschen und russischen Arbeiter hatten ohnehin wenig Sympathie für die revolutionäre Bewegung. Die russischen Arbeiter der Kusnezówschen Porzellanmanufaktur richteten ein Huldigungstelegramm an den Kaiser und versprachen, „für Recht und Ordnung bis zum letzten Blutstropfen einzutreten". Die Tore der Manufaktur wurden von Arbeiterfrauen bewacht. Nachdem die Streikmacher von diesem Amazonenkorps gehörige Prügel erhalten hatten, ließen sie die Manufaktur in Ruhe. In der Moskauer Vorstadt begannen Judenhetzen. Die altgläubigen Russen gerieten mit den jüdischen „Bundisten" aneinander. Daraus entwickelte sich nach bekannten Mustern ein „Pogrom", der drei Tage dauerte, aber ziemlich unschuldig verlief. Am 23. Oktober erschien eine Regierungskundgebung, die vor Unruhen warnte und deren energische Unterdrückung in Aussicht stellte. Die Rigasche Stadtverwaltung erließ einen Aufruf an die Arbeiter Rigas, zur Arbeit zurückzukehren. Am 24. Oktober wurde die Arbeit von dem besonnenen Teil der Rigaschen Arbeiterschaft wieder aufgenommen.

Die Sozialdemokratie dagegen wollte nicht ohne weiteres abdanken. Sie war trunken von den gehabten Erfolgen. Die Haltung der Regierung schien ihr deren ganze Ohnmacht zu offenbaren. „Die Herrschaft gehört den Proletariern Rigas", so deklamierte am 25. Oktober 1905 die „Deenas Lapa", „in ihren Augen schimmert ein heiliges Feuer, *in ihren Händen halten sie das Gewicht der Erde.*"

Die Meetings und Demonstrationen nahmen ihren Fortgang. Am 26. Oktober wurden durch sozialdemokratische Banden die Schulen Rigas geschlossen, wobei Türen zertrümmert und mit Revolvern gedroht wurde. Besonders tätig zeigten sich lettische, jüdische und russische Polytechniker und Schüler. Die deutschen Schüler des Stadtgymnasiums, die sich weigerten, zu streiken, wurden öffentlich als deutsche „Hooligans" gebrandmarkt.

Unter den Streikenden spielten auch eine große Rolle Schülerinnen der russischen und lettischen Frauengymnasien, die ihren männlichen Kollegen im Freiheitsdrange, besonders in bezug auf das Dogma der „freien Liebe", durchaus ebenbürtig waren.

Infolge dieser Unruhen sah sich der Gouverneur genötigt, am 26. Oktober zu erklären, daß öffentliche Versammlungen ohne polizeiliche Erlaubnis nicht mehr gestattet würden.

Mittlerweile war am Abend des 26. Oktober die Meuterei der Marinetruppen in Kronstadt ausgebrochen, nachdem die Unruhen in Moskau unterdrückt worden waren. Die Situation im Reiche erschien immer unheimlicher. Der livländische Gouverneur ermahnte am 29. Oktober die Einwohner Rigas zur Ruhe. So rückte der November heran unter banger Sorge der regierungstreuen Bevölkerung.

In den übrigen Städten der Ostseeprovinzen und auf dem flachen Lande hatten das Gesetz vom 12. Oktober und das Manifest vom 17. Oktober gleichfalls zu bedeutenden Unruhen geführt. Überall Orgien der Freiheit. In Libau saßen am 20. Oktober die streikenden Gymnasiasten nichtdeutscher Herkunft über ihre Lehrer zu Gericht; der Direktor wurde abgesetzt, unbeliebten „reaktionären" Lehrern Verweise erteilt und freiheitliche Forderungen gestellt, unter denen die Forderung des straflosen Besuches öffentlicher Häuser durch Primaner und Sekundaner ein merkwürdiges Licht auf die sittliche Reife der jugendlichen Volksbeglücker wirft. In Mitau stellten die Realschüler am 27. Oktober auf einem vom Militärgouverneur

Böckmann gestatteten Meeting u. a. die Forderung der Aufhebung des Rauchverbots, der Konduitenlisten und der Ausschlußstrafe auf allen Schulen des Reiches! In Reval führten am 16. Oktober Arbeiterexzesse mit Plünderungen und Brandstiftungen zu einem blutigen Zusammenstoß mit dem Militär. In Dorpat fanden wüste Demonstrationen statt, hauptsächlich inszeniert von den zahlreichen sozialistischen jüdischen und russischen Studenten. Originell ist die Tatsache, daß am 28. Oktober in Dorpat eine Militärkapelle an der Spitze der Demonstranten ganz flott die Marseillaise exekutierte. An demselben Abend wurden zwei Manifestanten beim Zusammenstoß mit dem Militär erschossen und einige andere verwundet.

Auf dem flachen Lande hatten die Unruhen bis Mitte Oktober denselben Charakter beibehalten, wie in den Monaten vorher: Überfälle alleinstehender Gehöfte, Waffenraub, Brandstiftungen und Meuchelmorde. In Odensee (Kreis Wenden) wurde am 4. Oktober auf den Inspektor geschossen, in Friedrichshof (Kreis Doblen) am 6. Oktober ein Milchpächter beraubt und dann erschossen, in Schöneck (Kreis Riga) am 12. Oktober der Landgendarm durchs Fenster erschossen, in Ramkau (Kreis Wenden) am 16. Oktober die Forstei überfallen, der Oberförster Jungmeister schwer verwundet und ein dort lebender greiser Arzt, Dr. Halicki, ermordet.

Als das Manifest vom 17. Oktober bekannt wurde, begann die Epoche der Meetings auch auf dem flachen Lande, und als diese überall auseinandergetrieben wurden, ein erbitterter Kampf mit der Polizei, in Südlivland namentlich mit den ehrenamtlichen Kreischefsgehilfen, die von den Revolutionären besonders gefürchtet und gehaßt wurden, da sie, im Gegensatz zum größten Teil der regulären Polizei, das Land und das Volk genau kannten, dessen Sprache beherrschten und in allen ihren Handlungen nur von sachlichen Erwägungen geleitet wurden, mithin einen unvergleichlich gefährlicheren Feind darstellten als die russischen Beamten, einen Feind, der Tag und Nacht nicht ruhte und seine Person überall, wo der Dienst es erforderte, unbedenklich einsetzte. Natürlich war der Widerstand, den diese Herren mit ihrer Handvoll Dragoner oder Kosaken der anwachsenden Bewegung entgegenstellen konnten, nicht imstande, diese Bewegung irgendwie zu hemmen. Bei der großen Ausdehnung der einzelnen Bezirke konnten nur diejenigen Meetings auseinander gesprengt werden, von welchen die Polizei rechtzeitig Kunde erhalten hatte. Andere fanden unbehindert statt. Agitatoren aus Riga setzten dort in flammenden Reden dem Volke auseinander, daß nunmehr die Zeit der Freiheit gekommen sei. Schon wanke der Thron des selbstherrlichen Zaren. Noch ein letzter allgemeiner Sturm des bewaffneten Volkes und der morsche Bau des Staates und der Kirche breche zusammen. Beides: Staat und Kirche, habe das freie Volk nicht nötig. Die Religion sei bloß ein Schreckmittel für Kinder und Narren. Einen Herrgott gäbe es nicht, dieses Hirngespinnst der Schwarzröcke, erfunden, um das Volk in Dummheit und Abhängigkeit zu erhalten. In zahlreichen Kirchen, die von den Sozialdemokraten als hierfür besonders geeignet erklärt wurden, hielt man Meetings ab, die von Tausenden von Menschen besucht wurden[1]) und auf denen u. a. auch über die Abschaffung Gottes diskutiert wurde. In der Kirche zu Serben (Kreis Wenden) wurde durch Händeaufheben abgestimmt, „ob Gott ist oder nicht".

Mit sehr gemischten Gefühlen hörten die versammelten Bauern das neue Evangelium der Freiheit. Während die

---

[1]) An dem Meeting in der Kirche zu Seßwegen am 6. November 1905 sollen etwa 3000 Personen teilgenommen haben.

Jungen, die ja zum größten Teile Genossen oder wenigstens Anhänger der Sozialdemokraten waren, der aufgehenden Sonne der Freiheit, die für sie die Zügellosigkeit bedeutete, zujauchzten, schüttelten die Alten bedenklich die grauen Häupter, in die so manches nicht hineinwollte. Besonders die Absetzung des Herrgottes so ohne Sang und Klang schien ihnen bedenklich. Doch schwiegen sie als kluge Männer still. Nur sehr selten wagte es jemand, öffentlich gegen die neue Lehre zu protestieren. Ein alter Bauer, aufgefordert, seine Stimme zur Absetzung Gottes abzugeben, erwiderte: „Kein Mensch hat Gott je gesehen. Gibt es einen Gott, so könnt ihr ihn nicht absetzen, gibt es keinen Gott, so braucht ihr ihn nicht abzusetzen." Der Alte wurde darauf als „Reaktionär" verprügelt.

In Kalzenau (Kreis Wenden) hatte die Gemeinde ihren Prediger verjagt. Ein Schneider namens Zerring erklärte sich bereit, für ein Billiges — 300 Rubel jährlich — die Seelsorge zu übernehmen. Auf einem Meeting beim Neukalzenauschen Neukruge gab er eine Probe seiner Fähigkeiten. „Das, was die Pastoren lehren, sind Ammenmärchen", so sagte er, „es ist bekannt, daß wir alle von Meerkatzen abstammen." Da erhob sich voll sittlicher Entrüstung ein altes Weib: „Was redest du für Unsinn. Mein Großvater und mein Vater sind keine Meerkatzen gewesen. Und daß auch meine Kinder nicht von einer Meerkatze gezeugt worden sind, das kann ich beschwören!" In diesem Religionsgespräch siegte die empirische Methode. Der Seelsorger Zerring fand keinen Anklang bei seiner Gemeinde.

Leider aber drang der Atheismus, der ja mit dem Anarchismus Hand in Hand ging, überall vor. Wie die politischen und sozialen Bande, so lösten sich auch die kirchlichen. Die wenigen Pastoren, die in den insurgierten Gegenden noch ausgeharrt hatten, mußten, schwer bedroht, wie sie waren, fliehen. In Seßwegen wurde auf den ehrwürdigen siebzigjährigen Pastor Auning, der ein Menschenleben hindurch Freud und Leid mit seiner Gemeinde geteilt, der sich um das lettische Volk durch seine Bibelübersetzung und seine mythologischen Forschungen große Verdienste erworben hatte, ein Revolverattentat verübt. Auch er mußte seine Pfarre verlassen.

Nur solche Prediger lettischer Herkunft konnten unbedroht in ihrer Gemeinde leben, die es verstanden, sich dem neuen Geiste anzupassen. Diese wurden sogar von der sozialdemokratischen Presse gelobt. So erzählte die „Deenas Lapa", daß der Pastor J. in Ronneburg bei der Beerdigung eines im Kampf mit Kosaken gefallenen Revolutionärs den Jüngling als Märtyrer der Freiheit gepriesen und den Versammelten ans Herz gelegt hätte, jeden Augenblick bereit zu sein, für die Freiheit einzutreten und zu sterben.[1]) Einen anderen Prediger, den Versohnschen Pastor R., lobte die „Deenas Lapa", weil er gestattet habe, in der Kirche die revolutionäre Hymne „Gott schütze Lettland" (Deews sweeti Latwiju) zu singen.[2])

Wie sehr alle Begriffe von Recht und Ordnung in dieser Zeit aus den Fugen gingen und wie sehr die Sozialdemokratie die großen Massen am Gängelbande führte, beweist eine dem livländischen Gouverneur zugesandte Deklaration[3]) einer Anzahl von Gliedern der Gemeinde Friedrichswalde (Kreis Wenden) und Umgegend vom 31. Oktober 1905, die wir als

[1]) Mitteilung der „Deenas Lapa", wiedergegeben in „Düna-Zeitung" 1905, Nr. 242; vgl. Nr. 258.

[2]) „Deenas Lapa" 1905, Nr. 251. Vgl. auch ebenda Nr. 243 das sozialistische Christentum des berüchtigten Pastors Rosens in Riga.

[3]) Die Deklaration strotzt von Fremdwörtern und Phrasen, die zum eisernen Inventar der Sozialdemokratie gehören und zweifellos den Deklaranten zum größten Teil unverständlich waren.

typisch für die herrschende Stimmung ausführlich wiedergeben: „Indem wir aufmerksam die Ereignisse des Tages verfolgen und finden, daß das Leben der ganzen 140 Millionen umfassenden Bevölkerung Rußlands abhängig ist von einer niemandem verantwortlichen Räuberbande, die in schamloser Weise die elementarsten Menschenrechte vernichtet und ohne Kontrolle über das Vermögen des Volkes disponiert, indem wir ferner finden, daß das Manifest vom 17. Oktober — das Resultat unendlicher Mühen und Opfer des Proletariats und der Intelligenz ganz Rußlands — durchaus nicht unseren Idealen der Rechte eines freien Bürgers entspricht, fordern wir Endesunterzeichnete, alle für einen und einer für alle, zur Dokumentierung unserer Solidarität mit den für die Freiheit kämpfenden Proletariern Rußlands folgendes:

1. Es sind sofort aufzuheben der Kriegszustand, der Belagerungszustand und überhaupt alle Ausnahmegesetze Rußlands.

2. Es ist sofort aufzuheben das Gesetz über die Todesstrafe, und es sind zu befreien alle wegen politischer und religiöser Vergehen Verhafteten.

3. Es sind sofort in Kraft zu setzen: die Freiheit des Worts, der Versammlung, der Presse, der Vereine, des Gewissens, des Streiks und die Unantastbarkeit der Person und der Wohnung.

4. Es ist sofort eine konstituierende Versammlung zusammenzuberufen auf Grund des allgemeinen, gleichen, direkten und geheimen Wahlrechts ohne Unterschied der Nationalität und des Geschlechts. Hierzu erklären wir, daß wir mit allen Kräften, gemeinsam mit den Proletariern ganz Rußlands, dahin wirken wollen, daß durch die konstituierende Versammlung eine demokratische Republik im Lande begründet werde.

5. Es sind sofort dem Gericht zu übergeben und aus dem Dienst zu entlassen die jüngeren Wendenschen Kreischefgehilfen v. R. und v. B., wegen ihres unmenschlichen Vorgehens gegen die Bevölkerung. Zugleich ist das Volk von aller Polizei zu befreien, da es die Aufrechterhaltung der Ordnung selbst übernimmt.

6. Es ist sofort eine Volksmiliz einzurichten, da alle Hindernisse in dieser Hinsicht durch die gesamte Bevölkerung fortgeräumt werden."

5. Die Katastrophe.

In Riga bereitete die sozialdemokratische Zentrale inzwischen alles zum offenen Aufstande vor.

Am 30. Oktober fand im neuen lettischen Verein eine Versammlung von über tausend Personen statt, die von den berüchtigtsten lettischen Nationalisten und Revolutionären geleitet wurde: den Brüdern J. und H. Assar, J. Rainis-Pleekschans, J. Janson, Arvid Berg, A. Deglau, Pastor J. Rosens und anderen. Die Versammlung beschloß den „friedlichen" Sturz der Stadtverwaltung, die durch eine demokratische zu ersetzen sei und richtete an Witte ein Telegramm, in welchem darauf hingewiesen wurde, daß die im Manifeste vom 17. Oktober angedeutete Ordnung noch nicht eingeführt sei, „daß im Gegenteil die Konflikte von Tag zu Tag schärfer werden und neues, noch schrecklicheres Blutvergießen vorbereiten". Das sei dadurch zu erklären, daß die örtliche Selbstverwaltung in Händen einer kleinen Gruppe Reaktionärer sei, die nicht für Ordnung und Sicherheit sorge, während die von der Stadtverwaltung bezahlte Polizei geradezu Unruhen wider Juden und Letten anzettele. — Auch der Gouverneur sei bestrebt, die im Manifest verkündeten Freiheiten zu beschränken. — Außerdem errege es die Gemüter des Volkes, daß die herrschende reaktionäre deutsche Gesellschaft sich offen bewaffne, unter dem Vorwande des Selbstschutzes ihren Anhängern Waffen austeile und sie zu alsbaldigem Kampfe wider die Arbeiter und die demokratische Intelligenz organisiere. In Erwägung alles dessen erachteten die Versammelten zum Besten der Ordnung es für unerläßlich, den Zustand des verstärkten Schutzes aufzuheben, die gegenwärtige Stadtverordnetenversammlung und das Stadtamt abzusetzen, neue Stadtverordnetenwahlen auf Grund des allgemeinen Wahlrechts auszuschreiben, eine Volksmiliz einzuführen und dem Gouverneur bestimmte Instruktionen über die Erfüllung des Manifestes vom 17. Oktober zu erteilen."[1])

Als letztes Kampfmittel gegen die Stadtverwaltung wurde von der Versammlung ein Generalstreik in Aussicht gestellt. Eine Drohung, die insofern ganz besonders auffallend erscheint, als sie von einer Versammlung ausgeht, die nach ded Unterschrift des Telegramms an Witte aus Hausbesitzern un Kaufleuten bestand, also nach landläufigen Begriffen Bourr geois, die kaum in der Lage sein dürften, einen Generalstreik zu inszenieren. Die Drohung und der selbstbewußte, ja freche Tenor des Telegramms werden aber sofort verständlich, wenn man weiß, daß zu dem „Exekutivkomitee der Hausbesitzer und Kaufleute, Romanowstraße 25" die drei lettischen Glieder des sozialdemokratischen Föderativkomitees J. Assar, J. Janson und J. Rainis-Pleekschans gehörten.

Interessant ist die innere Übereinstimmung der Forderungen, die in der Aufhebung des Belagerungszustandes und Errichtung einer Volksmiliz gipfeln, mit den oben angeführten

[1]) Wortlaut des Telegramms nach „Balt. Wehstn." abgedruckt in „Düna-Zeitung" 1905, Nr. 243; vgl. Nr. 240. Das Telegramm ist unterzeichnet: „Das Exekutivkomitee der Hausbesitzer und Kaufleute, Romanowstraße 25".

Forderungen der Friedrichswalder Gemeindeglieder vom 31. Oktober.

Während das Föderativkomitee durch Verhandlungen mit den staatlichen Autoritäten Zeit zu gewinnen suchte, um die Staatsgewalt einzuschüchtern und seine eigenen Kräfte zu sammeln, drängte die Konkurrenzorganisation „Saweeniba", die, wie wir wissen,[1]) eine starke Neigung zu den Sozialrevolutionären hatte, zum Losschlagen. In ihrem Organ „Vorwärts" (Us preekschu) erschien im Oktoberheft (Nr. 9) ein Kampfartikel voll heftiger Vorwürfe gegen das schlappe Föderativkomitee, das nicht einsehen könne, „daß neue Zeiten nur durch Blut erzeugt werden würden", „Kampf war, Kampf ist und Kampf wird sein — das ist die Losung des Volkes, und wenn die Regierung uns selbst das geben würde, was sie nicht geben könne: die Volksrepublik — wir müßten mit Kampf darauf antworten!" Die Grenzmarken hätten diesen Kampf am energischsten aufgenommen: der Kaukasus, Polen, Finnland und — Lettland. An der Spitze der Genossen des Reiches marschierten die Letten, was Disziplin und Organisation beträfe. Es erhebe sich aber nun die Frage: „Was haben die Letten getan für ihre Autonomie, nationale Freiheit und Abtrennung vom Reiche?" Bisher nichts! Man habe nur die gewährte politische Freiheit in endlosen Reden bis zum Überdruß breitgetreten. „So stehen wir denn ebenso abhängig da wie bisher, wir lettischen Revolutionäre, die Westeuropa für die ersten hält im Kampf des russischen Proletariats! Wir werden nur Reden halten! Nein! Der größte Teil des Volkes ist erwacht. Zu den allgemeinen Menschenrechten werden wir hinzufügen die dem Volke so teure Selbstbestimmung, die Autonomie,

---

[1]) Siehe oben S. 105.

und um dieser Rechte willen rufen wir das lettische Volk zum Kampfe auf! — Es gibt für uns keinen andern Ausweg als den der bewaffneten Erhebung!"

So drängte alles zur Entscheidung. Die bewaffnete Erhebung war nur eine Frage der Zeit. Wer die Entwicklung der Dinge mit ruhigem Auge verfolgt hatte, konnte sich hierin keiner Täuschung hingeben.

Merkwürdigerweise gab es aber auch unter der deutschen Bevölkerung solche Elemente, die da glaubten, in zwölfter Stunde durch Kompromisse den Sturm beschwören zu können, die nicht einsehen wollten oder konnten, daß es sich nicht um einen Ausbau der sozialen und politischen Verhältnisse, nicht um eine Auseinandersetzung zweier Interessentengruppen, sondern um einen Zusammenstoß zweier Weltanschauungen handelte, daß dieser Zusammenstoß aber unter den obwaltenden Verhältnissen einen Kampf auf Tod und Leben bedeuten mußte. Auch in dieser Prüfungsstunde zeigte sich die hoffnungslose Impotenz des doktrinären Liberalismus auf politischem Gebiete.

Glücklicherweise waren diese Elemente durchaus in der Minorität. Weitaus die meisten Deutschen waren sich dessen bewußt, daß es zum Kampf kommen müsse und daß sie in diesem Kampf die Regierung, mochte diese ihren Aufgaben auch noch so wenig gewachsen sein, unterstützen müßten, aus Loyalität und aus wohlverstandenem eigenen Interesse. Wer an den Sieg der Regierung nicht glaubte, brachte Weib und Kind in Sicherheit und kehrte auf seinen Posten zurück. Es gab freilich auch solche, die nicht zurückkehrten, aber ihre Zahl war verhältnismäßig gering und ihre Abwesenheit konnte verschmerzt werden.

In Riga hatte sich schon während des Sommers aus jüngeren Leuten ein wohlbewaffneter „Selbstschutz" gebildet, eine

Art Bürgerwehr, die jetzt im Oktober und November, wo die Polizei absolut versagte, den Schutz der kommunalen Gebäude und der Banken übernahm und die überanstrengte kleine Garnison — die bloß etwa 3500 Mann stark war — nach Möglichkeit in dieser Hinsicht entlastete. Jetzt bildete sich in den vorwiegend von Deutschen bewohnten Stadtteilen noch ein zweiter Selbstschutz unter dem Namen „Nachbarhilfe". Alle waffenfähigen deutschen Männer jedes Häuserblocks (innerhalb eines Straßenkarrees) verbanden sich zu gegenseitigem Schutz gegen Überfälle bewaffneter Banden. Beide Einrichtungen haben vortrefflich gewirkt. Überfälle auf Banken behufs „Expropriation" haben nirgends stattgefunden, wo der „Selbstschutz" wachte, und Überfälle auf Privathäuser sind im Winter 1905/06 wiederholt durch die „Nachbarhilfe" vereitelt worden.

Wir haben dem chronologischen Gang der Ereignisse vorgreifen müssen und kehren zur Schilderung der Zustände zu Anfang November zurück.

Im November nahm die Lage im ganzen Reich einen immer bedrohlicheren Charakter an. Vergebens waren die Versuche der Regierung, durch Konzessionen den rollenden Stein aufzuhalten, vergebens der Versuch vom 3. November, durch Erlaß der bäuerlichen Loskaufszahlungen und sonstige goldene Versprechungen das Volk zu beruhigen, vergebens das klägliche Telegramm Wittes an die streikenden Arbeiter vom 3. November: „Alles mögliche wird für euch getan werden. Hört auf den Rat eines Menschen, der euch wohl will und nur Gutes wünscht." Überall war die revolutionäre Bewegung im Wachsen.

In Riga wurden die Streiks chronisch. Vom 29. Oktober bis zum 2. November streikten die Speicher- und Hafenarbeiter, vom 2. bis 7. November währte ein Eisenbahnstreik. Dann streikten wieder die Lastfuhrleute.

Diese sich immer wiederholenden Streiks hatten zur Folge, daß die englischen Kohlenhändler die Lieferungskontrakte kündigten oder die Verantwortung für rechtzeitige Lieferung von Kohlen ablehnten. Es lag die Gefahr vor, daß Riga, dessen Fabriken und Bahnen vor Schluß der Schiffahrt noch eines Quantums von über 7 Millionen Pud (= 114,66 Millionen Kilogramm) Kohlen bedurften, „ohne Kohlen bleiben könnte und damit dem Hunger in Riga Tor und Tür geöffnet würden".[1])

Das Börsenkomitee richtete daher einen Aufruf an die Arbeiter, worin auf diese Gefahr aufmerksam gemacht wurde. Glücklicherweise war der Winter 1905/06 so milde, daß die Schiffahrt keinen Tag unterbrochen wurde und die Kohleneinfuhr ungehindert stattfinden konnte. Das Unheil, das sonst über Riga hereingebrochen wäre, läßt sich schwer ausdenken. Denn ein Transport von Kohlen auf dem Landwege war so gut wie ausgeschlossen, da die Eisenbahnen während des Novembers und der größeren Hälfte des Dezembers beständig streikten.

Der Gouverneur Swegínzow übersah durchaus die Situation. Er sah, daß er mit der vorhandenen Polizeimannschaft die Ordnung weder in der Stadt noch auf dem flachen Lande aufrecht erhalten könne. In Riga waren 472 Schutzleute vorhanden auf 282 000 Einwohner und bei einem Territorium von 147 □ Werst (= 157 □ Kilometer). Diese Zahl reichte bei dem ungewöhnlich ungünstigen Verhältnis der Einwohnerzahl zum Territorium auch in normalen Zeiten nicht aus, geschweige denn jetzt, wo die Schutzleute durch Meuchelmorde geradezu dezimiert wurden, so daß sie massenhaft ihren Abschied einreichten,[2]) wo die Unsicherheit auf den Straßen Rigas so groß

[1]) Rigaer Handelsarchiv 1906, I., S. 13.

[2]) Am 22. November nahmen 20 Schutzleute, am 29. November 13 ihren Abschied.

geworden war, daß am 15. November ein Detektivbeamter auf dem Thronfolger-Boulevard, einer der elegantesten Straßen Rigas, durch sechs Revolverschüsse ermordet werden konnte, ohne daß sich Schutzleute zeigten.

Es mußte also zur Aufrechterhaltung der Ordnung das in Riga stehende Militär herangezogen werden, das im November aus ca. 3500 Mann bestand, worunter 2—3 Schwadronen Kavallerie. Bei dem riesigen Territorium der Stadt mit seinen meilenweit ausgedehnten Fabrikvierteln war natürlich auch diese geringe Garnison nicht imstande, den Ordnungsdienst zu versehen, ohne sich über Gebühr zu ermüden. Zudem mußte im Zentrum der Stadt zur Verteidigung der Zitadelle, der Regierungsgebäude, der Reichsbank und öffentlichen Banken ein größeres Truppenaufgebot unter Waffen gehalten werden. Kurz, die Situation war keineswegs angenehm.

Am 3. November telegraphierte der Gouverneur an den Minister des Innern: In Riga herrsche zwar augenblicklich Ruhe, doch ließen die Vorgänge auf dem flachen Lande, wo die Regierungsinstitutionen nicht mehr anerkannt und neue Selbstverwaltungs-Komitees gegründet würden, das Schlimmste voraussehen. „Da das Ziel der revolutionären Partei die Begründung einer örtlichen selbständigen Verwaltung ist, so ist ein offener bewaffneter Aufstand zu erwarten. Die lettischen und estnischen Zeitungen weisen auf die Erfolge hin, die Finnland und Polen erreicht haben. Ich finde, daß die Lage eine sehr gefährliche ist, besonders weil die Garnison *ungeachtet aller meiner Bitten* nicht verstärkt wird. Es ist dringend notwendig, daß unverzüglich die Garnison durch zwei Regimenter verstärkt, der Kriegszustand über Livland verhängt und der General-Leutnant Poppen — zum interimistischen Generalgouverneur ernannt werde." Ihm, dem Gouverneur, möge es anheimgestellt werden, den zu erlassenden Ukas über den Kriegszustand im kritischen Moment bekannt zu geben.

Dieses chiffrierte Telegramm, das die Verhältnisse treffend darstellte und die einzig richtigen zu ergreifenden Maßregeln vorschlug, wurde gleich darauf in den lettischen radikalen Blättern veröffentlicht.[1]) Offenbar durch Verrat eines der vielen lettischen Beamten. Infolgedessen sandte „die Vereinigung der lettischen Verbände" ein Telegramm an Witte, in welchem sie gegen die Darstellung des Gouverneurs und die Verhängung des Kriegszustandes Protest erhob. Die lettischen Verbände hätten sich ihr Telegramm sparen können. Witte dachte offenbar nicht daran, Truppen nach Riga zu senden.

Ebensowenig Erfolg wie bei der Regierung hatte der Gouverneur bei der Bevölkerung. Am 10. November erließ er eine Bekanntmachung an die Bauern, in welcher er darauf hinwies, daß das Manifest vom 17. Oktober 1905 nicht so aufgefaßt werden könne, als wenn jetzt jeder tun dürfe, was ihm beliebe. Er warnt vor Einsetzung neuer Selbstverwaltungskörper und anderen Eigenmächtigkeiten.

Die Antwort auf diesen Erlaß war ein Kongreß von Delegierten sämtlicher Gemeinden Livlands und Kurlands am 19. November in Riga. Obgleich der Gouverneur erklärt hatte, es läge nicht in seiner Kompetenz, einen derartigen Kongreß zu gestatten, insbesondere nicht die Teilnahme kurländischer Delegierten, trat der Kongreß dennoch im neuen lettischen Verein (Romanowstraße 25) zusammen. Er war besucht von 1500 Personen und dauerte unter dem Vorsitz des Kokenhusenschen Gemeindeschreibers Kroder bis zum 23. November. Natürlich lag die wirkliche Leitung in den

---

[1]) In „Balt. Wehstnesis" und „Deenas Lapa". Vgl. „Düna-Zeitung" 1905, Nr. 246.

Händen der lettischen Revolutionäre Arvid Berg, A. Deglau, J. und H. Assar, Pastor J. Rosens usw., die auch die Hauptredner waren.

Der Gouverneur fühlte sich nicht stark genug, den Kongreß auseinanderzutreiben.

Die wichtigsten Beschlüsse des Kongresses waren folgende:[1])

1. Alle Beziehungen zu der Administrativgewalt sind abzubrechen.

2. Vor Neuregelung der Verhältnisse ist die Zahlung von staatlichen und kommunalen Abgaben zu verweigern.

3. Es sind Verbindungen mit den bäuerlichen Organisationen (Bauerbünden) Rußlands anzuknüpfen.

4. Es sind überall, wo das noch nicht geschehen ist, Versammlungen aller volljähriger Gemeindeglieder beiderlei Geschlechts einzuberufen, die folgende Aufgaben auszuführen haben:

a) die bisherigen Gemeindeverwaltungen abzusetzen;
b) Exekutivkomitees einzusetzen;
c) neue Gemeindegerichte einzusetzen, die nach bestem Wissen und Gewissen und unter Beiseitelassung der bestehenden Gesetze Recht zu sprechen haben;
d) Instruktionen für die Exekutivkomitees und Gemeindegerichte zu erlassen;
e) Delegierte für die Delegiertenversammlung der allgemeinen lettischen Selbstverwaltung zu erlassen.

Zur Führung der gemeinschaftlichen Angelegenheiten der lettischen Gemeinden Livlands und Kurlands wurde ein Zentralbureau, aus fünf Personen bestehend, in Riga eingerichtet.

---

[1]) Vgl. „Rishski Westnik" 1905, Nr. 253, 255 und 256, und „Düna-Zeitung" 1905, Nr. 258 und 259.

Dieser Kongreß der „Vertreter des lettischen Volkes", wie die Delegierten sich nannten, bildet den politischen Höhepunkt der lettischen Revolution. Die bestehende Regierung wird abgesetzt, eine neue provisorische Regierung eingesetzt, bis daß eine allgemeine lettische Selbstverwaltung zustande kommt. Diese wird nach dem sozialdemokratischen Programm als eine demokratische Republik gedacht, die einen Teil der föderativen russischen Republik bilden würde.

Der Kongreß war von der sozialdemokratischen Partei in Szene gesetzt worden, um ihr Projekt einer lettischen demokratischen Republik gewissermaßen vom Volke legalisieren zu lassen. Als er stattfand, waren bereits in vielen Gemeinden revolutionäre Verwaltungen eingesetzt worden, die den Titel Exekutivkomitees (Rihzibakomitee, d. h. wörtlich Anordnungskomitee) führten. Im Rigaschen Kreise wurden zuerst Exekutivkomitees eingesetzt in den Gemeinden Ascheraden am 1. November, Ringmundshof und Allasch am 7. November, Sunzel am 13. November, Segewold am 14. November. Die übrigen Gemeinden folgten. In 40 von den 48 Gemeinden des Rigaschen Kreises waren Exekutivkomitees tätig.[1]) Aber schon vor der offiziellen Einsetzung der republikanischen Regierung befanden sich die einzelnen Gemeinden im Zustande der bewußten Anarchie. Überall fanden in den ersten Tagen des Novembers Versammlungen der Gemeindeglieder unter Leitung sozialdemokratischer Emissäre statt, welche den Abfall von der bestehenden Regierung beschlossen.

Wir lassen hier als typisch die Beschlüsse einer Versammlung der Lennewardenschen Gemeinde vom 2. November 1905

---

[1]) In sechs weiteren Gemeinden waren zwar Komitees gewählt, nicht aber konstituiert worden. Nur in Kirchholm und Bewershof haben keine Wahlen stattgefunden.

nach dem amtlichen Bericht in extenso folgen, derselben Gemeinde, deren Beschlüsse zur Kirchenfrage wir oben (S. 188) mitgeteilt haben:

1. Es sind alle Beziehungen zur Regierung (wörtlich: den bureaukratischen Institutionen) abzubrechen, bis die Berufung einer konstituierenden Reichsversammlung auf Grundlage des allgemeinen, gleichen, direkten und geheimen Wahlrechts erfolgt ist;

2. zur Ordnung der baltischen wirtschaftlichen Fragen ist in Riga eine Baltische Konferenz auf derselben demokratischen Grundlage zu berufen;

3. es sind sämtliche politischen Verbrecher in Freiheit zu setzen;

4. es sind Kriegs- und Belagerungszustand aufzuheben;

5. es sind Polizei und Armee aufzulösen und statt dessen eine allgemeine Volksbewaffnung einzuführen;

6. es sind die Pachten an die Gutsbesitzer nud Zahlungen an die Landbank (Kreditsozietät) einzustellen;

7. desgleichen sind die Wegelasten bis auf weiteres aufzuheben und die Gemeindeabgaben nicht zu zahlen. Für den Unterhalt der örtlichen Schulen und Armen hat ein Rat von 11 Personen (folgen die Namen) zu sorgen;

8. die örtlichen (d. h. gutsherrlichen) Waldungen sind von der Gemeinde in Verwaltung zu nehmen;

9. alle örtlichen Getränkeanstalten sind zu schließen, solange das Recht ihrer Eröffnung nicht der Gemeinde übertragen wird;

10. in allen örtlichen Schulen ist der Unterricht in der Muttersprache einzuführen, wobei der Religionsunterricht fakultativ sein soll;

11. jeder, der die vorstehenden Beschlüsse nicht erfüllt, wird als ein Verräter an den Rechten des Volkes angesehen.

Ähnlich lauteten die Beschlüsse der übrigen Gemeinden, die sich in allen wesentlichen Punkten mit dem Programm der sozialdemokratischen Partei decken.

Den uns vorliegenden Berichten der verschiedenen „Landkomitees" und „Zentren" der lettischen sozialdemokratischen Partei an den III. Parteikongreß im Juli 1906 entnehmen wir, daß die großen Versammlungen und die Wahl der Exekutivkomitees von Sozialdemokraten geleitet wurden und daß, „da der größte Teil der Glieder der Exekutivkomitees Sozialdemokraten waren, alle Komitees im Einvernehmen mit den sozialdemokratischen Organisationen arbeiteten". Nach den amtlichen Berichten haben in Kurland 190, in Südlivland 156 Exekutivkomitees funktioniert.[1]) Die Berichte aus dem Wendenschen Kreise sind aber so mangelhaft, daß man mindestens 14 weitere Komitees hinzurechnen muß, so daß die Gesamtzahl für Livland ca. 170 betragen würde.

So bestanden denn Kurland und das südliche Livland Mitte November 1905 aus einer großen Menge — etwa 360 — autonomer demokratischer Republiken, die zueinander in einem Föderativverhältnis unter Leitung der sozialdemokratischen Zentrale standen. Das auf dem Volkskongreß geschaffene Zentralbureau befand sich selbstverständlich in vollkommenster Abhängigkeit von dem Föderativkomitee in Riga, um so mehr, als es aus Sozialdemokraten und wahrscheinlich teilweise aus Gliedern des Föderativkomitees bestand. „Alle waren des Winkes des neuen Herrschers: des Föderativkomitees, gewärtig", heißt es in dem Berichte eines sozialdemokratischen Komitees.[2])

---

[1]) Vgl. die Statistik im Anhange.

[2]) der Sissegal-Römershofschen Organisation an den III. Parteikongreß.

Unter der Peitsche der „Genossen“ entwickelten nun die kleinen Republiken eine großartige politische Tätigkeit. In den meisten Komitees saßen auch Frauen, schon um des Gegensatzes zur früheren Ordnung wegen. Sehr beliebt waren die Gattinnen der Schulmeister und der Gemeindeschreiber. Andere Komitees waren weniger anspruchsvoll. In Allasch (Kreis Riga) saßen im hohen Rat eine Hebamme und eine Protistuierte. Diese Damen, denen nichts Menschliches fremd war, besorgten auch die Funktionen der vertriebenen Prediger. Da in den Republiken die Ziviltrauung eingeführt war, so wurden vor ihrem Forum die Ehen der Freiheitshelden geschlossen und geschieden und die Neugeborenen registriert. Als alleingültiges Symbol des neuen Standesamtes diente die rote Fahne.

Ein weit größeres Gewicht als auf diese aufbauende Tätigkeit legten die Komitees jedoch auf die zerstörende. Noch immer waren sie nicht vollständig Herren im Lande, nicht alle „Nester der Tyrannei“ waren von den „Blutsaugern“ verlassen worden. An verschiedenen Orten hatten die Gutsbesitzer und anderen Deutschen sich zusammengetan und ein Schloß nach Möglichkeit in Verteidigungszustand versetzt. In den meisten Fällen bildete eine kleine Abteilung Dragoner oder Kosaken unter dem Kommando eines ehrenamtlichen deutschen Polizeioffiziers den Stamm der Garnison; in anderen Fällen befanden sich nur Gutsbesitzer mit Herrn vom „Selbstschutz“ und ein paar zuverlässigen Jägern auf dem Gute. Es gab aber auch Fälle, wo die Besitzer sich standhaft weigerten, ihren Herd zu verlassen und ihn dem Pöbel preiszugeben und allein mit ihren Familiengliedern und treuen Leuten die Verteidigung übernahmen. Alle verschanzten sich nach Möglichkeit; Parterrefenster wurden vermauert, andere mit Eisenläden versehen oder durch Sandsäcke gesichert; Munition und Proviant vorbereitet, Patrouillen gebildet, Wachen ausgestellt, Signale verabredet, jedem einzelnen, Männern und Frauen, wo letztere noch nicht in Sicherheit gebracht worden waren, ihre Plätze zur Verteidigung angewiesen.

Es war ein Zustand höchster Spannung. Man war auf alles gefaßt. Die Landesvertretung in Riga hatte alle Gutsbesitzer aufgefordert, Frauen und Kinder in die größeren Städte in Sicherheit zu bringen. Herren vom „Selbstschutz" übernahmen es, sie sicher zu geleiten. Unter den unsäglichsten Mühen und Gefahren, denn schon stand das ganze Land in flammendem Aufruhr. Ein Augenzeuge schreibt hierüber: „Was in dieser Zeit der schwersten Bedrängnis der „Selbstschutz" geleistet, wie viele Menschenleben er dem sichern Tode entrissen, unter welch schwierigen Verhältnissen er den ungleichen Kampf aufgenommen hat, welchen Strapazen, körperlichen und seelischen, er ununterbrochen ausgesetzt gewesen — das kann nur derjenige richtig bewerten, welcher dieses kleine, kaum 200 Mann insgesamt zählende, durch ganz Livland verstreute Häuflein in Aktion gesehen hat. Man vergesse nicht, daß damals jegliche Eisenbahnverbindung fehlte und hunderte von Kilometern zur Rettung der einzelnen Familie — Gewehr im Anschlage — zu durchmessen waren!" [1])

Diese noch im Lande befindlichen Gutsbesitzer und sonstigen Deutschen, diese Blutsauger und Feinde des freien Volkes nebst den Soldaten und Polizisten, den Henkersknechten der tyrannischen Selbstherrschaft, galt es zu vernichten.

Überall wurde Geld für Waffen gesammelt, um die Volksmilizen auszurüsten. Beständig fuhren sozialdemokratische Emissäre hin und her und brachten aus Riga Waffen, die teils aus dem Auslande eingeschmuggelt, teils in den Rigaschen

---

[1]) V. von Rautenfeld, „Vier Monate unter den Revolutionären in Livland". Berlin 1906. S. 34.

Waffenläden, wo eine ganz ungenügende Kontrolle herrschte, gekauft wurden. Wenn es aber irgend anging, wurden die Waffen auf den Gütern und Forsteien geraubt. Die Waffen wurden von einer besonderen Milizkommission[1]) im Gemeindehause oder in einem sonst geeigneten Gebäude aufbewahrt und den Milizen erst bei ihrer Einberufung ausgehändigt. Die Milizen sollten täglich 50 Kop. Löhnung pro Mann erhalten. So war Mitte November die Organisation im besten Gang. Es wurden nun Probemobilisationen der Milizen in Szene gesetzt. Das war um so notwendiger, als noch immer große Massen des Volkes, trotz des Terrors und der unermüdlichen Agitation nicht zur aktiven Beteiligung am Aufruhr zu bewegen waren. Voller Furcht verkrochen sie sich in ihren Häusern, versteckten sich zitternd oder stellten sich krank und dankten Gott, wenn man sie in Ruhe ließ. Diese Elemente galt es mitzureißen, um die erforderlichen Massen zum Sturm der festen Positionen zusammenzubekommen. Denn so groß das Maulwerk der Freiheitshelden war, so gering war ihr Mut. Es sind unzählige Fälle bekannt, wo eine geradezu erdrückende Übermacht gutbewaffneter Revolutionäre von einer Handvoll Soldaten oder deutscher Herren, ja dazwischen nur von einer einzelnen Person in Schach gehalten oder in die Flucht geschlagen wurde.

Wie wir aus den Mitteilungen der Augenzeugen und den kriegsgerichtlichen Verhandlungen[2]) wissen, wurde die Volksmiliz durch Boten, die von Bauerhof zu Bauerhof eilten, zusammenberufen, wobei der Sammelpunkt bekannt gegeben

---

[1]) Vgl. den Aufruf des Zentralbureaus, abgedruckt in „Düna-Zeitung" 1905, Nr. 276.

[2]) Vgl. z. B. die Verhandlung des temporären Kriegsgerichts in Mitau vom 4. Dezember 1906 über die Vorgänge in Gaicken (Kreis Goldingen) in „Balt. Tageszeitung" 1906, Nr. 274.

wurde. Hier erhielten die Milizen die Waffen und wurden unter der Leitung eines Gliedes des Exekutivkomitees an den Bestimmungsort gesandt. Als Grund der Einberufung wurde den Bauern die Annäherung der „schwarzen Ssotnja" angegeben.

Dieses Schreckgespenst spukte schon seit Ausbruch der revolutionären Bewegung in der lettischen Presse, die es aus der russischen übernommen hatte. Was darunter zu verstehen sei, war nicht recht klar. Ursprünglich verstand man unter der „schwarzen Ssotnja", der „schwarzen Rotte", die Volkshaufen, die in den südrussischen Städten die Judenverfolgungen und antirevolutionären Straßentumulte in Szene setzten, dann wurde dieser Ausdruck mit der im öffentlichen Leben üblichen Gewissenlosigkeit auf alles übertragen, was in den Augen der Radikalen „reaktionär" erschien. Die „schwarze Ssotnja" war der Inbegriff alles dessen, was dem Umsturz Widerstand leistete. Selbstverständlich übernahm die radikale lettische Presse dieses bequeme Schlagwort und wandte es unbedenklich auf die Deutschen in Bausch und Bogen an. Was konservativ war, hieß „reaktionär", was sich gegen den Umsturz verteidigte: „schwarze Ssotnja". So wurde dieser Begriff den Zeitungslesern gegenständlich. Ebenso selbstverständlich war es, daß die sozialdemokratische Agitation die „schwarze Ssotnja" in ihr Repertoire aufnahm und den Begriff liebevoll mit allerhand lügenhaftem Beiwerk ausschmückte. Jetzt galt es aber, dem Volk die „schwarze Ssotnja" sinnlich vorstellbar zu gestalten, wenigstens bis zu einem gewissen Grade. Bei dem verängstigten, verhetzten Volk, dessen Grundvorstellungen von Recht und Unrecht, von Gut und Böse durch eine nie rastende Propaganda, durch den Sturz alles dessen, was bisher für heilig und verehrungswürdig gehalten worden war, durch täglich sich wiederholende Verbrechen: Brandstiftungen, Raub und Mord, bis aufs tiefste erschüttert worden waren, das mit einem Worte sich in einem vollständig anormalen Geistes- und Gemütszustand befand, konnte es nicht schwer fallen, Märchen, mochten sie auch noch so abenteuerlich sein, glaubhaft hinzustellen. Es hieß, die „schwarze Ssotnja" sei eine Bande von Deutschen und ihren Söldlingen, halbwilden Tscherkessen und Kalmycken, die durchs Land zöge und alle Letten ermordete. Unter den entsetzlichsten Qualen natürlich. Den Männern würden die Augen ausgestochen, Nasen und Ohren abgeschnitten, Frauen vergewaltigt und verbrannt, Kinder an die Türen genagelt, kurz, alles, was eine fanatisierte und perverse Phantasie erfinden konnte. Stehe auf lettisches Volk! hieß es dann, kämpfe den Verzweiflungskampf, rette deine Weiber und Kinder! Schon steht die „schwarze Ssotnja" im Nachbarkirchspiel, bald naht sie sengend und brennend! Entsetzt, bis ins Innerste erschüttert und erbittert, eilt nun alles, was Waffen tragen kann, vom 13jährigen Hüterjungen bis zum 70jährigen Greise herbei. Schon stehen die Kerntruppen der Miliz bewaffnet da, unter die übrigen werden Waffen verteilt, soweit diese reichen. Viele müssen sich mit Messern, Sensen und Heugabeln begnügen. Man eilt zum Sammelpunkt. Da stürmen Reiter auf schweißbedeckten Pferden herbei: Sieg! Sieg! die „schwarze Ssotnja" ist von den tapfern Milizen der Nachbargemeinden geschlagen worden. Doch konzentriert sie sich wieder und man muß auf alles gefaßt sein. Namentlich aber muß man sich mehr Waffen verschaffen. Ihr seht ja: so tüchtige Leute wie ihr, müßt euch mit einem Messer, einer Heugabel begnügen. Was bedeutet das gegenüber den Repetiergewehren der „schwarzen Ssotnja". Aber in unserer nächsten Nachbarschaft, auf dem Schlosse, sind Massen schöner Gewehre zu haben. Auf dorthin! nehmen wir sie, bevor auch diese uns den Tod bringen!

Und gläubig folgt die entflammte Menge den Führern.

Wer aus der Geschichte weiß, in wie hohem Grade eine seelisch erregte Menge der Suggestion ihrem psychopathischen Zustande adäquater Vorstellungen zugänglich ist, wird sich über diesen Vorgang nicht wundern. Glaubte doch im März 1848 die Bevölkerung Berlins an das Märchen, daß der Prinz von Preußen mit 14 Millionen (!) Russen vor den Toren Berlins stehe und baute in Schreck und Verzweiflung Barrikaden, die bis zum zweiten Stock der Häuser reichten![1])

Wie sehr in dieser Massensuggestion Methode war, zeigt der vielfach beobachtete Umstand, daß die sozialistischen Führer den Standpunkt der herannahenden „schwarzen Ssotnja" immer auf etwa 50 bis 60 Kilometer von dem Sammelpunkt der Milizen angaben, so daß ihre Behauptung nie von dem zusammenströmenden Volke selbst verifiziert werden konnte. Sie selbst, die Sozialdemokraten, sagen mit zynischer Offenheit in ihrem Bericht an den III. Parteikongreß: „Man bewaffnete sich energisch gegen die „schwarze Ssotnja". Eine tausendköpfige Menge, ausgerüstet mit den verschiedenartigsten Waffen, bereitete sich vor, ihr entgegenzutreten. Aber sie kam nicht, weil sie überhaupt nicht existierte."[2])

Eine furchtbare Macht hat diese Massenvorstellung in der Zeit der Katastrophe, vor deren Schilderung wir stehen, gehabt.

„Nicht von Fleisch und Blut ist diese unsichtbare „schwarze Ssotnja", aber auch kein leeres Wort. Anfangs zwar war sie bloß eine Lüge in der Hand der revolutionären Führer, aber diese Lüge fiel auf einen fruchtbaren Boden, sie ist nicht mehr ihr gehorsames schwächliches Geschöpf, das sie pflegen und

[1]) Vgl. Prinz Kraft zu Hohenlohe-Ingelfingen, „Aus meinem Leben", I. 1897, S. 61. Über die Rolle, welche Gerüchte im Leben der großen Masse spielen, vgl. z. B. Thun, „Revolutionäre Bewegung in Rußland", a. a. O. S. 239 ff.

[2]) Bericht der Wenden-Alt Pebalgschen Organisation.

warten müssen und nach Belieben lärmen und schweigen heißen, sie führt ein selbständiges Leben, sie ist zum Herrn geworden. Fett geworden an dem schlechten Gewissen des Volkes, an Scheunenbrand und Mordanschlag, ist sie ein lebendiges Wesen; bei jedem Schusse, bei jedem Lärmen jagt sie durchs Land, der Wahnsinn vor ihr und Rauch und Asche hinter ihr. Vergeblich bewachen ernsthafte Männer ordentlicher Gemeinden mit gespanntem Gewehr Tag und Nacht die Straße, die „schwarze Ssotnja" geht mitten durch sie hindurch, sie mögen noch so gut wachen, eines Tages steht das Gespenst der „schwarzen Ssotnja" mitten unter ihnen. — Wie sehr wir auch am Mittag über Gespenster und Köhlerglauben lachen, in dunkler Nacht denken wir anders. Jahrzehnte hindurch führen wir ein verständiges, selbstverständliches Leben, den Abgrund der tierischen Leidenschaft durch Moral und Gesetz überbrückend, ist aber einmal die dünne Decke gerissen, der Fußbreit gewohnten Bodens ins Schwanken geraten, so greifen wir vergeblich nach dem Halt der Vernunft. Dann kommen auch im Leben der Völker die dunklen Nächte, in denen das Volksbewußtsein dem Grausen anheimfällt, ohnmächtig sich der Gespenster zu erwehren, die aus dem Dunkel der Gesetzlosigkeit emporsteigen — ein solches Gespenst ist die „schwarze Ssotnja!" — Wie das Blutgespenst der französischen Revolution, so lebt auch dieses Gespenst von dem Blute, das in seinem Namen vergossen wird, von der Angst, — es ist das Gespenst der Vergeltung. Schreckliche Dinge nehmen ein schreckliches Ende, und wer so nahe bei Mord und Gewalttat wohnt, muß an grausige Gespenster glauben. Daher wächst die Angst mit jeder neuen Bluttat und jeder neuen Brandstiftung; aber zugleich mit der Angst wächst auch die Wut der Verzweiflung; je mehr Deutsche vertrieben, je mehr Gutshäuser niedergebrannt sind, desto größer wird die Angst, desto schrecklichere

Taten verübt nächtlich die Vergeltung der „schwarzen Ssotnja". Und schließlich verwirren sich die Begriffe; der Bauer vergißt, daß er und seine Führer selbst es waren, die das Petroleum über die Dielen des Gutshauses gossen und das Feuer hineinhielten, er sieht nur noch die verkohlten Brände und fühlt, daß Böses geschehen ist; war er selbst es, war es die „schwarze Ssotnja", er weiß es nicht. Aber immer rasender sucht er den Feind zu vernichten, zuerst die Deutschen, dann die Hofbesitzer, dann seine eigenen Genossen. Er gleicht dem Manne, dem das Gespenst der eigenen blutigen Taten auf den Rücken sprang und ihn tiefer und tiefer in Blut und Verbrechen hineinpeitschte, bis es ihm das Genick umdrehte." [1])

Die Massenpsychose, die sich lange vorbereitet hatte, die alle Stadien durchlaufen hatte vom Größenwahn bis zum Verfolgungswahn, sie endete jetzt in voller Tobsucht.

Es ist unmöglich, die einzelnen Ausbrüche aufzuzählen, die Feder sträubt sich, alle Greuel, die nun geschahen, zu schildern. Nur einzelne Episoden sollen dargestellt werden, die genügen dürften, den Charakter dieser von der Sozialdemokratie in Szene gesetzten Volkserhebung zu beleuchten.

Am 16. November hatte im Seßwegenschen Kirchspiel (Kreis Wenden) eine Mobilisation der Milizen nach dem oben von uns geschilderten Muster stattgefunden. Auch hier waren reitende Boten mit der Nachricht herangesprengt, die „schwarze Ssotnja" sei geschlagen worden, worauf die Führer erklärten, man müsse sich auf kommendes Unheil vorbereiten und zu diesem Zweck sich des in Schloß Seßwegen versteckten Waffenlagers bemächtigen.

[1]) K. von Freymann, „Die schwarze Ssotnja", in „Düna-Zeitung" 1905, Nr. 274. Vgl. auch den vortrefflichen Aufsatz von Meinhard von Segeberg (Pseudonym), „Die lettische Psychose", in der „Zukunft" XIV, Nr. 22 (1906).

Es gelang der Menge, die Besatzung in Seßwegen, die aus 18 Mann des Irkutskschen Infanterie-Regiments unter einem Leutnant und fünf deutschen Herren bestand, zu überrumpeln, so daß diese beschloß, um einen wahrscheinlich aussichtslosen blutigen Kampf und die Einäscherung des ganzen weitläuftigen Gutshofes zu vermeiden, sich auf Verhandlungen einzulassen. Der Administrator der Güter, Herr Adalbert von Aderkas, auf dem die Verantwortung für den ihm anvertrauten Besitz lastete, glaubte, daß die Revolutionäre abziehen würden, nachdem sie sich von der Grundlosigkeit ihrer Annahme hinsichtlich des versteckten Waffenlagers überzeugt haben würden, um so mehr, als die Führer des Volkes ihm und seinen Begleitern auf Ehrenwort Schutz zusicherten. Es kam noch hinzu, daß bisher durch die Milizen, die im Namen des Volkes Waffenauslieferung verlangten, keine Mordtaten verübt worden waren. So konnte es geschehen, daß sich Herr von Aderkas und mit ihm sein jüngerer Bruder, der als ehrenamtlicher Polizeioffizier in Seßwegen stationiert war, und der Leutnant Saatschi unter dem Schutz der Volksführer in das Schloß begaben, wo während der Nacht stundenlang — natürlich vergeblich — nach dem Waffenlager gesucht wurde. Als darauf die Herren inmitten des Volkshaufens das Schloß verließen, wurden die Brüder von Aderkas plötzlich überfallen und in geradezu bestialischer Weise niedergemetzelt. Die Leichen waren kaum kenntlich, so entsetzlich entstellt waren sie durch Stockhiebe, Messerstiche und Schüsse mit Rehposten. Dem Leutnant war nichts geschehen. Er berichtete später, er sei beim Verlassen des Schlosses von den Brüdern von Aderkas durch die Menge abgedrängt worden, die dann im Schloßpark über ihn ein Volksgericht in der ihm unverständlichen lettischen Sprache abgehalten hätte, von dem er offenbar freigesprochen sei, da man ihn ungehindert habe gehen lassen. Die Soldaten, die die ganze Zeit über ohne jede Instruktion im Verwaltungsgebäude geblieben waren, traten beim Abzug der Milizen, der zwischen zwei und drei Uhr morgens erfolgte, nicht in Aktion.

Die Leichen der unglücklichen Brüder blieben vierzehn Tage offen im Verwaltungsgebäude liegen, da die Revolutionäre die aus Riga geschickten Särge nicht passieren ließen. Erst dann konnten sie von treuen Leuten quer durch das aufständische Land zum alten Familienbesitz gebracht und der heimischen Erde übergeben werden, für deren Wahrung auch sie gestorben waren als Opfer des lettischen Blutwahnsinns.

Die Mordtat in Seßwegen in der Nacht vom 16. zum 17. November war das Signal zum allgemeinen bewaffneten Aufstand im ganzen südlichen Livland. Die Kunde davon verbreitete sich mit Windeseile über das Land. Die wenigen Truppen und deutschen Herren, die noch verstreut auf einzelnen Gütern standen, zogen sich noch enger zusammen, die noch zurückgebliebenen Frauen und Kinder wurden schleunigst in Sicherheit gebracht, nicht selten unter heftigem Kugelwechsel zwischen den Herren ihrer Begleitung und den Revolutionären. Diese bedeckten nun in Schwärmen das ganze Land. Alle Milizen waren auf den Beinen, ausgerüstet mit einem Brotbeutel auf drei Tage. Die zahlreichen „Offiziere" der Milizen trugen Kokarden an den Mützen, andere einen Tannenbruch. Meist waren es junge Burschen von achtzehn bis zwanzig Jahren. Auch viele reitende Boten konnte man auf den Straßen beobachten. Am 18. November wurde das Seßwegen benachbarte Rittergut Selsau überfallen, wo der Pächter Herr S. sich wochenlang in einer Art Belagerungszustand befunden hatte. Als die Revolutionäre ihn nicht mehr fanden, zerstörten sie das Schloß und das Verwaltungsgebäude. Von dort zogen sie nach dem etwa dreißig Kilometer entfernten Schloß Alt-Schwaneburg. Es kam zu keinem Zusammenstoß mit der Besatzung, die aus 14 Mann des

Krasnojárskischen Infanterieregiments unter dem Leutnant Baschánow und einigen deutschen Herren vom „Selbstschutz" bestand, da im Rücken der Milizen 24 Kosaken aus Tirsen erschienen, die eine Abteilung von 50 bis 100 Mann in einem Kruge etwa drei Kilometer vor Alt-Schwaneburg überraschten und entwaffneten. Währenddessen hatte sich der Leutnant, ein Knabe, der im Frühling 1905 die Junkerschule absolviert hatte, auf Verhandlungen mit den Revolutionären eingelassen. Er ließ sich von dem örtlichen Landgendarm, einem Sozialisten, „überzeugen", daß die Milizen eigentlich ganz friedliche und loyale Staatsbürger wären, die dem Militär nichts Böses antun wollten, aber genötigt seien, sich gegen die „schwarze Ssotnja" zu waffnen. Es geschah nun das Unglaubliche: der Leutnant ließ seine Soldaten allein auf dem belagerten Hofe und begab sich in Begleitung des Landgendarmen und einiger Revolutionäre zum Kruge, wo die Kosaken mit ihren Gefangenen waren. Hier befahl er den Kosaken, die keinen Offizier hatten, die Waffen den Milizen wieder auszuliefern, ja, er gestattete den Revolutionären sogar, die Bagagewagen der Kosaken nach etwa versteckten Waffen zu durchsuchen, worauf er sich mit freundschaftlichem Händedruck vom Führer der Milizen trennte.

Zähneknirschend und vor Wut weinend mußten die Kosaken diesen Befehlen nachkommen.

Die Belagerung von Alt-Schwaneburg wurde aufgehoben, nachdem der Pastor loci mit seiner Familie in Begleitung mehrerer Herren vom Selbstschutz den Ort verlassen hatte. Auch die übrigen Herren zogen sich nach einigen Tagen in das nicht weit entfernte Schloß Stomersee zurück, das genügend befestigt und mit Proviant versehen war und wo sich eine Besatzung von 30 Kosaken unter einem Offizier befand, die jetzt durch die 24 Kosaken aus Tirsen verstärkt wurde.

Das Schloß, das von den Revolutionären den ehrenden Spitznamen „Port Arthur-Stomersee" bekommen hat, hielt sich bis zum 2. Dezember, als bereits das ganze südliche Livland in den Händen der Revolutionäre war. Diesen schien es eine Ehrensache zu sein, das Schloß zu stürmen. Die Milizen weit entfernter Gegenden wurden dorthin aufgeboten. Nach Aussage der Führer waren am 2. Dezember etwa 5000 Mann um Stomersee versammelt, von denen etwa 2000 mit Schießgewehren verschiedenster Art, darunter höchstens 300 Hinterladern, bewaffnet waren. In der Nacht zum 2. Dezember trafen nicht weniger wie sieben Eisenbahnzüge mit Revolutionären auf der livländischen Zufuhrbahn, die damals gleich der Staatsbahn Riga-Dünaburg in Händen der Revolutionäre war, auf dem Bahnhof Stomersee ein. Da die Belagerten sich nicht ergeben oder kapitulieren wollten, wurde in der Nacht zum 2. Dezember allmählich der ganze Hof in Brand gesteckt. Am andern Tage beschloß der Kosakenoffizier, mit seinen Kosaken abzuziehen, da er Proviantmangel fürchtete. Schweren Herzens mußten die deutschen Herren sich ihm anschließen. Hinter ihnen ging das schöne Schloß, das Heim der berühmten Sängerin Baronin Alice Wolff geb. Barbi, in Flammen auf mit allen seinen herrlichen Kunstwerken.

Ein zweiter fester Punkt war das Schloß Alt-Kalzenau (im Kreise Wenden). Dieses war den ganzen Sommer hindurch der Sitz des ehrenamtlichen Kreischefsgehilfen v. Brümmer gewesen, dem ein bis zwei Züge Kosaken und ein Offizier unterstellt waren. Von hier aus hatte er nach Kräften versucht, die Unruhen niederzuhalten. Schon am 14. November, nach einem blutigen Zusammenstoß der Revolutionäre mit den Truppen bei Marzen, wobei zwei Kosaken fielen und Herr v. Brümmer und sein jüngerer Bruder verwundet wurden, begann die Belagerung Alt-Kalzenaus, und zwar nach allen

Regeln der Kunst. Hierher hatte die sozialdemokratische Zentrale, wie aus dem Bericht an den III. Parteikongreß hervorgeht, „Techniker" geschickt, um Laufgräben anzulegen. Vom 19. November ab trafen täglich Flüchtlinge aus der Umgegend in Alt-Kalzenau ein. Am 24. November verließen alle Deutschen unter großen Gefahren Kalzenau, da der drohende Eisenbahnstreik ihnen jeden Rückzug nach Riga abgeschnitten hätte; sie erreichten auch glücklich in Stockmannshof den letzten Zug, der noch vor dem allgemeinen Streik verkehrte, und mit ihm Riga. Der Zug wurde in Stockmannshof heftig von Revolutionären beschossen. Die Kosaken, zu denen noch andere aus den benachbarten Festen und Friedrichswalde stießen, hielten sich in Alt-Kalzenau noch bis zum 1. Dezember. Dann mußten sie die Position räumen, da allmählich alle Wirtschaftsgebäude rings um das Herrenhaus niedergebrannt wurden. Am 1. Dezember zogen die Kosaken unter heftigem Scharmützel nach Norden ab. Sofort nach Preisgabe des Hofes wurde er geplündert und die noch stehenden Gebäude (im ganzen 32) eingeäschert, während in der nahen Kirche die Glocken zum Zeichen des Sieges geläutet wurden.

Die Kosaken, 94 Mann und 2 Offiziere stark, nahmen unterwegs die Infanteriebesatzungen von Modohn und Alt-Pebalg (91 Mann, 4 Offiziere) auf, wobei sich ihnen auch die letzten Deutschen dieser Gegend anschlossen, und rückten nach Wenden vor. Gleich hinter Pebalg kam es zu einem Gefecht mit den Aufständischen, die sich im massiven lettischen Vereinshause verschanzt hatten. Da dem Militär keine Sprengstoffe zu Gebote standen und die Versuche, das Haus in Brand zu stecken, mißlangen, mußten die Truppen, die acht Mann — darunter vier Tote — verloren hatten, unverrichteter Sache abziehen und gelangten unter beständigen Plänkeleien mit den Aufständischen und während überall die Glocken Sturm läuteten, nach Wenden.

Ganz ähnliche Vorgänge wie im südöstlichen Livland spielten sich auch im südwestlichen Livland und in Kurland ab.

Wir haben schon oben dessen Erwähnung getan, daß der südliche Teil des Rigaschen Kreises, das Dreieck zwischen Riga, Stockmannshof und Segewold, zu den Gebieten gehörte, wo die revolutionäre Bewegung am wildesten tobte. Hier führten Polizei und Militär seit Monaten einen beständigen Guerillakrieg mit den aufständischen Banden. Am 19. November wurde der Kreischefsgehilfe Baron C. in Jürgensburg verwundet, als er mit seinen Dragonern eine geheime Versammlung im dortigen Gemeindehause aufheben wollte. Der Arzt wurde von den Revolutionären verhindert, ihn und die verwundeten Dragoner zu verbinden. Als am 20. November ein Freund des Barons C., Harry v. Transehe-Roseneck, aus dem benachbarten väterlichen Gute Taurup nach Jürgensburg fahren wollte, um nach dem Verwundeten zu sehen, wurde er unterwegs aus dem Hinterhalte erschossen.

Am 25. November wurde der in Kaipen stehende halbe Zug des 9. Dragonerregiments überfallen. Es gelang den Revolutionären, die Posten zu überrumpeln und die Dragoner in ihrem Quartier zu überwältigen. Der Kornett Kosljaninow wurde getötet, mehrere Dragoner verwundet, die übrigen entwaffnet und freigelassen.

In derselben Nacht war auch das Haus des Kreischefsgehilfen v. Hennings in Römershof überfallen worden. Da es ein Holzhaus war, so durchschlugen die kleinkalibrigen Geschosse der Revolutionäre alle Wände, wobei einer der zwei Dragoner, die sich zum Schutze des Kreischefsgehilfen im Hause befanden, schwer verwundet wurde. Die Revolutionäre forderten Herrn v. Hennings auf, sich zu ergeben und die Gewehre auszuliefern, was er ablehnte. Hierauf schleppten die Revolutionäre Zündstoffe herbei und zündeten das Haus an, das sofort in Flammen stand. Als der Aufenthalt im brennenden Hause unmöglich wurde, machten Herr v. Hennings und der unverwundete Dragoner einen verzweifelten Ausfall und wurden sofort niedergemetzelt. Währenddessen gelang es der Kinderfrau, sich und die kleinen Kinder des Herrn v. Hennings durch eine Hintertür zu retten. Der verwundete Dragoner kam in den Flammen um. Die Leiche des Herrn v. Hennings war so entsetzlich verstümmelt, daß sie von seinen Angehörigen und Freunden nicht erkannt wurde.

Diese schrecklichen Ereignisse veranlaßten die Militärobrigkeit, den Befehl zu erlassen, sofort alle detachierten Truppen zusammenzuziehen und sobald als möglich nach Riga zu konzentrieren. Selbstverständlich war auch für die Polizeichargen und die noch auf den Gütern und Pastoraten im Belagerungszustande lebenden Deutschen dort des Bleibens nicht mehr. Am 25. und 26. November sammelten sich die Dragonerabteilungen aus Sunzel, Kaipen, Fiftehlen und Altenwoga in Römershof, wo eine Schwadron unter dem Rittmeister v. St. stand. Gleichzeitig fanden sich dort auch die Flüchtlinge aus den benachbarten Gütern ein, so daß sich am 26. November im Schlosse Römershof 102 Dragoner unter einem Rittmeister und zwei Kornetts, 21 waffenfähige Herren und Jäger und mehrere Frauen und Kinder befanden.

Durch Flüchtlinge gelangte die Nachricht nach Römershof, daß das ganze Land ringsumher in hellem Aufstande begriffen sei, daß die Milizen entfernter Gebiete den Befehl erhalten hätten, sich schleunigst nach Römershof zu begeben, wo die „schwarze Ssotnja“ sich versammelt hätte. Rekognoszierungen bestätigten diese Nachricht. Man stellte fest, daß in den umliegenden Wäldern sich viele Hunderte Bewaffneter aufhielten. Die Beerdigung der ermordeten Dragoner und des Herrn von Hennings konnte nur unter beständigen Scharmützeln vollzogen werden. Die Eisenbahnlinie Dünaburg-Riga war seit einigen Tagen in den Händen der Revolutionäre, desgleichen die Telegraphenlinie. Beide Verkehrsmittel wurden von den Aufständischen in Betrieb genommen, was für sie mit um so weniger Schwierigkeiten verbunden war, als ein großer Teil des technischen Personals aus Letten bestand.

Die Lage der in Römershof Eingeschlossenen war äußerst kritisch. Der Proviant für Menschen und Pferde war schwer zu beschaffen, und was das Schlimmste war, die Dragoner hatten nur sehr wenig Munition (30 Patronen pro Mann). Da beschloß der kommandierende Offizier den Rückzug nach Riga, das dünaabwärts etwa 80 Kilometer entfernt war. Am 27. November rückten die Belagerten, während die Revolutionäre eine Volksversammlung abhielten und ihre Posten durch ein Scheinmanöver getäuscht wurden, auf der Landstraße nach Riga längs der Düna ab. Bei Lennewarden, etwa 60 Kilometer vor Riga, stieß die Spitze des Zuges auf starke Massen Revolutionärer. Ein Versuch, sie zu umgehen, war nicht möglich. Links, parallel der Straße, war die im Eisgang befindliche, sehr breite Düna, rechts die Eisenbahnlinie, die von einem armierten Zuge besetzt war, von dem aus ein starkes Feuer eröffnet wurde. Ein Rückzug, an und für sich aussichtslos, erwies sich gleichfalls als unmöglich, da die Aufständischen eine im Rücken der Flüchtlinge befindliche Schlucht sofort besetzt hatten. Nach Schätzung der Augenzeugen und nach Aussagen der Revolutionäre waren hier ca. 4000 Milizen im Gefecht. Es blieb nichts anderes übrig, als den Versuch zu wagen, nach vorn durchzubrechen, und zwar auf der Landstraße, da ein Abweichen vom Wege wegen des Schnees und sonst ungünstigen Terrains nicht möglich war. Die Landstraße aber wurde von einem langen, massiv steinernen Gebäude beherrscht, das stark besetzt war. Ein Versuch, das Gebäude zu stürmen, scheiterte.

Da befahl der Rittmeister v. St. den Durchbruch am Gebäude vorbei. Trotz des mörderischen Feuers aus den Fenstern und unter dem Dach hervor, gelang es dem größten Teil der Dragoner, durchzubrechen. Der Train jedoch mit ca. 20 Dragonern (darunter die in Kaipen entwaffneten) und sämtlichen Flüchtlingen blieb zurück. Rittmeister v. St., dem das Pferd unter dem Leibe erschossen worden war und der eine schwere Kontusion erlitten hatte, geriet in Gefangenschaft der Aufständischen. Die übrigen Dragoner, etwa 80 Mann, unter ihnen zwei Kornetts, schlugen sich durch, doch wurden sie beim Bahndamm, wo aus einem Eisenbahnzuge eine Bombe auf sie geschleudert wurde, nach Norden abgedrängt. Sie gelangten nach vielen Irrfahrten nach Segewold an der Bahnlinie Petersburg-Riga. Unterwegs trafen sie beständig auf bewaffnete Milizen, die nach Süden strebten, meist in herrschaftlichen Equipagen, die von ihnen auf den Gutshöfen requiriert worden waren, nachdem sie die Herrenhäuser ausgeplündert und eingeäschert hatten. Die Milizen wurden von den erbitterten Dragonern niedergemacht. Der Bericht des sozialdemokratischen Zentralkomitees sagt hierzu lakonisch: „In dieser Nacht wurden Überfälle auf die Güter gemacht und diese verbrannt. In den Weinkellern betrank sich die Miliz, stieß auf 80 Dragoner und wurde geschlagen." So zogen die Dragoner, die ihren Schwadronskommandeur verloren hatten, die die ihnen anvertrauten Flüchtlinge, darunter Frauen, junge Mädchen und Kinder, einem ungewissen, wahrscheinlich schrecklichen Schicksal hatten überlassen müssen, durch die eisige Winternacht, vorbei an den brennenden Gutshöfen, umlauert von unbekannten Gefahren, immerfort aus dem Hinterhalte beschossen, ihrerseits alle Bewaffneten, auf die sie stießen, niedermachend, eine furchtbare Racheschar!

Inzwischen blieben die Flüchtlinge in Lennewarden in

einer verzweifelten Lage zurück. Sie hatten nach einem aus der Entfernung geführten Feuergefechte die Frauen und Kinder in einer Scheune untergebracht und erwarteten nach Einbruch der Dunkelheit jeden Augenblick einen allgemeinen Angriff. Dieser erfolgte jedoch nicht, vielmehr erschien nach zwei Stunden ein Parlamentär, mit dem eine Art Kapitulation vereinbart wurde. Darnach sollten die deutschen Herren ihre Gewehre bis auf je einen Revolver ausliefern, während die Dragoner ihre Gewehre behalten konnten. Alle Flüchtlinge sollten im Schloß Lennewarden die Nacht verbringen und anderen Tags in einem ihnen zur Verfügung gestellten Eisenbahnzuge nach Riga freien Abzug erhalten. Zur Sicherheit sollten sechs unbewaffnete Milizen als Geiseln gestellt werden, die erschossen werden dürften, falls die Aufständischen die Vereinbarung nicht einhielten. Auf Grund dieser Kapitulation zog nun der ganze Zug der Flüchtlinge nach Schloß Lennewarden, das mit Milizen gefüllt war. Etwa zwei Stunden darauf erschienen fremde Milizen aus Kokenhusen. Diese erklärten die Kapitalation für null und nichtig, entwaffneten die Herren und Dragoner und führten einen Teil der Flüchtlinge mit sich nach dem etwa 45 Kilometer dünaaufwärts belegenen Schloß Kokenhusen, wo sich eine Art provisorischer Regierung unter einem Delegierten des Föderativkomitees etabliert hatte. Diese Regierung hatte jedoch nur wenig Einfluß, da nicht nur die einzelnen Exekutivkomitees, sondern auch das freie Volk eigene Wege gehen wollten. Es herrschte daher eine furchtbare Verwirrung, die durch die Angst vor anrückendem Militär noch gesteigert wurde. Wie die Glieder des Föderativkomitees später erklärten, hatten sie damals die Führung über die erregten Volksmassen vollständig verloren. Der Bericht des Zentralkomitees über diese Vorgänge zeigt gleichfalls, welch eine Unordnung damals herrschte; er ist voller bitterer Bemerkungen über einzelne Komitees, Milizen und Personen, die sich entweder nicht den Befehlen der „Vorgesetzten" fügen wollten oder ihre Kompetenzen überschritten. Es zeigte sich eben, daß der durch die sozialdemokratische Organisation gegebene äußere Firnis vor den entflammten Leidenschaften nicht standhielt, trotz aller Freude am Soldatenspielen und Regieren, die sich in Kleinigkeiten immer wieder zeigte und beim oberflächlichen Beobachter die Vorstellung von Disziplin, Ordnung und Zielbewußtsein hervorrufen konnte.

Über die weiteren Vorgänge in Lennewarden und Kokenhusen berichtet ein Augenzeuge folgendes:[1])

„Nach Abzug der Kokenhusenschen Milizen mit einem Teil der Gefangenen blieben die übrigen Gefangenen während der Nacht auf Schloß Lennewarden interniert und taten natürlich kein Auge zu. Die Bauern teilten ihnen mit, das Schloß werde in der Nacht in Flammen aufgehen und sie alle würden mit verbrennen. Dieses kam jedoch nicht zur Ausführung.

Am Montagmorgen (28. November), um 10 Uhr, fand ein Volksmeeting zwecks Aburteilung der Gefangenen statt. Dort wurde folgender Beschluß gefaßt: die einzelnen Gefangenen werden in ihre resp. Gemeinden zurückgeschickt, wo über sie weiter abgeurteilt werden soll. Die Gefangenen wurden auf eine Veranda geführt und „dem Volk gezeigt". Ringsum standen Leute mit dem Gewehr im Anschlage. Nach der Beschlußfassung wurde den Gefangenen zehn Minuten Zeit gegeben, damit sie sich fertig machten. Sie wurden dann von einem lärmenden, bewaffneten Haufen ins Gefängnis, den Hofeskrug, abgeführt. Es waren 18 Personen, darunter auch eine Dame. Einige Erkrankte und die Kinder wurden im

[1]) Dieser Bericht stimmt in allen wesentlichen Punkten mit den Berichten anderer Augenzeugen überein.

Schloß zurückgelassen. An der Krugstubentür polterten und zerrten Männer und Weiber und schrien, sie wollten die Gefangenen totschlagen. Tische und Bänke wurden aus der Stube entfernt, so daß die Gefangenen auf der Diele liegen und sitzen mußten. Vor die Fenster wurden Eisenstangen geschlagen.

Gegen 4 Uhr nachmittags kam ein Telegramm vom Kokenhusener Komitee, durch welches sofortige Freilassung aller Damen und Kinder angeordnet wurde, während sämtliche Herren nach Schloß Kokenhusen übergeführt und dort interniert werden sollten. Gegen 6 Uhr wurden die Herren unter Eskorte per Bahn dorthin gebracht. Unterwegs wurde auch der verletzte und dann gefangen genommene Rittmeister v. St. in ihren Waggon gebracht. Als der Zug Römershof passierte, wartete dort eine große Volksmenge, der die Gefangenen bei Kerzenbeleuchtung und unter Schimpfworten vorgeführt und gezeigt wurden.

Zum Empfang in Kokenhusen, am Montag, dem 28. November, abends war eine tausendköpfige bewaffnete Menge erschienen. Die Gefangenen wurden im Schloß im Souterrain hinter vergitterten Fenstern nach dem System der Einzelhaft interniert.

Der Dienstag verging verhältnismäßig ruhig. Am Mittwoch rückte von Dünaburg her eine Militärabteilung heran, bestehend aus entlassenen polnischen Reservisten und ca. hundert Infanteristen. Die Gefangenen wurden nun von den Revolutionären aufgefordert, „um Blutvergießen zu vermeiden", einen Parlamentär zu den Truppen zu schicken, und zwar bestimmten die Bauern selbst dazu Rittmeister v. St. und Herrn v. Petersenn. Herr v. St. kehrte erst spät abends allein zurück, nachdem er dem Militär die Lage der Gefangenen geschildert hatte. Das Militär verschanzte sich in Stockmannshof, um weitere Truppensendungen abzuwarten.

Am Donnerstag, dem 1. Dezember, morgens, herrschte große Aufregung. Die Führer der Bauern erklärten, sie hätten die Macht über das Volk verloren, das die Auslieferung der Internierten verlange. Um 10 Uhr fand ein großes Volksmeeting in dieser Frage statt. Das überraschende Resultat war, daß alle freigelassen wurden, mit Ausnahme von Herrn v. Petersenn, dem Sohn von Pastor St. zu Linden, Maximówitsch und den Tscherkessen. Die anderen konnten nach Riga fahren. Die Familie St. nebst acht Herren, die sich ihnen zu ihrem Schutz angeschlossen hatten, sollten zurück nach Linden.

Die Freigelassenen, die auch Herrn v. Petersenn in ihre Mitte genommen hatten, wurden in einem Güterwagen placiert. Im letzten Moment wurde Herr v. Petersenn aus ihrer Mitte gerissen und blieb zurück. Der Zug ging zuerst ganz langsam, später schneller nach Römershof.

Auf der Station hielt ein Redner mit blauer Brille eine Ansprache, in der er unter anderem erklärte, die Herren seien „aus Livland ausgewiesen", müßten in ihr „Vaterland" zurückkehren und „dürften nie wieder hierher zurückkommen".

Die zurückbehaltenen Gefangenen wurden in zwei Gruppen geteilt. Die eine von ihnen bildeten der obenerwähnte Pastor St. aus Linden mit seiner Familie und acht Herren des „Selbstschutzes", welche die letzte Zeit hindurch auf dem Gute Odensee (Kreis Wenden) stationiert gewesen waren und am 26. November den Pastor und seine Familie zur Eisenbahnstation Kokenhusen eskortiert hatten, wo sie erfuhren, daß der Bahnverkehr eingestellt sei und die Bahn sich in Händen der Revolutionäre befände. Da die Nacht inzwischen hereingebrochen war, so beschlossen die Flüchtlinge, sich in dem verlassenen Pastorate, das einige Kilometer von der Eisenbahnstation entfernt liegt, so gut es ging einzurichten und zu übernachten. Wir lassen hier den anschaulichen Bericht eines der acht Herren vom „Selbstschutz"[1]) über die Vorgänge, die sich nun abspielten, folgen: „Kaum hatten wir uns häuslich eingerichtet, als zwei Individuen, ein Student und ein Bauer, an die Tür klopften und uns zur Abgabe aller Waffen aufforderten. Widerstand sei zwecklos, da das Haus von einigen hundert Mann umstellt und unsere Pferde bereits fortgebracht seien. Wir wiesen natürlich diese liebenswürdige Aufforderung dankend ab und einige Minuten später begann ein lebhaftes Gewehrfeuer gegen das Haus, welches von uns sofort erwidert wurde. Die Zwischenzeit hatten wir so gut wie möglich benutzt und uns zur Verteidigung eingerichtet, Türen und Fenster mit Matratzen, Schränken usw. versperrt und uns Schützen auf die Räumlichkeiten des Hauses verteilt, während die Damen an einem geschützten Ort in Sicherheit gebracht wurden. Von jetzt ab stand ein jeder stundenlang auf seinem Posten, schoß und wurde wieder beschossen, so daß bald kein Fenster und kein Möbelstück in der Pfarre mehr heil war.

Gegen Morgen erschien nach kurzer Feuerpause einer der Anführer und forderte uns nochmals zur Übergabe auf, uns das Zwecklose eines weiteren Widerstandes vor Augen haltend, doch vergebens, und so begann die Schießerei von neuem. Leider waren wir beim Schießen sehr im Nachteil, da wir in dem sehr leicht gebauten und mit einem Holzdache versehenen Hause fast vollständig dem Feuer des Feindes preisgegeben waren, während dieser selbst durch umliegende Gehöfte, starke Baumstämme und das wellige Gelände reichlich Schutz und Deckung fand, so daß wir unsere Schüsse nur auf aufblitzenden Feuerschein hin oder gegen Bäume, hinter denen wir einen Gegner vermuteten, abgeben konnten. Inzwischen war unsere

[1]) „In Gefangenschaft russischer Revolutionäre", von Oberleutnant a. D. Habenicht, veröffentlicht in der „Straßburger Post", 1906.

Lage immer schlimmer geworden. Wir hatten in der leerstehenden Pfarre weder Wasser noch Nahrungsmittel vorgefunden; Hunger und Durst machten sich daher unangenehm fühlbar. Zwei von meinen Kameraden waren verwundet und kampfunfähig geworden, darunter einer, ein Herr v. L., ziemlich erheblich am Kopf und Oberschenkel, während ich selbst mit einem Streifschuß im Mantel davonkam. Unser Nebenhaus war von der Bande angezündet und brannte vollständig ab, so daß für uns ein Aufenthalt in den oberen Räumlichkeiten wegen der dort herrschenden Hitze unmöglich wurde.

Hilfe von auswärts war nicht zu erwarten. Wir mußten daher, als um 2 Uhr mittags wiederum ein Anführer erschien und uns zum letztenmal zur Kapitulation aufforderte, widrigenfalls wir sofort ausgeräuchert werden würden — die Banden hatten inzwischen Spritze und Petroleumfässer hierzu herbeigeschafft —, uns den Bitten des Pastors und der Damen fügen und nach 15stündigem Feuergefecht kapitulieren. Wir Reiter hätten uns ja vielleicht allein durchschlagen können, aber die Damen konnten wir nicht allein ihrem Schicksal überlassen. Bedingungen der Übergabe: Ablieferung der Waffen, dafür freier Abzug und sicheres Geleit bis Riga.

Es war der schwerste Moment für mich in meinem Leben, der ich zwölf Jahre lang preußischer Soldat gewesen war, jetzt mein Gewehr diesen Räuberbanden auszuliefern. Mit Tränen in den Augen, den ersten seit Jahren, mußte ich mich der Allgemeinheit fügen und das Zwecklose eines weiteren Widerstandes einsehen. Zum Glück hatte ich noch schnell vorher meine Munition in einen gewissen Ort geworfen, so daß die Banden wenigstens von meiner Waffe — einer elfschüssigen Winchesterbüchse mit selten verlangtem Kaliber — kaum Gebrauch werden machen können. Nach gründlicher Untersuchung des Hauses und unseres Gepäcks nach etwa versteckten Waffen wurden wir — die Damen und Verwundeten zu Wagen — nach dem eine halbe Stunde entfernt gelegenen Gemeindehause von einer tausendköpfigen, fast durchweg bewaffneten Menschenmenge eskortiert, die es unterwegs an den unflätigsten Schmähreden und Schimpfworten nicht fehlen ließ.

Im Gemeindehause wurde uns nach zweistündiger Volksberatung vom Komitee mitgeteilt, daß es uns keine Sicherheit für freien Abzug geben könnte, da das Volk durchaus unseren Tod wolle; daß wir aber im Schloß von Kokenhusen in Gefangenschaft gehalten werden sollten, bis weitere Befehle aus Riga gegeben würden. Gegen die Wut des Volkes selbst sollten wir durch eine Schutzwache von 50—60 Mann besserer Elemente geschützt werden. Und so geschah es auch. Wir wurden ins Schloß gebracht und dort die ganzen Tage über während unserer Gefangenschaft von diesen Leuten gegen den immer wieder andringenden Pöbelhaufen, der uns durchaus lynchen wollte, geschützt. Als Aufenthaltsort waren uns zwei mit Eisengitter versehene Kellerräume angewiesen; in dem einen richteten sich die Damen und ein treu ergebenes Dienstmädchen so gut als möglich ein, in dem anderen wir Männer. Zum Schlafen erhielten wir zu zwei eine Matratze. Die Verpflegung war einfach, aber reichlich und sauber. Morgens Tee, jeden Mittag Kohlsuppe, jeden Abend Hering mit Brot. Die Wirtin erklärte uns, sie würde uns gern Kaffee und besseres Essen bringen, aber es sei ihr streng so vorgeschrieben worden. Das Komitee der Revolutionäre — aus dem griechischen Priester von Kokenhusen,[1]) einem Lehrer, einem jüdischen Metzger,

[1]) Namens Karp. Er wurde später von der Strafexpedition des Generals Meinhardt festgenommen und, wie alle bei der revolutionären Bewegung beteiligten Popen, der geistlichen Obrigkeit zur Aburteilung überwiesen. In den meisten Fällen erhielten die revolutionären Popen nur Verweise oder Strafversetzungen, während die von ihnen verführten

einer Bäuerin und zwei Rednern aus Riga, welche die Versammlungen auch immer leiteten — kam täglich, erkundigte sich nach unserem Ergehen und fragte nach Wünschen.

Ich kann nicht umhin, anzuerkennen, daß sich die Führer sehr anständig benommen haben und unsere Lage stets zu bessern versuchten. Nur ihnen haben wir es zu danken, daß wir von dem Pöbel, der sich wie Bestien gebärdete, nicht in Stücke zerrissen wurden. Auch unser Kerkermeister, ein Tischler und ehemaliger Dragonerunteroffizier, war sehr liebenswürdig zu uns und hat unser Los auf jede nur mögliche Art zu erleichtern versucht. Der Arzt durfte täglich unsere beiden Verwundeten verbinden, doch war es ihm streng untersagt, sich mit uns zu unterhalten. Am zweiten Tage unserer Gefangenschaft erfuhren wir, daß wiederum einige Gefangene eingebracht und in Zellen neben uns untergebracht waren. Auch diese hatten sich nach mehrstündigem Feuergefecht ergeben müssen. Es waren ein Herr und Frau v. Sch., ein Dragonerrittmeister v. St. und noch verschiedene Selbstschutzherren. Über unser weiteres Geschick waren wir inzwischen vollständig im unklaren, bis am Donnerstag, den 14. Dezember, das Komitee uns erklärte, es sei Befehl aus Riga eingetroffen, wir sollten der Gemeinde Oselshof, in der Pastorat Linden liegt, zur weiteren Aburteilung überwiesen und unter sicherer Bewachung dorthin gebracht werden. Als wir uns auf die Kapitulationsbedingungen — freies Geleit bis Riga — beriefen, erklärten die Führer, sie hätten jede Macht über das Volk verloren. Bisher sei alles von ihnen zu unserem Schutze geschehen und sie würden es auch weiterhin versuchen. Wenige Minuten später fuhren wir unter starker Bedeckung ab, einer

---

Bauern erschossen wurden, nach dem Grundsatze: si duo faciunt idem, non est idem.

ungewissen Zukunft entgegen. Auch in Oselshof wurden wir von den Banden mit den gemeinsten Schmähreden empfangen, und revolutionäre Lieder nach den Melodien „Zu Mantua in Banden" und „Ein feste Burg ist unser Gott" tönten uns entgegen, doch allmählich stumpft man gegen solcherlei Empfang vollkommen ab. Die Verpflegung ließ hier sehr zu wünschen übrig. Außer Morgenkaffee bekamen wir nur abends um 10 Uhr gekochten Speck mit Brot und Wasser, in einer blechernen Kakaobüchse serviert. Auch hier wurde sofort das „Volk", mehrere tausend Menschen, zusammenberufen und wir einzeln verhört. Ein Führer begann das Verhör mit mir mit den Worten: „Ich frage Sie im Namen der lettischen Republik, wer Sie sind ..." Als er aus meinem Paß sah, daß ich preußischer Oberleutnant gewesen war, fragte er: „Na, da können Sie wohl gut schießen", worauf ich nicht umhin konnte, ihm zu antworten: „Selbstverständlich, ausgezeichnet sogar." Sonnabend früh teilte mir ein anderer Mensch vom Komitee mit, daß ich und einer meiner Kameraden, ein Student, auf Befehl vom Oberkomitee in Riga hin als Reichsdeutsche sofort freizulassen seien. Ich antwortete ihm, allein wolle ich nicht frei sein, entweder alle oder keiner. Bisher hätte ich mit meinen Leidensgenossen alles durchgemacht und wolle es auch bis zum Ende tun. Doch nachmittags erschien er wieder und erklärte, es sei strikter Befehl, mich sofort nach Riga fahren zu lassen; falls ich nicht freiwillig ginge, würde ich mit Gewalt abgeschoben. So blieb mir nichts anderes übrig, als am nächsten Morgen mit meinem Kameraden zusammen die bereitgestellte Extrapost zu besteigen und nach herzlichem Abschied von den zurückbleibenden Gefangenen unter dem Schutze eines Freipasses die Reise nach Riga anzutreten. Diesen Paß, der mit zwei Stempeln der revolutionären Partei versehen war, werde ich mir zur angenehmen Erinnerung an diese Episode meines Lebens stets aufbewahren. Dank diesem Passe kamen wir ungehindert durch alle Bauernpatrouillen durch, die alle Wegegabelungen usw. besetzt hielten. Nur einmal wurden wir unterwegs aus einem Hause beschossen, doch ohne Erfolg. In Riga angekommen, wurde ich von allen Seiten mit Fragen bestürmt und mußte erzählen und wieder erzählen. War es doch der erste Zug, der in Riga seit zehn Tagen von Dünaburg her mit der gnädigen Erlaubnis der Herren Revolutionäre einlief."

Die Familie des Pastors St. und die übrigen Herren des „Selbstschutzes" blieben noch bis zum 18. Dezember 1905 in Gefangenschaft der Revolutionäre, die nicht recht wußten, was sie mit ihnen anfangen sollten.[1]) Nachdem der erste Blutrausch verflogen war, schreckten die Revolutionäre vor einer Massenhinrichtung zurück und begnügten sich damit, auf endlosen Volksversammlungen und Gerichtssitzungen mit dem Leben der Gefangenen zu spielen, die von Ort zu Ort geschleppt und dem freien Volk zu dessen Erbauung vorgezeigt wurden als lebender Beweis für die lettische Herrschaft. Endlich, als sich Dragoner des Generals Meinhardt dem letzten Aufenthaltsorte der Gefangenen (Tolckenhof) näherten, wurden sie auf Beschluß der vereinigten Delegiertenversammlung der Gemeinden Saussen, Oselshof, Odensee, Fehteln, Hirschenhof, Kalzenau, Martzen, Bersohn und Festen (Kreis Wenden) freigegeben gegen Bezahlung der Verpflegungskosten.

Wir kehren jetzt zu den Vorgängen in Kokenhusen vom 1. Dezember zurück. Die zweite Gruppe der nicht freigelassenen Gefangenen bestand aus dem ehrenamtlichen Kreischefsgehilfen Petersenn, dem etatsmäßigen Polizeibeamten Maximówitsch

[1]) Vgl. den Bericht eines der Gefangenen in „Düna-Zeitung" 1905, Nr. 283.

und drei Tscherkessen, die den Polizeichargen wegen der steten Lebensgefahr, in der sie schwebten, in letzter Zeit als Leibwächter beigegeben waren. Gegen diese fünf Unglücklichen richtete sich die Wut des Volkes in so hohem Grade, daß ihr Leben von den gemäßigten Elementen nicht gerettet werden konnte.

In dem Bericht des sozialdemokratischen Zentralkomitees heißt es: „Die Menge verlangte, daß sämtliche Gefangene erschossen würden. Es wurde beschlossen, fünf zu erschießen. 15 wurden in einen Waggon gesetzt. Auf der Brücke wurden die fünf erschossen. Petersenn soll gesagt haben: „Habt ihr denn keinen Gott!" Die übrigen wurden in Römershof befreit." So der Bericht. Aus der späteren Untersuchung wissen wir, daß die Unglücklichen vor dem langsam fahrenden Eisenbahnzuge bis zur etwa zwei Kilometer von der Station entfernten Brücke über die Perse geführt und dort niedergeschossen wurden. Die Leichen wurden dann von der Brücke auf das Eis der in einer tiefen Schlucht fließenden Perse gestürzt, wo sie schrecklich verstümmelt viele Tage liegen blieben, bis sie von den Angehörigen Petersenns abgeholt und in geweihter Erde bestattet werden konnten. Petersenn und Maximówitsch gehörten zu den schneidigsten und tapfersten Polizeibeamten, die unzählige Male ihr Leben bei Erfüllung ihrer schweren Pflicht eingesetzt hatten. Wie durch ein Wunder waren sie bisher dem Tode entgangen.[1]) Jetzt mußten sie mit ihrem Blut ihre treue Pflichterfüllung büßen. Ehre ihrem Andenken!

---

[1]) Wladimir Maximówitsch war Kanzleibeamter des Kreischefsgehilfen v. Hennings in Römershof. Er wurde während des Sommers 1905 zweimal aus dem Hinterhalte verwundet. Das eine Mal erhielt er drei Kugeln. Kaum ausgeflickt, mit unvernarbten Wunden, nahm der Unermüdliche seinen Dienst wieder auf.

Während sich die entsetzlichen Vorgänge in Lennewarden und Kokenhusen abspielten, zogen bewaffnete Banden von Gut zu Gut, gewöhnlich auf requirierten herrschaftlichen Equipagen. Auf den verlassenen Gutshöfen trafen sie fast nirgends auf Widerstand. Meist gesellte sich ihnen ein Teil der Hofesleute und Arbeiter zu. Dann wurde das Herrenhaus gestürmt, Türen und Fenster eingeschlagen, die brauchbaren Gegenstände herausgeschleppt und unter die Plünderer verteilt, die zerschlagenen Möbel, Bilder, Spiegel, Bücher zu großen Scheiterhaufen in den Zimmern aufgetürmt, mit Petroleum begossen und angezündet. Während das Haus in Flammen stand, während die seit Generationen gesammelten Kunstschätze, Gemälde berühmter Meister, herrliche Kupferstiche, Skulpturen, altes Porzellan, wertvolle Bibliotheken und Archive in wenigen Stunden ein Raub der Flammen wurden, feierte die vertierte Menge mit gestohlenem Wein Orgien angesichts der Vernichtung, sich um den Raub zankend und revolutionäre Lieder grölend. Dann zog die betrunkene Bande beutebeladen zum nächsten Gutshof, um auch dort ihrer vandalischen Lust zu frönen. An einzelnen Orten wurden treue Beamte und Dienstboten, die der Zerstörung entgegentraten, kurzerhand niedergemacht. So wurde am 1. Dezember in Odsen (Kreis Wenden) der Inspektor Döllen und ein russischer Kutscher ermordet und in die Flammen des brennenden Herrenhauses geworfen.[1])

Unter ähnlichen Umständen wurde am 30. November der deutsche Unterinspektor Schubbe in Praulen (Kreis Wenden), am 5. Dezember der Gutspächter Hirsch, ein Lette, in Meiran

[1]) Der Bericht des Zentralkomitees sagt über diesen Vorgang: „In Odsen belagerte die Miliz das Gut mitsamt den Kosaken. Die Kosaken flohen auf einem geheimen Wege (sic!). Der Inspektor verwundete einen aus der Miliz, wofür er und noch ein „Spion" erschlagen und nachher in die Flammen geworfen wurde."

(Kreis Wenden), am 17. Dezember ein deutscher Diener in Katzdangen (Kreis Hasenpoth) ermordet.

Überall aber wurde geraubt und gestohlen. In einzelnen Fällen wurden ganze Wagenladungen gestohlener Sachen fortgeführt. Der Charakter des Racheakts, den die sozialdemokratische Presse diesen Vorgängen verleihen will, läßt sich angesichts dieser Tatsachen schwer festhalten. Man müßte ihn denn in der vandalischen Freude an der Zerstörung der nicht stehlbaren Gegenstände erkennen. So wurden z. B. in vielen Gewächshäusern und Orangerien die kostbaren Pflanzen durchsägt oder verstümmelt. Solche Fälle sind uns aus den Schlössern Alt-Schwaneburg (Kreis Walk) und Odensee (Kreis Wenden) bekannt. Die gerichtlichen Untersuchungen dieser Vorgänge, die erst kürzlich begonnen haben, bringen immer ekelhaftere Details über diese sogen. Racheakte des freien Volkes an das Tageslicht. In Taurup (Kreis Riga) wurde der Sarg des am 20. November ermordeten Herrn v. Transehe mit Petroleum begossen und angezündet; er verbrannte mit dem väterlichen Hause. Immer deutlicher erscheint der große Mordbrand im November und Dezember 1905 als ein Raubzug in großem Stil der von den Volksführern fanatisierten Menge, begangen in der sozialdemokratischen Hypnose.

Im Laufe weniger Tage wurden in Südlivland 72, in Kurland 43 Herrenhäuser niedergebrannt.[1]) In einzelnen Fällen wurde der ganze Gutshof eingeäschert, besonders dort, wo die Menge hartnäckigen Widerstand gefunden hatte, wie in Stomersee und Alt-Kalzenau.[2]) Von anderen Fällen seien

[1]) Vgl. das Verzeichnis im Anhange. Dort sind bei Livland auch die 12 im estnischen Teil niedergebrannten Herrenhöfe angeführt. Von den 45 in Kurland niedergebrannten Herrenhäusern sind Zennhof und Remten erst im Juli 1906 eingeäschert worden.

[2]) S. oben S. 237.

hier Horstenhof, Odsen, Sawensee und Sermus, alles Güter im Wendenschen Kreise, erwähnt. Auf dem letzteren Gute verteidigte sich der Besitzer, Baron Kr., ein älterer Herr, mit seinen Neffen und einem treuen Jäger, alles vortreffliche Schützen, eine ganze Nacht hindurch, bis sie dadurch zum Rückzuge gezwungen wurden, daß der ganze Hof rund herum angezündet wurde. Es gelang den Belagerten, in der Morgenfrühe im Kugelregen ein paar Pferde vor einen Schlitten zu schirren, mitten durch die Flammen zu brechen und querfeldein in wilder Fahrt beständig schießend zu entkommen.

So zerstörte blutiger Wahnsinn in einigen Tagen die Kulturarbeit vieler Generationen. Blindwütig, dumm und nutzlos. Eine jammervolle Manifestation des lettischen Volkes! Eine unvergeßliche Großtat der Sozialdemokratie!

Was an Kulturwerten in diesen Tagen der Tobsucht zugrunde gegangen ist, läßt sich schwer einschätzen. Die materiellen Schäden waren sehr groß. Nach der amtlich anerkannten Schätzung der wirtschaftlichen Schäden an eingeäscherten Gebäuden, Wirtschaftsinventar und landwirtschaftlichen Produkten betrugen die Verluste in Südlivland allein 3 468 900 Rubel, wovon 2 890 600 Rubel auf die meistbetroffenen Kreise Riga und Wenden entfallen. Bei dieser Schätzung sind nicht in Betracht gezogen worden das Mobiliar und die persönliche Habe der Geschädigten, die in vielen Fällen große Werte repräsentierten, ebensowenig die indirekten, durch Störung der landwirtschaftlichen Betriebe entstandenen Verluste, so daß die Gesamtverluste für Südlivland allein auf etwa 5 Millionen Rubel geschätzt werden können. Unberechenbar und unersetzlich sind aber die Verluste an Dingen, die einen Affektionswert besitzen, Familienarchiven, Bibliotheken, die liebevoll von

Generationen gesammelt worden waren, Ahnenbildern und allen den vielen Gegenständen, an denen liebe Erinnerungen hafteten.

Wir haben im vorstehenden den Ausbruch der offenen Revolution in Südlivland geschildert und nur gelegentlich Kurland gestreift. Wir müssen nun auch in kurzen Zügen die Katastrophe in Kurland darstellen, indem wir aus der erdrückenden Fülle der Geschehnisse einzelne typische Fälle herausgreifen. Über Kurland war, wie wir erfahren haben, schon am 6. August 1905 der Kriegszustand verhängt worden. Bei dem völlig ungenügenden Militär und der schwächlichen Handhabung des Oberbefehls durch den Militärgouverneur Böckmann hatte der Kriegszustand nur eine geringe Wirkung. Immerhin trat eine relative Besserung ein. Der ganz unfähige Gouverneur Swerbéjew blieb zwar noch auf seinem Posten bis zum 30. Oktober, führte aber eine Schattenexistenz, was für die allgemeine Lage nur heilsam war. Diese war auch schon dadurch günstiger als im benachbarten Livland, daß ein Teil der etatsmäßigen Polizeibeamten aus Landeskindern bestand, die wenigstens nach Kräften ihre Pflicht taten. Das kommende Unheil aufzuhalten waren natürlich auch sie nicht imstande.

Nach dem Erlaß des Manifestes vom 17. Oktober traten auch in Kurland in Stadt und Land dieselben Erscheinungen zutage wie in Livland. Im November wurden überall die Regierungsorgane für abgesetzt erklärt und fast in allen Bauergemeinden Exekutivkomitees eingesetzt, welche die Regierung übernahmen, die Gemeindekassen einzogen, Steuern ausschrieben, die Pastoren absetzten oder boykottierten und die Volksmilizen bewaffneten. Ende November[1]) bestand das

[1]) Im Dezember kamen noch 61 dazu, so daß in Kurland im ganzen 190 Republiken existiert haben. Vgl. Anhang.

ganze Land gleich dem südlichen Livland aus einer großen Menge kleiner Republiken (129).

Die Vorgänge, die sich nun abspielten, sind im großen und ganzen dieselben wie in Livland. Ging doch die Leitung des Aufstandes von derselben Zentrale aus. Dieselbe Betörung des Volkes durch die sozialdemokratischen Führer, derselbe sich steigernde Wahnsinn, dasselbe Gespenst der „schwarzen Ssotnja", dieselben Greueltaten!

Am 17. November, an demselben Tage, an dem die Brüder v. Aderkas in Seßwegen in so schändlicher Weise ermordet wurden, überfiel eine Bande das Schloß Kabillen (Kreis Talsen) und ermordete den Administrator Baron Meerscheidt gen. Hüllessem, nachdem sie seine Wohnung ausgeraubt hatte. Am 27. November wurde Dr. Adolf Katterfeld in Waldheim (Kreis Tuckum) auf Befehl des sozialdemokratischen Komitees erschossen.

Wir können alle Greuel dieser November- und Dezembertage nicht aufzählen. Eine anschauliche Schilderung der Vorgänge im Tuckumschen Kreise durch Augenzeugen findet sich in verschiedenen deutschen Zeitschriften.[1])

Das, was bei der Revolution in Kurland ganz besonders interessant ist, ist der Umstand, daß hier fast alle Städte vollständig in die Hände der Revolutionäre gerieten, darunter die Hafenstadt Windau, wo merkwürdigerweise neben den lettisch-russisch-jüdischen Revolutionären auch das polnische Revolutionskomitee eine Rolle spielte. Die Besatzung der Stadt:

---

[1]) Vgl. A. Freifrau v. Drachenfels: „Meine Erlebnisse während der Revolution in Kurland." Velhagen und Klasings „Monatshefte" XX, 1905/06, S. 448 ff. Baron P. v. Vistram: „Tuckumer Tagebuch." „Der Deutsche." III., H. 16, 1906. Vgl. auch Elsa Bernewitz: „Aus Kurlands Schreckenstagen." „Kapellenblatt" 1907, Januar. M. Ast: „Im Schlosse Behnen in Kurland zur Zeit der Revolution 1905." Hohensalza 1906.

zwei Kompagnien Infanterie, wurde am 28. November genötigt, abzuziehen. Derselbe Vorgang am 28. November in Friedrichstadt. Sogar auf Mitau versuchten die Revolutionäre am 28. November einen Anschlag, wurden aber mit einem Verlust von 16 Toten zurückgeschlagen. An demselben Tage fand auch bei Grünhof, etwa 20 Kilometer von Mitau, ein Zusammenstoß mit Dragonern statt, wobei die Aufständischen 15 Mann, darunter 7 Tote, verloren. Auch in Tuckum fand am 28. November ein blutiger Zusammenstoß zwischen den Revolutionären und Dragonern statt, wobei ein Dragoner und 35 Revolutionäre fielen. Dieser Vorgang war der Vorbote von Ereignissen, welche das kleine kurländische Landstädtchen von 7600 Einwohnern weit über die Grenzen der Heimat hinaus bekannt gemacht hat, ja unzweifelhaft zu der Entsendung größerer Truppenmassen in die Ostseeprovinzen und damit zur Niederwerfung des offenen Aufstandes geführt haben.

Aus dem Bericht über die kriegsgerichtlichen Verhandlungen in Sachen der Revolution in Tuckum vom Januar und Februar 1907 entnehmen wir folgende Tatsachen: In Tuckum standen unter dem Rayonchef Oberstleutnant der Infanterie Müller eine Kompagnie (15.) des 180. Windauschen Infanterieregiments (50 Mann) und eine halbe Schwadron (40 Mann) des 4. Pleskauschen Leib-Dragonerregiments. Im November mehrten sich die Anzeichen dafür, daß die zum weitaus größten Teile aus Letten und Juden bestehende Bevölkerung des Städtchens eine bewaffnete Erhebung plane. Bei einem Versuch bewaffneter Banden, das Gefängnis zu stürmen, kam es zu dem oben erwähnten Zusammenstoß mit den Dragonern. Der Oberstleutnant Müller, ein älterer und energieloser Herr, gestattete tags darauf (am 29. November) dem Stadthaupt Krehmanns, einem lettischen Sozialdemokraten, die Aufrechterhaltung der Ordnung einer bewaffneten Bürgermiliz anzuvertrauen. Es sei durchaus nötig, die Milizen zu bewaffnen, da von Talsen her die „schwarze Ssotnja" heranziehe. Die Folge davon war, daß im Laufe der nächsten Nacht die Stadt von großen Mengen Aufständischer, die vom flachen Lande hereinströmten, besetzt wurde. Mehrere Eisenbahnzüge brachten Mannschaften und Waffen aus Riga. Am 30. November war Tuckum in der Macht der Rebellen. Die Soldaten mußten sich in ihre Kasernen zurückziehen. Die Rebellen verlangten Abzug des Militärs nach Auslieferung der Waffen. Der Oberstleutnant Müller lehnte letzteres ab. Sofort begannen die Feindseligkeiten. Die Dragoner, zu denen sich ihre zwei Offiziere und Müller zurückgezogen hatten, wurden in ihrem Stall, einem massiv steinernen Gebäude, belagert und von den nächsten Häusern aus, namentlich von der Kirche und dem lettischen Vereinshaus heftig beschossen. Sie erwiderten nach Kräften das Feuer. Mittlerweile waren die umliegenden Straßen mit Telephon- und Telegraphendrähten versperrt worden. Versuche von auswärts, die Belagerten zu entsetzen, mißlangen. Der Kompagniechef der Infanterie, deren Kaserne am Ausgange der Stadt lag, versuchte zweimal zu den Dragonern durchzudringen, er verlor dabei acht Soldaten (verwundet) und wurde auch selbst verwundet. Er mußte sich mit seinen Leuten nach dem vor der Stadt liegenden Gute Durben zurückziehen. Dort hatten sich zehn deutsche Herren mit vier reichsdeutschen Jägern, acht Kosaken und zwanzig Dragonern verschanzt. Von hier aus hatte der Kreispolizeichef Baron R. mit zwölf Dragonern einen vergeblichen Versuch gemacht, in Tuckum einzudringen. Auch der Leutnant Helenius, der mit einem Zuge Dragoner Flüchtlinge aus dem benachbarten Schloß Neuenburg geleitet hatte und ohne die veränderte Situation zu kennen, in die Stadt eingeritten war, mußte unverrichteter Sache umkehren, nachdem er und vier seiner Leute verwundet worden waren. Er trennte sich von den Flüchtlingen, um den Versuch zu wagen, von einer anderen Seite in die Stadt zu dringen. Die Flüchtlinge, außer einem Herrn, dem Fürsten L., lauter Frauen und Kinder, wurden in Irmlau, etwa 15 Kilometer von Tuckum, von den Aufständischen gefangen genommen. Ihre Schicksale sind von einer der gefangenen Damen, der Baronin Drachenfels, ausführlich geschildert worden.[1]) Sie blieben bis zum 4. Dezember in der Gefangenschaft und haben viel körperliche Strapazen und entsetzliche seelische Qualen erleiden müssen, keinen Augenblick ihres Schicksals sicher, stets den Tod vor Augen. Wie nahe ihnen dieser gewesen, geht aus dem Bericht des Tuckum-Talsenschen sozialdemokratischen Komitees an den III. Parteikongreß hervor, in welchem es heißt: „Die Bauern verlangten ihre Hinrichtung — doch fanden sich solche Einfaltspinsel, die das Volk beschwatzten, daß der Sieg schon auf seiten des Volkes sei, daß die Gutsbesitzer schon keinen Schaden mehr anrichten könnten. Sie wurden freigelassen."[2])

Die Lage der in Tuckum eingeschlossenen Dragoner wurde immer entsetzlicher. Über 24 Stunden wurde der Stall, in welchem sie sich verschanzt hatten, von den benachbarten Häusern und dem Kirchturm aus beschossen. Am Morgen des 1. Dezember schleppten die Revolutionäre zwei Faß Petroleum heran und zündeten eine dem belagerten Stall benachbarte Scheune an. Das Dach des Stalles fing Feuer, und so blieb den Dragonern nichts übrig, als sich zu ergeben oder den verzweifelten Versuch zu wagen, sich durch die Massen der Belagerer und durch die Drahthindernisse durchzuschlagen.

---

[1]) S. oben S. 258 Anm.

[2]) In allen Details ist der Bericht falsch. So wird die Zahl der Flüchtlinge auf „zwanzig Gutsbesitzer" angegeben, während es ein Guts-

Dem Berichte eines Augenzeugen[1]) entnehmen wir die Schilderung der nun folgenden Katastrophe: „Schwarz wirbelte der Rauch über das Dach der kleinen Dragonerschar, gleich einer langen Trauerfahne für die dem sicheren Tode Geweihten. Die ebenso großartige wie erschütternde Szene, welche nun folgte, wird jedem Augenzeugen fürs Leben ein unauslöschliches Bild hinterlassen. Rasch öffneten sich die Pforten der verschanzten Dragonerfestung, entschlossen stürmten die Tapferen, in der einen Hand das Pferd am Zügel, es als Deckung benutzend, in der anderen Hand das Gewehr, vorwärts durch Drähte und alle möglichen Hindernisse. Das unbeschreibliche Geprassel der von Kellerluken, Dächern, Fenstern der Häuser und Kirche entsandten Geschosse war entsetzlich. Es verschwammen die vielen Salven und Schüsse in einem furchtbaren Getöse, das weithin an dem gegenüberliegenden Walde ein schauriges Echo fand. Ein gellendes Hurra durchtönte die Luft. Wunderbarerweise gelang es etwa der Hälfte der Dragoner, sich durch dieses Höllenfeuer durchzuschlagen. Eine Dame sah vom Balkon ihrer Villa, wie zwei Dragoneroffiziere, den Revolver in der Hand, gefolgt von vier Dragonersoldaten, durch den Garten der Villa flüchteten, den Eisenbahndamm an der Mühlenstauung erreichten und schießend und kämpfend in der Richtung nach Durben davonstürmten, verfolgt von einer ganzen Schar von bewaffneten Bauern und überschüttet von Geschossen aller Art. Die Bauern drangen darauf in den Pferdestall der Dragoner, wo nur noch der alte Oberst Müller zurückgeblieben war, der die Hände hochhob

---

besitzer und fünf Frauen waren, zu denen später noch zwei Herren stießen. Als Termin der Gefangennahme wird der 6. Dezember statt des 1. Dezember genannt. Ferner werden absichtlich Lügen über die Haltung der Gefangenen und deren Behandlung vorgebracht.

[1]) S. „Düna-Zeitung“ 1905, Nr. 268.

und seine Übergabe anbot. Drei Leute traten jedoch heran und schossen den greisen Mann nieder, der vierte versetzte ihm noch einen Bajonettstich. Die Leiche wurde hinausgeschleudert, fast kahl ausgezogen und lag den Tag über auf dem Straßenpflaster. Ebenso die gefallenen Dragoner mit ihren Pferden." Bei dem Ausfall wurden 19 Dragoner getötet und gegen 20, darunter der Kornett Ismailow, verwundet. Einige Verwundete wurden nachträglich mit dem Bajonett oder Beil ermordet, wie die kriegsgerichtliche Untersuchung festgestellt hat. Aus dem Protokoll der Leichenbesichtigung ergibt sich, daß einige Leichen gegen 50 Schußwunden aufwiesen. Außer diesen Wunden hatten die Leichen zahlreiche Stich- und Hiebwunden, die von Säbeln, Dolchen und Beilen herrührten. Der Leiche des Oberstleutnants Müller war ein Finger mit einem Ringe abgeschnitten worden. Von den 40 Dragonern gelangten 14 Mann und zwei Offiziere glücklich nach Schloß Durben. Unverwundet waren bloß drei: der Rittmeister Jaróschew und zwei Soldaten. „Endlich", so berichtet der Augenzeuge weiter, „endlich trat eine Stille, eine Ruhepause ein. Die Freiheitskämpfer resp. deren Führer schritten wieder in das lettische Vereinshaus, wo wiederum das „Komitee" Kriegsrat abhielt. Bald darauf drangen bewaffnete Haufen in die Privathäuser und forderten alle Waffen ab. Der Friedensrichter und einige andere Personen wurden gefangen gehalten und aus den auf der Straße geführten Gesprächen hörte man mehrfach, daß nunmehr die Deutschen und Juden vorgenommen werden würden. Der Polizeiaufseher wurde als abgesetzt erklärt und am Abend sollte eine neue Stadtverwaltung gewählt werden. Es war unterdessen wieder dunkel geworden." Da ertönten plötzlich Kanonenschüsse. Der Entsatz war endlich — natürlich zu spät — gekommen. Es war der Generalmajor Chorunshenko, Kommandeur der 2. Brigade der 45. Infanteriedivision, der mit 160 Mann Infanterie, einer Schwadron (85 Mann) Dragoner und zwei Geschützen vor der Stadt stand. Statt diese in der Dunkelheit zu zernieren, versuchte er einzurücken, zog sich jedoch nach einem kurzen Gefecht wegen des heftigen Feuers der Insurgenten wieder zurück und nahm vor der Stadt Stellung. Die Ankunft des Militärs hatte unter den Revolutionären eine starke Panik hervorgerufen. Zahlreiche Milizen verließen während der Nacht die Stadt. Am 2. Dezember forderte General Chorunshenko die Revolutionäre auf, sich zu ergeben, widrigenfalls er die Stadt bombardieren werde. Ein Parlamentär auf einem erbeuteten Dragonerpferde erschien mit einer weißen Fahne und einem Schreiben des sozialdemokratischen Komitees, in welchem dieses erklärte, die Militärwaffen würden nur ausgeliefert werden, wenn das Militär zurückgezogen würde. Der General versprach, alle Feindseligkeiten einzustellen, falls ihm die Militärgewehre, die gefangenen Soldaten und die Pferde ausgeliefert würden. Endlich, nachdem drei Deputationen verhandelt hatten, kam der „Friedensschluß" zustande. Der General zog in die Stadt ein und wurde nach russischer Sitte mit Heiligenbildern und „Salz und Brot" empfangen. Während der Friedensverhandlungen hatte der größte Teil der Revolutionäre mit ihren Waffen die Stadt auf der unbewachten Seite verlassen. Nur ein Teil von ihnen wurde von den racheschnaubenden Pleskauschen Dragonern, die durch die Nachricht von dem schmachvollen „Friedensschluß" vor Wut außer sich geraten waren, niedergemacht. Am Nachmittag des 2. Dezember verließ auch das lettische Stadthaupt von Tuckum, Martin Krehmanns, die Stadt, wobei er nicht vergaß, aus dem Stadtamt die Witwen- und Waisengelder im Betrage von etwa 30—40 000 Rubeln sowie den Inhalt der Sterbekasse, deren Präses er war, zum Andenken an seine kurze, unumschränkte Regierung in der

Republik Tuckum mitzunehmen.[1]) Er fuhr nach Riga, holte sich, wie unzählige andere Revolutionäre, in der Kanzlei des Gouverneurs einen Auslandspaß und verduftete spurlos.

So endete die Tragödie von Tuckum in jeder Hinsicht kläglich. Sie sollte aber wenigstens die Veranlassung dazu sein, daß die öffentliche Meinung Rußlands, die sich durch die Greuel gegen die Deutschen und die vereinzelten Mordtaten an Polizei und Militär nicht sonderlich hatte aufregen lassen, nunmehr auf das energischste die Entsendung von Truppen, Rache für die niedergemetzelten Dragoner und Wiederherstellung der verletzten nationalen Ehre verlangte. Die Zeitung „Sslówo" (Wort) schrieb damals:[2]) „Tuckum, dies friedliche Städtchen, ist zur Arena einer großen Untat geworden. Dem russischen Volke und seinem Kinde, der russischen Armee, liegt das Gefühl der Rache fern; aber eine bewaffnete Abwehr eines bewaffneten Angriffs ist keine Rache. Vor den dreißig Leichnamen unserer im baltischen Gebiet zu Tode gemarterten Brüder, dieser Soldaten, denen die Augen ausgestochen und die Hände abgehackt wurden, haben wir nicht die Kraft zum Vergeben. Das, was in Tuckum geschehen, kann sich in zehn, hundert Flecken wiederholen oder wiederholt

---

[1]) Der Brauch, die Revolutionskasse für persönliche Bedürfnisse bei der Flucht mitgehen zu lassen, war unter den sozialdemokratischen Häuptlingen allgemein verbreitet. So nahm der Advokat Wagner in Bauske 6000 Rubel mit. Auch der Dumaabgeordnete für Riga, der Genosse Jwan Ohsol, hat den ihm von der lettischen Presse gemachten Vorwurf, Gewerkschaftskassen eingezogen zu haben, noch nicht widerlegt. Der Bericht an den III. sozialdemokratischen Parteikongreß sagt elegisch: „Da die Vorsteher der Zentren die Mitgliederbeiträge nicht abliefern konnten und da einige Delegierte und Kassierer noch nicht zurückgekehrt sind und auch nicht zurückkehren können, so kann ein genauer Rechenschaftsbericht noch nicht gegeben werden."

[2]) Wiedergegeben in „Düna-Zeitung" 1905, Nr. 270.

sich dort bereits, und dem muß ein Ende gemacht werden, man muß es klipp und klar sagen: ja, im baltischen Gebiet herrscht der Aufruhr, mehr noch — der Guerillakrieg." Das Blatt erinnert an den polnischen Aufstand vom Jahre 1794, der sich in einen Krieg verwandelt habe. Es müßte ein Dekorationswechsel eintreten. Was bedeute die Absendung eines Regiments in ein vom Aufstande ergriffenes Gebiet? Nicht ein, nicht zwei Regimenter könnten den Brand löschen. Von ganzem Herzen sei zu wünschen, daß der Aufruhr ein Ende nehme, die Truppenchefs aber mögen dessen eingedenk sein, daß blindes Vertrauen im Jahre 1794 zur Niedermetzelung eines ganzen Bataillons des Kiewer Regiments geführt habe und daß Dutzende von vertrauensseligen kleineren Detachements niedergemacht worden seien. Je klüger, umsichtiger und energischer vorgegangen würde, desto weniger Blut würde fließen."

Ähnlich äußerte sich die übrige Presse. Der Held von Tuckum, General Chorunshenko, wurde auf das heftigste angegriffen. In einer Zuschrift an die „Nowoje Wremja" versuchte er sein Vorgehen zu entschuldigen.[1]) Er habe schon im November um Verstärkung gebeten, die ihm jedoch abgeschlagen worden sei. Mit seiner Kolonne von 245 Mann habe er die Stadt nicht stürmen können, die von mindestens 3500 bewaffneten Insurgenten besetzt und durch Drahtgeflechte gesperrt gewesen sei. Für seine zwei Geschütze habe er zwei Granaten, sechs Schrapnells und zehn Kartätschen zur Verfügung gehabt. Weitere Munition sei ihm abgeschlagen worden, da „auch in Riga keine Geschosse mehr zu haben seien". Er habe zwei Granaten und ein Schrapnell abfeuern lassen. Eine Granate sei durch ein Fenster des lettischen Vereinshauses geschlagen und

[1]) Wiedergegeben in „Düna-Zeitung" 1905, Nr. 285.

hätte zahlreiche Revolutionäre getötet; „die übrigen" seien von der Infanterie niedergemacht worden. Um seine Soldaten nicht zu opfern, sei er zurückgegangen. Eine Zernierung der Stadt mit seinen 245 Mann habe er nicht durchführen können, da die Stadt einen Umfang von 8 Werst (etwa 9 Kilometer) habe und die nächste Umgebung waldig sei. Auch sei niemand dagewesen, der die Positionen hätte angeben können. Trotzdem habe er, so gut es ging, die Stadt in der Nacht zerniert, und es seien mehrere hundert Mann Flüchtlinge niedergeschossen worden. Die Kapitulation habe er abgeschlossen, nachdem er in Erfahrung gebracht, daß die meisten Revolutionäre die Stadt verlassen hätten und „nur noch friedliche Einwohner nachgeblieben seien". Er sei nach der Kapitulation sofort nach Stenden abmarschiert, um von dort aus die umliegenden Garnisonen zu entsetzen. Die Artillerie sei vor Tuckum geblieben; die telegraphisch erbetene Munition habe er erst am 4. Dezember aus Riga erhalten. Dann habe er Talsen bombardiert, die dortige Besatzung entsetzt, die Renteikasse gerettet und sei nach Tuckum zurückgekehrt in der Absicht, Sühne zu verlangen. In Tuckum sei er aber durch den Generalstabsoberst P—w so brüskiert worden, daß er sich auf dem Bahnhof entschlossen hätte, sofort nach Riga zu fahren, um persönlich Bericht zu erstatten. Mit zwei Granaten, so schloß der General seine Erklärung, hätte er nicht ganz Kurland erobern können, wenn auch der Heiland mit sieben Broten 5000 Mann gespeist hätte!

Obgleich der General mit seinem biblischen Vergleich nicht so Unrecht hat und obgleich die moralische Schuld jedenfalls die Zentralregierung trifft, hätte er ohne Zweifel anders handeln müssen. Die unterlassene Zernierung des Städtchens ist ganz unentschuldbar, und die von ihm vorgebrachten Erklärungen sind vollkommen hinfällig, denn erstens standen ihm in Schloß Durben genaue Kenner der Umgegend, darunter der sehr energische Kreispolizeichef Baron Rahden zur Verfügung, und zweitens konnte er seine Truppen durch die Besatzung von Durben:[1]) 50 Mann Infanterie und 60 Dragoner, verstärken.

Was der Belagerungsarmee an Zahl gefehlt hätte, wäre durch die Energie der braven Soldaten ersetzt worden, die geradezu darauf brannten, gegen den feigen und heimtückischen Feind geführt zu werden, um ihre ermordeten Kameraden zu rächen.

Über die traurige Tuckumer Affäre berichtet das Tuckum-Talsensche sozialdemokratische Komitee: „Barrikaden waren gebaut, alles war versperrt. Das Haus, in welchem die Dragoner sich befanden, wurde mit Petroleum und Benzin begossen. Getötet wurden 18 Dragoner und ein Offizier. Schon früher waren zwei Offiziere getötet worden (?), etwa 30 Soldaten und 400 unserer Glieder waren gefallen. In Neu-Tuckum sind etwa 160 Mann (Genossen) gefallen. Dreimal wurde aus der Kanone gefeuert. Ein Haus wurde verbrannt. Es beteiligten sich am bewaffneten Aufstande etwa 8000 Mann."

Ähnliche Vorgänge wie in Tuckum spielten sich auch in den anderen kleinen Städten Kurlands ab. Überall regierte der Pöbel, Behörden und Polizei wurden abgesetzt, das ganz geringfügige Militär entweder zum Abzug gezwungen oder in Belagerungszustand versetzt.

---

[1]) In Durben standen außer den etwa zwölf Herren, vier deutschen Jägern und acht freien Kosaken seit dem 28. November zwanzig Dragoner vom 4. Pleskauschen Leibregiment. Hierzu kamen am 30. November fünfzig Mann vom 180. Windauschen Infanterieregiment aus Tuckum, am 1. Dezember zwei unverwundete Dragoner und ein Rittmeister von der Tuckumschen Garnison (s. oben S. 263), ferner zwanzig Dragoner unter Leutnant Helenius aus Neuenburg und zwanzig Dragoner unter Kornett Jermolenko aus Talsen.

In Talsen stand eine Schwadron des 4. Pleskauschen Leib-Dragonerregiments, deren energischer Haltung es gelang, die Revolutionäre einigermaßen im Zaum zu halten. Nach den Vorgängen in Tuckum verschärfte sich aber die Situation, da ein großer Teil der aus Tuckum geflohenen Revolutionäre nach Talsen gekommen waren. Auch hatte sich die Schwadron durch Abzug des Kornetts Jermolenko mit 20 Mann zum Entsatz von Tuckum auf etwa 60 Mann verringert, die vom Kornett Lugowoj kommandiert wurden. Am 2. und 3. Dezember kam es zu scharfen Gefechten mit den Revolutionären, wobei vier Dragoner fielen. Mehrere Überfälle und Brandstiftungsversuche auf die Dragonerkaserne wurden vereitelt. Die weiteren Vorgänge lauten nach dem Bericht über die kriegsgerichtlichen Verhandlungen:[1])

„Am anderen Tage, dem 4. Dezember, erschien der Schreiber der Stadtverwaltung Klimpmann bei dem die Verwaltung des Kreismilitärchefs bewachenden Kommando (Infanterie) und erzählte, daß er von dem revolutionären Komitee delegiert worden sei, den Unteroffizier Behrsing und die Soldaten aufzufordern, sich den Revolutionären zu ergeben. In der Stadt sei eine Miliz von 1000 Mann organisiert und bewaffnet worden, welche bei jedem Widerstand das Haus der Verwaltung des Kreismilitärchefs niederbrennen und die Soldaten niederschießen würden. Als Klimpmann fortgegangen war, umzingelte eine Menschenmenge das Haus der Verwaltung, sperrte das Kommando ein, brach das Zeughaus auf, raubte aus demselben ungefähr 100 Flinten mit Patronen[2]) und zer-

---

[1]) Begonnen am 23. August 1906. Wiedergegeben in „Düna-Zeitung" 1906, Nr. 193.

[2]) Es waren 116 Soldatengewehre und 600 Patronen. Wie aus einem Tagesbefehl des Wilnaschen Militärbezirks (April 1907, Nr. 113) hervorgeht, durch den der Talsensche Militärkreischef in Anklagezustand

streute sich. Während dieses Überfalles schickte Lugowoj zehn Dragoner zum Kreismilitärchef nach Patronen, die Menge aber überfiel auch sie, so daß sie zurückweichen mußten. Als der in der Station Stenden stationierte General Chorunshenko über diese Vorgänge Auskünfte eingezogen hatte, schickte er noch an demselben Tage, dem 4. Dezember, dem Kornett Lugowoj ein Schreiben zu, in welchem er den Befehl gab, das Städtchen zu verlassen. Er teilte ihm mit, daß er mit seinen Truppen gegen 5 Uhr nachmittags auf ihn und seine Eskadron unweit des Fleckens warten werde, um dann gemeinschaftlich einen Plan zur Eroberung des Fleckens zu fassen. Ungefähr fünf Werst von dem Städtchen trafen sie alsdann zusammen und rückten nach einer kurzen Beratung auf den Flecken los. Sie beschossen eine Zeitlang den Flecken, weil es aber sehr dunkel am Abend war, hörten sie mit dem Beschießen auf und begaben sich nach Stenden. Den 5. Dezember traf bei dem General Chorunshenko eine Deputation von Talsen ein, welche ihm die Mitteilung machte, daß die Bevölkerung sich beruhigt habe. Darauf begab sich Kornett Lugowoj mit seiner Eskadron nach Talsen zurück. Ungefähr eine Werst von dem Flecken schickte er 20 Dragoner voraus, um sich zu überzeugen, ob das Zurückkehren auch sicher sei. Als diese auf der großen Straße angelangt waren, wurde plötzlich aus einigen Häusern auf sie geschossen. Sie gaben einige Salven ab und setzten die betreffenden Häuser in Brand. Währenddessen war auch Lugowoj mit seiner Eskadron hinzu-

versetzt wird, weil er Anfang Dezember 1905, während der revolutionären Bewegung in Talsen, keine Maßregeln gegen die Beraubung des Zeughauses ergriffen hatte, es nur dem Unteroffizier Behrsing überlassen und diesem noch anbefohlen hatte, auf die Revolutionäre nicht zu schießen, falls sie das Zeughaus in einer größeren Menge überfallen würden. Vgl. „Baltische Tageszeitung" 1907, Nr. 96.

geeilt, der Feuerschaden verbreitete sich, und als auch General Chorunshenko mit seinen Truppen hinzueilte, gelang es ihnen gemeinschaftlich, die Revolutionäre zu zerstreuen. Einige Straßen waren verbarrikadiert worden und in einigen Häusern Sprengstoffe versteckt gewesen, welche in dem Feuer der brennenden Häuser explodierten. Es waren fürchterliche Stunden, in denen der Flecken einem Kriegsschauplatz glich. Der Flecken wurde von den Revolutionären gesäubert."

Das Bombardement Talsens und die Einäscherung eines großen Teils des Städtchens als Antwort auf die treulose Haltung der Insurgenten, machte einen großen Eindruck. Die unbegreifliche Schwäche der Regierungsgewalt in der Tuckumer Affäre wurde dadurch einigermaßen wett gemacht. Zu einem größeren Zusammenstoß zwischen Insurgenten und Regierungstruppen kam es im östlichen Kurland nicht mehr. Allerdings schon aus dem Grunde nicht, weil alle Truppen aus den kleineren Städten und vom flachen Lande am 4. und 5. Dezember nach Mitau zusammengezogen wurden, wo zum 6. Dezember ein allgemeiner Angriff der Insurgenten erwartet wurde. Diese lagerten tatsächlich in großen Massen ringsum in den Wäldern. Die Situation wurde für so schlimm gehalten, daß an einen Rückzug des Militärs nach Riga gedacht wurde. Das ganze Land war für die nächsten Wochen den Revolutionären preisgegeben, die außer in den kleinen Republiken des flachen Landes auch in den Städten Friedrichsstadt, Bauske und Doblén unumschränkt regierten. Erst Mitte Dezember begann die allmähliche Wiedereroberung, die überall im östlichen Kurland ohne Widerstand der Revolutionäre durchgeführt wurde.

Weit schlimmer sah es im westlichen Kurland aus, in den Kreisen Grobin, Hasenpoth, Goldingen und Windau. Hier tobte der offene Aufruhr bis Mitte Dezember noch ungeschwächt. Hier wiederholten sich jetzt dieselben entsetzlichen

Vorgänge wie in Südlivland in den letzten November- und ersten Dezembertagen. In der Zeit zwischen dem 12. und 18. Dezember wurde in diesen Kreisen, besonders im Hasenpothschen, eine große Anzahl Herrenhöfe beraubt und eingeäschert.

Der wichtigste Ort des westlichen Kurlands, die Hafenstadt Libau, war, wie wir wissen, eines der größten Zentren der lettischen Sozialdemokratie. Wegen der Festung und der relativ starken Besatzung geriet die Stadt ebensowenig in die Hände der Revolutionäre wie Riga, Mitau und die livländischen Städte. Doch herrschte während des größeren Teils der Monate November und Dezember tatsächlich die Revolutionspartei. Dem Bericht des Libauer sozialdemokratischen Komitees an den III. Parteikongreß entnehmen wir, daß das vereinigte Komitee der drei sozialdemokratischen Organisationen, der Letten, Juden („Bund") und Russen, „den allergrößten Einfluß nicht nur auf die örtlichen Arbeiter, sondern sogar auf alle Einwohner Libaus gewonnen" hatte. Dieses beweise das Anwachsen der Einnahmen, die für die Zeit vom 1. Oktober bis 1. Dezember 5000 Rbl. betrugen, von denen bloß 300 Rbl. auf die Mitgliedsbeiträge der 70 sozialdemokratischen Gruppen entfielen. Die Einnahmen im Dezember betrugen sogar 4700 Rbl., wovon bloß 130 Rbl. Beiträge der Genossen waren. „Überhaupt", so sagt der Bericht, „wurde das vereinigte Komitee von den besitzenden Klassen (den liberalen) mit 1000 Rbl. monatlich unterstützt." — „Die Wohnungen und Geldbeutel der Bourgeoisie öffnen sich dem Komitee. Der Börsensaal wird ihm überlassen, an dasselbe wenden sich die Kaufleute und Händler, um seine Absichten zu erfahren (betr. Streiks usw.) und sich danach zu richten usw." Man sieht, die Revolutionäre regieren in Libau infolge des von ihnen geübten Terrors und der Gesinnungslosigkeit der „liberalen" deutschen Bourgeoisie, durch die Libau seit jeher berüchtigt ist.

Bezeichnend für die Macht der Revolutionäre in Libau ist auch folgende Tatsache: Das vereinigte sozialdemokratische Komitee beschließt, die Ausfuhr von Nahrungsmitteln für den Fall des Generalstreiks zu verbieten. „Der Zollkreuzer „Strasha" kommt auf Verlangen des vereinigten Komitees diesem zu Hilfe und verfolgt einen mit Getreide befrachteten Dampfer." Man bedenke: der Zollkreuzer war ein Regierungsschiff! Dem Bericht entnehmen wir auch, daß die sozialistische Propaganda unter der Besatzung der Festung weit fortgeschritten war und daß nur die zufällig eintretende Entlassung von Reservisten, die einen Hauptforderungspunkt des Militärs bilden sollte, einen Aufstand verhinderte. Diese Nachricht ist in Anbetracht der bekannten Unsicherheit der Marine, der Festungsartillerie und der technischen Truppen nicht unglaubwürdig. Dämpfend wirkten auch die Nachrichten von der blutigen Unterdrückung des Aufstandes in Moskau und von der Erstarkung der Regierungsgewalt in Riga.

So löste sich die Herrschaft der Sozialdemokraten in Libau unter dem „Terror der Regierung", wie sie sagen, ganz still wieder auf.

In Goldingen, einem Städtchen von 9800 Einwohnern, traf die Nachricht vom Bombardement Talsens am 6. Dezember ein und rief eine ungeheuere Panik hervor. Die Führer der Revolutionäre, in deren Händen damals die Stadt war, flohen unter Mitnahme der Kassen nach Libau, wurden aber von ihren Genossen eingeholt und zur Rückkehr gezwungen. In atemloser Spannung wartete man auf die Ankunft des Militärs. Endlose Beratungen wurden von den Hausbesitzern gepflogen, wie das Strafgericht abzuwenden sei. Doch als Tag um Tag verging, ohne daß sich eine Uniform zeigte, faßten die Revolutionäre neuen Mut. Inzwischen wurden die umliegenden Güter geplündert. In Grauduppen erschienen binnen 24 Stunden vier verschiedene Banden, so daß wenig übrig blieb. Am 10. Dezember drang eine Bande in die Stadt und überfiel den früheren deutschen Bürgermeister Herrn Armin Adolphi. Sie zerrten den Unglücklichen vor den Augen seiner Gattin unter Kolbenschlägen die Treppe hinunter auf die Straße und machten ihn durch Bajonettstiche und Schüsse nieder. Er starb später an den Folgen der schweren Verwundungen. Die Bande überfiel hierauf den Polizeioffizier Busch, wurde aber von diesem und seiner Umgebung zurückgeschlagen. In diesem Moment erschienen ca. zwei Schwadronen Dragoner aus Hasenpoth. Die Revolutionäre stoben auseinander. Leider gelang es auch dem sozialdemokratischen Komitee, das gerade im Rathause tagte, zu entkommen, indem die Genossen durch die Fenster in den an der Rückseite vorbeifließenden Bach sprangen.

Die Dragoner hatten den Befehl mit der Kasse der Rentei sofort nach Hasenpoth zurückzukehren und Goldingen den Revolutionären preiszugeben. Es gelang telegraphisch, ihr Bleiben bis zum 15. Dezember durchzusetzen. So ängstlich, schlapp und wenig zielbewußt war aber der Militärgouverneur Böckmann, daß die Dragoner nicht einmal wagten, die mit den Waffen in der Hand gefangen genommenen Revolutionäre standrechtlich zu erschießen, sondern sie bloß entwaffneten und dann freiließen. Nur zwei Hauptbanditen wurden am 15. Dezember nach Hasenpoth mitgenommen, wohin die Dragoner, gefolgt von einem endlosen Zuge Flüchtender, abzogen, die Stadt der Rache der Aufständischen preisgebend.[1]) Die Renteikasse aber war gerettet, und das war die Hauptsache.

---

[1]) Die Stadt Goldingen wurde erst am 21. Dezember wieder besetzt.

Gegen Hasenpoth, wo ca. 350 Soldaten: Infanterie und Dragoner, standen und wo sich zahlreiche Flüchtlinge versammelt hatten, richtete sich jetzt der Feldzugsplan der Aufständischen. Ungeheure Massen Milizen rückten auf Befehl des sozialdemokratischen Komitees von allen Seiten gegen die Stadt heran.

Der Aufmarsch war imposant. Außer zahllosen roten und schwarzen Fahnen eine Renommierkanone der Miliz von Felixberg, zwar nur aus Faßdauben mit Eisenreifen, aber bis zum Rande geladen. Leider ist diese Artillerie der lettischen Republik nicht in Aktion getreten. Sie hat nur symbolisch gewirkt. Die Präzision des Aufmarsches wurde durch die Plünderung der umliegenden Herrenhöfe stark beeinträchtigt. Besonders die Weinkeller wurden den Milizen zu einer Fußangel, wo sie unrettbar stecken blieben. So geschah es, daß die „Westarmee" früher vor Hasenpoth anlangte als die andern Armeekorps. Eine Schwadron der 50. Irkutskischen Dragoner rückte ihr entgegen und griff sie 4 Werst vor Hasenpoth trotz der Ungunst des Terrains — ein winterlicher Wald — sofort an, nachdem zwei Dragoner aus dem Hinterhalt erschossen worden waren. „Ein Schlachten war's, nicht eine Schlacht zu nennen." Die Westarmee verlor 93 Tote und löste sich in regelloser Flucht auf, um sich nie mehr zusammenzufinden. Die Dragoner hatten einige Verwundete.

„Diese Niederlage", berichtet ein Augenzeuge,[1]) „brachte den ganzen Plan mit dem Sturm auf Hasenpoth zum Scheitern. Während dort im Hasenpothschen Walde die Situation gerettet wurde, fand in Goldingen eine Riesenversammlung aller Goldingenschen Gemeinden statt — da waren die famosen Volksmilizen aus der Schrundenschen, Rankenschen, Schnepeln-

[1]) „Baltische Tageszeitung" 1906, Nr. 233.

schen, Planezenschen, Turlauschen, Kurmalenschen, Iwandenschen, Amt-Goldingenschen Gemeinde u. a. m. zusammengerückt. Alles in allem gegen 5000 Mann. Tagsüber warteten sie auf die Order vom Libauschen Zentralkomitee; diese lief etwas spät ein und lautete: „Auf zum Kampf gegen Hasenpoth, das sofort gestürmt werden muß." Diese Scharen nun fluteten hauptsächlich auf zwei Wegen nach Hasenpoth. Auf der großen Poststraße und über Schnepeln und Katzdangen. In letzterem Gute war auch wieder eines der Hauptquartiere der Revolution. Da versammelten sich die Goldingenschen Scharen und vereinigten sich mit den Aufgeboten aus Laiden, Seekfahten, Neuhausen usw. usw., sowie mit den aus Süden kommenden und den Katzdangenschen selbst. Die ganze Nacht hindurch dauerte der Zuzug. Am Morgen früh wurde das Schloß geplündert und demoliert, und darauf wurde das große massive Schulhaus zum Feldlazarett eingerichtet. Alle Betten und alles Bettzeug wurde aus dem Schlosse ins Schulhaus gebracht, ebenso alter Ungarwein und Madeira „für die Kranken" aus dem Schloßkeller in den Keller des Schulmeisters übergeführt, darauf beim Schullehrer Kriegsrat gehalten und, nachdem berittene Ordonnanzen mit den benachbarten Aufgeboten Fühlung genommen hatten, die ganze Abteilung in den sog. Zirkalnwald, 5 Werst südlich von Hasenpoth zwischen der Birsenschen und Katzdangenschen Straße, dirigiert. Kleinere Abteilungen setzten sich überall in den kleineren Gütern vor Hasenpoth fest. Der Umstand, daß am Tage vorher das Zierau-Dserwensche Aufgebot vernichtet und zerstreut worden war, wurde vom Generalstabe der Volksschullehrer und anderer strategischen Größen sorgfältig verschwiegen, im Gegenteil verbreitet, daß drei Revolutionäre und fünfzig Soldaten gefallen wären usw. usw., um den Mut zu steigern. Gegen diese Position im Zirkalnwalde rückten um 9 Uhr morgens zu Fuß Dragoner und Infanterie aus, bekamen mit ihnen Fühlung, doch nach den ersten Salven, wobei einige Empörer fielen, rissen diese in voller Panik aus. Das Militär wurde vom Rayonchef Paschenko, einem schwächlichen Greise, zurückgeholt, weil er von allen Seiten Angriffe erwartete, und die Banden sammelten sich südöstlich auf ihrem Stützpunkt Katzdangen. Dort wurde für alle Fälle sofort das Siegesfest gefeiert. Der Inhalt des Weinkellers wurde an die tapfern Krieger verteilt, eine wüste allgemeine Betrunkenheit griff Platz, und um 5 Uhr nachmittags wurde das herrliche Schloß mit allen seinen Kunstschätzen angezündet und brannte nieder. Währenddessen wurde im Schulhause vom Komitee der neue Angriffsplan beraten, aber die völlige Trunkenheit machte die Leute aktionsunfähig, und die eingetretene schneidende Kälte veranlaßte die noch nüchternen umzukehren. Am Sonntag waren nur noch kleine Haufen da, und als am Montag Dragoner und Polizei nach Katzdangen abrückten und unvermutet das Schulhaus umstellten, fand man dortselbst im „Lazarett" einige Verwundete und ca. 15 Bewaffnete und das Katzdangensche Lokalkomitee mit dem Haupträdelsführer, dem Lehrer Pumpur. Letzterer sowie die anderen Glieder wurden gefangen genommen und erlitten ihren verdienten Tod." Soweit der Bericht.

Die „Schlacht bei Hasenpoth" am 16. und 17. Dezember 1905 war der letzte größere Zusammenstoß zwischen dem Militär und den Aufständischen. Die Milizen liefen auseinander. Nur einzelne Banden zeigten sich hier und da, raubten, brannten und mordeten.

Allmählich, unter der Einwirkung des energischen Vorgehens der Militärgewalt in Livland und Estland und unter dem Einfluß des neuernannten kurländischen Gouverneurs, des Geheimrats Knjäsew, begann auch der kurländische Militärgouverneur, sich zu schärferen Maßregeln aufzuschwingen, und im Januar 1906 arbeiten die Strafexpeditionen in Kurland nach denselben Grundsätzen wie im südlichen Livland.

Bevor wir nun die Zustände während der Schreckenszeit in Riga, dem Sitz der revolutionären Zentrale, darstellen, haben wir noch einen Blick auf einen weiteren Kriegsschauplatz zu werfen, nämlich auf Polnisch-Livland, denjenigen Teil des jetzigen Gouvernements Witebsk, welcher sich wie ein Keil zwischen Oberkurland und Südostlivland hineinschiebt. Ein großer Teil der Bevölkerung Polnisch-Livlands, nämlich rund 260 000 Köpfe, besteht aus Letten. Es lag nun im Plan der „Vertreter des lettischen Volks", auch diesen Teil „Lettlands" der zu gründenden lettischen Republik hinzuzufügen. In einer sozialdemokratischen Proklamation, die am 28. November in Stomersee zwei lettischen Volksschullehrern aus Lubahn, namens Schirak und Sahlit, abgenommen wurde, war der Plan der Begründung einer lettischen Republik „Lettland" (Látwija) auseinandergesetzt, zu der Kurland, Südlivland und Polnisch-Livland gehören sollten. Da Kurland und Südlivland bereits in der Macht des lettischen Volkes sei, so erübrige noch die „Eroberung" Polnisch-Livlands. Tatsächlich brachen im Dezember große Massen Letten aus dem Wendenschen Kreise über die Grenze und rückten mit allem Zubehör, roten Fahnen usw., über Borchow und Warklan gegen Rositten vor. Die „Okkupationsarmee" soll mehrere tausend Mann stark gewesen sein. Genaue Daten liegen nicht vor.[1]) Eine Reihe von Dörfern wurde in Besitz genommen, indem die rote Fahne gehißt wurde. Wer sich nicht von der Regierung lossagte, wurde mit dem Tode bedroht. Die Gemeindeverwaltungen wurden ausgeplündert und niedergebrannt. Kleine Trupps Dragoner mußten sich bei Warklan vor der Übermacht zurückziehen. In der Kreisstadt

[1]) Wir folgen den Berichten der „Petersburger Zeitung" und der „Nowoje Wremja". Vgl. „Düna-Zeitung" 1905, Nr. 277.

Rositten, wo nur eine geringfügige Kavalleriebesatzung lag, herrschte große Aufregung. Die russischen Einwohner, die vergeblich beim Gouverneur und Minister um militärischen Schutz nachgesucht hatten, schickten eine Deputation nach Petersburg zu Witte, der sie am 17. Dezember empfing. Endlich trafen Truppen ein, vor denen sich die lettischen „Eroberer", ohne Widerstand zu leisten, verflüchtigten. Ähnliche räuberische Einfälle fanden im Süden aus Oberkurland in den Kreis Dünaburg und aus Unterkurland in das Kownosche Gouvernement statt. Alle verliefen resultatlos.

Während auf dem flachen Lande der offene Aufruhr tobte, alle staatliche Autorität abgeschafft war, die Gutsherren, Prediger und Pastoren durch Mord und Brand vertrieben wurden, die kleinen lettischen Republiken florierten und sogar lettisches Papiergeld[1]) in Umlauf gesetzt wurde, herrschte in Riga und den anderen größeren Städten die schwüle Stille vor dem Sturm.

Die Staatsgewalt, der Gouverneur und das Militär verhielten sich vollkommen passiv, gewissermaßen en vedette. Sie ließen den Pöbel machen, was er wollte, und warteten auf den Moment, wo der bewaffnete Aufstand ausbrechen würde. Für diesen Fall waren in Riga gewisse Demarkationslinien festgelegt worden, die von der kleinen Garnison verteidigt werden sollten, eine weitere: die Elisabethstraße, die mit der Düna ein Segment bildet, in welchem die innere Stadt und ein Teil der Petersburger Vorstadt eingeschlossen ist und in welchem alle Regierungsgebäude, Banken, die Hauptbahnhöfe usw. liegen, und eine engere: die innere Stadt bis zu den Kanälen, den früheren Befestigungsgräben.

Da keine Polizei mehr zu sehen war und auch das Militär,

[1]) Geld aus Pappe, mit Goldpapier beklebt, mit der russischen (!) Aufschrift „5 Rbl. Papier" und einem bärtigen Kopf (Präsident Kroder?) auf der Reversseite.

um das Volk durch seinen Anblick nicht zu reizen, verborgen gehalten wurde, herrschte der sozialdemokratische Pöbel auf der Straße unumschränkt. Die regierungstreuen deutschen Elemente waren in einer furchtbaren Lage, sie waren ganz und gar auf sich selbst angewiesen. Sehr viele Personen, besonders aus den Kaufmannskreisen, flohen ins Ausland. Wer zurückblieb, war jede Stunde auf das Äußerste gefaßt. Wer diese entsetzliche Zeit durchlebt hat, wird sich ihrer wie eines wüsten Traumes, wie eines schweren Alpdruckes erinnern. Besonders quälend war das Gefühl des ohnmächtigen Zornes und der Demütigung, wenn der souveräne Pöbel auf offener Straße mit seinen roten Fahnen umherzog und die Arbeitermarseillaise oder andere revolutionäre Lieder brüllte. Wenn Schüler und Schülerinnen gleichfalls mit roten Fahnen Umzüge veranstalteten und die Regierung, die Schulobrigkeit und die Eltern (!) für abgesetzt erklärten.[1]) Wenn halbwüchsige Bengel jede Droschke anhielten und die Passagiere auszusteigen und zu Fuß zu gehen zwangen. Wer sich weigerte, wurde mißhandelt oder niedergeschossen. Ein Oberstleutnant v. Loewis, der einer alten Dame beisprang, die von einigen Judenbengeln aus einer Droschke geworfen worden war, wurde sofort durch zahllose Revolverschüsse ermordet.

Wer in diesen Tagen auf die Straße ging, der hielt den Finger am Drücker seines Revolvers. Kein Mensch war damals sicher, ob er von einem Ausgang wieder heimkehren, ob er die Sonne des nächsten Tages noch erleben würde.

Zu diesem Gefühl der Unsicherheit und der beständigen Lebensgefahr gesellte sich die quälende Sorge um Verwandte und Freunde, die noch auf dem Lande weilten. Da Post und Telegraph wochenlang nicht funktionierten, so war man auf

---

[1]) z. B. am 22. November 1905.

zufällige Nachrichten angewiesen, die von Mund zu Mund getragen bei der Nervosität, die verständlicherweise überall herrschte, die schrecklichsten Formen annahmen. Auch von der übrigen Außenwelt war man während des langdauernden Eisenbahn-, Post- und Telegraphenstreiks vollständig abgeschnitten. Die übertriebensten Gerüchte liefen aus den Residenzen ein: in Moskau sei es zu einem furchtbaren Kampfe zwischen meuternden und treuen Truppen gekommen; letztere seien besiegt worden; der Kreml sei in Händen der Aufständischen. Die Republik sei ausgerufen worden. Ähnliches aus Petersburg. Unzähligemal hieß es „aus ganz sicherer Quelle": die meisten Garden hätten gemeutert; der Kaiser sei in Zarskoje Sseló belagert oder hätte sich auf ein Schiff geflüchtet. Dann wurden die Gerüchte widerrufen, um neuen, noch schrecklicheren Platz zu machen. Alles war unklar, dunkel, in düstere Wolken des Unheils gehüllt!

Eines schönen Tages — am 24. November 1905 — las der Gouverneur in den „Birshowyja Wjedomosti" (Börsen-Nachrichten), daß am 22. November der Kriegszustand über Livland verhängt worden sei! Eine Nachricht, die ihn ebensó unvorbereitet wie erschütternd traf. Die Verhängung des Kriegszustandes im Moment der größten Ohnmacht der Regierung konnte nur die allerschlimmsten Folgen haben. Statt, wie der Gouverneur gebeten hatte, Truppen zu senden und ihm anheimzustellen, im geeigneten Moment den Kriegszustand zu proklamieren, publizierte die Regierung in bureaukratischer Erledigung des telegraphischen Gesuches des Gouverneurs vom 3. November[1]) den Kriegszustand, ohne die notwendigen, vom Gouverneur hervorgehobenen Voraussetzungen zu erfüllen, ohne sich die Mühe zu machen, den Gouverneur,

---

[1]) S. oben S. 220.

da seit dem 15. November Post und Telegraph streikte, durch einen Kurier zu benachrichtigen.

Man fragt sich: kann das allein die sträfliche Gedankenlosigkeit des papierenen Systems, der „Bumáshnoje proiswódstwo" sein?!

Die telegraphischen Gesuche der Landesvertretung und des Stadthauptes von Riga an Witte um Zurückziehung dieser im gegebenen Moment geradezu selbstmörderischen Maßregel hatten nicht den geringsten Erfolg.

Wie zu erwarten, rief die Nachricht bei den Revolutionären die größte Erregung hervor. Für das Föderativkomitee war sie Wasser auf seiner Mühle. Noch am Abend des 24. November erschien in seinem Organ, der „Deenas Lapa", ein flammender Artikel, eine förmliche Kriegserklärung der Sozialdemokratie und des lettischen Volkes, die in den Ruf austönte: „Es lebe die Revolution!" Gleichzeitig wurde der Generalstreik proklamiert, der am Tage darauf, am 25. November, ausbrach.

Die folgenden Tage und Wochen bilden den Höhepunkt der revolutionären Bewegung in Riga. Eine Deputation des Föderativkomitees, an ihrer Spitze der berühmte Volksredner „Maxim", ein Jude namens Moiske Sokolowski, erschien beim Gouverneur und eröffnete ihm seine Absetzung. Der Gouverneur behandelte die Deputierten — wie das seine Art ist — mit milder Ironie, wagte aber nicht, sie festnehmen zu lassen. Am 27. November wurden die Sitzungen der ordentlichen Gerichte, des Rigaer Bezirksgerichts und des Friedensrichterplenums von den Sozialdemokraten geschlossen. Auch die Gouvernementsregierung wurde zur offenen Untätigkeit gezwungen. Nur die Militärbehörden, das Landratskollegium und die Stadtverwaltung funktionierten nach wie vor. Hier wagten die Revolutionäre keinen Eingriff, da sie eines blutigen Empfangs, dort durch die Truppen, hier durch den bewaffneten „Selbstschutz", gewiß sein konnten.

Am 27. und 28. November wurden große Volksversammlungen abgehalten, auf denen u. a. beschlossen wurde, kein Papiergeld mehr anzunehmen. Die Folge war ein Sturm auf die städtischen Sparkassen. Ein großer Teil der mühsam zurückgelegten Spargroschen der Arbeiter ging damals in den revolutionären Dunst auf, denn natürlich benutzte das Föderativkomitee den günstigen Augenblick der hochgehenden Erregung, um die flüssigen Gelder in seinen Säckel zu leiten behufs Anschaffung von Waffen und dergleichen.

Jeden Augenblick konnte der Straßenkampf beginnen. Am 27. November telegraphierte der Gouverneur an den Minister des Innern: „Alle Besatzungen der Flußschiffe haben zu streiken begonnen. Es ist keine Verbindung mehr mit den ankommenden Schiffen. Ein Kreuzer und zwei Torpedojäger müssen hergeschickt werden. Das Land hat sich erhoben. Heute ist der Verkehr auf der baltischen Bahn unterbrochen worden. Militär kann zu Schiff geschickt werden. Eilig muß Militär geschickt werden. Ihre Kuriere sind in Walk angehalten worden."[1])

Tatsächlich beherrschten die Revolutionäre auch den Hafen. Am 29. November verließ ein schwedisches Schiff mit Flüchtlingen den Hafen von Riga unter dem Schutz des schwedischen Torpedokreuzers „Oernen", dessen Kommandant die Aufnahme russischer Untertanen ablehnte mit dem Hinweis auf eine Drohung eines sozialistischen Delegierten, daß ihm in solchem Falle Unannehmlichkeiten erwachsen würden. Dagegen gewährte die deutsche Regierung, die auf Anregung ihres umsichtigen und energischen Generalkonsuls Dr Ohnezeit mehrere große Transporte nach Riga und den anderen Häfen

[1]) Abgedruckt im „Ssyn Otétschestwa" offenbar durch Verrat eines Beamten. Vgl. „Düna-Zeitung" 1905, Nr. 266.

geschickt hatte, in dankenswerter Weise auch russischen Untertanen Aufnahme auf ihren Schiffen.

Ein russisches Kriegsschiff, der Torpedokreuzer „Abrek" von sechs Kanonen, traf erst am 5. Dezember in Riga ein und legte sich vor dem Schloß vor Anker.

Der stündlich erwartete Straßenkampf, der bei der unerträglichen Spannung vielfach geradezu herbeigewünscht wurde, um endlich die Situation zu klären, brach aber nicht aus. Es hat den Anschein, als wenn damals im Schoße der sozialdemokratischen Parteien keine Einigkeit über die einzuschlagende Taktik geherrscht habe. Während die gemäßigten sich abwartend verhalten wollten, drängten die radikalen Elemente zu energischen Schritten.

Der Straßenkampf brach sogar nicht aus, als am 29. November die kleine Garnison Rigas noch verringert worden war, indem zwei Schwadronen Dragoner und vier Geschütze nach Mitau geschickt worden waren, wo ein Angriff durch bewaffnete Bauern, die sich in ungeheuren Mengen in der Umgegend sammelten, befürchtet wurde. Es kam jedoch nicht dazu, offenbar, da die Revolutionäre in der Stadt, die einen Putsch versucht hatten, eine blutige Niederlage auf dem Marktplatze erlitten.[1]) Die Besatzung Mitaus bestand damals aus zwei Infanterieregimentern, 400 Dragonern und 100 Kosaken. Auch hier verhielt sich das Militär passiv.

Man gewinnt den Eindruck, als wenn das Militär in seinem Verhalten, abgesehen von den friedfertigen Vorschriften Wittes, von der Erwägung geleitet worden wäre, die Revolutionäre seien eine Macht, die auch in militärischer Hinsicht zu fürchten sei, während jeder einzelne Zusammenstoß ihnen hätte beweisen müssen, daß eine noch so große, aber militärisch unausgebildete

[1]) S. oben S. 259..

Menge, auch wenn sie über gute Waffen verfügt, vor dem Schnellfeuer der Truppen nicht standhält. Wo während der Revolution die Regierungstruppen haben zurückweichen müssen, war die Ursache hierfür nicht sowohl die meist erdrückende Übermacht der Revolutionäre, als mangelnde Initiative der kommandierenden Offiziere, schlechte Führung und ganz besonders Mangel an Patronen.

Die Niederwerfung des Aufstandes in Moskau im Dezember 1905[1]) hat hoffentlich endgültig Klärung dieser Frage gebracht und gezeigt, daß bei der ausgebildeten Technik der Feuerwaffen jede bewaffnete Volkserhebung niedergeworfen werden kann. Je früher diese Überzeugung in Taten umgesetzt wird, um so weniger Menschenleben und zerstörte Werte sind zu beklagen.

Während also das ganze flache Land und die meisten kleinen Städte Kurlands Anfang Dezember in den Händen der Revolutionäre war, herrschte in den größeren Städten, namentlich in Riga, ein merkwürdiger Zustand.

Die Staatsgewalt war nur auf dem Papier vorhanden. Gouverneur und Militär verhielten sich möglichst still und harrten der Dinge, die da kommen sollten. Die Nebenregierung in der Romanowstraße 25 erließ obligatorische Verordnungen, die durch Straßenanschlag bekannt gemacht wurden. Sie verbot die Zahlung von Wohnungsmieten während des Generalstreiks, veranstaltete Geldsammlungen, richtete eine Art Sicherheitspolizei ein, die das nicht zur Sozialdemokratie gehörige Gesindel, das in idealer Konkurrenz mit den „Genossen" raubte und mordete und das unter dem Sammelnamen „Hooligans" zusammengefaßt wurde, kurzer Hand niederschoß, sie schleppte Gefangene vor ihr Tribunal, verfügte „Hinrichtungen" von

[1]) 7. bis 15. Dezember.

Polizisten, „Spionen" und von Gliedern der schwarzen Ssotnja, d. h. der Deutschen, durch ihre Kampforganisation, sie leitete die Streikbewegung der Arbeiter und der Post- und Eisenbahnbeamten, kurz sie regierte in ihrer Art. Das dauerte bis tief in den Dezember hinein. Anfang Dezember schien die Regierung in Petersburg sich auf sich selbst zu besinnen. Es wurde beschlossen, die Truppen energisch in Aktion treten zu lassen. Der Überfall auf einen zur Entgleisung gebrachten Militärzug bei Stockmannshof, die Greuel in Tuckum bewirkten endlich, was der Verzweiflungskampf der Handvoll loyaler Deutscher, die lange Reihe der Morde und Brandstiftungen, die Vernichtung einer Jahrhunderte alten Kultur durch die revolutionären Räuberbanden, die offene und triumphierende Anarchie nicht hatten bewirken können. Es wurden Truppen in die Ostseeprovinzen gesandt. Am 3. Dezember wurde Stockmannshof durch Artillerie und Infanterie besetzt, am 12. Dezember erschien ein kombiniertes Korps unter dem Kommando des Generalmajors Orlów, Kommandeurs des Leibgarde-Ulanen-Regiments J. M. in Walk; in der Zwischenzeit waren Infanterie, Artillerie und Maschinengewehre in Riga eingetroffen. Am 18. Dezember traf endlich auch der am 4. Dezember zum „temporären" Generalgouverneur der Ostseeprovinzen ernannte Generalleutnant Ssologúb in Riga ein.

Die regierungstreue Bevölkerung Rigas atmete auf. Wenngleich die Zustände noch weit entfernt davon waren, sichere und geordnete genannt zu werden, wenngleich im Gegenteil Morde und Hinrichtungen sich häuften und der einzelne Bürger seines Lebens noch keineswegs sicher war, sondern nach wie vor bewaffnet einherging, seine Läden und Türen verrammelte und sozusagen nur mit einem Auge schlief, so war doch der entsetzliche Alp der Schreckensherrschaft des Jakobinerklubs in der Romanowstraße von ihm genommen. An einen bewaffneten

Aufstand, an Straßenkämpfe, an eine sizilianische Vesper war nicht mehr zu denken.

Zwar sah man noch wenig Polizei auf den Straßen, aber desto mehr Soldaten. Überall Patrouillen, überall Piketts von Kosaken und Dragonern. An einzelnen strategischen Punkten waren Kanonen oder Maschinengewehre aufgefahren. Mit welcher Genugtuung, mit welcher Erleichterung sah man diese äußeren Zeichen der Auferstehung der Staatsgewalt, las man in den Zeitungen von dem Zusammenbruch der lettischen Republiken, die bei dem Herannahen der Truppen überall wie Märzschnee in der Sonne dahinschmolzen. In Riga sah es freilich noch nicht zum Besten aus. Hier sammelten sich alle vor den Strafexpeditionen flüchtenden Revolutionäre. Bei der noch äußerst schwachen Polizei waren sie hier im weit ausgedehnten Weichbilde der großen Stadt in Sicherheit.

Eine Reihe von entsetzlichen Mordtaten setzte noch die Bevölkerung in Schrecken. Am 10. Dezember gerieten drei Rigasche Bürger in einem mitten in der Stadt belegenen Restaurant mit ein paar anständig gekleideten Fremden in einen politischen Wortstreit, der damit endete, daß die Fremden das Lokal verließen. Eine Stunde darauf erschienen 15 bewaffnete Männer im Restaurant und schleppten die drei unglücklichen Herren heraus, entführten sie in Droschken vor die Stadt in die sog. Sandberge und ermordeten sie durch Revolverschüsse.[1]) Dieses geschah um 1/2 7 Uhr abends. Am 11. Dezember wurde eine Polizeiabteilung von zwei Offizieren und acht Schutzleuten durch eine falsche Meldung in einen Hinterhalt gelockt und von einer etwa 200 köpfigen Menge entwaffnet. Hierauf wurden die beiden Polizeioffiziere und ein Schutzmann in Droschken

[1]) Einer der Herren, obgleich von vier Schüssen getroffen, ist mit dem Leben davongekommen. „Düna-Zeitung" 1905, Nr. 272.

in eine abgelegene Gegend im Vorort Sassenhof gebracht und dort auf dem Geleise der Bolderaaer Eisenbahn erschossen. Am 20. Dezember in der Frühe zwischen 6 und 7 Uhr überfiel eine 20—25 Mann starke Abteilung der sozialdemokratischen Kampfesorganisation einen Militärposten vom 9. Jelissawetgradschen Dragonerregiment in der vor der Stadt belegenen Gummifabrik Prowodnik und ermordete zuerst die Wache und dann die Dragoner, die teils schliefen, teils im Begriff waren, sich zu kleiden. Zehn Mann waren sofort tot, 24 mehr oder weniger schwer verwundet. Ein herbeieilender Schutzmann wurde gleichfalls erschossen. Im ganzen verloren 26 unschuldige Männer durch diese heimtückische und bestialische Tat ihr Leben. Die Mörder entkamen unbehindert mit den Waffen der Dragoner auf bereitgehaltenen Schlitten.

Außer diesen Mordtaten, von denen die letzte schon in die Zeit nach der Aufhebung des lettischen Vereins in der Romanowstraße fällt, sind noch zahlreiche andere passiert, die aufzuzählen hier zu weit führen würde.

An der Spitze der radikalen Gruppe der Revolutionäre scheint der schon erwähnte Maxim gestanden zu haben, ein Fanatiker, dessen hinreißender Beredsamkeit es sogar gelungen war, die als „reaktionär" verschrienen russischen Arbeiter der Kusnezówschen Porzellanmanufaktur zur Niederlegung der Arbeit zu bewegen (am 12. Dezember). Seinem Einfluß ist es wohl auch zuzuschreiben, daß am 12. Dezember der Generalstreik für Riga proklamiert wurde. Sämtliche Arbeiter Rigas traten am 13. Dezember in den Ausstand; alle Verkehrseinrichtungen wurden eingestellt, alle Läden, Restaurants, Theater und Märkte wurden geschlossen. Allmorgendlich verkündeten Maueranschläge des Föderativkomitees unter dem Titel „Revolutions-Proklamationen" die Losung für den Tag. Die Ruhe auf den Straßen wurde dank dem größeren Truppenaufgebot nicht gestört; nur an wenigen Stellen kam es zu Zusammenstößen, die jedesmal mit schleuniger Flucht der Revolutionäre endigten. Am 14. Dezember wurde der Jakobinerklub in der Romanowstraße 25, wo gerade ein Meeting der Eisenbahner unter dem Präsidium Maxims und des Leiters des revolutionären Zentralbureaus der Riga-Oreler Eisenbahn Paulisch abgehalten wurde, von Militär umzingelt. Als die Auslieferung Maxims, Paulischs und sämtlicher im Klub vorhandener Waffen verlangt wurde, beschlossen die Eisenbahner, dieses nicht zu tun und die Verhandlungen mit der Staatsgewalt so lange hinzuziehen, bis die beiden Herren unter dem Schutze der Dunkelheit und des gerade herrschenden Schneegestöbers ihre Flucht bewerkstelligen würden. Dieser Plan gelang auch vortrefflich. Beide entkamen, indem sie sich verkleidet an den Dachtraufen in einen Nachbarhof hinabgleiten ließen, während die bewaffnete Macht geduldig vier Stunden auf der Straße wartete.

Dieser Vorgang ist typisch für die Haltung des neuen Generalgouverneurs Ssologúb. Ein gelehrter Generalstäbler und pedantischer Doktrinär, energielos, aus Prinzip human, ein Mann des grünen Tisches und der blumenreichen Rede. So ziemlich die ungeeignetste Persönlichkeit für den neugeschaffenen Posten eines baltischen Generalgouverneurs. Jedenfalls ein Mann nach dem Herzen Wittes, der ihn „erfunden" und ihm, wie wir aus zuverlässiger Quelle erfahren haben, die Order mitgegeben hatte, mit den Aufständischen „fein säuberlich" zu verfahren.

Dem Regime Ssologúbs ist es zuzuschreiben, daß fast alle geistigen Führer der Revolutionäre unbehelligt in Riga sich aufhalten und bei günstiger Gelegenheit ins Ausland entfliehen konnten. Kaum in Riga eingetroffen, beeilte sich der Generalgouverneur, sich der ihm übertragenen diktatorischen Gewalt zu entkleiden und das Land in eine Anzahl von Rayons zu teilen, die er verschiedenen Personen unterstellte: den größeren Teil Kurlands dem Militärgouverneur Böckmann, Estland dem General Besobrásow, Riga, Oesel und einen kleinen Teil des Rigaschen Kreises dem Gouverneur Swegínzow, Südlivland dem General Meinhardt, die Eisenbahnlinie Dünaburg—Riga und einen Teil des kurischen Oberlandes dem General Wendt, Mittellivland und Nordlivland mit Ausnahme Dorpats dem General Orlów usw. Jeder dieser Unterbefehlshaber operierte ganz selbständig, wie es ihm Temperament und Einsicht eingaben.

Am energischsten gingen die Generale Besobrásow und Orlów vor, während die Generale Böckmann und Meinhardt, denen gerade die schlimmsten Gebiete, Kurland und Südlivland, zugefallen waren, persönlich so gut wie nichts taten und alles den Unterführern überließen.

Die Pazifizierung des Landes vollzog sich, ohne daß irgendwo Widerstand geleistet worden wäre. Die unzähligen kleinen Gemeinderepubliken wurden aufgelöst, die Glieder der Exekutivkomitees, die ja aller Welt, sogar der Polizei, bekannt waren, wurden festgenommen und je nachdem erschossen oder körperlich gezüchtigt. Dasselbe geschah mit den Leuten, die sich offen am Aufstande beteiligt hatten. Auch diese waren meist bekannt oder wurden von ihren gefangenen Genossen verraten. Bei der absoluten Unbefangenheit, mit der die Einrichtung der republikanischen Verwaltungen vor sich gegangen war, und der Siegeszuversicht der Aufständischen in den November- und Dezembertagen konnten die Namen der aktiv am Aufstand Beteiligten nicht verborgen bleiben. In zahlreichen Gemeinden fielen die Protokolle der Sitzungen der Exekutivkomitees, die Listen der Milizen usw. den Strafexpeditionen in die Hände. Im Flecken Rujen (Kreis Wolmar) entdeckte man beim Photographen ein Gruppenbild der dortigen Miliz: lauter wohlgenährte, gutgekleidete, stramme Kerls mit Flinten aller Art; vor den Zügen die „Offiziere" mit Militärsäbeln, auf dem rechten Flügel ein Musikkorps, vor der Front der „Hauptmann" auf einem gestohlenen Pferde. Auf den selbstzufriedenen Gesichtern der Milizen spiegelt sich das Gefühl ungeheurer Wichtigkeit und die Freude am Soldatenspielen.[1]) Als eine Schwadron Gardeulanen mit ein paar Geschützen nahte, waren diese Milizen spurlos verschwunden. Ihr Heldentum haben sie nur in Zerstörung und Einäscherung unverteidigter Herrenhöfe bewiesen.

Die Truppenmacht, der die Pazifizierung der aufständischen Provinzen übertragen war, bestand aus sehr geringen Kräften. Für Livland liegen uns die Ziffern vor. Das Expeditionskorps des Generalmajors Orlów, das sog. Nordkorps, war zusammengesetzt aus dem Regiment Leibgardeulanen J. M. (sechs Schwadronen), zwei Schwadronen der Leibgardekürassiere J. M. der Kaiserin-Mutter, einer Batterie der Leibgardeartilleriebrigade zu Pferde, dem 2. Leibgardeschützenbataillon, einer Maschinengewehrabteilung und einigen technischen Truppen: Sappeuren und Eisenbahnern, alles in allem etwa 2000 Mann. Ferner war dem General Orlów eine detachierte Abteilung unter dem Obersten Grafen Grabbe unterstellt, bestehend aus Kosaken, Infanterie und Maschinengewehrabteilung, etwa 4—500 Mann stark. Das Südkorps unter General Meinhardt bestand aus fünf Schwadronen Dragoner, einer Ssotnja Kosaken, zwei Feldartillerie-Geschützen und einer Kompagnie Infanterie, zusammen etwa 7—800 Mann stark. Die Abteilung des Generals Wendt setzte sich zusammen aus 6—700 Mann Infanterie, einer Batterie

---

[1]) Eine Abbildung dieser Photographie ist erschienen in dem Bilderwerk „Livlands zerstörte Schlösser". Riga 1906, T. III.

Feldartillerie, einer Maschinengewehrabteilung, ein paar Schwadronen Dragoner und technischen Truppen, im ganzen etwa 1000 Mann. Das Nord- und das Südkorps sollten von Walk und von Stockmannshof aus konzentrisch gegen Riga zu operieren und den etwaigen Feind dorthin aufrollen; das Detachement des Grafen Grabbe, das aus dem Gouvernement Witebsk in das östliche Livland zwischen Marienburg und Schwaneburg eindrang, hatte die Verbindung zwischen den beiden Korps herzustellen.

Der ganze Feldzugsplan brauchte aber nicht ausgeführt zu werden, da sich nirgends auch nur ein Schatten von Widerstand zeigte und die Tätigkeit der Truppen ausschließlich in der Wiederherstellung der gesetzlichen Ordnung, Entwaffnung der Bevölkerung und Bestrafung der an der revolutionären Bewegung Beteiligten bestand. Hierbei fehlte es an jedem einheitlichen Programm, vielmehr waren jedem Truppenführer bis hinab zum Kornett, falls er eine detachierte Abteilung kommandierte, die weitgehendsten Befugnisse überwiesen. Der eine ging systematisch vor, der andere im höchsten Grade nachlässig, der eine zeigte sich streng, der andere nachsichtig, der eine stellte die Delinquenten vor ein Feldgericht, der andere begnügte sich mit Verhängung der Prügelstrafe. Wo die Haupträdelsführer geflohen waren, wurden ihre Höfe oder ihre fahrende Habe verbrannt. Vergebens wurde gegen diese rigorose Maßregel remonstriert und darauf hingewiesen, daß die Konfiskation des Vermögens denselben Eindruck hervorrufen würde, ohne daß wirtschaftliche Werte zerstört und die Steuerkraft des Landes unnütz geschwächt würde; es war Vorschrift. Erst viel später wurde das Niederbrennen der Höfe geflohener Revolutionäre durch Konfiskation ersetzt. Wie schon erwähnt, arbeitete das Nordkorps des Generals Orlów am einheitlichsten und systematischsten. Gegen Ende Januar 1906 hatte es die ihm zugewiesene Aufgabe erfüllt und näherte sich Riga. Die Sozialdemokraten ergriff Furcht und Schrecken.

„Ende Januar", so berichtet das Zentralkomitee, „sieht die Organisation sich genötigt, ihre Tätigkeit einzustellen, da sich Orlóws Armee Riga nähert. Die Repräsentanten der Arbeiter kamen selbst zur Überzeugung, daß unter den obwaltenden Umständen die weitere Tätigkeit der Partei unmöglich sei, um so mehr, als die tätigsten Mitglieder der Partei schon während der Oktobertage zu bekannt geworden waren, als daß sie sich nun vor der Strafexpedition hätten verbergen können. Man schlug ihnen vor, die Stadt auf einige Zeit zu verlassen. Die Tätigkeit der Partei beschränkte sich nur darauf, die Abreisenden mit Geld zu unterstützen. Dadurch, daß viele der Parteirepräsentanten geflohen waren, befanden sich ihre Genossen, die ebenso bedroht waren, in einer sehr schlimmen Lage und sahen sich genötigt, gleichfalls abzureisen, und zwar ohne jegliche Mittel, da sie keine direkte Verbindung mit der Zentrale der Partei hatten. Die Organisation in Riga bestand nunmehr bloß aus einigen aktiven Gliedern. Bald aber stellte es sich heraus, daß die Armee Orlóws nicht in Riga einziehen würde, und die aktiven Parteiglieder kehrten wieder zurück."[1])

Dem war tatsächlich so. Am 23. Januar 1906 war General Orlów vor Riga eingetroffen. Seine Truppen schlossen im Norden und Osten die Stadt in einem Halbkreis ein, der von der Dünamündung bis Üxküll reichte. Gleichzeitig sollten die Truppen des Südkorps und des kurländischen Militärgouverneurs den Ring von Süden und Westen her schließen. Dieser Plan wurde ganz unbefangen öffentlich in den Zeitungen besprochen. Wie wir sahen, flohen infolgedessen die Führer

---

[1]) Bericht an den III. Parteikongreß, Juli 1906.

der Sozialdemokraten rechtzeitig. Immerhin hätte das Strafgericht noch eine große Anzahl Revolutionäre erreicht. Tagelang stand Orlów vor den Toren der Stadt. Täglich, ja stündlich erwartete man seinen Einmarsch. Da geschah das Unerwartete. Den Truppen wurde der Einmarsch vom Generalgouverneur Ssologúb verweigert. Wie es heißt, auf direkte Order Wittes. Die Gründe sind unbekannt. Die Tatsache widerspricht aber so sehr jeder gesunden Vernunft, daß die oben erwähnten Vermutungen über das falsche Spiel Wittes an Boden gewinnen. Es war ein denkwürdiger historischer Moment, als der General Orlów am 26. Januar in Begleitung einiger Offiziere und Ordonnanzen in winterlicher Feldausrüstung in Riga einritt, vor dem Schloß Halt machte, dem Generalgouverneur seinen persönlichen Rapport erstattete und sofort, ohne abgesattelt zu haben, die Stadt wieder verließ. Ein historischer Vorgang, der ebensowohl den Revolutionären als auch der loyalen Bevölkerung zu denken gab!

Wir stehen am Ende unserer Untersuchungen.

Der offene Aufstand war niedergeworfen. Das Land befand sich wieder in der Herrschaft der staatlichen Gewalten. Die lettische Republik, diese „Spottgeburt von Dreck und Feuer", hatte sich in nichts aufgelöst.

Allerdings war noch keine Rede von der Wiederkehr ruhiger Verhältnisse, außer in den Berichten des Generalgouverneurs Ssologúb. Der normale Zustand ist auch heute noch nicht erreicht worden, und kein Mensch weiß, wann er erreicht werden wird.

Es erübrigt nur noch, in einer kurzen Schlußbetrachtung eine Übersicht über die Entwicklung der Zustände bis zum Jahre 1907 zu geben.

Kapitel IV.

Die revolutionäre Bewegung bis zur Gegenwart.

Wir haben im vorigen Abschnitt die Tätigkeit der sogenannten Strafexpeditionen dargestellt. Den Berichten der sozialdemokratischen Komitees entnehmen wir, daß diese Strafexpeditionen einen ungeheuren Eindruck auf die bäuerliche Bevölkerung machen.

Das Grenzkomitee[1]) berichtet: „Die Gegenrevolution übte eine erschütternde Wirkung auf die Menge aus. Viele bedauerten, an der sozialdemokratischen Bewegung teilgenommen zu haben, und beschuldigten die Agitatoren, sie betrogen zu haben. Ja, einzelne Glieder der „Gruppen" beschuldigten diese sogar, Geld veruntreut zu haben. Aber der größte Teil der Genossen blieb seinen Idealen treu und hegte im Innern einen tiefen Haß gegen die „Mörder". Die Gegenrevolution klärte das Klassenbewußtsein, und jetzt melden sich zu Gliedern (der Organisation) mehr Arbeiter und weniger Wirte (Hofbesitzer)." Die Wenden-Alt-Pebalgsche Organisation berichtet: „Einige wurden von Schreck ergriffen, andere warfen den Sozialdemokraten taktische Ungewandtheit vor, der größte Teil zweifelte an einem günstigen Verlaufe des Kampfes. — Aus der törichten Menge tauchten Verräter auf, und es kamen sogar Fälle vor, wo „Genossen" zu Verrätern wurden." Ähnlich äußern sich auch die übrigen Komitees. Auf ihren letzten

---

[1]) Siehe oben S. 111.

Sitzungen beschlossen sie feierlich, dem Militär keinen bewaffneten Widerstand zu leisten, „in Erwägung dessen, daß das Volk schlecht bewaffnet und das Militär numerisch überlegen ist". Letzteres ist, wie wir wissen, eine Phrase, hinter der sich die Ohnmacht versteckte. Es wurde ferner beschlossen, die Waffen sorgfältig zu verstecken und „die Genossen, welche sich öffentlich am Freiheitskampfe beteiligt hatten, nicht den Strafexpeditionen auszuliefern".

Nach diesem Rezept wurde denn auch verfahren. Die Hauptschuldigen, Agitatoren und Führer, flohen rechtzeitig; die weniger Schuldigen, die Glieder der Exekutivkomitees und sonstigen Mitläufer büßten den kurzen Freiheitsrausch mit ihrem Leben oder ihrem Eigentum. Immerhin fielen auch zahlreiche Genossen mit stark belastetem Schuldkonto in die Hände der strafenden Gerechtigkeit, wie aus den Berichten der Komitees zu ersehen ist. An Waffen, die an verborgenen Stellen vergraben worden waren, wurde verhältnismäßig wenig gefunden. Dort, wo energische Truppenführer den Gemeinden bei hoher Geldpön die Auslieferung von Waffen auferlegten, wurden meist wertlose alte Schießeisen oder höchstens gestohlene Jagdgewehre ausgeliefert. Nur selten fanden sich moderne kleinkalibrige Repetiergewehre. Diese tauchten erst später in den Händen der sogenannten „Waldbrüder", von denen wir später reden werden, auf.

Den geringsten Eindruck machte die Gegenrevolution, wie die Sozialdemokraten die Niederwerfung der Revolution nennen, auf die radikale Presse. Diese fuhr in ihrer destruktiven Tätigkeit unentwegt fort, geschützt durch die Zensurfreiheit und die Schwäche der Administration. Der „Baltijas Wehstnesis" hatte die Frechheit, Ende Dezember den Generalgouverneur Ssologúb einen „Bluthund" zu nennen, der wie einst der Henker Murawjów im Blute der Polen, in dem der

Letten wate. Ssologúb, der sich allerdings keineswegs getroffen fühlen konnte, unterließ absichtlich eine Bestrafung der Zeitung, um nicht in den Verdacht zu geraten, aus persönlichen Motiven zu handeln. Daß in seiner Person gleichzeitig der Träger der Staatsgewalt unbestraft beschimpft wurde, übersah er. Andere Zeitungen, die in schamlosester Weise das Militär und die Regierung beschimpften, wie z. B. die „Deenas Lapa", wurden sistiert, um gleich darauf unter etwas verändertem Namen wie ein Phönix der Asche zu entsteigen. Auf diese Weise haben viele Zeitungen im Laufe eines Jahres eine Menge Namen geführt, ohne sonst ihr Aussehen und ihr Wesen zu verändern. Die meisten Herausgeber haben schon ein paar Konzessionen zu „neuen" Zeitungen in der Tasche, so daß im Bedarfsfall der Druck keine Unterbrechung erfährt. Dieses neckische Spiel dauert auch heute noch fort. Die Administration behauptet, bei den gegenwärtigen Preßgesetzen dagegen machtlos zu sein. Wir werden hierauf noch zurückkommen.

Was nun die sozialdemokratische Zentrale betrifft, so hat sie sich verhältnismäßig rasch von ihrem ersten Schreck erholt. Zwar hatten die Häuptlinge Maxim, Assar, Janson, Pleekschans, Berg usw. es vorgezogen, die Entwicklung der Dinge jenseits der Grenze abzuwarten, doch blieben andere sozialdemokratische Führer unter dem Fittich des milden Ssologúbschen Regimes ruhig in Riga, und wieder andere kehrten dorthin zurück, nachdem die Orlówsche Gefahr abgewandt worden war. Obschon nur zwei Glieder des Föderativkomitees in Riga zurückgeblieben waren, erschienen doch schon im Januar 1906 mehrere Proklamationen[1]) unter seiner Signatur. Gleichzeitig führte das Rigasche Komitee der lettischen Sozial-

[1]) „In den Kampf" 9000 Exempl., „Die Bourgeoisie und die Revolution" 10 000 Exempl

demokraten eifrig Verhandlungen mit der russischen sozialdemokratischen Arbeiterpartei wegen einer Fusion, die auch später, wie wir sehen werden, zustande kam.

Im März 1906 fand eine allgemeine Konferenz der Lettischen sozialdemokratischen Arbeiterpartei statt, die das Material für den zum Juli ausgeschriebenen III. Kongreß fertigstellte. Von besonderer Wichtigkeit ist die Stellung der Konferenz zur bewaffneten Erhebung und zur Frage der Kampforganisation.

In bezug auf die Kampforganisation, wie solche bereits in Riga in Abhängigkeit vom Föderativkomitee, in Libau und beim jüdischen „Bund" bestanden, wurde auf der Konferenz viel hin und her geredet und gestritten. Eine Partei war gegen Einrichtung einer „offiziellen" Kampforganisation bei der sozialdemokratischen Arbeiterpartei, und zwar, weil eine solche professionelle Truppe die Waffenfähigkeit der großen Masse verhindere und allmählich zu einer bevorzugten Kriegerkaste werden könnte. Die Mehrheit sprach sich aber dafür aus, im Hinblick darauf, daß es notwendig sei, technisch geschulte Führer für den revolutionären Kampf zu besitzen. Deswegen sei es auch notwendig, daß die Glieder der Kampforganisation auch Lektionen über Barrikadenbau, Taktik usw. hörten. Nach den vom Föderativkomitee gebilligten Statuten sollte die Kampforganisation der Lettischen sozialdemokratischen Arbeiterpartei aus dem Zentrum einerseits und konspirativen Gruppen andererseits bestehen. Die Kampforganisation untersteht den Befehlen und der Kontrolle des Föderativkomitees. Ihr Ziel ist Förderung des Befreiungskampfes des revolutionären Proletariats durch Überwachung der Bewaffnung und Sorge für die Mittel zum Kampf. — Im Anschluß daran beschloß die Konferenz, mit allen Mitteln für Bewaffnung des Proletariats und der breiten Volksmasse Sorge zu tragen, da der bewaffnete Aufstand eine Notwendigkeit sei. Infolgedessen hätten die Beschlüsse des II. Kongresses vom Juni 1905 bezüglich der Bewaffnung und des bewaffneten Aufstandes in Kraft zu bleiben. Die bereits bestehenden organisierten sozialdemokratischen Gruppen müßten bewaffnet und im Gebrauch der Waffen geübt werden, um im Moment des Aufstandes dem Volk als Führer und Kerntruppen zu dienen. Jeder „Genosse" hätte die Pflicht, sich zu bewaffnen und im Gebrauch der Waffen zu üben. Beim Zentralkomitee sei eine technische Kommission einzusetzen, der es obliege, für die taktische Organisierung des Aufstandes Sorge zu tragen. Die Propaganda sei zu verstärken, insbesondere unter den Soldaten.

In bezug auf „Konfiskationen und Expropriationen von Privateigentum" wurde geltend gemacht, daß die Bourgeoisie: besitzliche Bauern und Kleinbürger, der revolutionären Sache durch derartige Schädigungen gram werden würden. Dagegen wurde eingewandt, daß die Bourgeoisie ohnehin keine Sympathie für die Revolution habe. Es sei aber anzunehmen, daß viele Bourgeois sich der Revolution anschließen würden, sobald ihre Taschen erst leer seien. Im übrigen seien Konfiskationen notwendig, um die Kriegskasse zu füllen. Es sei auch nicht Aufgabe der Sozialdemokratie, in der Revolution das Privateigentum zu schützen, um so weniger, als sie ja prinzipiell gegen das Privateigentum an Grund und Boden sei. Maßgebend für die Stellung der Partei zur Frage der Konfiskation sei allein der Eindruck, den solche Mittel auf die Psychologie der Genossen selbst machten. Infolgedessen dürften Konfiskationen niemals auf eigene Hand im Namen der Partei ausgeführt werden, sondern nur im Auftrage und unter Kontrolle der Partei. Die moralische Schuld müsse man auf die Strafexpeditionen und die Reaktion im allgemeinen bürden, die eine gesellschaftliche Anarchie erzeugt hätten. (!)

So weit die Beschlüsse der Frühjahrskonferenz der Lettischen sozialdemokratischen Arbeiterpartei. Sie zeigen uns, daß die Sozialdemokraten sich während des Revolutionsjahres stark gemausert hatten. In der Taktik gab es jetzt keinen Unterschied mehr zwischen ihnen und den Sozialrevolutionären. Diese Tatsache, die ja in praxi längst durch Feuer und Blut offenbar geworden war, wurde nun auch in thesi anerkannt.

Bevor wir die durch die Verhältnisse bedingte veränderte Kampfesweise der Revolutionäre schildern, wollen wir vorgreifend die weiteren Änderungen in der Organisation der lettischen Sozialdemokratie bis zum Jahre 1907 behandeln.

Im Juli 1906 fand in der Nähe Rigas (Majorenhof?) der III. Parteikongreß statt. Nach dem Berichte der sozialdemokratischen Zeitung „Tautas Teesibas" (Volksgericht)[1]) nahmen 37 Delegierte, die mindestens 11 000 Genossen repräsentierten, 3 Mitglieder des Zentralkomitees und 11 Gäste, also im ganzen 51 Personen, teil. Aus den Berichten der verschiedenen Komitees — die wir oben häufig zitiert haben — war zu ersehen, daß die durch die „Gegenrevolution" eingetretene Desorganisation sich wieder auszugleichen beginne. Besonders erfreuliche (!) Nachrichten kämen vom Lande, wo sich das „zielbewußte Proletariat" der Sozialdemokratie anschließe, während allerdings die Hofbesitzer und ihre Familien sich kühl oder gar feindlich der Sozialdemokratie gegenüber verhielten. Wir werden weiter unten erfahren, daß die Hofbesitzer alle Veranlassung hatten, sich zu dem „feurigen" Werben der Sozialisten kühl zu verhalten. Besonders günstig stände die sozialdemokratische Sache im südöstlichen Livland. Die Grenzorganisation („Maleene") hätte am Vorabend des Kongresses

[1]) Vgl. „Balt. Tageszeitung", 1906, Nr. 180 und 187.

1200 Parteimitglieder gezählt. Auch in den Städten wüchse der Einfluß der Partei. Riga habe 6000, Libau 1500, Mitau 400 streng organisierte Genossen.

Auf dem Kongreß machte sich eine stark demokratische Stimmung geltend, die sich in heftigen Angriffen gegen die Tätigkeit des Zentralkomitees und gegen die „Intelligenz" äußerte. Das Hauptinteresse wandte sich aber der Frage der definitiven Verschmelzung der Lettischen mit der Russischen sozialdemokratischen Arbeiterpartei zu, die auch einstimmig beschlossen wurde. Die Lettische sozialdemokratische Arbeiterpartei hörte auf, als eine selbständige Organisation zu existieren; an ihre Stelle trat die „Lettische Sozialdemokratie", die sogleich auch ihren ersten Kongreß abhielt. Außer den Mitgliedern des letzten Kongresses der gewesenen Lettischen sozialdemokratischen Arbeiterpartei nahmen an dem Kongreß teil sieben gewählte Delegierte der russischen Arbeiterpartei, die in Lettland wirken, vier Gäste vom jüdischen „Bund", ein Gast der estnischen Sozialdemokratie und ein Mitglied des Zentralkomitees der Russischen sozialdemokratischen Arbeiterpartei. Der Kongreß konnte nur das neue Organisationsstatut annehmen und die Wahl eines neuen Zentralkomitees vollziehen, die Lösung verschiedener wichtiger taktischen Fragen mußte dagegen aus verschiedenen Gründen unterbleiben. Nach den Bestimmungen des neuen Organisationsstatuts wird die Lettische Sozialdemokratie vereinigte (und nicht föderative) Komitees bilden, die von allen Genossen der „bewußten Organisation", ohne Unterschied der Nationalität, gewählt werden sollen. Nach den Nationalitäten werden sich die Arbeiter nur zum Zweck der Propaganda und der Agitation gruppieren.

In der nächsten Nummer der „Zihna" (August 1906), die an ihrem Kopf schon die Aufschrift „Russische sozialdemokratische Arbeiterpartei" trägt, erschien darauf ein Manifest des Zentralkomitees der Lettischen Sozialdemokratie, das die stattgehabte Vereinigung proklamiert und aus dem zu ersehen ist, daß die Lettische Sozialdemokratie einen autonomen Bestandteil der Russischen sozialdemokratischen Arbeiterpartei bildet und mit dieser ein gemeinsames Programm und eine gemeinsame Taktik hat. Von dem Programm der Russischen sozialdemokratischen Arbeiterpartei ist deren Agrarprogramm für die Lettische Sozialdemokratie nicht bindend.

Der Grund, weswegen die Lösung verschiedener taktischer Fragen unterbleiben mußte, war der, daß der Kongreß durch die Gendarmerie ein jähes Ende fand.

Dem Manifest des Zentralkomitees entnehmen wir ferner, daß die schon auf der Frühjahrskonferenz der „Partei" beschlossene Einsetzung einer technischen Kommission nunmehr ausgeführt wurde. Die wichtigsten Beschlüsse des Zentralkomitees lauteten:

I. 1. Bei dem Zentralkomitee der Lettischen Sozialdemokratie wird eine technische Exekutivkommission gebildet, die sich den Beschlüssen und Anordnungen des Zentralkomitees unterzuordnen hat.

2. Die Kommission setzt sich zusammen aus den von dem Zentralkomitee erwählten: a) drei Vertretern der Miliz, b) dem Verwalter der Transporte, c) einem Vertreter der Kriegsorganisation und d) einer Delegation des Zentralkomitees, der auf den Sitzungen der Kommission das Vetorecht zusteht.

Anmerkung. Die betreffenden Institutionen können ihre Kandidaten dem Zentralkomitee vorstellen.

3. Zu den Funktionen der technischen Kommission gehören: a) die Beschaffung von Waffen und Empfang der Transporte, b) die Organisation der Ausrüstung und die Unterweisung der Genossen im Gebrauche der Waffen, c) die Beschaffung

von Mitteln für die direkten Zwecke der Revolution, d) die Organisation einer Exekutive für die technische Leitung (wörtlich Regierung) der Revolution; e) die Geldsummen der technischen Kommission fließen in die Kasse des Zentralkomitees.

II. Das Zentralkomitee beschließt, aus seiner Mitte eine besondere, aus zwei Mitgliedern bestehende Kommission niederzusetzen, welcher die Verwaltung der der Partei gehörigen Waffen anzuvertrauen ist.

III. Das Zentralkomitee beschließt, folgende Fonds zu gründen: 1. einen Waffenfonds, 2. einen Unterstützungsfonds für die Miliz und 3. einen Unterstützungsfonds für die Kriegsorganisation.

IV. Vorläufig wird das Zentralkomitee keine besonderen Zentralorgane in lettischer und russischer Sprache herausgeben, sondern die „Zihna" und „Borjbá"[1]) beibehalten, in denen ein offizieller Teil für die Publikationen des Zentralkomitees eingerichtet werden soll.

So hatte also im Sommer 1906 eine abermalige Reorganisation der Lettischen Sozialdemokratie stattgefunden.

Das Bild, das wir von der neuen Organisation entworfen haben, wäre unvollständig ohne Erwähnung eines der wichtigsten Faktoren im Kampfe für den Umsturz, nämlich der Organisation der revolutionären Volksschullehrer, die gleichfalls im Frühling 1906 — am 5. Mai — einen Kongreß in Riga abgehalten hatten.

Wir müssen hier auf die stürmische Zeit nach Erlaß des Manifestes vom 17. Oktober 1905 zurückgehen.

Schon im April 1905, als die sozialdemokratische Agitation sich energisch dem flachen Lande zuwandte, entstand bei dem

[1]) Die „Borjbá" („Kampf") war das russische Organ der Sozialdemokratie.

Rigaschen Komitee der Lettischen sozialdemokratischen Arbeiterpartei der Plan, eine Organisation der Volksschullehrer zustande zu bringen, die erfahrungsmäßig als ein für revolutionäre Agitation äußerst geeignetes Element galten, sofern sie nicht aus der Zeit vor der Russifizierung stammten und Zöglinge der im christlichen Geiste wirkenden baltischen Lehrerseminare waren.

Zu diesem Zwecke wurde in Riga ein provisorisches Lehrer-Bureau gegründet, das seine Tätigkeit damit begann, daß es Proklamationen durch die Post an alle Volksschullehrer Kurlands und Südlivlands versandte. Diese Proklamationen, gedruckt in der Typographie der sozialdemokratischen Partei, sind erfüllt von revolutionärem Geist. Ferner veranstaltete das Bureau eine Reihe von Lehrerkonferenzen, an denen sich immer mehr Lehrer beteiligten, zuerst 60, dann 125, dann 150.

Als nach Erlaß des Manifestes vom 17. Oktober die Zeit der Dauermeetings hereinbrach, hielten auch die lettischen Volksschullehrer vom 22. bis zum 27. Oktober solche ab, auf denen unter anderem beschlossen wurde, die Schulobrigkeit abzusetzen. Dieser Beschluß wurde dem Volksschulinspektor Wiljew durch eine Deputation kundgetan. Ein Befehl des Kurators, den durch die Meetings unterbrochenen Schulunterricht wieder aufzunehmen, wurde gemäß Beschluß vom 26. Oktober ignoriert. Am 27. Oktober wurde ein ständiges lettisches Lehrerbureau aus dreißig Mitgliedern geschaffen. Die Hauptmatadore in diesem Bureau waren der Gymnasiallehrer Mühlenbach, der Künstler Maderneek, der Publizist Assar, der Journalist Kalning, die Elementarlehrer Dahwis, Rihting und Mednis. Das Bureau berief zum 10. November einen allgemeinen Kongreß der lettischen Volksschullehrer Kurlands und Livlands nach Riga. Dieser Kongreß tagte vom 10. bis 14. November im Neuen lettischen Verein, Romanowstraße 25. Zu seiner Eröffnung waren über 1000 Personen erschienen, darunter etwa 100 Elementarlehrer. Die Zahl der Teilnehmer nahm beständig zu. Die Sitzungen dauerten vom Morgen bis zum Abend. Es wurde natürlich nicht nur über Schulfragen, sondern de omnibus rebus et quibusdam aliis gesprochen. Wie ja überhaupt das weitaus wichtigste verfassungsmäßige Recht des russischen Untertans seit dem Manifest vom 17. Oktober das uferlose Geschwätz über Dinge, die er nicht versteht, zu sein scheint.

Von den unzähligen Resolutionen des Kongresses[1]) sind folgende die wichtigsten.

1. Entsprechend der Trennung der Kirche vom Staate ist auch die Kirche von der Schule zu trennen und daher der Religionsunterricht abzuschaffen.

2. Die jetzige Schuladministration mit allen ihren Vorschriften und Programmen ist zu ignorieren und die Schulverwaltung einer Genossenschaft anzuvertrauen, gewählt auf der Grundlage des vierschwänzigen Wahlrechts.

3. In Anbetracht der großen Bedeutung des Arbeiterstandes für die Ideale der ganzen Menschheit spricht der Kongreß seine Solidarität mit den Bestrebungen und Idealen der sozialdemokratischen Arbeiterpartei aus und beschließt, ihren Kampf zu fördern.

4. Die Schule wird nur dann in rechter Weise ihre Aufgabe erfüllen, wenn in Rußland a) eine demokratische Regierung begründet und b) eine progressive Einnahmesteuer eingeführt sein wird.

5. Die Letten haben sich wie jede andere Nation nach Möglichkeit zu einer Selbstverwaltungseinheit zusammenzuschließen.

---

[1]) Vgl. „Deenas Lapa", 1905, Nr. 250—255.

Zu diesen Resolutionen hatte auch eine große Gruppe estnischer Volksschullehrer ihre Zustimmung erteilt.

Bald nach diesem Kongreß und dem unmittelbar auf ihn folgenden Kongreß der Gemeindedelegierten brach, wie wir gesehen haben, der offene Aufstand aus, an dem sich die sozialdemokratischen Lehrer ebenso eifrig beteiligten, als an der vorhergegangenen Wühlarbeit.

Nach einer vom livländischen Konsistorium angestellten Enquete vom Sommer 1906 hatten sich von den 604 Volksschullehrern im lettischen Livland 184, d. h. 30,5 %, nachweislich an revolutionären Handlungen beteiligt. Diese Zahl gibt die Minimalziffer, da aus zehn Kirchspielen (von 77) keine zuverlässigen Daten wegen Vakanz der Pfarren zu erhalten waren. Auch ist die Zahl der revolutionären Lehrer, deren Teilnahme den Berichterstattern nicht bekannt war, zweifellos bedeutend größer. Dieses geht schon aus dem Umstand hervor, daß an dem oben erwähnten Kongreß im November 1905 über 600 lettische Volks- und Elementarlehrer teilnahmen.

Für Kurland existiert zwar kein Enquete, doch läßt sich aus den Jahresberichten der Pröpste berechnen, daß von den 443 Volksschullehrern mindestens 184, d. h. 42 %, an der revolutionären Bewegung teilgenommen haben.

Die kurländische Oberlandschulkommission erklärte am 5. Dezember 1905, ihre Tätigkeit einstellen zu müssen, weil es erwiesen sei, „daß der größte Teil der Volksschullehrer weder die Schulobrigkeit noch sonst eine andere gesetzliche Obrigkeit anerkenne, die gesetzlichen Forderungen nicht erfülle, bei Erteilung des Schulunterrichts ein von einer vermeintlichen neuen Regierung bestätigtes Programm befolge, sich der sozialdemokratischen und revolutionären Partei angeschlossen habe und infolge der genannten Tatsachen die Anordnungen der Oberlandschulkommission nicht befolge“.

Das Bureau der lettischen Lehrerorganisation behielt während des Jahres 1906 seine Tätigkeit bei. Während der Strafexpeditionen unter dem Generalmajor Orlów und der Dauer der Feldgerichte verhielt es sich verhältnismäßig passiv. Als aber unter dem Druck der ersten Duma die Regierung in ihren Repressivmaßregeln nachließ, die Feldgerichte aufhob und die Tätigkeit der Strafexpeditionen einschränkte, da begann eine vollständige Nebenregierung des Lehrerbureaus, gegen welche die Autorität der Schuladministration mit dem Kurator an der Spitze bloß einen Schatten bedeutete.

Das „Regierungsprogramm" der sozialdemokratischen lettischen Lehrer wurde auf einem Kongreß in Riga am 5. Juni 1906 in seinen wesentlichen Grundzügen festgestellt: engste Koalition aller freiheitlich gesinnten Volksschullehrer, Boykott und Terrorisierung der „reaktionären" Lehrer, passiver Widerstand gegen die Schulobrigkeit und Administration, Unterstützung der sozialdemokratischen Bestrebungen.

Diesem Programm getreu verfuhr nun das lettische Lehrerbureau.

Der vom Lehrerbureau über die kaisertreuen Lehrer verhängte Boykott, die durch direkt zugefertigte Todesurteile in Form von hektographierten Proklamationen angedrohte Rache übten einen ungeheuren Terror aus. Zahlreiche kaisertreue Lehrer wagten nicht, die ihnen angebotenen Stellen anzunehmen, da diese den geflohenen Revolutionären freigehalten werden mußten. Andere Lehrer mußten vor der Rache der Revolutionäre fliehen. Andere endlich fielen der Rache zum Opfer und wurden ermordet oder verwundet. Der sozialdemokratischen Zeitung „Beedris" (Genosse) entnehmen wir folgende naive Schilderung der Wirksamkeit des Lehrerbureaus:

„Die Lehrer haben sich, wie bekannt, geeinigt, die Stellen der geflüchteten Kollegen nur provisorisch und mit deren Wissen und Erlaubnis einzunehmen, wobei sie einen gewissen Prozentsatz ihrer Einnahmen den Flüchtlingen überlassen. Diese Bestimmungen werden im allgemeinen streng eingehalten. Nur einige Herren erachten es für vorteilhafter, es nicht mit den Kollegen zu halten und anderwärts Schutz zu suchen. Diese von ihren Kollegen mißachteten Lehrer sind: Rudsit, Lulle und Osis. Rudsit wurde in Kalzenau von der Gesellschaft boykottiert; darauf nahm er die Stelle des flüchtig gewordenen Lehrers Swejneek in der Katlekalnschen Schule an, obwohl Swejneek sich weigerte, ihm dazu die Erlaubnis zu geben. Lulle nahm die Stelle des verfolgten Lehrers Jaunsem in der Bickernschen Parochialschule ein, obwohl er eine direkte Erlaubnis dazu weder von Jaunsem noch von dem Lehrerbureau erhalten hat. Osis hat auf dieselbe Art die Stelle Zukurs in der Salisburgschen Parochialschule eingenommen. Das Lehrerbureau hat zu wiederholten Malen die drei genannten Lehrer aufgefordert, die Stellen der verfolgten Kollegen zu räumen. Sie leisten der Aufforderung jedoch keine Folge. Jetzt hat das Lehrerbureau den drei genannten Lehrern, als abscheulichen Reaktionären, seine tiefste Mißachtung ausgedrückt und an die Kollegen, die örtliche Gesellschaft und die Schüler (!) die Aufforderung erlassen, sie zu boykottieren, den Verkehr mit ihnen zu meiden, die Schüler nicht zu ihnen in die Schule zu schicken, ihre Stunden nicht zu besuchen sowie ihnen öffentlich Verachtung auszudrücken."[1])

---

[1]) Wiedergegeben in der „Balt. Tageszeitung", 1906, Nr. 233. Von den in der Schilderung des „Beedris" angeführten Orten liegt Kalzenau im Kreise Wenden, Salisburg im Kreise Wolmar, Katlekaln und Bickern nahe bei Riga. Unter „Gesellschaft" und „örtliche Gesellschaft" sind natürlich immer die Herren Sozialisten zu verstehen.

Diese Herrschaft des Lehrerbureaus dauert auch heute noch fort. Neuerdings hat sich die vollständige Vereinigung des lettischen Lehrerverbandes mit der sozialdemokratischen Partei vollzogen. Vom 5. bis 7. Januar 1907 tagte ein vom Lehrerbureau einberufener Kongreß der Volksschullehrer in Petersburg. Je zehn Lehrer sollten einen Deputierten schicken. Da der Kongreß von vierzig Deputierten besucht war, so ist die Zahl der sozialdemokratischen Lehrer gegenwärtig, wenn man die am Erscheinen wegen der weiten Entfernung und der dadurch hervorgerufenen Reisekosten verhinderten in Betracht zieht, auf 4—500 zu schätzen. Außer den Deputierten nahmen am Kongreß einige Mitglieder des Lehrerbureaus sowie des Zentralkomitees der Lettischen Sozialdemokratie teil. Der Kongreß arbeitete ein Statut der Lettischen sozialdemokratischen Lehrervereinigung aus, das vom sozialdemokratischen Zentralkomitee, wie dessen Organ „Zihna" (Nr. 61 und 62)[1]) mitteilt, bestätigt worden ist.

Als Hauptziel der Lehrervereinigung wird die sozialistische Propaganda unter Lehrern und Schülern hingestellt.

Die Schulverhältnisse, wie sie zurzeit in den Ostseeprovinzen und besonders in Kurland und Südlivland herrschen, sind trostlos. Der Terror, den die Sozialdemokraten ausüben, hält alles in seinem Bann. Viele Schulen können nicht besetzt werden. Andere werden von notorischen Revolutionären geleitet. Diese Tatsache ist jedermann bekannt.

Noch mehr. Es gibt unter den am heutigen Tage funktionierenden Volksschullehrern solche, die vor den Strafexpeditionen geflohen waren und wieder zurückgekehrt sind, ja, es gibt sogar solche, die wegen Beteiligung an der revolutionären

---

[1]) Vgl. „Balt. Tageszeitung", 1907, Nr. 12 und Nr. 45.

Bewegung öffentlich gezüchtigt worden sind. Nach der Enquete des livländischen Konsistoriums ist für die Zeit des Spätsommers 1906 festgestellt worden, daß in den vier lettischen Kreisen Livlands 47 Lehrer im Amte verblieben waren, die direkt an den revolutionären Umtrieben beteiligt gewesen waren, welche Zahl aus den oben (S. 306) angeführten Gründen als eine Minimalziffer betrachtet werden muß. Auch mögen inzwischen noch viele andere mit Genehmigung des sozialdemokratischen Lehrerbureaus ihre früheren oder auch neue Stellen eingenommen haben. Wir könnten hier eine Reihe flagranter Fälle nennen.

Es braucht nicht besonders hervorgehoben zu werden, daß derartige Zustände vom schlimmsten Einfluß auf die Schuljugend und die ganze bäuerliche Bevölkerung sein müssen. Sie wirken nicht nur direkt demoralisierend, indem sie die Schwäche der Staatsregierung offenbaren, sie geben auch die Gewähr, daß die kommende Generation vom Geiste des Umsturzes durchtränkt sein wird.

Diese Erwägungen liegen so sehr auf der Hand, daß wir uns voll Erstaunen fragen, wie derartige Zustände von der Staatsregierung, die ja, wie wir wissen, offiziell das Schulwesen in den Ostseeprovinzen als durchaus ungenügend anerkannt hat,[1]) geduldet werden können. Die Antwort auf diese Frage liegt in dem ewigen Zwiespalt, der sich traditionell zwischen den verschiedenen Ressorts zeigt. Die Administration mischt sich trotz der bestehenden formellen Möglichkeit (des Kriegszustandes) nicht in die Angelegenheiten des Kurators des Lehrbezirkes Ljówschin, und dieser seinerseits ist ein hochliberaler Herr, der es für einen Mangel an aufgeklärter Gesinnung halten würde, gegen die ihm unterstellten Volksschullehrer vorzugehen, nur weil sie „freiheitliche" Ideen haben, die sich mit denen der Administration viel-

[1]) Vgl. Teil I, S. 121.

leicht nicht ganz decken. Human und liberal, wie er ist, achtet er bei jedermann die Persönlichkeit, zu deren höchsten Gütern ohne Zweifel die Freiheit des Gedankens gehört.[1]) Außerdem — so argumentiert er — würden aller Wahrscheinlichkeit nach drei Viertel aller Lehrerstellen unbesetzt bleiben, wenn man von den Lehrern vorschriftsmäßige Gesinnung verlange.

Unter diesen Umständen ist die Fortdauer des revolutionären Geistes unter der heranwachsenden Generation gewährleistet, und es ist ein geringer Trost, wenn dieses im viel mißbrauchten Namen der Aufklärung geschieht.

Wir haben im Vorstehenden die Reorganisation der sozialdemokratischen Partei und insbesondere auch die wichtige Rolle, welche den Volksschullehrern bei der Revolutionierung des Volkes zugewiesen worden ist, dargestellt und müssen nun die veränderte Kampfesweise der Revolutionäre im Jahre 1906 schildern. Wir haben gesehen, daß die Lettische Sozialdemokratie trotz der Niederwerfung der offenen Revolution an dem revolutionären Programm festhielt, den Umsturz der bestehenden Staats- und Gesellschaftsordnung durch den blutigen Terror herbeizuführen. Die Sozialdemokratie der Letten, Juden und Russen war damit in das Fahrwasser der Sozialrevolutionäre gelangt, sie hatte den Boden des Marxismus verlassen und den des revolutionären Sozialismus etwa im Sinne der Blanquisten, der Anhänger des August Blanqui, betreten, deren wichtigster Grundsatz die revolutionäre Taktik ist.

Wie sehr diese Richtung die Lettische Sozialdemokratie und die mit ihr verbündeten Juden und Russen beherrscht, soll

---

[1]) So ist es auch zu erklären, daß der Kurator Ljówschin vor einigen Monaten den ehemaligen Redakteur der „Zihna" und jetzigen sozialdemokratischen Abgeordneten für Riga Ohsol zum Lehrer an einer Mittelschule in Libau ernannt hatte.

eine Nebeneinanderstellung von Aussprüchen im Organ der Blanquisten und der lettischen Sozialdemokraten veranschaulichen. Im „Moniteur républicain" vom Mai 1838 findet sich folgender Passus: „Es ist gewiß schön, Atheist zu sein, aber das ist nicht genug; man ist kein Mann des Blutes, um schuldiges Blut sparsam fließen zu lassen. Es gibt nur ein einziges Mittel, das man anwenden kann: den Königsmord, den Tyrannenmord, den Meuchelmord oder wie man sonst diesen heroischen Akt nennen will."[1]) Und im „Sozialdemokrats" lesen wir im September 1906:[2]) „Die Organisationen (sc. der Lettischen Sozialdemokratie) hetzen das Volk nicht sowohl gegen die bestehende Ordnung als abstrakten Begriff auf, als gegen einzelne Persönlichkeiten, die sich im Gesichtskreise des Volkes befinden und zum Morde bestimmt sind; dadurch — durch einzelne Mordtaten — wird das Volk allerdings von seinem ihm durch die Moral der Bourgeoisie eingeimpften Abscheu vor dem Blutvergießen noch nicht völlig zurückgebracht und noch nicht genügend zur Blutarbeit erzogen, d. h. zur Ausrottung der überflüssigen Klassen. Daher ist eine langsame, von steten Mordtaten begleitete Fortarbeit der revolutionären Gruppen von diesem erzieherischen Gesichtspunkt aus einem schnellen Siege des Liberalismus vorzuziehen."

Der Mord an sich wird also als Ziel der erzieherischen Arbeit der Sozialdemokraten hingestellt. Der Mord zunächst als Selbstzweck, um die heiklen Genossen an Blutarbeit zu gewöhnen, dann als Mittel zum Zweck, um die „überflüssigen" (!!) Klassen auszurotten. Mit diesem Programm mußte sogar die

[1]) Vgl. K. Diehl, „Über Sozialismus, Kommunismus und Anarchismus". Jena 1906, S. 99.

[2]) Vgl. „Balt. Tageszeitung", 12. Okt. 1906.

blutdürstige „Saweeniba“ zufrieden sein, die ein Jahr vorher den Sozialdemokraten ihre Schlappheit so bitter vorwarf. Nun marschierten tatsächlich die Letten „an der Spitze der Genossen des Reiches“.[1])

Die Veränderungen in der Taktik und auch in den Zielen des revolutionären Kampfes waren bedingt durch die Erstarkung der Regierungsgewalt. Diese bekundete sich besonders in zweierlei Hinsicht. Einmal durch die Verstärkung der Truppen und der Polizei, dann in dem durch die Strafexpeditionen hervorgerufenen Gegenterror. Die große Masse des Volkes war entmutigt und enttäuscht. Der Glaube an den Sieg der Sozialdemokratie war erschüttert. Die Furcht vor dem Strafgericht beherrschte alle Gemüter. Vielfach glaubte sich das Volk verraten; denn die wirklich Schuldigen flohen und die Mitläufer verfielen der Strafe. Furcht und Rache lösten die Zungen. Versteckte Sozialisten wurden angegeben, Waffenverstecke verraten. Es lag die Befürchtung vor, daß die Sozialdemokratie auf dem flachen Lande allen Boden verlieren würde. Es galt daher, den Gegenterror durch Verstärkung des roten Terrors zu bekämpfen. Man griff, entsprechend dem auf der Frühjahrskonferenz aufgestellten Programm, wieder auf den sogenannten Partisanenkampf. Doch mußte auch hier die Taktik geändert werden. Es war unmöglich, bewaffnete Banden mit der Eisenbahn und Extrapost über Land zu schicken, wie das im Frühling und Sommer 1905 üblich gewesen war, um am Bestimmungsort eine Demonstration zu veranstalten oder einen Überfall auszuführen. Das hätte zu einer Gefangennahme oder Aufreibung des Expeditionskorps geführt. Man mußte im Gegenteil höchst vorsichtig operieren. Die Banden mußten lokal organisiert sein, sich versteckt halten und aus

---

[1]) Siehe oben S. 216.

möglichst wenigen, aber um so entschlosseneren Mitgliedern bestehen. Aus diesen Erwägungen entstanden nun überall auf dem flachen Lande Kampforganisationen der Sozialdemokraten, die sich nach ihrem Hauptaufenthaltsort den Namen „Waldbrüder" beilegten. Da es die Hauptaufgabe dieser Banden war, Schrecken hervorzurufen und der Sozialdemokratie durch Expropriationen und Konfiskationen von Privateigentum Betriebsmittel zuzuführen, so bestand ihre amtliche Tätigkeit aus fortgesetzten Raubüberfällen, Brandstiftungen und Meuchelmorden. Neben dem Terror riefen sie daher eine tiefgehende Erbitterung und Wut bei den zahlreichen Betroffenen hervor. Infolgedessen machten die sozialdemokratischen Zeitungen mehrfach den Versuch, den Zusammenhang der „Waldbrüder" mit der sozialdemokratischen Organisation abzuleugnen. Völlig erfolglos. Natürlich benutzte alles Gesindel die günstige Gelegenheit zu einem Brigantentum unter patriotischer Flagge, und es mögen gewiß viele „Konfiskationen" von Privateigentum damals stattgefunden haben, deren Erlös nicht den sozialdemokratischen Kassen zufloß. Wo Aas ist, da sammeln sich die Geier. Aber die richtigen „Waldbrüder" waren „Genossen", die im Auftrage und in Solde der verschiedenen Komitees arbeiteten. Jeden Zweifel an dieser Tatsache zerstören die „amtlichen" Berichte der Komitees an den III. Parteikongreß. In dem Berichte des Römershof-Sissegalschen Komitees heißt es: „Im Februar, März und April wirkten einzelne Trupps, welche die Krüge demolierten und Spione töteten." Im Berichte des „Grenzkomitees" lesen wir: „In Wäldern kampieren gegen zwanzig Mann. Der größte Teil hat Verbindungen mit der Organisation; einige weniger überzeugte Genossen, die in den Wäldern kampieren (Praulen, Friedrichswalde) wurden zu Hooligans." Im Bericht des Tuckum-Talsenschen Komitees heißt es mit dürren Worten: „Im Juli wurde das

Schloß Remten[1]) überfallen; unter der Beaufsichtigung der Partei befinden sich fünf Waldbrüder mit allen Waffen." Im Bericht der Organisation Gaisma („Licht") in Oberkurland: „Zwanzig Waldbrüder, von denen einige als Nichtmitglieder sich der Parteidisziplin nicht unterwerfen."

Durch ihre Tätigkeit oder, wie jener Bericht so hübsch sagt, ihr „Wirken", das wir gleich näher beleuchten werden, erlangten die Waldbrüder im Laufe des Frühlings und Sommers 1906 eine derartige „Popularität", daß sie ihren Geusennamen „Waldbrüder" offiziell annahmen und sich als eine förmliche Gilde mit Statuten konstituierten. Am 25. August erschien eine in der „Typographie der Waldbrüderorganisation" gedruckte Proklamation in 10 000 Exemplaren, die wir im Wortlaute hierhersetzen, da sie in jeder Hinsicht typisch ist für die Art und Weise, wie die Sozialdemokraten die Masse des Volkes zu behandeln verstehen, indem sie den Schein des Rechtes zu wahren versuchen und mit dem durch Generationen den Bauern eingeimpften Sinn für Ordnung und Gesetzmäßigkeit spekulieren. Die Proklamation lautet:

„Ein großer Teil von denen, welche im vergangenen Herbst aktiven Anteil an der Revolution nahmen, als Miliz, Agitatoren oder als Mitglieder der Exekutiv-Komitees, sind bei Eintritt der Reaktion emigriert (verreist ins Ausland oder in die inneren Gouvernements Rußlands); ein großer Teil wurde von den Strafexpeditionen in tierischer Weise verkrüppelt und dann gemordet, und die übrigen, welche in den heimatlichen Wäldern ihre Zuflucht fanden, als die räuberischen Soldatenhorden das Baltenland überschwemmten — die haben im Volksmunde den Namen „Waldbrüder" erhalten.

Ein jeder wird wohl verstehen, daß es nicht möglich ist, von

[1]) Eingeäschert am 13. Juli 1906.

der frischen Waldluft und den Schönheiten der Natur allein zu leben, und der liebe Gott wirft uns auch nichts zum Leben vom Himmel herunter, und darum sind wir gezwungen, den Weg der Konfiskation (Wegnahme von Gegenständen ohne Entschädigung) zu beschreiten, weil wir Lebensmittel durch produktive Arbeit nicht verdienen können. Weder aus Petersburg noch aus Moskau haben die Strafexpeditionen Listen über uns hergebracht, weder Straßniks noch Pristaws (Polizisten) kennen uns von Angesicht. Wenn es nicht hier in unserer lieben Heimat Spione und Verräter gäbe, so könnten wir ebenso friedlich hinter dem Pfluge hergehen, wie im vorigen und in früheren Jahren. Die Spione und Verräter sind es, sowohl aus der Zahl der Bauern als auch Gutsbesitzer, um derentwillen wir gezwungen sind, uns zu verbergen.

Und darum muß ganz natürlicherweise unsere Konfiskation sich auf das Eigentum der Gutsbesitzer und aller Verräter richten, ebenso auch auf das Eigentum aller Krüger — denn in der Betrunkenheit kann auch ein schlichter Ehrenmann aus Dummheit, ohne es selbst zu merken, zum Verräter werden.

An manchen Orten (Sissegal, Dondangen) haben die Waldbrüder schon besondere Organisationen gebildet. Wir fordern alle anderen auf, das gleiche zu tun. Die Ziele dieser Organisationen sind: erstens sich mit materiellen Existenzmitteln und Waffen zu versehen, zweitens einen organisierten Partisanenkampf zu führen, drittens dafür zu sorgen, daß Hooligane und Polizei nicht im Namen der Waldbrüder *und überhaupt der Sozialisten* allerlei Schändlichkeiten treiben.

Normalstatut zur Organisation der Waldbrüder-Milizen.

1. Ein besonderer Fonds oder eine Kasse ist zu begründen. Der Fonds wird gebildet a) aus freiwilligen Gaben, b) durch

Konfiskation des Eigentums der Krone und der Gutsbesitzer, c) durch die Konfiskation des Eigentums der in Proklamationen namhaft gemachten Spione und Glieder der schwarzen Ssotnja (Geldstrafen), und d) durch Strafgelder, die von ungehorsamen Krügern, Monopolisten und Pastoren (!) beigetrieben werden dafür, daß sie ihre Buden nicht schließen und sie sogar erneut wieder eröffnen.

2. Jedem Verurteilten muß eine gedruckte, mit dem Stempel der Organisation versiegelte Aufforderung übersandt werden und bei Empfang des Geldes eine gestempelte Quittung ausgereicht werden.

3. Alle Summen kommen in die Verwaltung der gewählten Kassierer, welche monatlich den Mitgliedern den durch die Generalversammlung bestimmten Lohn auszahlen.

4. Es ist streng darauf zu achten, daß ehrliche Menschen nicht angetastet werden.

5. Die Waldbrüderorganisation wird gegen diejenigen vorgehen, welche in ihrem oder überhaupt in der Sozialisten Namen unschuldige Menschen überfallen.

6. Empfehlenswert ist die Bildung von Gruppen von nicht mehr als zehn bis fünfzehn Mitgliedern.

7. Neue Mitglieder müssen mit Zustimmung aller organisierten Mitglieder aufgenommen werden.

8. Bei den Nachtquartieren muß einer beständig auf Wache stehen.

9. Für verwundete und kranke Mitglieder beschafft die Organisation Arzt und Medikamente.

10. Über jede Aufnahme berichten die Waldbrüder der örtlichen sozialdemokratischen Zentralstelle.

11. Als aus der Waldbrüderorganisation ausgeschieden werden diejenigen angesehen, welche ihren Unterhalt öffentlich zu verdienen und öffentlich (legal) zu leben beginnen.

12. Jedes Mitglied, das sich nicht den Bestimmungen der Waldbrüderorganisation fügt, wird von allen Mitgliedern der Waldbrüdergruppe in der Generalversammlung entwaffnet und aus der Organisation ausgeschlossen.

Die „Waldbrüderorganisation".

Der von den Waldbrüdern und deren städtischen Genossen geführte Partisanenkrieg kann in seinen Einzelheiten hier nicht geschildert werden. Er bestand, wie erwähnt, aus einer langen Kette von Raubüberfällen, Brandstiftungen und Meuchelmorden Da es in erster Linie, wie das Statut besagt, auf Beschaffung von Existenzmitteln ankam, so richtete sich die Expropriationstätigkeit der Waldbrüder hauptsächlich gegen die Krüger (Schankwirte) und die wohlhabenden Hofbesitzer. Diese praktische Erwägung deckte sich gleichzeitig mit der von der Parteileitung gegebenen Richtlinie: Verbreitung des Terrors unter der Bourgeoisie. Mit grimmiger Ironie sprachen die sozialdemokratischen Zeitungen davon, daß nun die Reihe an die „grauen Barone" käme, nachdem im Revolutionsjahre 1905 die „schwarzen Barone" ihr Teil erhalten hätten. Der Ausdruck „graue Barone" deutet auf die gewöhnliche Farbe der altmodischen lettischen Bauerntracht.

Eine Zusammenstellung der Morde und Mordversuche in Kurland nach dem Stande der Überfallenen ergibt folgendes charakteristisches Bild für die Jahre 1905 und 1906:

	1905 %	1906 %
Bauern	28	74
Staatsbeamte, Polizei- und Militärpersonen	44	8
Gutsbesitzer, Pastoren, Ärzte	13	10
Im Privatdienst stehende Personen	15	8

Ganz analog ist das Bild, das sich für Brandstiftungen in Kurland ergibt.

	1905	1906
Es entfielen auf	%	%
Gutshöfe	79	33
Bauerhöfe	21	67

Wir sehen also, daß das Verhältnis der geschädigten Stände sich genau umgekehrt hat und daß die Bauern mit 74 % Morden und 79 % Brandschäden den Löwenanteil an den Schädigungen zu tragen haben. In Südlivland lagen die Dinge ganz ähnlich.[1])

Neben dem Terror, der sich gegen die „grauen Barone" richtete, wurde ein solcher hauptsächlich gegen die Geistlichkeit ausgeübt.

Die Pastoren, die es für ihre heilige Pflicht hielten, trotz der sie umgebenden Gefahren auf ihrem Posten auszuharren, um die erkrankten Seelen ihrer Herde zu heilen, die Schwankenden zu stützen und die wenigen Getreuen nicht im Stich zu lassen, erhielten Drohung auf Drohung. Zahlreiche Attentate bewiesen, daß diese nicht leer waren. Am 13. Mai wurde der Pastor Grühn in Erwahlen (Kreis Talsen) auf der Fahrt zur Kirche in Rohjen meuchlings erschossen. Am 19. August wurde der Propst des Rigaschen Sprengels, Pastor Ludwig Zimmermann, vor seiner Haustür durch zahlreiche Schüsse ermordet; das gleiche entsetzliche Los traf seine Gattin, die, Böses ahnend, hinauseilen wollte. Am 23. November wurde der Pastor Wilhelm Taurit in Dahlen (Kreis Riga) in seinem Studierzimmer erschossen, fast vor den Augen seiner unglücklichen jungen Gattin.

Wie systematisch diese grauenvollen Meuchelmorde ausge-

[1]) Vergl. das Nähere im statistischen Anhange.

führt wurden, zeigt der Umstand, daß die Sozialdemokraten Blanketts in deutscher (!) Sprache drucken ließen für die Aufforderung an die mißliebigen Pastoren, ihre Pfarre zu verlassen. Diese Blanketts, gedruckt in der Druckerei „Mescha brahli", d. h. Waldbrüder, wurden unterzeichnet von der betreffenden ländlichen sozialdemokratischen Organisation, die auch ihren Stempel darunter setzte. Wir lassen hier eine genaue Wiedergabe eines solchen Blanketts folgen, das noch nicht ausgefüllt ist, aber den Stempel des Lettischen sozialdemokratischen Grenzkomitees trägt:

Nr. ......

Aufforderung

an den Pastor ....

der .... Gemeinde.

Hiermit werden Sie aufgefordert mit der Beschimpfung von Freiheitskämpfern und unseren gefallenen Genossen aufzuhören und sofort nach Empfang dieser Bekanntmachung Ihr heiligmachendes Geschäft — die Kirche zu schließen, widrigenfalls wir gezwungen sein werden Gewaltmittel anzuwenden. Denken Sie an die Schicksale Ihrer Kollegen Schilling, Lietz und Zimmermann.

Die .... Gruppe der baltischen Kampforganisation.

(L. S.)

Druckerei „Mescha brahli".

Infolge dieses blutigen Terrors standen und stehen noch viele Pfarren in Kurland und Südlivland leer. In Südlivland allein sind es, während wir dieses schreiben, nicht weniger wie sechzehn Pfarren, die keinen Seelsorger haben. In den meisten dieser Kirchspiele scheitert die Neubesetzung des Pfarramtes an dem Terror, den die sozialdemokratische Minorität auf die übrige Gemeinde und auf etwa sich meldende Kandidaten ausübt. Es gibt aber auch Kirchspiele (z. B. Fehteln im Kreise Wenden), wo die Gemeinde in ihrer großen Mehrheit erklärt, eines Seelsorgers überhaupt nicht zu bedürfen. Mit welchen schamlosen Mitteln die sozialdemokratische Propaganda arbeitet, beweist das von ihr mündlich und durch die Presse verbreitete Gerücht, daß die Pastoren den Abendmahlswein mit einem schleichenden, jahrelang wirkenden Gifte vergiftet hätten, um auf diese Art möglichst viele Letten umzubringen. Was aber noch weit trauriger ist: dieses unsinnige Gerücht wird allenthalben geglaubt. Aus allen Gegenden laufen die Nachrichten ein, daß der Tisch des Herrn aus Furcht vor dem Gift nicht besucht wird. Wo früher tausend Kommunikanten waren, sind es jetzt fünfzehn oder zwanzig. Wie schwerkrank muß die Psyche des Volkes noch sein!

Wir kehren zur Tätigkeit der Revolutionäre zurück.

Aus der amtlichen Statistik ersehen wir, daß die Kurve der revolutionären Verbrechen, die bei dem Erscheinen der Strafexpeditionen rapid herabgegangen war, sich sofort zu heben beginnt, als im Februar 1906 die Tätigkeit der Feldgerichte sistiert wurde und im April mit einem Sprung auf das Doppelte hinaufschnellt, als am 18. April der gefürchtete General Orlów Livland verließ und die Eröffnung der Reichsduma (27. April) bevorstand. In den nächsten Monaten geht die Kurve immer höher hinauf unter dem Einfluß der revolutionären Duma und erreicht im Juli eine Höhe, wie sie sie im September 1905 nicht erreicht hatte. Als die Regierung sich so weit ermannte, die Reichsduma am 8. Juli aufzulösen, und als diese vielgefürchtete Auflösung trotz der gegenteiligen Versicherung der Sozialdemokratie sang- und klanglos verlief, ebenso wie d e Wiborger Komödie, da zeigte sich der niedrige Barometerstand der sozialdemokratischen Hoffnungen in Livland in einem Sturz der Verbrechenkurve von 117 im Juli auf 69 im August. Zu diesem Sturze trug auch nicht wenig bei die Wiedereinführung der Feldgerichte durch Erlaß vom 22. August 1906.

Unsere Statistik reicht nicht weiter als bis zum August 1906. Für die Erkenntnis der Lage ist dieser Mangel von verhältnismäßig geringer Bedeutung. Auch ohne Statistik wissen wir, daß die Kriminalität noch immer ungeheuer hoch ist und daß die Sozialdemokratie keineswegs die Waffen hat sinken lassen. Die lange Reihe von Bombenattentaten in Riga während des Herbstes 1906, die ständige Rubrik „Revolutionschronik" in unserer Tagespresse sprechen eine deutliche Sprache.

Es liegt nahe, daß der Leser, der unserer Darstellung der Umsturzbewegung bis hierher aufmerksam gefolgt ist, erwartet, daß wir ihm einen Blick in die Zukunft eröffnen, daß er an uns die Frage richtet: Wie wird sich das Chaos, in welchem wir mittendrin stehen, lichten? Ist es denkbar, daß derartige Balkanzustände dauernd werden?

Wir können ihm darauf keine befriedigende Antwort geben.

Ist es schon an und für sich schwierig, politische Entwicklungen vorauszubestimmen, so erscheint eine Prophezeiung bei der augenblicklichen Lage der inneren Verhältnisse Rußlands (Mai 1907) geradezu unmöglich. Die ganze nächste Zukunft gipfelt in der Frage: Wird es dem Ministerium Stolypin möglich sein, das Schifflein der Konstitution zwischen den

Untiefen der bureaukratischen Reaktion, den Klippen der Demokratie und den Piraten des Umsturzes durchzusteuern?

Der gute Wille dazu ist fraglos vorhanden, ob aber die Kraft!

Die Lage in den Ostseeprovinzen ist natürlich in letzter Linie abhängig von der des russischen Reiches.

Daß die radikalen Elemente unter den Letten und Esten nicht abgerüstet haben, geht aus hundert Anzeichen hervor. Die Sozialdemokratie ist tätiger denn je. Wegen ihrer straffen Organisation ist ihr Einfluß auf die Massen fast unumschränkt. Das haben die letzten Dumawahlen bewiesen, bei denen eine Anzahl Letten, Esten und Juden roter und rötester Observanz als Vertreter der Ostseeprovinzen in die Reichsduma geschickt wurden. Der Vertreter der alten Hansestadt Riga ist ein gewesener Redakteur der revolutionären „Zihna", Jwan Ohsol, ein Mann, dem die antirevolutionäre lettische Presse die Unterschlagung von Gewerkschaftsgeldern vorgeworfen hat, ohne daß er diese Beschuldigung hat entkräften können. Einer der Vertreter Livlands ist ein vielfach ausgepfiffener Schmierenhumorist und Coupletsänger: Treimann alias Swahrgulis Eduards (d. h. Schellen-Ede)! Das sind die Vertreter der „deutschen" Ostseeprovinzen Rußlands, die bisher mit Recht zu den kulturell höchststehenden Provinzen des Reiches gezählt wurden. Vertreter, die ungestraft faustdicke Lügen und die albernsten Ammenmärchen über die Zustände in den Ostseeprovinzen vorbringen, Vertreter, so minderwertig, daß sie sogar in einem so jämmerlichen Parlament, wie es diese zweite Reichsduma ist, als lächerliche Figuren gelten. Alles das wäre sehr komisch, wenn es nicht so traurig wäre!

Neben den Sozialdemokraten sind die Nationalisten zu nennen, unter denen verschiedene Nuancen zu unterscheiden sind, eine kleinere, mehr konservative Richtung, die sich um die „Rigas Awise" (Redakteur Weinberg) schart, welche Zeitung während der Revolution in unerschrockener Weise gegen den Umsturz aufgetreten ist, und eine größere, progressive Richtung, deren Organ die „Latwija" ist. Zwischen beiden scheint eine Gruppe zu stehen, der der mehrfach erwähnte Rechtsanwalt Großwald angehört.

Das Programm der Nationalisten ist uns bekannt. Wir haben keine Veranlassung, anzunehmen, daß es in seinen Grundzügen geändert worden ist: „Friedliche" Verdrängung der Deutschen, Neuregelung der inneren Verhältnisse auf demokratischer Grundlage, Präponderanz der Letten. Die Haltung der bäuerlichen Delegierten unter Großwalds Führung im livländischen Provinzialrat, von dem wir gleich sprechen werden, hat den Beweis dafür geliefert, daß dieses Programm nicht aufgegeben worden ist. Nicht einmal das heiße Liebeswerben der deutschen Kompromißpartei hat den harten Sinn dieser lettischen Gracchen erweicht.

Zwischen den Nationalisten und den Sozialdemokraten stehen die Nationaldemokraten, die die unangenehmen Seiten beider Parteien in gelungenster Form vereinigen. Ihr Organ ist die „Balss", deren Herausgeber unser alter Bekannter, der Revolutionär Arwid Berg, ist.[1]) Wie es kommt, daß dieser Mann, dessen fleckige Vergangenheit niemandem verborgen ist, ebensowenig als der Umstand, daß er der reiche Miterbe eines Häuserkomplexes ist, in welchen man eine lange Reihe von Bomben- und Waffenfunden gemacht und auch die Druckerei der „Zihna" entdeckt hat, wie es kommt, daß dieser Mann aus der selbstgewählten Verbannung zurückkehren und seine frühere destruktive Tätigkeit wieder aufnehmen konnte, dafür findet der beschränkte Unter-

[1]) S. oben S. 214 u. 222. Soeben (Mai) ist die „Balss" sistiert worden, um Tags darauf als „Baltijas Westnesis" wieder zu erscheinen.

tanenverstand keine Erklärung. Tatsächlich ist die „Balss" zurzeit das gefährlichste Element in der nationalen Presse, weit gefährlicher als die wütende sozialdemokratische „Muhsu laiki" (Unsere Zeit) und „Progreß" oder gar die illegalen Blätter „Zihna" und „Sozialdemokrats", da sie das Volk in einem künstlich objektiven Ton systematisch unzufrieden macht und gegen die besitzenden Klassen und besonders die Deutschen aufreizt. Zugleich schmeichelt sie nach altem nationalistischem Rezept dem Nationalgefühl und lullt das hier und da erwachende Gewissen des Volkes nach Möglichkeit ein, indem sie alle Schuld an den Greueln der Revolution auf die Deutschen schiebt. Natürlich mit der eisernen Stirn, die den Sozialdemokraten auszeichnet, wenn er sich an die Arbeit der Brunnenvergiftung macht. So bringt die „Balss" in ihrer Nr. 97 von 1907 einen Artikel über die Einwanderung deutscher Kolonisten aus Süd-Rußland in die Ostseeprovinzen. Nach Angabe von Zahlen über Kolonistenfamilien, die ins Land gezogen seien, und nach der Bemerkung, daß diese Zahlen unvollkommen und wohl noch zu klein seien, heißt es, daß auf diese Kolonisation wohl die beginnende starke Auswanderung von Letten zurückzuführen sei. Sie gingen eben, weil sie nicht mehr Brot und Arbeit auf deutschen Gütern fänden. „Wieviel unnütze Wege und Verluste, Gram und Sorgen!" ruft die „Balss". Werden die deutschen Kolonisten kein Geld kosten, werden sie weniger essen, werden sie mit mehr Händen arbeiten als die Letten, die man bisher als so sehr tüchtige Arbeiter rühmte. „Wenn die letzteren in den Tagen der allgemeinen Freiheit *in dem einen oder anderen Orte begannen, auf Aufbesserung ihres stellenweise wirklich harten Schicksals bedacht zu* sein — so müssen sie vertrieben und andere an ihre Stelle gesetzt werden." Die Bedrückung geschähe aber auch geistig.

So habe die böse „Baltische Tageszeitung“ für Boykott der progressiven lettischen Blätter plädiert. „Je länger, desto eigensinniger, selbstsüchtiger und unbeugsamer werden unsere Deutschen.“ Wenn das so fortginge, so könnten endlich die Letten Gleiches mit Gleichem vergelten, und was würde dann herauskommen? Wenn „die „Saiten der gegenseitigen Beziehungen“ von den Deutschen zu straff gespannt würden, so sei das zu erwarten: „Auch die größeste Geduld schwindet einmal“, das sollten die Deutschen bedenken.[1])

Ist es nicht köstlich! Die Zerstörung ungeheurer Werte, die Einäscherung von Hunderten von Herrenhöfen, die feige Ermordung unzähliger Männer und Frauen, die tierischen Quälereien Gefangener, die Verstümmelung von Leichen, die Besudelung und Schändung von Gräbern, die Entweihung von Gotteshäusern, die Mißhandlung von Pastoren, kurz alle die Greuel der lettischen Revolution nennt dieses Schmutzblatt den Versuch einiger Landarbeiter, „ihr wirklich hartes Schicksal aufzubessern“. Und wenn die deutschen Landwirte sich nach Arbeitern umsehen, bei denen sie gegen diese merkwürdige Art der Aufbesserung ihres Schicksals gesichert sind, so droht die „Balss“ damit, daß den Letten die Geduld ausgehen würde!

Es liegt ein vollständig pathologischer Zug in diesem Gedankengang. Und nur einem psychisch kranken Volk kann eine derartige geistige Speise ungestraft vorgesetzt werden.

An anderer Stelle (1906, Nr. 255)[2]) schreibt die „Balss“:

„Eine Gesellschaft, die kulturell höher stände als unsere, haben die Deutschen nicht. Eine selbständige Kunst und Wissenschaft haben sie auch nicht. Wir haben gelernt, nach Westen

---

[1]) Vgl. „Balt. Tageszeitung“ vom 5. Mai 1907. Nr. 111.

[2]) Vgl. „Balt. Tageszeitung“ vom 1. Dezember 1906. Nr. 269.

und nach Osten zu gehen, selbst zu suchen und zu nehmen, was uns gut und tauglich scheint. Alles geistige Leben, das sich östlich und westlich von uns abspielt, spiegelt sich wider in unserem geistigen Leben, in unserer Journalistik und Literatur, in unserer Gesellschaft, während die örtliche deutsche Gesellschaft von alledem sehr oft gänzlich unberührt bleibt. Wir haben und wir brauchen keine Mittler und Lehrer mehr, die uns lehren, was für uns nützlich und gut ist. Wir selbst strecken die kühne Hand nach den Urquellen der Kultur."

Es ist der alte Größenwahn: „Wir selbst strecken die kühne Hand nach den Urquellen der Kultur." „In unseren Händen halten wir das Gewicht der Erde!"[1])

Bezeichnend für den Geist, der unter den lettischen Nationalisten herrscht, ist auch eine in russischer Sprache am 10. Januar 1906 erschienene Broschüre des jetzigen Pastors von St. Mathiä im Wolmarschen Kreise, Andrews Needra, „Die bäuerliche Bewegung in Livland und Kurland", die sich bemüht, die ganze Schuld der Revolution von den Letten auf die internationale Sozialdemokratie und die von den Deutschen geschaffenen Agrarverhältnisse abzuwälzen. Alles in tendenziöser und demagogischer Weise[2]) und gegen besseres Wissen des Verfassers, dem es sehr wohl bekannt sein mußte, daß die Agrarfrage nur Mittel zum Zweck gewesen war.

Das klarste Licht auf die Stimmung der Nationalisten wirft aber die Haltung der bäuerlichen Deputierten zu den

---

[1]) Siehe oben S. 207.

[2]) So heißt es z. B. auf S. 9 wörtlich: „Brauereien, Brennereien und Krüge dürfen ausschließlich auf Hofesland errichtet werden. Der Bauerngemeinde steht bloß das Recht zu, die durch Trunksucht Verarmten zu pflegen, die Streitigkeiten zu schlichten, welche in den Krügen entstanden."

„Provinzialräten", Versammlungen aller Stände des Landes, die im Herbst 1906 auf Initiative der Ritterschaften von der Regierung zur Beratung der lokalen Selbstverwaltung in den Ostseeprovinzen einberufen worden waren. Hier haben die bäuerlichen Vertreter sich durchaus feindlich zu den Projekten der Ritterschaften gestellt, obgleich diese Projekte unter der Voraussetzung normaler Zustände so liberal geworden waren als nur möglich. Die feindliche Haltung konnte auch nicht sachlich begründet werden, sondern war Prinzip, was sich nicht selten in drastischer Weise äußerte. Wenn die bäuerlichen Deputierten aus ihren Fraktionssitzungen zur Abstimmung in die Plenarsitzung kamen.

Daß unter diesen Umständen in absehbarer Zeit eine dauernde Einigung der staatserhaltenden Elemente der verschiedenen Nationalitäten zustande kommen wird, kann von niemandem angenommen werden, der offenen Auges dem Gang der Ereignisse gefolgt ist. Man darf ja freilich nicht die Hoffnung aufgeben, daß nach der Herstellung geordneter Zustände durch eine starke konstitutionelle Regierung die Masse des Volkes, die heute teils verhetzt, teils eingeängstigt ist, sich auf sich selbst besinnen wird.

Welches Prognostikon soll man aber heute der Zukunft stellen, wo die Revolution zwar geknebelt, aber keineswegs in ihren Wurzeln vernichtet ist, wo die Sozialdemokratie täglich an Boden gewinnt, wo an Stelle der Bilder des Monarchen oder Martin Luthers, die früher in der guten Stube des Bauern hingen, bekränzte Bilder des großen August Bebel sich breitmachen,[1]) wo eine schamlose Hetzpresse ungestraft das Feuer des Umsturzes schürt, wo ein meist untauglicher und radikaler

[1]) Wie uns aus bester Quelle vom Gebiete Lasdohn (Kreis Wenden) berichtet wird.

Richterstand den letzten Rest des Rechtsbewußtseins ausrottet, wo eine indolente Administration alles gehen läßt, wie es geht, und wo endlich die bäuerliche Jugend in Schulen erzogen wird, die jeden anderen Namen verdienen, nur nicht den einer Erziehungsstätte.

Wir baltischen Deutschen haben uns das Prophezeien, den Ausblick in die weitere Zukunft wohl oder übel abgewöhnen müssen. Wir leben in politischer Hinsicht wie ganz Rußland von der Hand in den Mund und suchen uns in wirtschaftlicher und kultureller Hinsicht nach Kräften zu stärken, um unserer Pflicht jederzeit gewachsen zu sein.

Unsere nächste Zukunft spiegelt sich in dem Bilde der nächsten Vergangenheit. Werfen wir einen Blick auf das statistische Bild der lettischen Revolution, so springt sofort der Umstand ins Auge, daß die Höhe der Kriminalität genau im umgekehrten Verhältnis zu der Energie der Regierung steht und daß auf jeden Versuch der Staatsgewalt, von den Ausnahmegesetzen abzusehen, unweigerlich ein Anschwellen der Kriminalitätsziffer folgt. Es kann leider keinem Zweifel unterliegen, daß auch jetzt, nach Aufhebung der Feldgerichte am 20. April 1907, dieselbe Erscheinung eintreten ist.

Wir würden diese Tatsache nicht besonders hervorheben, die ja keineswegs ein Phänomen, sondern beinahe eine Binsenwahrheit ist, wenn nicht tagtäglich von Radikalen und Liberalen in der Presse und in der Reichsduma die Aufhebung der Ausnahmezustände mit großem Geschrei gefordert würde. Allerdings aus sehr verschiedenen Gründen. Diejenigen der Radikalen sind so naheliegend, daß sie hier nicht erörtert zu werden brauchen. Ihr Programm ist ja eben Schwächung und Vernichtung der Regierungsgewalt. Was die Gründe der Liberalen, insbesondere der sogenannten Kadetten (K. D. d. h. konstitutionelle Demokraten) betrifft, so sind sie von einer so — nun sagen wir: kindlichen Naivität, daß wir an ihrer Aufrichtigkeit billig zweifeln dürfen. Sogar der abstrakt-liberale Doktrinarismus wird zugeben müssen, daß die Gattung homo sapiens nicht aus lauter „Lämmchen weiß wie Schnee" besteht und daß es — leider! — auch für die Staatsgewalt so etwas wie einen berechtigten Kampf ums Dasein gibt. Wenn wir von einigen wenigen Gutgläubigen, die ja nicht alle werden, absehen, wissen die Herren Kadetten, insbesondere die vielen Juden unter ihnen, ganz genau, um was es sich handelt. Die Stellung des Zentrums in der zweiten Reichsduma zu der Frage der politischen Morde läßt darüber keinen Zweifel aufkommen. Mit einem Wort: mehr oder weniger bewußt leisten die Kadetten den Radikalen Vorspanndienste und befördern die Revolution.

Wenn den baltischen Deutschen der Vorwurf gemacht wird, daß sie sich nicht auf die Partei der Kadetten stützten, so beweist das eine ebenso große Unkenntnis der baltischen Verhältnisse als einen Mangel an politischer Einsicht. Wenn ein Petersburger Journalist, Dr G. Cleinow,[1]) das tut, und zwar, wie er sagt, aus herzlichem Mitgefühl mit den irregehenden Balten, so kann man ihm das nicht weiter verübeln. Für ihn sind die deutschen Balten nur so und so viel russische Untertanen deutscher Zunge. Mehr weiß er kaum von ihnen. Sonst würde er nicht die Naivität gehabt haben, den baltischen Ritterschaften, die seit vielen Jahrhunderten unter den schwersten politischen Bedingungen das Steuerruder ihres Landes geführt haben, deren Mitarbeit an der Regierung Schwedens und Rußlands weltbekannt sein dürfte, den dringenden Rat zu

[1]) „Russischer Brief" in „Grenzboten" 1907, Nr. 11, und Zuschrift an die „Düna-Zeitung", daselbst in Nr. 93 vom 24. April 1907 abgedruckt. Vgl. auch die verständige Antwort der Redaktion in Nr. 94 und 95.

erteilen, ihre bisherige falsche Politik zu verlassen und schleunigst seine — Dr G. Cleinows — politischen Wege einzuschlagen, Wege, die durch die versteckte zur offenen Revolution führen.

Schlimmer ist es, wenn derselbe Ruf aus dem eigenen Lager erschallt. Dabei ist es einerlei, ob dieses aus persönlicher Eitelkeit, unbefriedigtem Ehrgeiz oder aus sogenannter innerer Überzeugung geschieht. Die Rolle eines Mirabeau hat zu allen Zeiten etwas Faszinierendes gehabt und die Verwechselung von politischem Liberalismus und kultureller Aufklärung ist, wie wir schon einmal bemerkten, unausrottbar. Daher wird es, so lange die Welt steht, immer Leute geben, denen die Weltgeschichte nichts zu sagen hat und die Weltläufte nicht so erscheinen, wie sie sind, sondern wie sie ihrer Meinung nach sein sollten.

Und was werfen diese Leute den baltischen Deutschen und vor allem den Ritterschaften als dem führenden Stande vor? Daß sie ihrer Jahrhunderte alten Politik treu bleiben, daß sie auf allen Gebieten der menschlichen Lebensbetätigung, auf wirtschaftlichem, sozialem und politischem Gebiet, das Prinzip der genetischen Entwicklung vertreten, daß sie daher auf diesen Gebieten alle gewagten Sprünge und Experimente ablehnen und die historische Kontinuität wahren, mit einem Wort, daß sie konservativ sind. Oder vielmehr, daß sie der unzähligen Leiden vergessen haben, die sie durch den brutalen Absolutismus haben erdulden müssen, daß sie jetzt, wo ganz Rußland im Freiheitstaumel schwelgt, im verbrecherischen Zustand der „Reaktion" beharren, daß sie sich nicht jetzt, wo Freund und Feind den Staat bedrängen, um irgendeinen Vorteil für sich herauszuschlagen, den Freiheitsfreunden anschließen.

Nichts ist leichter, als diese Behauptungen zu entkräften, soweit sie tatsächlich einen Vorwurf involvieren, aber nichts ist trotzdem schwerer, als die Gegner zu überzeugen, für die ihr Urteil bereits Rechtskraft beschritten hat, bevor die Untersuchung geschlossen ist. Weder haben die deutschen Balten die Leiden der Russifizierung vergessen, noch sind sie irgend „reaktionär“ in dem Sinne, daß sie sich gegen eine Änderung der politischen Zustände, sei es im Reich, sei es in den Ostseeprovinzen, wehren. Hiervon kann sich jeder überzeugen, der einen Blick in die durch die Presse veröffentlichten Denkschriften der livländischen Ritterschaft vom November 1905 und März 1906[1]) wirft, die beide der Staatsregierung übergeben worden sind. Nur ein Böswilliger wird in Abrede stellen, daß diese Denkschriften den offensten Freimut gegenüber der Staatsregierung und den liberalsten Willen zum Ausbau der Verfassung und der kulturellen Aufgaben des Landes atmen.

Mit Freuden haben die deutschen Balten die Freiheit des Glaubens und der Muttersprache und die Verheißung eines Rechtsstaates begrüßt. Aber getreu ihrem Blute und ihrer uralten Tradition haben sie sich der Regierung sofort zur Verfügung gestellt, um durch ihre Mitarbeit die versprochenen Ziele zu verwirklichen, und nicht, wie die liberale russische Intelligenz in Verbindung mit Juden, Letten, Esten, Polen, Armeniern, Grusiniern usw. usw. alles daran gesetzt, die Regierung an der Verwirklichung ihrer Versprechungen zu hindern. Das also war ihre Sünde. Deswegen der Vorwurf der reaktionären Gesinnung!

Die deutschen Balten haben mehr Zutrauen gehabt zu dem „Gentleman Stolypin“ als zu den demokratischen Volksbeglückern, die sich zu Ehren hingerichteter feiger Meuchel-

---

[1]) Denkschrift vom November 1905, veröffentlicht im November 1905 in allen Tagesblättern der Ostseeprovinzen. Denkschrift vom März 1906, veröffentlicht in der Balt. Monatsschrift, Bd. 62, 1906, S. 279 bis 301.

mörder von ihren Sitzen erheben, dagegen sitzen bleiben, wenn ein Hoch auf den Landesherrn ausgebracht wird und die die Ermordung kaiserlicher Beamter und Offiziere mit Händeklatschen begrüßen; zu den liberalen Demokraten, die mit der einen Hand geistige Freiheiten austeilen, die ihnen nichts kosten, und mit der anderen Hand politische und wirtschaftliche Freiheiten nehmen, da sie dadurch profitieren!

Deswegen der Vorwurf falscher Politik!

Die deutschen Balten sollen dem Programm der liberalen Demokraten folgen, aus deren Nebelhaftigkeit ihnen nur ein festes Ziel entgegenleuchtet: ihre politische und wirtschaftliche Vernichtung!

Aber auch abgesehen von allen realpolitischen Erwägungen konnten und durften die deutschen Balten und an ihrer Spitze die Ritterschaften nicht anders handeln, als sie gehandelt haben, nachdem sie sich einmal entschlossen hatten, Gut und Blut für die Erhaltung der väterlichen Scholle und die Wahrung des Deutschtums einzusetzen.

Die deutschen Balten haben gehandelt, wie ihr deutsches Blut, ihre alte deutsche Kultur und ihre ruhmreiche Tradition es befahlen, sie haben gehandelt, wie sie handeln mußten. Sie sind dem kategorischen Imperativ der Pflicht gefolgt. Sie sind nicht nur ihrem Untertaneneide treu geblieben, sondern was unendlich mehr wert ist, sie sind sich selbst treu geblieben.

Anhang.

I.

Revolutionsstatistik für den lettischen Teil der Ostseeprovinzen.

Im nachfolgenden Abschnitt ist uns von einem Mitarbeiter in dankenswerter Weise eine Verarbeitung des sehr umfangreichen statistischen Materials für die Revolutionszeit geboten worden, die teils in tabellarischer, teils in kartographischer Darstellung die von den Revolutionären gegen Person und Eigentum begangenen Verbrechen sowie einige andere Erscheinungen der Revolution wiedergeben soll, wie z. B. die republikanischen Exekutivkomitees, die Beteiligung der Volksschullehrer an der revolutionären Bewegung usw. Auch sind einzelne Momente, die tatsächlich oder angeblich mit der Bewegung in ursächlichem Zusammenhang stehen, in den Kreis der statistischen Betrachtung gezogen worden, wie die Massenübertritte zur Orthodoxie, der Bauerlandverkauf und die Landarbeiterlöhne.

Das Material, das der statistischen Bearbeitung zugrunde lag, hat zum größten Teil amtlichen Ursprung, es sind die Berichte der Polizei, der Bauerkommissare und Gemeindeverwaltungen. Dieses Material ist durch Enqueten und Berichte von Vertrauensmännern vielfach nachgeprüft und ergänzt worden. Es liegt in der Natur der Sache, daß es sich bei dem gegebenen Zahlenmaterial um Minimalziffern handelt. Schon der Umstand, daß während der Schreckenszeit, Mitte November bis Mitte Dezember, in vielen Teilen der insurgierten

Gegenden weder staatliche Organe noch überhaupt regierungstreue Persönlichkeiten vorhanden waren, hat zur Folge, daß in der Berichterstattung Lücken entstehen mußten. Besonders deutlich zeigt sich das beim livländischen Kreise Wenden, dessen Kriminalität zweifellos ungleich höher ist, wie sie aus den gebotenen Zahlen erscheint.

Leider ist das Material für Kurland und Livland nicht gleichmäßig. Für Kurland stand besseres amtliches, für Livland besseres privates Material zu Gebote. Auch zeitlich stimmt das Material nicht überein. Für Kurland umfaßt es die Zeit vom 1. Januar 1905 bis zum 30. Mai 1906, für Livland vom 1. Juni 1905 bis zum 31. August 1906.

I. Kurland.

Die Kriminalität in Kurland in der Revolutionszeit vom 1. Januar 1905 bis 30. Juni 1906.

Unter den zahlreichen Verbrechen dieser Zeit sind in erster Linie drei Gruppen, welche als typische Begleiterscheinungen der Revolution zu gelten haben, statistisch bearbeitet worden, nämlich: Morde und Mordversuche, Brandstiftungen und Überfälle bewaffneter Banden auf Wohnstätten. Ferner sind noch berücksichtigt worden Waffenraub und Zerstörung von Kaiserbildern. Die Verbrechen sind nach Ort (Kreis) und Zeit (Monat) registriert worden.

A. Das flache Land.

1. Morde und Mordversuche.

Im ganzen haben 231 Morde und Mordversuche stattgefunden, davon

Morde	92
Mordversuche .	139
Summa	231

Auf die einzelnen Kreise verteilen sich dieselben wie folgt:

Kreis	Zahl der Morde und Mordversuche
Doblen	56
Bauske	9
Tuckum	26
Talsen	12
Windau	11
Goldingen	6
Hasenpoth	33
Grobin	35
Friedrichstadt	38
Illuxt	5
Summa	231

Auf die einzelnen Monate fallen Morde und Mordversuche:

Monat	Zahl der Morde und Mordversuche	Monat	Zahl der Morde und Mordversuche
		Übertrag	89
1905		1905	
Januar	—	November	31
Februar	—	Dezember	25
März	2	1906	
April	3	Januar	23
Mai	5	Februar	7
Juni	1	März	5
Juli	9	April	10
August	21	Mai	23
September	19	Juni	16
Oktober	29	Zeit nicht zu ermitteln	2
Übertrag	89	Summa	231

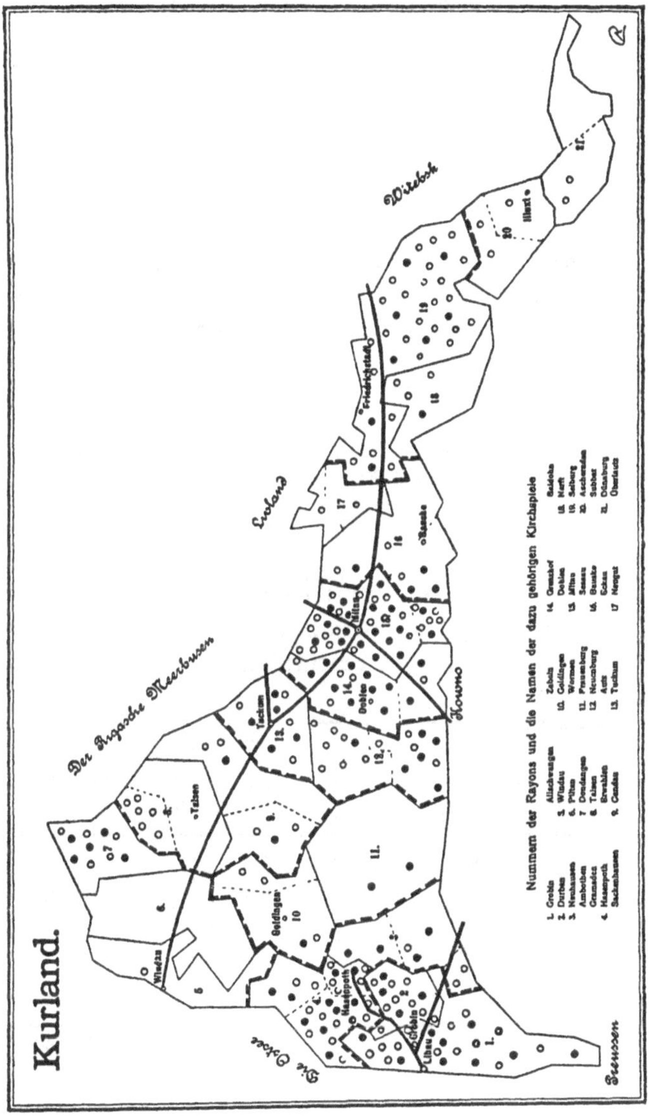

1 • Morde und ○ Mordversuche in den Kirchspielen, vom 1. März 1905 bis 30. Juni 1906.

Bei Klassifizierung der Morde und Mordversuche nach der Person des Überfallenen erhält man:

Bauern 61 / Gesindewirte 43	104	=	45 %
Staatsbeamte, Polizei- und Militärpersonen	71	=	31 %
Gutsbesitzer, Pastoren, Ärzte	27	=	11 %
im Privatdienst stehende Personen	29	=	13 %
Summa	231	=	100 %

Bei den Morden und Mordversuchen der Jahre 1905 und 1906 tritt jedoch eine wesentliche und charakteristische Verschiebung im Prozentsatz der überfallenen Personen ein, und zwar:

	1905 %	1906 %
Bauern und Gesindewirte	28	74
Staatsbeamte, Polizei und Militärpersonen	44	8
Gutsbesitzer, Pastoren, Ärzte	13	10
im Privatdienst stehende Personen	15	8
	100	100

2. Brandstiftungen.

Die Zahl der Brandstiftungen an Gebäuden betrug 291.

Diese Brandstiftungen verteilen sich auf die Kreise folgendermaßen:

Kreis	Zahl der Brandstiftungen	Davon Herrenhäuser	Kreis	Zahl der Brandstiftungen	Davon Herrenhäuser
Doblen	22	4	Übertrag	148	16
Bauske	10	—	Hasenpoth	55	22
Tuckum	33	4	Grobin	31	6
Talsen	19	2	Friedrichstadt	40	1
Windau	56	3	Illuxt	17	—
Goldingen	8	3			
Übertrag	148	16	Summa	291	45

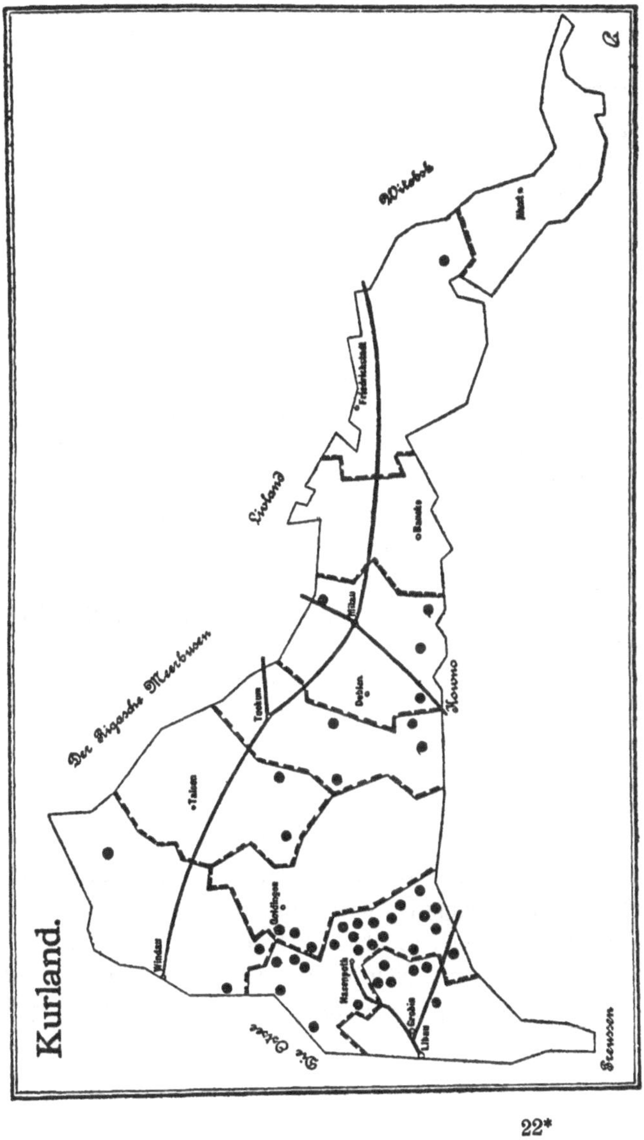

Die eingeäscherten Herrenhäuser.

2

Nach Monaten verteilen sich diese Brandstiftungen wie folgt:

Monat	Anzahl	Monat	Anzahl
		Übertrag	161
1905		1905	
Januar	—	November	40
Februar	—	Dezember	52
März	7	1906	
April	3	Januar	3
Mai	1	Februar	1
Juni	2	März	2
Juli	23	April	6
August	22	Mai	6
September ...	47	Juni	6
Oktober	56	Zeit nicht zu ermitteln	14
Übertrag	161	Summa	291

Bei Klassifizierung der Brandstiftungen kommen
auf die Gutshöfe .... 75 %,
auf das Bauerland .... 25 %
der Brandstiftungen. Aber auch hier zeigt sich eine charakteristische Verschiebung des Prozentsatzes für die Jahre 1905 und 1906.

Von sämtlichen eingeäscherten Gebäuden kommen nämlich:

	auf die Gutshöfe	auf das Bauernland
im Jahre 1905	79 %	21 %
im Jahre 1906	33 %	67 %

3. Überfälle bewaffneter Banden auf Wohnstätten.

Von den Raubüberfällen sind nur solche berücksichtigt worden, die auf Wohnstätten ausgeführt worden sind. Die zahlreichen Straßenraube sind wegen Mangels zuverlässiger Daten nicht aufgenommen. Unter den Überfällen nimmt der Waffenraub eine hervorragende Stellung ein und wird daher gesondert behandelt werden.

Überfälle bewaffneter Banden auf Wohnstätten haben 709 mal stattgefunden, und zwar:

Im Kreise	Anzahl	Davon	
		auf Gemeindehäuser	auf fiskal. Branntweinläden
Doblen	117	31	9
Bauske	36	4	6
Tuckum	92	8	3
Talsen	90	13	1
Windau	31	—	1
Goldingen	97	—	—
Hasenpoth	83	6	9
Grobin	78	3	3
Friedrichstadt	70	7	5
Illuxt	15	—	1
Summa	709	72	38

Nach Monaten verteilen sich die Überfälle auf Wohnstätten folgendermaßen:

Monat	Anzahl	Monat	Anzahl
1905		Übertrag	534
Januar	—	1906	
Februar	—	Januar	48
März	1	Februar	11
April	1	März	19
Mai	—	April	15
Juni	5	Mai	27
Juli	52	Juni	27
August	33	Zeit nicht zu ermitteln,	
September	31	darunter 22 Fälle	
Oktober	24	im Kreise Talsen	28
November	203		
Dezember	184		
Übertrag	534	Summa	709

Die Fälle von Waffenraub in Verbindung mit den Überfällen betrugen für das gesamte flache Land 342, d. h. 48 % aller Überfälle. Im Jahre 1905 betrugen sie 60 %, im Jahre 1906 nur 5 % aller Überfälle.

Auf die Kreise verteilen sich die Waffenraube wie folgt:

Kreis	Anzahl
Doblen	13
Bauske	4
Tuckum	62
Talsen	58
Windau	24
Goldingen	62
Hasenpoth	38
Grobin	45
Friedrichstadt	30
Illuxt	6
Summa	342

4. Zerstörung von Kaiserbildern.

Es sind auf dem flachen Lande im ganzen 67 Kaiserbilder in den Gemeindehäusern und Schulen zerstört worden, und zwar im Kreise:

Doblen	23
Bauske	10
Tuckum	11
Talsen	4
Windau	1
Goldingen	9
Hasenpoth	2
Grobin	1
Friedrichstadt	4
Illuxt	2
Summa	67

3 Morde und Mordversuche, Überfälle bewaffneter Banden und Brandstiftungen vom 1. März 1905 bis 30. Juni 1906.

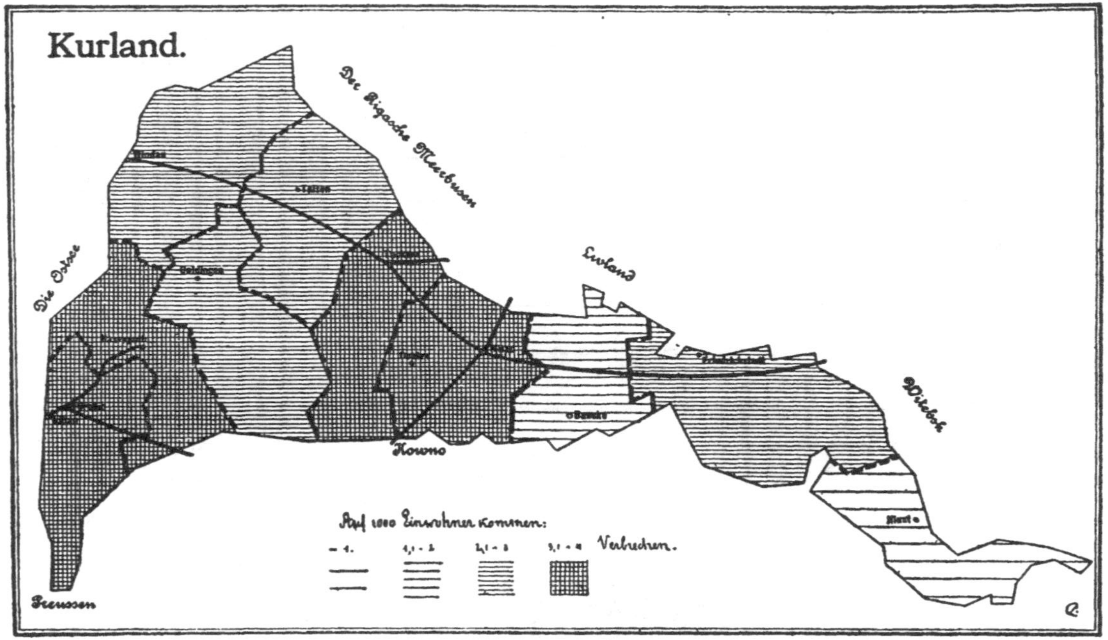

Rekapitulation.

a) Bei der Zusammenfassung der eingangs erwähnten drei Gruppen von Verbrechen nach Ort und Zeit in einem Rahmen, ergeben sich die folgenden Tabellen 1 und 2:

1.

Kreis	Morde und Mordversuche	Brandstiftungen	Überfälle auf Wohnstätten[1])	Summe aller Verbrechen	Auf 1000 Einwohner kommen Verbrechen
Doblen	56	22	117	195	3,1
Bauske	9	10	36	55	1,3
Tuckum	26	33	92	151	3,5
Talsen	12	19	90	121	2,3
Windau	11	56	31	98	2,5
Goldingen ..	6	8	97	111	2,1
Hasenpoth ..	33	55	83	171	3,4
Grobin	35	31	78	148	3,6
Friedrichstadt	38	40	70	144	2,7
Illuxt	5	17	15	37	0,7
Das flache Land	231	291	709	1231	2,5

b) Die zeitliche Verteilung der Verbrechen.[2])

Die drei Kurven, für Morde und Mordversuche, für Brandstiftungen und für Überfälle bewaffneter Banden auf Wohnstätten, zeigen für das flache Land folgendes Bild:

[1]) Zu vorstehender Registrierung ist zu bemerken, daß bei den Überfällen nur die Zahl der verübten Verbrechen berücksichtigt worden ist, nicht aber die Zahl der Verbrecher, da es sich dabei stets um Banden, also um mehrere Personen, die beteiligt waren, gehandelt hat.

[2]) Das ursprünglich dieser Darstellung beigegebene Diagramm mit drei Kurven ist aus technischen Gründen fortgefallen. Auf dem unten S. 367

2.[1])

Monat	Morde und Mordversuche	Brandstiftungen	Überfälle auf Wohnstätten	Summe aller Verbrechen
1905				
Januar	—	—	—	—
Februar	—	—	—	—
März	2	7	1	10
April	3	3	1	7
Mai	5	1	—	6
Juni	1	2	5	8
Juli	9	23	52	84
August	21	22	33	76
September	19	47	31	97
Oktober	29	56	24	109
November	31	40	203	274
Dezember	25	52	184	261
1906				
Januar	23	3	48	74
Februar	7	1	11	19
März	5	2	19	26
April	10	6	15	31
Mai	23	6	27	56
Juni	16	6	27	49
Zeit nicht zu ermitteln	2	14	28	44
Summa	231	291	709	1231

Zum Beginn des Jahres 1905, dessen erste beide Monate noch ganz intakt sind, hat die sich vorbereitende Revolution sich noch nicht durch Verbrechen geäußert, und erst im März

gegebenen Diagramm 1 findet sich nur eine Kurve für Kurland, welche die Summe aller revolutionären Verbrechen darstellt.

[1]) Vgl. unten S. 367, Diagramm 1.

zeigt die Kurve für Brandstiftung eine geringe Erhebung. Die Kurve für Mord zeigt dagegen eine wenn auch langsam, so doch stetig steigende Tendenz und erreicht im Mai vorläufig ihren Höhepunkt. Im Juni ändert sich der Charakter der Kriminalität von Grund aus und trägt jetzt den Stempel der offenen Revolution. Die Kurve für Überfälle, die bisher nur eine ganz untergeordnete Stellung einnahm, löst sich aus den anderen Linien und erreicht im Juli eine bedeutende Höhe. Die Linie für Brandstiftung steigt ebenfalls, wenn auch nicht in dem Maße, an. Die Kurve für Mord, die überhaupt am gleichmäßigsten verläuft, setzt ihre ansteigende Tendenz fort und überschreitet im Juli ihren früheren Kulminationspunkt. Im folgenden Monat August erleidet mit der Einführung des Kriegszustandes in Kurland die Kriminalität eine Änderung. Die Kurve für Überfälle, die den ausgesprochensten revolutionären Charakter darstellt, geht bedeutend zurück; diese fallende Tendenz dauert bis zum Oktober. Die Kurve der Brandstiftungen geht durch die Proklamierung des Kriegszustandes im August nur wenig zurück und erfährt im September und Oktober eine starke Steigerung, so daß sie für diese beiden Monate den Charakter der Kriminalität bestimmt. Die Linie für Mord wird in ihrer steigenden Tendenz erst im September gehemmt, um dann wieder anzusteigen und im Oktober die Linie der Überfälle zu überflügeln. Mit dem Erlaß des Konstitutionsmanifestes am 17. Oktober erhält die Kriminalität einen ausgesprochen revolutionären Charakter, was sich durch jähes Ansteigen der Überfallskurve, die auch den Waffenraub enthält, ausdrückt, die im November ihren Höhepunkt mit 203 Gewalttaten bewaffneter Banden erreicht. Auch die Zahl der Morde ist im November die größte. Die Kurve der Brandstiftungen verliert mit dem Ausbruch der vollen Revolution, und seitdem das flache Land sich in der ausschließlichen

Gewalt der Revolutionäre befindet, ihre frühere Bedeutung. Der letzte Kulminationspunkt im Dezember ist veranlaßt durch die Einäscherung der Herrenhäuser, welche die Revolutionäre als Zeichen ihrer unbeschränkten Gewalt in Szene setzten.

Als im Dezember die Regierung den Kampf mit der Revolution ernsthaft aufnahm, beginnt ein Rückgang der revolutionären Verbrechen: Überfälle und Morde. Der Rückgang ist fürs Erste noch ein geringer, da erst Ende Dezember genügende Truppen eintreffen konnten, um den Kampf nachdrücklich zu führen. Erst im Januar tritt ein starker Sturz in der Zahl der Verbrechen ein, der bis zum Februar anhält. Von da an bewegt sich die Kriminalität annähernd auf derselben Höhe, wie vor dem Ausbruch der offenen Revolution, uuterscheidet sich aber von dieser Epoche dadurch, daß die Brandstiftungen nur noch eine ganz untergeordnete Rolle spielen. Mit dem Wahlsieg der radikalen Parteien und der Eröffnung der Duma beginnt wiederum ein Steigen der revolutionären Verbrechen.

Die Kurven der Verbrechen in den Städten tragen im allgemeinen denselben Charakter wie die des flachen Landes, mit dem Unterschiede, daß hier die Zahl der Morde die der Überfälle bedeutend übertrifft und für den Charakter der Revolution bestimmend wird.

c) Die räumliche Verteilung der Verbrechen.[1])

Unter den Kreisen Kurlands heben sich zwei Gruppen heraus — Grobin und Hasenpoth und Tuckum mit Doblen —, welche die beiden Herde der Revolution repräsentieren. In diesen Rayons ist die sozialdemokratische Konspiration am intensivsten entwickelt.

Die vier kurländischen sozialdemokratischen Komitees in

---

[1]) Vgl. die Karten Nr. 1, 3—6.

Libau, Mitau, Windau und Talsen verhalten sich im Juni 1905 nach der Zahl ihrer Mitglieder zueinander wie 4 : 3 : 2 : 1.

Die anscheinend geringe Kriminalität in Windau findet ihre Erklärung darin, daß die Konspiration hier vorwiegend im Dondangenschen Kirchspiel, das als dritter Revolutionsherd anzusehen ist, Fuß gefaßt hat, während der übrige Teil des Kreises nur ganz gering in Mitleidenschaft gezogen worden ist.

Die geringe Kriminalität im Kreise Illuxt findet ihre Erklärung in der anders gearteten Zusammensetzung der Bevölkerung, die weniger Letten aufweist wie die anderen Kreise.[1])

Die Zahl der aktiven Mitglieder der sozialdemokratischen Organisationen in Kurland betrug im Juni 1904 715, im Juni 1905 2270, im Juni 1906 2838. Die beigegebenen Karten (Nr. 4—6) zeigen ihre örtliche Verteilung.

5. Die Exekutivkomitees.

Kreis	Zahl der Komitees	Konstituierung des Komitees			Schließung der Komitees		Auf eine Gemeinde kommen Komitees
		im Oktbr.	im Novbr.	im Dezbr.	im Dezbr.	im Jan.	
Doblen	29	—	15	14	29	—	0,9
Bauske	19	—	2	17	18	1	0,9
Tuckum	25	—	15	10	25	—	0,9
Talsen	20	—	14	6	20	—	0,7
Windau	8	1	4	3	7	1	0,7
Goldingen ..	21	—	19	2	13	8	0,9
Hasenpoth ..	27	—	26	1	3	24	0,9
Grobin	12	1	6	5	6	6	0,9
Friedrichstadt	22	—	19	3	21	1	0,9
Illuxt	7	—	7	—	6	1	0,4
Summa	190	2	127	61	148	42	0,84
	—	1%	67%	32%	78%	22%	—

[1]) Siehe Teil I, S. 2.

4 Zahl der aktiven Mitglieder der lettischen Sozialdemokratie im Juni 1904.

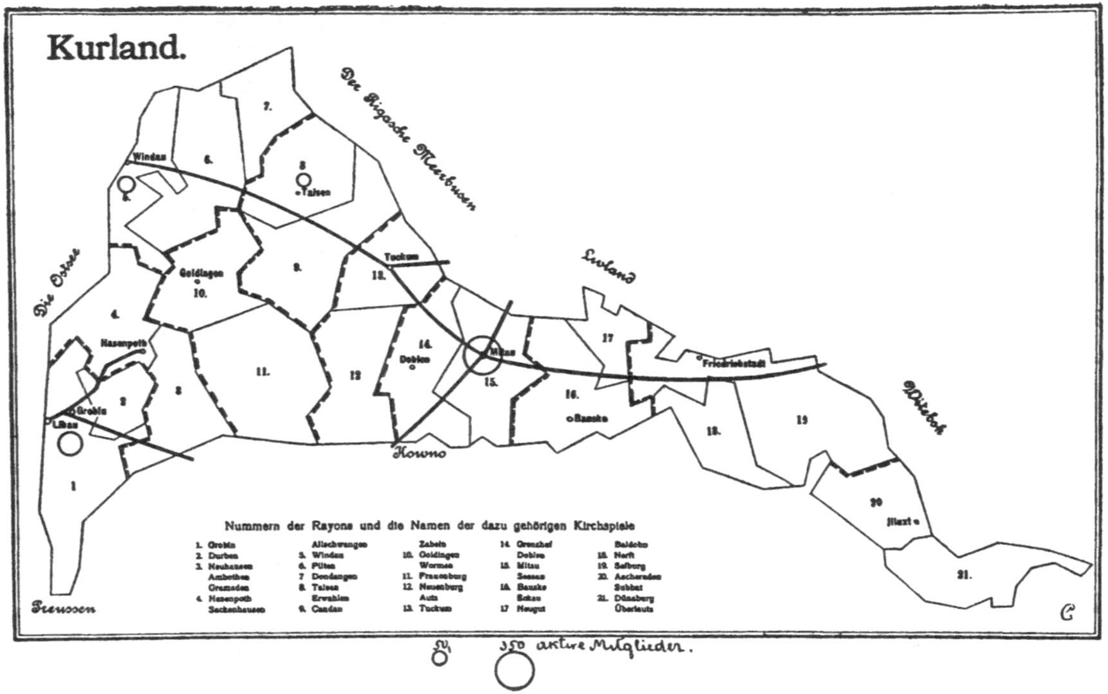

5 Zahl der aktiven Mitglieder der lettischen Sozialdemokratie im Juni 1905.

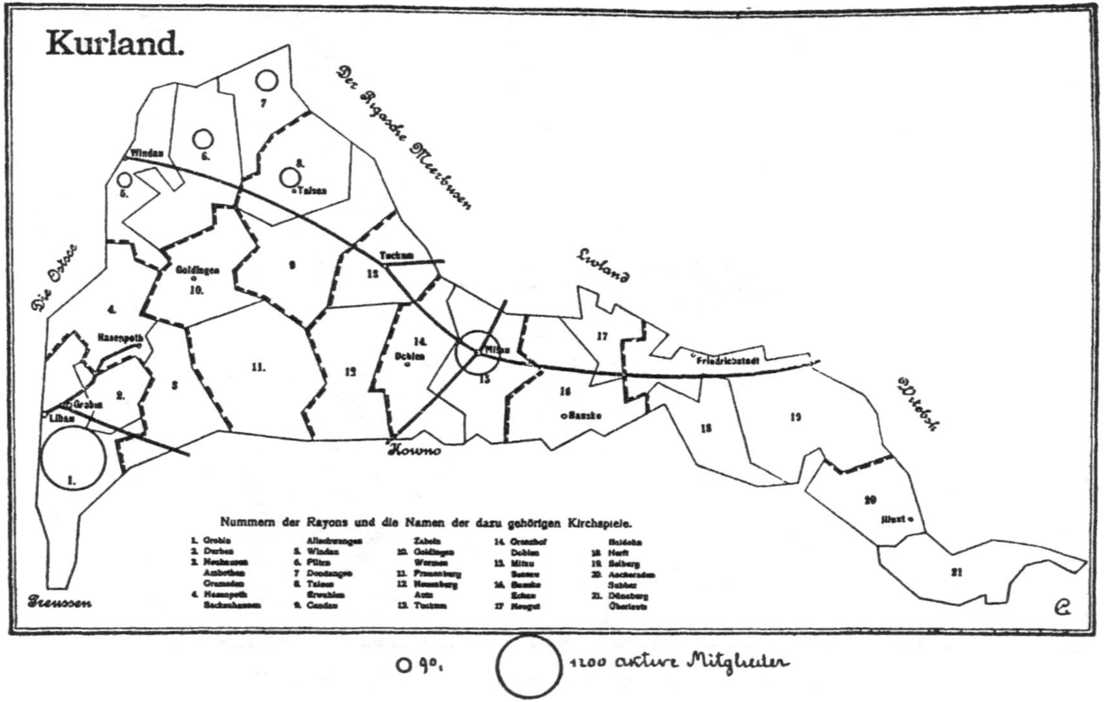

6 Zahl der aktiven Mitglieder der lettischen Sozialdemokratie im Juni 1906.

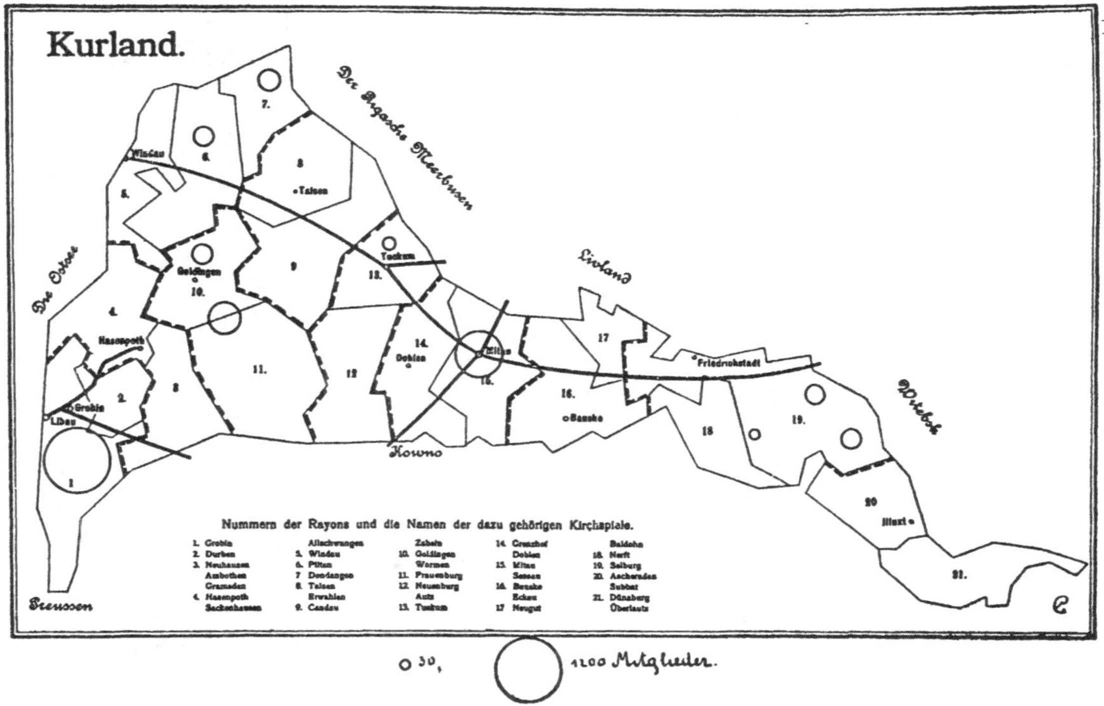

Auf dem flachen Lande haben sich, nach vollzogener Wahl, in Summa 190 Exekutivkomitees konstituiert. Die Verteilung auf die Kreise, das Verhältnis zur Zahl der Gemeinden sowie Beginn und Schließung dieser revolutionären Komitees gibt die Tabelle auf Seite 348 an.

Das erste Exekutivkomitee konstituierte sich in Dondangen am 26. Oktober, das letzte in Polangen am 30. Dezember 1905.

6. Die Höhe der Knechtslöhne.

Zur Beurteilung der Frage, ob die schlechtere materielle Lage der Knechtsbevölkerung die Intensität der Revolution beeinflußt hat, sind die Knechtslöhne für jeden Kreis graphisch zur Karte (Nr. 7) gebracht worden.[1]) Der Vergleich mit der Karte der revolutionären Verbrechen (Nr. 3) verneint strikt diese Annahme.

B. Die Städte.

Für die Städte sind nur zwei Gruppen, Morde und Mordversuche und Überfälle auf Wohnstätten, behandelt worden. Die Zahl der Brände ist gering und nicht immer als Folge von Brandstiftungen zu konstatieren.

Die Zusammenfassung aller Verbrechen in den Städten nach Ort und Zeit ergibt folgende Tabellen 1 und 2:

1.

	Morde und Mordversuche	Überfälle auf Wohnstätten	Summe der Verbrechen	Auf 1000 Einwohner kommen Verbrechen
Mitau	19	8	27	0,8
Libau	104	57	161	2,5
Die kleinen Städte	66	34	100	1,2
Summa	189	99	288	1,6

[1]) Vgl. W. v. Bläse, „Die Landwirtschaft in Kurland“. Mitau 1899.

Jahreslohn eines verheirateten Knechtes, exkl. Wohnung und Holz.

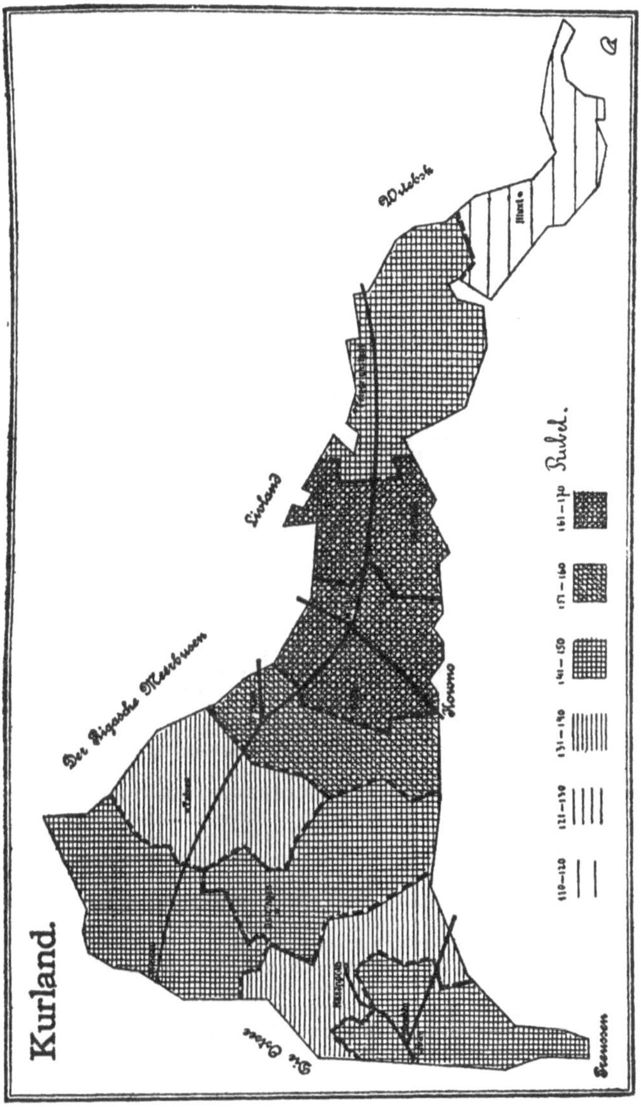

2.

Monat	Morde und Mordversuche	Überfälle auf Wohnstätten	Summe der Verbrechen
Januar 1905	2	9	11
Februar	2	1	3
März	5	1	6
April	6	—	6
Mai	8	3	11
Juni	12	—	12
Juli	12	10	22
August	10	—	10
September	6	1	7
Oktober	10	6	16
November	28	13	41
Dezember	57	18	75
Januar 1906	4	16	20
Februar	7	9	16
März	6	4	10
April	3	4	7
Mai	2	3	5
Juni	8	1	9
Zeit nicht zu ermitteln	1	—	1
Summa	189	99	288

2. Die vier lettischen Kreise Livlands.

Die Kriminalität in der Revolutionszeit vom 1. Juni 1905 bis 31. August 1906.

A. Das flache Land.

1. Morde und Mordversuche.

In den vier lettischen Kreisen Livlands haben im Laufe der fünfzehn Monate 262 Morde und Mordversuche stattgefunden, davon

Morde	125
Mordversuche	137
Summa	262

Auf die einzelnen Kreise verteilen sich dieselben wie folgt:

Kreis	Zahl der Morde und Mordversuche
Riga	115
Wolmar	26
Wenden	110
Walk	11
Summa	262

Auf die einzelnen Monate kommen Morde und Mordversuche:

Monat	Zahl der Morde und Mordversuche
1905	
Juni	16
Juli	8
August	6
September	16
Oktober	35
November	57
Dezember	33
1906	
Januar	14
Februar	2
März	7
April	5
Mai	8
Juni	16
Juli	12
August	26
Zeit nicht ermittelt	1
Summa	262

8 • Morde und Mordversuche in den Kirchspielen vom 1. Juni 1905 bis 31. August 1906.

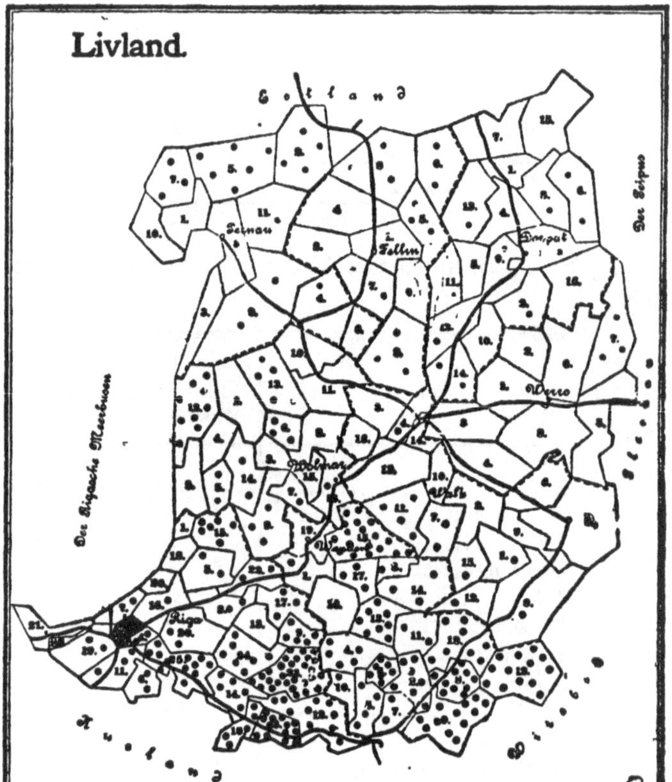

—— Eisenbahnen ········ Grenzen der Kreise
—— Grenzen der Kirchspiele

Auf S. 390 folgt ein Verzeichnis der vier lettischen Kreise mit den auf den Karten eingezeichneten Nummern.

Bei Klassifizierung der Morde und Mordversuche nach der Person der Überfallenen erhält man:

Bauern	120	= 46 %
Staatsbeamte, Polizei und Militärpersonen	75	= 29 %
Gutsbesitzer, Pastoren und deren Angehörige	34	= 13 %
im Privatdienst stehende Personen	33	= 12 %
Summa	262	

Für die Jahre 1905 und 1906 tritt jedoch eine charakteristische Verschiebung im Prozentsatze der überfallenen Personen ein, und zwar:

	1905 %	1906 %
Bauern	36	63
Staatsbeamte, Polizei- und Militärpersonen	34	19
Gutsbesitzer, Pastore, Ärzte	17	6
im Privatdienst stehende Personen	13	12

2. Brandstiftungen.

Die Zahl der Brandstiftungen betrug 604. Sie verteilen sich auf die Kreise wie folgt:

Kreis	Zahl der Brandstiftungen	Davon Herrenhäuser
Riga	189	35
Wolmar	24	3
Wenden	290	30
Walk	101	4
Summa	604	72

9 • Die eingeäscherten Herrenhäuser.

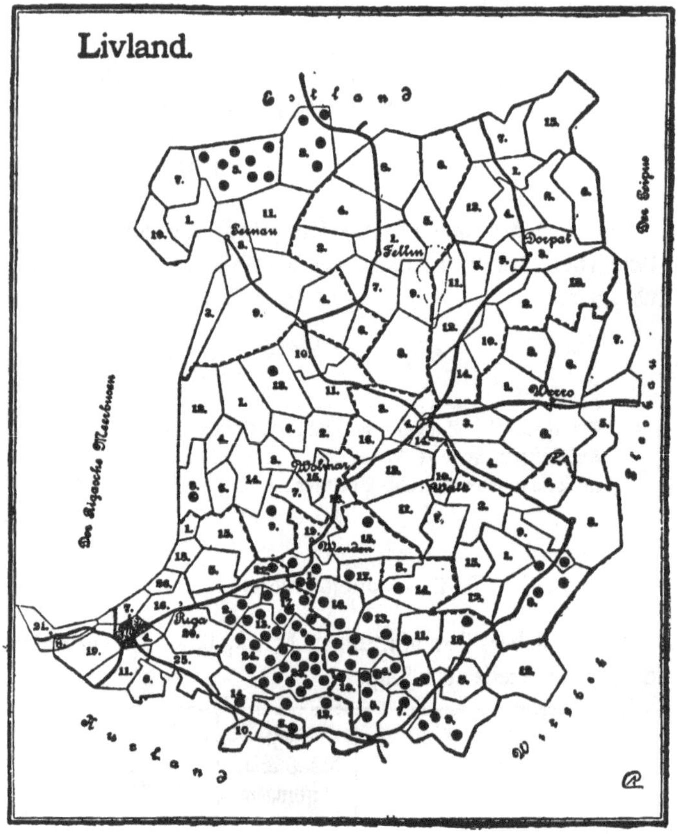

Der materielle Schaden, der durch die Brandstiftungen dem Lande verursacht worden ist, läßt sich in seiner Gesamtheit nicht annähernd feststellen. Sowohl Rittergutsbesitzer wie Bauern haben ihn zu tragen gehabt durch Vernichtung realer

Werte wie durch Störung oder Lahmlegung von Betrieben oder ganzer Wirtschaftszweige. Nur für einen Teil der verbrannten Werte auf den Gutshöfen sind erschöpfende, amtlich geprüfte Daten vorhanden.

Auf die Monate verteilen sich die Brandstiftungen folgendermaßen:

Monat	Zahl der Brandstiftungen
1905	
Juni	10
Juli	46
August	38
September	76
Oktober	62
November	115
Dezember	173
1906	
Januar	8
Februar	2
März	1
April	3
Mai	5
Juni	15
Juli	33
August	15
Zeit nicht zu ermitteln	2
Summa	604

Es sind auf den Gutshöfen durch Einäscherung von Gebäuden, Wirtschaftsinventar und landwirtschaftlichen Produkten von den Revolutionären die nachstehenden Werte vernichtet worden (das vernichtete Mobiliar sowie anderes persönliches Eigentum ist in diesen Zahlen nicht enthalten, es handelt sich also lediglich um Werte, die zu den Gutshöfen und deren Wirtschaft gehören):

im Rigaschen Kreise für ...	1312100	Rbl.
„ Wolmarschen Kreise für	166400	„
„ Wendenschen Kreise für	1578500	„
„ Walkschen Kreise für ...	411900	„
„ lettischen Teil Livlands .	3468900	Rbl.

3. Überfälle bewaffneter Banden auf Wohnstätten.

Von den Raubüberfällen sind nur solche berücksichtigt worden, die von bewaffneten Banden auf Wohnstätten ausgeführt worden sind. Die zahlreichen Straßenraube sind wegen Mangels genügender Daten nicht aufgenommen worden.

Unter den Überfällen nimmt der Waffenraub eine hervorragende Stellung ein und wird daher gesondert behandelt werden.

Überfälle bewaffneter Banden haben auf Wohnstätten 736 mal und auf fiskalische Branntweinläden 121 mal stattgefunden, und zwar:

Im Kreise	Auf Wohnstätten	Auf Branntweinläden
Riga	336	47
Wolmar	69	18
Wenden	192	26
Walk	139	30
Summa	736	121

Die Fälle von Waffenraub in Verbindung mit den Überfällen betrugen 220, d. h. 30 % aller Überfälle.

Auf die Monate verteilen sich die Überfälle folgendermaßen:

Monat	Anzahl	Monat	Anzahl
		Übertrag	461
1905		1906	
Juni	2	Februar	13
Juli	11	März	16
August	11	April	39
September	16	Mai	45
Oktober	86	Juni	47
November	166	Juli	82
Dezember	140	August	28
Januar 1906	29	Zeit nicht ermittelt	5
Übertrag	461	Summa	736

Auf die Kreise verteilen sich die Waffenraube wie folgt:

Kreis	Anzahl
Riga	87
Wolmar	30
Wenden	46
Walk	57
Summa	220

4. Zerstörung von Kaiserbildern.

Es sind in Gemeindehäusern und Schulen von den Revolutionären 60 Kaiserbilder zerstört worden, und zwar:

im Kreise Riga	24
" " Wolmar	2
" " Wenden	7
" " Walk	27
Summa	60

Hierbei ist zu bemerken, daß die Berichterstattung für den Wendenschen Kreis für diese Frage vollständig ungenügend gewesen ist. Die Ziffer ist ohne jeden Zweifel bedeutend höher als sieben. Uns persönlich sind etwa zwanzig Fälle bekannt, es werden ihrer aber sehr viel mehr sein.

Rekapitulation.

a) Bei der Zusammenfassung der eingangs erwähnten drei Gruppen von Verbrechen, welche die Kriminalität der Revolution auf dem flachen Lande darstellen, nach Ort und Zeit in einem Rahmen, ergeben sich die folgenden Tabellen 1 und 2.

1.

Kreis	Mord und Mordversuche	Überfälle bewaffneter Banden	Brandstiftungen	Summe aller Verbrechen	Auf 1000 Einwohner kommen Verbrechen[1])
Riga	115	336	189	640	5,7
Wolmar	26	69	24	119	1,0
Wenden	110	192	290	592	5,1
Walk	11	139	101	251	2,3
Der lett. Teil Livlands..	262	736	604	1602	3,6

Zur Illustrierung der örtlichen und zeitlichen Verteilung der revolutionären Verbrechen dienen die Karten Nr. 10 und 11 und das Diagramm Nr. 1, deren Besprechung folgt.

[1]) Nach der Volkszählung von 1897.

2.

Monat	Morde und Mordversuche	Brandstiftungen	Summe aller Verbrechen	Auf 1000 Einwohner kommen Verbrechen
1905				
Juni	16	2	10	28
Juli	8	11	46	65
August	6	11	38	55
September	16	16	76	108
Oktober	35	86	62	183
November	57	166	115	338
Dezember	33	140	173	346
1906				
Januar	14	29	8	51
Februar	2	13	2	17
März	7	16	1	24
April	5	39	3	47
Mai	8	45	5	58
Juni	16	47	15	78
Juli	12	82	33	127
August	26	28	15	69
Zeit nicht ermittelt	1	5	2	8
Summa	262	736	604	1602

b) Die örtliche Verteilung der Verbrechen.

Für die örtliche Gruppierung der revolutionären Verbrechen läßt sich der lettische Teil Livlands in zwei streng voneinander geschiedene Gebiete zerlegen. Das erste durch revolutionäre Verbrechen sehr stark belastete Gebiet umfaßt den südlichen, größeren Teil des Rigaschen Kreises, den Süden des Wendenschen Kreises und die an denselben grenzenden Kirchspiele des Walkschen Kreises, sowie das isoliert von diesem Gebiete im Norden des Wendenschen Kreises belegene Kirchspiel Ronneburg. Im übrigen Teil des lettischen Livlands, namentlich im Wolmarschen Kreise, ist die revolutionäre Kriminalität bedeutend weniger entwickelt.

10

Morde und Mordversuche, Überfälle bewaffneter Banden und Brandstiftungen (nach Kreisen) vom 1. Juni 1905 bis 30. August 1906.

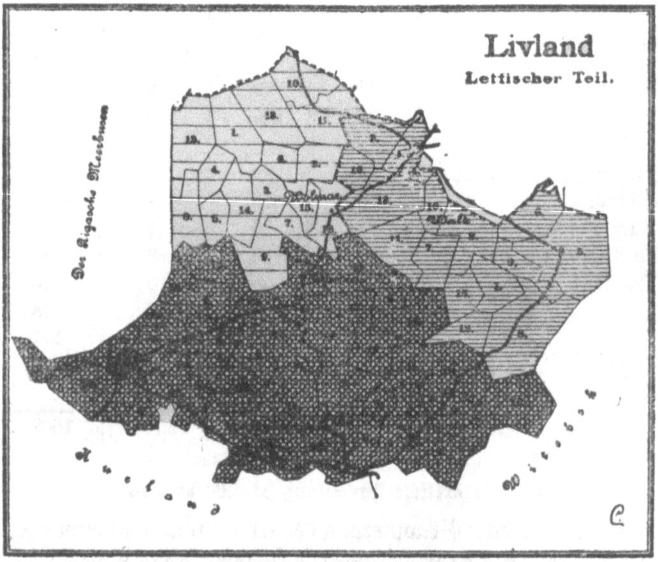

Auf 1000 Einwohner kommen:

—1 1,1—2 2,1—3 3,1—4 4,1—5 5,1—6 Verbrechen

Diese räumliche Verteilung der Verbrechen entspricht ziemlich genau der Verbreitung der sozialistischen Organisationen. Im Süden Livlands lassen sich zwei gesonderte Herde der Revolution deutlich erkennen. Der eine Herd umfaßt die Kirchspiele Festen, Versohn, Kalzenau, Lasdohn und Laudohn. Es ist das Gebiet der sozialdemokratischen Organisation "Maleenas

11
Morde und Mordversuche, Überfälle bewaffneter Banden und Brandstiftungen (nach Kirchspielen) vom 1. Juni 1905 bis 31. August 1906.

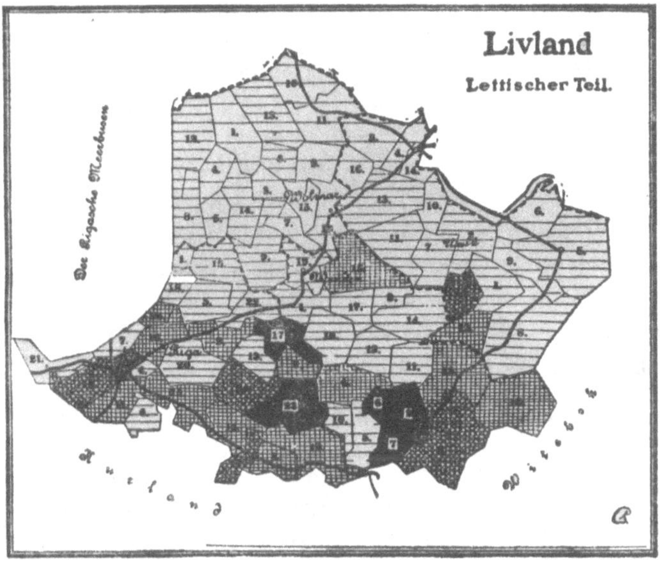

Auf 1000 Einwohner kommen:
—1 1,1—4 4,1—7 7,1—10 über 10 Verbrechen

komiteja", berüchtigt durch den von ihr ausgeübten Terror. Der andere Herd, zu dem die Kirchspiele Ascheraden, Kokenhusen, Sissegal, Sunzel, Jürgensburg und Ritau gehören, umfaßt das Gebiet der sogenannten „Römershof-Sissegalschen" sozialdemokratischen Organisation. Die starke Belastung durch Verbrechen des übrigen Teils des Rigaschen Kreises erklärt sich durch den Einfluß der Stadt Riga, die für ganz Livland den Hauptherd für die Revolution darstellt.

c) Die zeitliche Verteilung der Verbrechen.

Bei dem Verlauf der Kurve für die revolutionären Verbrechen lassen sich drei Perioden unterscheiden. Die erste umfaßt die Monate Juni bis September 1905 einschließlich. Diese Periode wird charakterisiert durch das starke Überwiegen der Brandstiftungen, deren Kurve in aufsteigender Richtung verläuft. Die Linie der Morde zeigt bis zum August eine sinkende Tendenz, und erst vom August an macht sich eine Steigerung bemerkbar. Die Überfälle spielen noch keine Rolle. In der zweiten Periode, welche die Monate Oktober bis Dezember 1905 einschließlich umfaßt, tritt nach dem Erlaß des Manifestes vom 17. Oktober und dem vollständigen Versagen der Regierungsgewalt eine gewaltige Steigerung aller drei Gruppen der revolutionären Verbrechen ein. Den Höhepunkt erreichen die Linien der Überfälle mit 166 und der Morde mit 57 im November, die Linie der Brandstiftungen mit 173 im Dezember.

Nach dem erreichten Höhepunkt fallen alle drei Linien rapid. Diese Veränderung erklärt sich durch das Eintreffen von Truppen im Dezember 1906 und den Kampf der Regierungsgewalt gegen das revolutionäre Verbrechertum. Die dritte Periode umfaßt das Jahr 1906 vom Januar bis zum Ende August. Hier nimmt die Linie der Brandstiftungen eine ganz untergeordnete Stellung ein. Für den Charakter dieser Periode ist die Linie der Überfälle bestimmend. Der Tiefstand der Linien dauert bis zum März. Es ist die Zeit der militärischen Strafexpeditionen.

Diagramm 1.

Die revolutionären Verbrechen in Kurland und Süd-Livland.

(Das flache Land.)

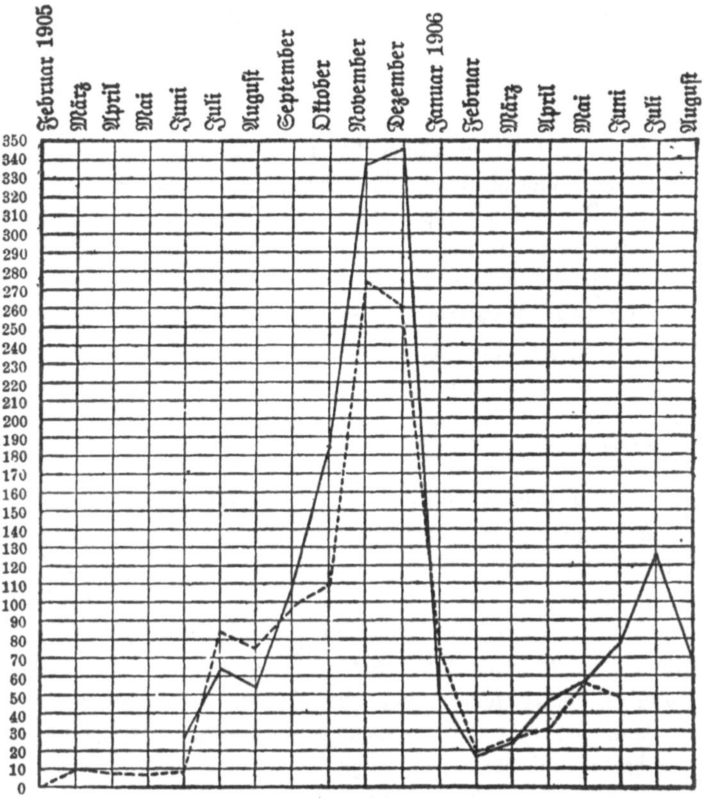

—— Die Summe aller Verbrechen in den vier lettischen Kreisen Livlands.

---- Die Summe aller Verbrechen in Kurland.

Mitte März, unter dem revolutionierenden Einfluß der Duma und dem Nachlassen der Energie im Kampfe mit der Revolution, macht sich eine Steigerung der revolutionären Verbrechen bemerkbar, die sich am ausgeprägtesten in der Linie der Überfälle ausdrückt. Den Höhepunkt erreicht diese Bewegung im Juli 1906. Mit der Auflösung der Duma und der Einführung der Feldgerichte gehen die Linien der Überfälle und Brandstiftungen stark zurück, während die Mordlinie noch eine steigende Tendenz beibehält.

Vergleicht man die Linien der revolutionären Verbrechen für Livland und Kurland miteinander, so zeigt sich eine auffallende Übereinstimmung. Der Hochstand im November und Dezember ist in Livland nur ein verhältnismäßig höherer, und die Steigerung in der dritten Periode, beginnend mit dem Februar 1906, ist für Livland eine viel markantere. Nur ein charakteristischer Unterschied zwischen Livland und Kurland tritt hervor. In Livland finden weit mehr Brandstiftungen statt als in Kurland. Erklären läßt sich das wohl nur durch die Verschiedenheit des Volkscharakters.

5. Die revolutionären Exekutivkomitees.

Auf dem flachen Lande haben sich, nach vollzogener Wahl auf revolutionären Meetings, in Summa 156 Exekutivkomitees konstituiert. Die Verteilung auf die Kreise, das Verhältnis zur Zahl der Gemeinden sowie die Zeitangabe des Beginnes gibt die nachstehende Tabelle an. Über die Schließung der Komitees waren keine genügenden Daten zu beschaffen.

Auch hier ist auf die ungenügende Berichterstattung des Wendenschen Kreises hinzuweisen.

Es haben sich also konstituiert:

im Oktober 2%
" November 56 "
" Dezember 42 " der Exekutivkomitees.

Kreis	Zahl der Komitees	Konstituierung des Komitees				Auf eine Gemeinde kommen Komitees
		im Oktbr.	im Novbr.	im Dezbr.	unbekannt	
Riga	40	—	18	21	1	0,8
Wolmar	51	1	17	33	—	0,9
Wenden	25	2	18	5	—	0,4
Walk	40	—	34	6	—	0,8
Im lett. Teil Livlands ..	156	3	87	65	1	0,7

Außer diesen de facto konstituierten Komitees haben noch Wahlen für eine ganze Reihe anderer stattgefunden, die jedoch nicht zustande gekommen sind, teils wegen Nichtannahme der Wahl, teils weil das Erscheinen der Strafexpeditionen die revolutionäre Aktion aufhob.

6. Die aktive Beteiligung der Volksschullehrer an der Revolution. (Vgl. oben S. 303 ff.)

In welchem Umfange sich die Volksschullehrer an der Revolution beteiligt haben, ist zahlenmäßig schwer festzustellen, da nur diejenigen hier berücksichtigt werden können, die nachweislich revolutionäre Handlungen begangen haben. Wie groß die Anzahl der revolutionär gesinnten Lehrer gewesen ist, wo ein solcher Nachweis nicht vorliegt, entzieht sich der Beurteilung.

Die Zahl aller Volksschullehrer und Lehrerinnen betrug im Jahre 1905 im

Rigaschen Kreise	178
Wolmarschen Kreise	131
Wendenschen Kreise	137
Walkschen Kreise	158
im lettischen Teil Livlands	604

Von diesen Lehrern haben sich nachweislich aktiv an der Revolution beteiligt im

Rigaschen Kreise	61 = 34,3 %	aller Lehrer,
Wolmarschen Kreise	46 = 35,1 „	„ „
Wendenschen Kreise	35 = 25,5 „	„ „
Walkschen Kreise	42 = 26,6 „	„ „
im lettischen Teil Livlands	184 = 30,5 %	aller Lehrer.

Zu bemerken ist, daß für 10 Kirchspiele von den 77 Kirchspielen der vier lettischen Kreise keine zuverlässigen Nachweise über die Beteiligung der Lehrer zu beschaffen waren, und zwar: im Rigaschen Kreise von vier Kirchspielen: Allasch, Kremon, Jürgensburg, Segewold; im Wolmarschen Kreise, von zwei Kirchspielen: Matthiä und Wolmar-Weidenhof; im Wendenschen Kreise von drei Kirchspielen: Arrasch, Schujen und Serben.

7. Die gegen die Kirchen und Pastoren gerichteten Untaten der Revolutionäre. (Vgl. oben S. 178 ff., 319 ff.)

a) Gewalttaten gegen die Kirchen.

Bereits Anfang Mai (8.) begannen die Revolutionäre im Wendenschen Kreise durch organisierte Banden den Gottesdienst in den Kirchen gewaltsam zu unterbrechen. Als äußerer Anlaß dazu wurde meist das Gebet für den Kaiser genommen. Der Zweck war, durch Schändung des vom größten Teil des Volkes noch heilig gehaltenen Ortes ihre Macht tatsächlich zu beweisen und damit den friedlichen Teil der Gemeinde einzuschüchtern und die der Revolution sympathisch gegenüberstehenden Gemeindeglieder und die Schwankenden zu sich herüber zu ziehen. Beides ist fast immer gelungen. Im Rigaschen Kreise begann diese Bewegung einen Monat später, am 5. Juni, im Walkschen erst im Herbst (September). Der Wolmarsche

Kreis ist, bis auf eine Demonstration vor der Kirche, freigeblieben. Es haben ferner Abhaltungen von revolutionären Meetings und revolutionäre Demonstrationen in der Kirche außerhalb des Gottesdienstes stattgefunden, sowie Demonstrationen mit revolutionären Reden usw. vor der Kirche und auf den Kirchhöfen.

Die Fälle, in denen die Kirche in Mitleidenschaft gezogen worden ist, ergeben für jeden Kreis die nachstehenden Zahlen.

Kreis	Gewaltsame Störung des Gottesdienstes	Meetings und Demonstration in der Kirche	Revolutionäre Demonstrationen vor der Kirche
Riga	7	4	4
Wolmar	—	—	1
Wenden	10	4	3
Walk	3	5	1
Der lett. Teil Livlands	20	13	9

Infolge der Kirchenschändungen sind obrigkeitlich geschlossen worden:

im Rigaschen Kreise	6	Kirchen
„ Wolmarschen Kreise	—	„
„ Wendenschen Kreise	5	„
„ Walkschen Kreise	3	„
	Summa 14	Kirchen

Diese gegen die Kirche gerichteten Gewaltakte sind vorgekommen:

im Rigaschen	Kreise in	11	Kirchspielen	= 44% der Kirchspiele,
„ Wolmarschen	„ „	1	„	= 6 „ „ „
„ Wendenschen	„ „	12	„	= 63 „ „ „
„ Walkschen	„ „	7	„	= 50 „ „ „
im lettischen Teil Livlands	in	31	Kirchspielen	= 40% der Kirchspiele.

b) Gewaltakte gegen die Pastoren.

Die Verfolgungen, denen die Pastoren von seiten der Revolutionäre ausgesetzt waren, bestanden im wesentlichen in der Sperrung ihrer Einkünfte aus der Pacht der Pastoratsländereien und den gesetzlichen Lieferungen und Leistungen der Gemeinden, in der Amtsentsetzung durch die revolutionären Komitees, die nicht selten mit der Androhung des Todes im Weigerungsfalle verbunden war, und schließlich in Gewalttätigkeiten gegen die Person des Pastors, die sich bis zu direkten Mißhandlungen, ja Morden steigerten.

Es haben Absetzungen des Pastors durch die revolutionären Komitees stattgefunden:

im Rigaschen Kreise	5 mal,
„ Wolmarschen Kreise	3 „
„ Wendenschen Kreise	1 „
„ Walkschen Kreise	6 „
„ lettischen Teil Livlands	15 mal.

Gewalttätigkeiten gegen die Person des Pastors sind im Wendenschen Kreise fünfmal vorgekommen. Im Rigaschen Kreise sind drei Pastoren ermordet worden. Im Wolmarschen und Walkschen Kreise haben solche Fälle nicht stattgefunden.

8. Die Organisationen der lettischen Sozialdemokratie auf dem flachen Lande. (Vgl. S. 110 ff., 297 ff.)

Im Juni 1905, wo sich die lettische Revolution auf dem flachen Lande im ersten Stadium ihrer Entwicklung befand, gab es sozialdemokratische Organisationen:

im Rigaschen	Kreise in	5	Kirchspielen	= 19%	der Kirchspiele,
„ Wolmarschen	„ „	—	„	= — „	„ „
„ Wendenschen	„ „	9	„	= 47 „	„ „
„ Walkschen	„ „	—	„	= — „	„ „
„ lett. Teil Livlands	in	14	Kirchspielen	= 18%	der Kirchspiele.

Im Juni 1906:

im Rigaschen	Kreise in 11	Kirchspielen	= 42 %	der Kirchspiele,
„ Wolmarschen	„ „ 6	„	= 37 „	„ „
„ Wendenschen	„ „ 11	„	= 58 „	„ „
„ Walkschen	„ „ 4	„	= 25 „	„ „
„ lett. Teil Livlands	in 32	Kirchspielen	= 42 %	der Kirchspiele.

12

Territoriale Ausdehnung der lettischen sozialdemokratischen Organisationen auf dem flachen Lande im Juni 1905.

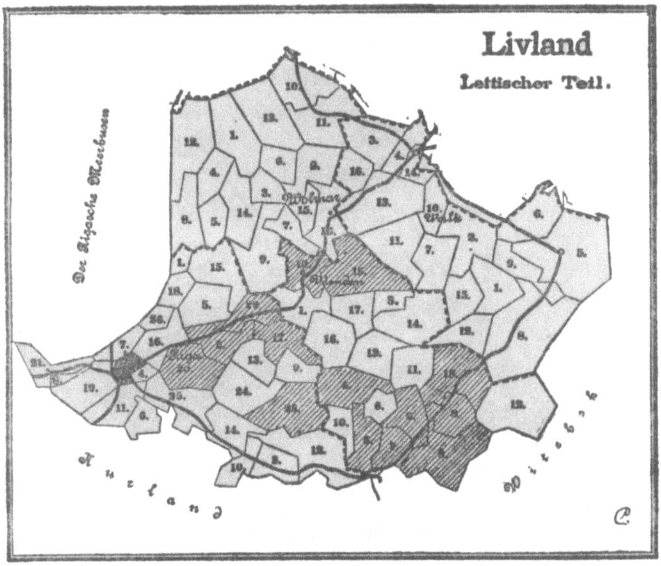

Was die Anzahl der aktiven Mitglieder der lettischen sozialdemokratischen Organisationen betrifft, so ist sie im Jahre Juni 1905 bis Juni 1906, je nach der politischen Lage und der Stellungnahme der Regierung gegenüber der Revolution, starken Schwankungen unterworfen gewesen. Die nachstehende Tabelle zeigt die Zahl der *aktiven* Mitglieder der sozialdemokratischen Partei an den bezeichneten Zeitpunkten. Die sogenannten passiven Mitglieder sind nicht berücksichtigt worden, da sie nur in einem lockeren Zusammenhange mit der Partei standen und ihre Zusammengehörigkeit zum Teil wohl auch durch den herrschenden Terror erzwungen war. Besondere Rechte und Pflichten banden sie nicht an die Partei.

13

Territoriale Ausdehnung der lettischen sozialdemokratischen Organisationen auf dem flachen Lande im Juni 1906.

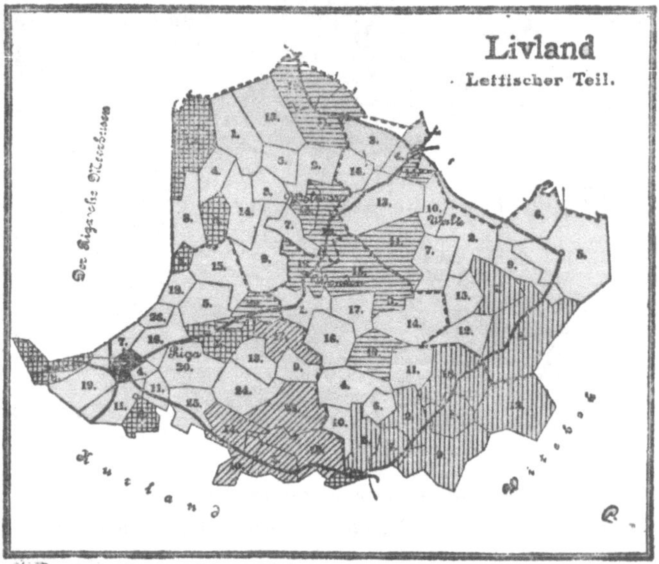

Das Grenzgebiet (Maleenas komiteeja)
Gebiet Sissegal-Römershof (Madleenes-Skrihweres zentrs)
Mittellivland (Wideenas oder Zehsis zentrs)
Das Strandgebiet (Juhrmalas zentrs)

Zahl der aktiven Mitglieder der lettischen sozialdemokratischen Partei auf dem flachen Lande:

Kreis	Im Juni 1905	Vor dem 17. Oktbr. 1905	Nach dem 17. Oktbr. 1905	Im Juni 1906
Riga	40	457	860	471
Wolmar	—	195	410	200
Wenden	480	1750	2500	640
Walk	—	270	800	167
Der lett. Teil Livlands	520	2672	4570	1478

14

Zahl der aktiven Mitglieder der lettischen Sozialdemokratie in den Kirchspielen im Juni 1905.

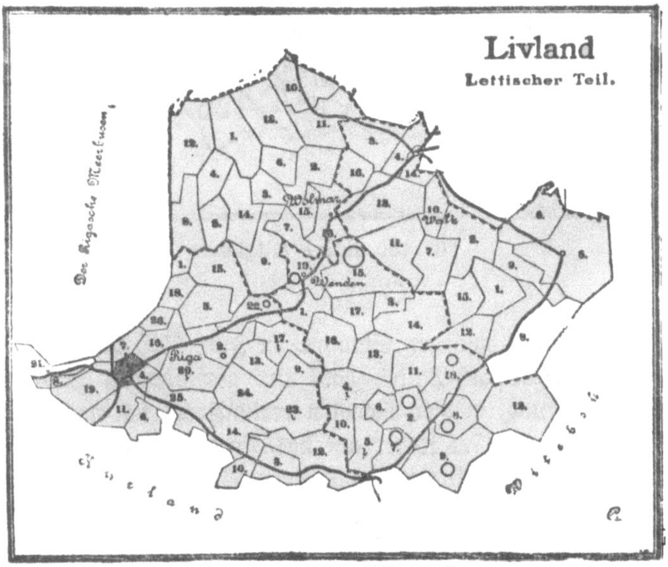

10 100 aktive Mitglieder

• O

15

Zahl der aktiven Mitglieder der lettischen Sozialdemokratie in den Kirchspielen vor dem 17. Oktober 1905.

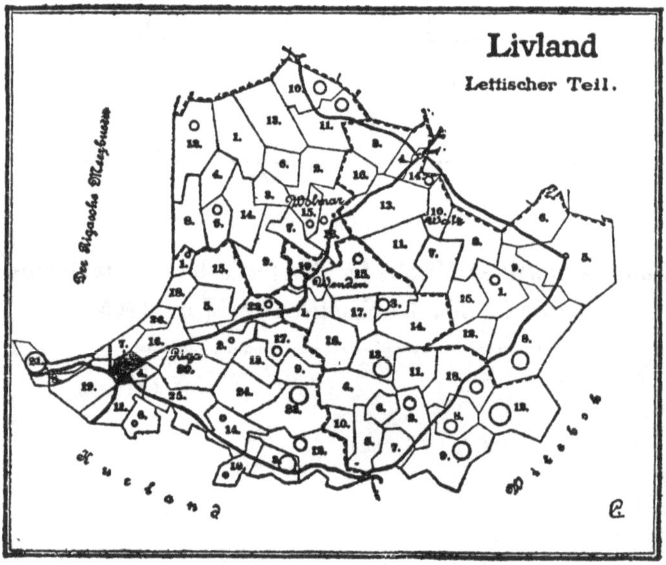

10 400 aktive Mitglieder

Aus einem mäßigen Stamme im Juni 1905 hat sich die sozialdemokratische Partei, dank der abwartenden Haltung der Regierung, in vier Monaten verfünffacht, um nach dem Manifest vom 17. Oktober auf das Neunfache anzuwachsen. Das energische Auftreten der Regierungsgewalt im Dezember und der Folgezeit hat die Mitgliederzahl dann wieder stark herabgesetzt. Ein großer Teil ist ins Ausland geflüchtet, ein anderer ist verhaftet oder erschossen worden, und viele haben von den Strafexpeditionen auf dem Lande in Riga, das den Orlówschen Truppen verschlossen blieb, einen Zufluchtsort gefunden. Aber trotz dieser gewaltsamen Herabsetzung ist im Juni 1906 noch ein starker Stamm, dreimal so stark wie vor einem Jahre, nachgeblieben, und zwar sind die Organisationen in allen Kirchspielen bis auf eines (Smilten) bestehen geblieben.

16

Zahl der aktiven Mitglieder der lettischen Sozialdemokratie in den Kirchspielen nach dem 17. Oktober 1905.

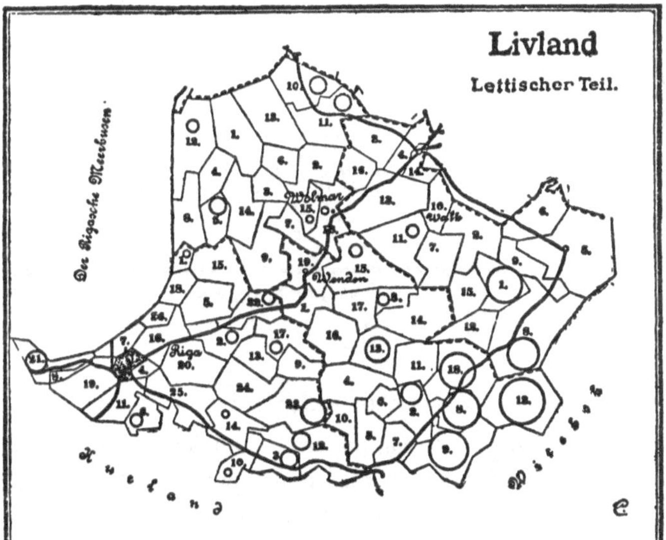

20 600 aktive Mitglieder

17

Zahl der aktiven Mitglieder der lettischen Sozialdemokratie in den Kirchspielen im Juni 1906.

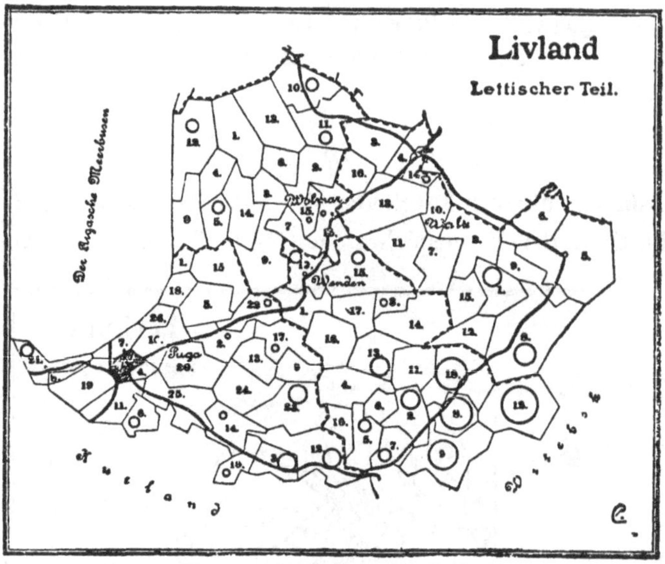

10 150 aktive Mitglieder

9. Stand des Bauernlandverkaufs im August 1905.

Zu den Stützen der von uns mehrfach widerlegten Theorie von den „Agrarunruhen" gehört auch die Behauptung der lettischen, estnischen und russischen Presse, daß die Landlosigkeit der baltischen Bauerschaft eine Hauptursache der Bewegung gewesen sei. Bei der Untersuchung dieser Frage ist es notwendig, ein zahlenmäßig feststellbares Kriterium für die Höhe der Landlosigkeit in den einzelnen Kirchspielen zu finden. Als ein solches Kriterium ist angenommen worden, daß die Landlosigkeit dort wo der Bauerlandverkauf beendet ist, eine geringere sein muß, als in den Gebieten, wo ein bedeutender Teil des Bauerlandes noch nicht verkauft worden ist.

Es ist daher festzustellen, ob die revolutionäre Bewegung, gemessen an der Intensität ihrer verbrecherischen Begleiterscheinungen, mit dem Stande des Bauerlandverkaufs in den einzelnen Kirchspielen annähernd übereinstimmt.

In den vier lettischen Kreisen Livlands waren im August 1905 13,1 % des Bauerlandes noch unverkauft. Dieser Prozentsatz hätte also als normaler Durchschnitt zu gelten.

Im Rigaschen und Wendenschen Kreise, wo die Revolution am intensivsten aufgetreten ist (vgl. S. 362, Tab. 1), sind es wiederum die folgenden Kirchspiele, welche die größte Zahl von revolutionären Verbrechen im Verhältnis zur Einwohnerzahl aufweisen, d. h. über zehn Verbrechen auf tausend Einwohner.

Die nachstehenden Zahlen geben einerseits die Zahl der Verbrechen pro 1000 Einwohner, und andererseits den Prozentsatz des unverkauften Bauerlandes in diesen hochbelasteten Kirchspielen an. Zu beurteilen sind die Zahlen für das unverkaufte Bauerland nach dem Durchschnitt, welcher für die vier lettischen Kreise, wie bereits gesagt, 13,1 % betrug.

Kirchspiel	Pro 1000 Einwohner kommen revolutionäre Verbrechen	Unverkauftes Bauerland im August 1905
Nitau	12,3	7%
Sissegal	12,3	4%
Festen	16,2	0%
Bersohn	11,0	2%
Kalzenau	12,1	0%

Die obigen Zahlen zeigen, daß die Intensität der revolutionären Bewegung nicht mit der der Landlosigkeit übereinstimmt.

18

Stand des Bauernlandverkaufs im August 1905.

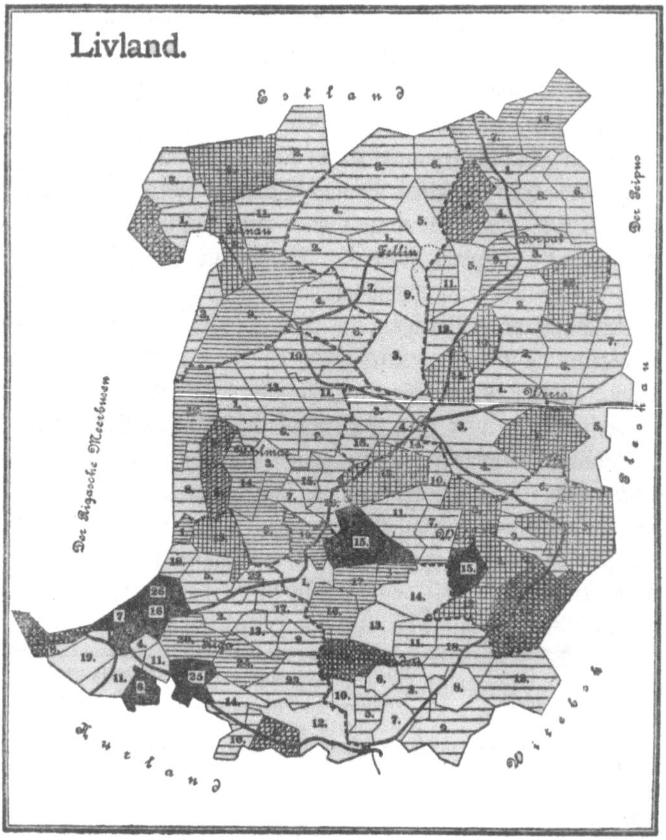

Unverkauftes Bauernland

0 1—10 11—20 21—30 31—40 41—50 über 50 Prozent

10. Die orthodoxe Bevölkerung. (Vgl. S. 179.)

Es bleibt noch zu untersuchen übrig, ob die vom Staate in der Mitte des 19. Jahrhunderts begünstigte Propaganda der orthodoxen Geistlichkeit, welche zu den massenhaften Übertritten des lettischen Landvolkes führte, einen Einfluß auf die Revolution gehabt hat.

Im lettischen Teile Livlands heben sich drei Gruppen von zusammenhängenden Kirchspielen heraus, die sich durch die hohe Ziffer der revolutionären Verbrechen — über vier Verbrechen auf 1000 Einwohner —, als Herde der Revolution dokumentieren. Als erste Gruppe wären die in der Umgebung Rigas belegenen Kirchspiele zu bezeichnen, und zwar:

Pinkenhof mit	8,3	Verbrechen	auf	1000	Einwohner,
Katlakaln mit	4,1	"	"	"	"
Üxküll-Kirchholm mit	6,6	"	"	"	"
Neuermühlen mit	5,7	"	"	"	"
Zarnikau mit	4,3	"	"	"	"

Diese Verbrechen sind zum überwiegenden Teile durch das städtische revolutionäre Proletariat hineingetragen worden und können daher nicht der lokalen Bevölkerung allein zur Last gelegt werden.

Die zweite Gruppe besteht aus folgenden zusammenhängenden Kirchspielen des Rigaschen Kreises:

Allasch mit	6,2	Verbrechen	auf	1000	Einwohner,
Ritau mit	12,3	"	"	"	"
Sunzel mit	7,7	"	"	"	"
Jürgensburg mit	6,2	"	"	"	"
Lennewarden mit	4,4	"	"	"	"
Gr.-Jungfernhof mit	7,8	"	"	"	"
Sissegal mit	12,3	"	"	"	"
Ascheraden mit	5,2	"	"	"	"
Kokenhusen mit	5,4	"	"	"	"

Die dritte Gruppe besteht aus folgenden zusammenhängenden Kirchspielen des Wendenschen Kreises:

Erlaa mit	6,9	Verbrechen auf 1000 Einwohner,
Festen mit	16,2	" " " "
Versohn mit	11,0	" " " "
Kalzenau mit	12,1	" " " "
Laudohn mit	7,3	" " " "
Lasdohn mit	7,1	" " " "
Seßwegen mit	6,9	" " " "
Lubahn mit	6,3	" " " "

Isoliert von dieser Gruppe befindet sich im Norden des Wendenschen Kreises das Kirchspiel Ronneburg mit 7,0 Verbrechen pro 1000 Einwohner. Im Walkschen Kreise grenzen an die dritte Gruppe die Kirchspiele

Tirsen mit	4,4	Verbrechen auf 1000 Einwohner,
Wellan mit	7,3	" " " "

Im Wolmarschen Kreise befindet sich kein Kirchspiel mit über vier Verbrechen auf 1000 Einwohner.

Bei der Beurteilung, inwieweit die Zusammensetzung der Bevölkerung in konfessioneller Beziehung einen Einfluß auf die Revolution geübt hat, kommen hier die Gruppen 2 und 3 als die von der Revolution am höchsten belasteten zusammenhängenden Gebiete in Betracht.

Im Rigaschen Kreise stellt sich der Prozentsatz der orthodoxen Bevölkerung wie folgt:

in der Gruppe 2	24,3 %	Orthodoxe,
in den übrigen Kirchspielen des Kreises	4,1 %	Orthodoxe.

Im Wendenschen Kreise:

in der Gruppe 3	35,5 %	Orthodoxe,
in den übrigen Kirchspielen des Kreises	8,9 %	Orthodoxe.

In den Gebieten, die einen hohen Prozentsatz der orthodoxen Bevölkerung aufweisen, ist also die Zahl der revolutionären Verbrechen bedeutend höher wie in den anderen Landesteilen. Daraus ist ersichtlich, daß die seinerzeit vom Staate inaugurierte Konversion den Boden für die Revolution erfolgreich vorbereitet hat. Auf diesem Boden entwickelten sich zunächst die sozialdemokratischen Organisationen, und dann erreichte dort die Revolution mit ihren Verbrechen den Höhepunkt.

19 (Vgl. Nr. 11.)

Die prozentuale Verteilung der orthodoxen Bevölkerung.

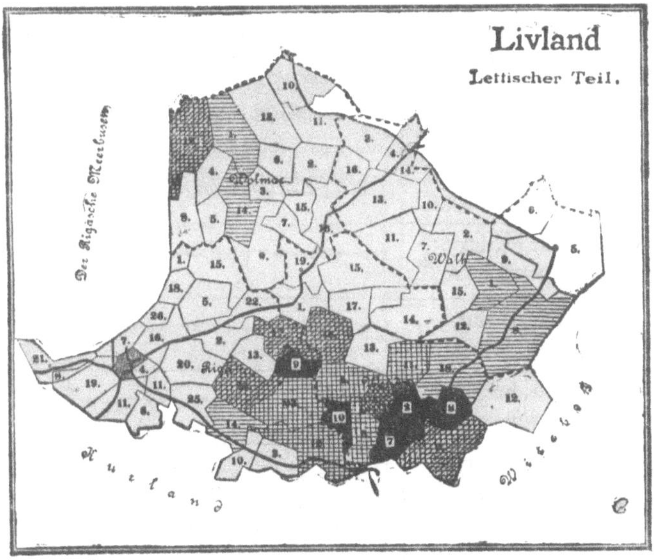

0–10 11–20 21–30 31–40 41–50 über 50 Prozent Orthodoxe

Riga 1905	Morde an Polizeichargen	Morde an Militärpersonen	Morde an Privatpersonen	Mordversuche an Polizeichargen	Mordversuche an Militärpersonen	Mordversuche an Privatpersonen	Summe der Morde und Mordversuche	Raubüberfälle auf der Straße	Raubüberfälle in Wohnungen	Beraubung von fisk. Branntweinläden	Beraubung von Krons- und öffentl. Anstalten	Summe der Raubüberfälle	Summe aller Verbrechen	Diebstähle
Januar . .	—	—	—	13	3	23	39	20	6	—	—	26	65	169
Februar .	—	—	5	8	1	27	41	31	3	—	—	34	75	204
März . . .	2	—	2	4	3	33	44	23	2	—	—	25	69	153
April . . .	1	—	2	1	1	16	21	24	3	—	—	27	48	113
Mai	1	—	4	12	4	15	36	17	—	—	—	17	53	116
Juni . . .	1	—	3	1	—	20	25	31	—	—	—	31	56	145
Juli	—	—	1	3	4	29	37	36	2	—	—	38	75	126
August . .	2	—	1	13	1	49	66	33	5	4	—	42	108	148
Septbr. .	3	1	7	5	—	22	38	27	—	4	—	31	69	135
Oktober .	4	1	7	7	5	24	48	30	6	8	2	46	94	98
November	1	—	18	14	2	31	66	55	14	6	1	76	142	107
Dezember	10	15	19	29	20	23	116	20	19	24	2	65	181	55
Summa	25	17	69	110	44	312	577	347	60	46	5	458	1035	1569

1906														
Januar . .	6	—	8	9	4	22	49	53	16	31	57	157	206	53
Februar .	—	—	6	1	2	3	12	42	5	1	8	56	68	87
März . . .	—	—	3	—	—	9	12	16	5	—	7	28	40	93
April . . .	—	—	4	1	3	14	22	30	3	—	5	38	60	83
Mai	—	—	4	2	—	13	19	21	3	1	10	35	54	123
Juni	1	—	1	—	3	11	16	15	1	—	7	23	39	126
Juli	—	—	4	1	—	16	21	27	7	—	10	44	65	119
August . .	2	—	6	3	1	11	23	25	7	—	12	44	67	85
Septbr. .	1	—	5	2	1	8	17	28	5	—	13	46	63	88
Oktober .	—	—	3	1	1	12	17	23	8	—	25	56	73	97
November	1	—	1	1	—	4	7	32	8	—	19	59	66	113
Dezember	2	—	—	1	2	2	7	7	4	—	10	21	28	115
Summa	13	—	45	22	17	125	222	319	72	33	183	607	829	1180
1905 und 1906	38	17	114	132	61	437	799	666	132	79	188	1065	1864	2749

B. Die revolutionären Verbrechen in der Stadt Riga in den Jahren 1905 und 1906.

Die vorstehende Tabelle ergibt die Zahl der von den Revolutionären verübten Verbrechen, d. h. 1. die Morde und Mordversuche, geordnet nach der Kategorie der überfallenen Personen, und 2. die Raubüberfälle, geordnet nach der Art derselben. Die Diebstähle sind, obgleich sie nicht zu den revolutionären Verbrechen gehören, gesondert aufgenommen worden, um auch ein Bild der allgemeinen Kriminalität der beiden Jahre zu geben.

Es sind von den Revolutionären in der Stadt Riga

im Jahre 1905 ermordet worden	111	Personen
verwundet worden	353	„
Summa	464	Personen
im Jahre 1906 ermordet worden	58	Personen
verwundet worden	148	„
Summa	206	Personen

In den beiden Jahren 1905 und 1906 sind also von den Revolutionären 670 Personen ermordet und verwundet worden, d. h. ein Mord oder eine Verwundung auf 152 erwachsene männliche Einwohner.

In den beiden Jahren haben laut Tabelle in Summa 1864 revolutionäre Verbrechen stattgefunden, d. h. 6,1 Verbrechen auf 1000 Einwohner oder ein Verbrechen auf 163 Einwohner. Zieht man nur die erwachsene männliche Jugend (über 19 Jahre) in Berechnung, so kommt ein revolutionäres Verbrechen auf 55 Einwohner.

Die beiden Jahre zeigen einige charakteristische Unterschiede.

Von den revolutionären Verbrechen betrugen:

im Jahre 1905	die Morde und Mordversuche ...	56 %
	die Raubüberfälle ...	44 „
im Jahre 1906	die Morde und Mordversuche ...	27 %
	die Raubüberfälle ...	77 „

Die Morde und Mordversuche sind also im Jahre 1906 stark zurückgegangen, während die Raubüberfälle dementsprechend zugenommen haben. Das erste Jahr wird vorherrschend durch Hervorrufen des Terrors charakterisiert, das zweite Jahr durch Raub von Geld für den sozialrevolutionären Kampf. Am deutlichsten zeigt sich das, wenn man die Zahlen der Raubüberfälle auf „Krons- und öffentliche Anstalten", welche letzteren fast ausschließlich aus Läden, kaufmännischen und Fabrikgeschäften usw. bestanden, miteinander vergleicht. Im Jahre 1905 betrugen sie 1 % aller Raubüberfälle, im Jahre 1906 30 %.

Die zeitliche Verteilung der revolutionären Verbrechen in Riga.

Die Linien der revolutionären Verbrechen zeigen für die Jahre 1905 und 1906 einen verschiedenen Charakter. Im Jahre 1905 prävalieren die Morde, im Jahre 1906 die Raubüberfälle. Auch in den Schwankungen der Linien unterscheiden sich die Jahre. Das Jahr 1905 weist bedeutend stärkere Schwankungen der einzelnen Monate auf wie 1906.

Im Januar 1905 beginnen die Linien bereits mit einem gewissen Hochstande, der bis zum März anhält. Es ist die Zeit der großen Fabrikstreike, die auf den 9. Januar (Petersburg) folgten. Mit dem Abflauen dieser Streike gehen die Verbrechen zurück, erreichen aber im August nach der Wiederaufnahme der Streikbewegung eine bedrohliche Höhe. Der September zeigt eine kurze Pause für die Streike und ihre Folgeerscheinung. Vom Oktober bis zum Januar 1906 tritt eine gewaltige

25*

Steigerung der Kriminalität ein, die parallel läuft der Hochflut der revolutionären Bewegung nach dem Manifest vom 17. Oktober. Die Morde erreichen im Dezember mit 116, die Raubüberfälle im Januar mit 157 ihren Höhepunkt.

Das neue Jahr (1906) zwingt die Revolutionäre, ihre Taktik durchgreifend zu ändern. Unter dem Eindruck der scharfen Repressivmaßregeln der Regierung nimmt die Kriminalität bedeutend ab. Diese Abnahme dauert bis zum März. Dann tritt wieder unter dem Eindruck des Wahlsieges der regierungsfeindlichen Parteien und dem revolutionierenden Einfluß der Duma eine Steigerung ein, die für die Linie der Raubüberfälle bis zum November anhält, mit Ausnahme eines vorübergehenden Rückganges im Juni. Die Linie der Morde senkt sich bereits langsam vom August an, nachdem die Feldgerichte in Aktion getreten waren. Im Dezember fällt auch die Linie der Überfälle rapid, nach Sprengung der Kampforganisation des sozialdemokratischen Föderativkomitees durch die Verhaftungen der Polizei und durch den Regimewechsel in der Administration, der durch die Ernennung des Generals Baron Möller-Sakomelski zum temporären baltischen Generalgouverneur veranlaßt wurde.

Diagramm 2.

Die revolutionären Verbrechen in der Stadt Riga.

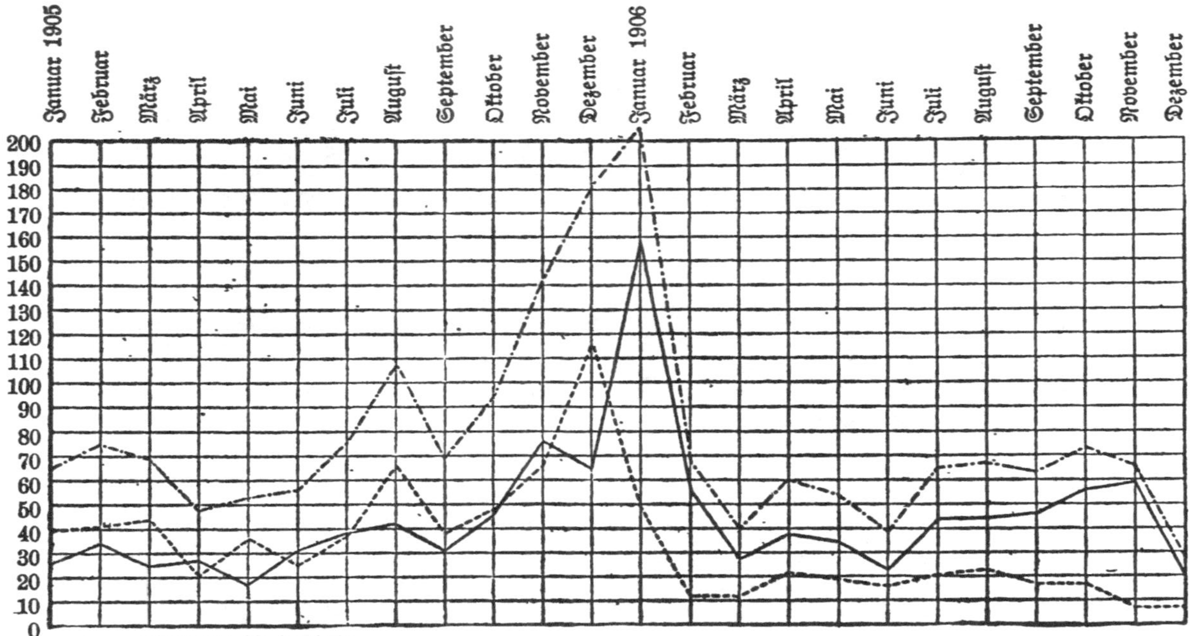

Morde und Mordversuche.
Raubüberfälle.
Summe der revolutionären Verbrechen.

Verzeichnis der Kirchspiele in den lettischen Kreisen Livlands.

Kreis Riga.

Kirchspiele:

1. Adiamünde.
2. Allasch.
3. Ascheraden.
4. Bickern.
5. Cremon.
6. Dahlen.
7. Dünamünde.
8. Holmhof.
9. Jürgensburg.
10. Groß-Jungfernhof.
11. Katlakaln.
12. Kokenhusen.
13. Lemburg.
14. Lennewarden.
15. Loddiger-Treyden.
16. Neuermühlen.
17. Nitau.
18. St. Peterskapelle.
19. Pinkenhof.
20. Rodenpois.
21. Schlock.
22. Segewold.
23. Sissegal.
24. Sunzel.
25. Uexküll-Kirchholm.
26. Zarnikau.

Kreis Wolmar.

Kirchspiele:

1. Allendorf.
2. Burtneck.
3. Dickeln.
4. St. Katharinen.
5. Lemsal.
6. St. Matthiä.
7. Papendorf.
8. Pernigel.
9. Roop.
10. Nord-Rujen.
11. Süd-Rujen.
12. Salis.
13. Salisburg.
14. Ubbenorm.
15. Wolmar-Weidenhof.
16. Wolmar-Wolmarshof.

Kreis Wenden.

Kirchspiele.

1. Arrasch.
2. Bersohn.
3. Drostenhof.
4. Erlaa-Ogershof.
5. Fehteln.
6. Festen.
7. Kalzenau.
8. Lasdohn.
9. Laudohn.
10. Linden.
11. Löſern.
12. Lubahn.
13. Alt-Pebalg.
14. Neu-Pebalg.
15. Ronneburg.
16. Schujen-Lohdenhof.
17. Serben.
18. Seßwegen.
19. Wenden.

Kreis Walk.

Kirchspiele:

1. Aahof.
2. Adsel.
3. Ermes.
4. Luhde.
5. Marienburg.
6. Oppekaln.
7. Palzmar.
8. Schwaneburg.
9. Seltinghof.
10. Serbigal.
11. Smilten.
12. Tirsen.
13. Trikaten.
14. Walk.
15. Wellan.
16. Wohlfahrt.

Verzeichnis der Rittergüter,

auf welchen die Herrenhöfe ganz oder teilweise während der Revolution 1905/1906 eingeäschert worden sind.

I. Livland.

Kreis und Kirchspiel	Name des Gutes	Name des Besitzers
Riga.		
Allasch	Allasch	O. von Blanckenhagen
	Judasch	W. von Zur-Mühlen
Ascheraden	Römershof	M. von Sivers
Jürgensburg	Bersehof	A. von Seck
	Schliepenhof	R. Baron Schoultz-Ascheraden
Kokenhusen	Alt-Bewershof	Fr. Baron Meyendorff
	Kroppenhof	K. Baronin Vietinghoff-Scheel
Lemburg	Klingenberg	E. von Blanckenhagen
	Schloß Lemburg	A. von Grote
	Subben	E. Baron Wolff
	Subbenbach	E. Gräfin Czapska
Lennewarden	Ringmundshof	K. von Rautenfeld
Nitau	Annenhof	E. de Sankti Mauro-Gajewsky
	Fossenberg	J. Reinfeld
	Moritzberg	O. von Blanckenhagen
	Nachtigall	R. Reitzberg
	Schloß Nitau	W. Graf Stenbock-Fermor
	Schöneck	R. Baron Vietinghoff
Segewold	Neu-Kempenhof	F. Baron Wolff
Sissegal	Altenwoga	E. von Scheinvogel
	Essenhof	A. Sellmer

Kreis und Kirchspiel	Name des Gutes	Name des Besitzers
Riga.		
Sissegal	Fehren	P. von Hanenfeldt I.
	Fistehlen	A. von Loewis of Menars Erben
	Hohenheide	Frl. S. von Loewis of Menar
	Alt-Kaipen	Frl. S. von Loewis of Menar
	Neu-Kaipen	Frl. S. von Loewis of Menar
	Laubern	Frau J. von Palmstrauch
	Weißensee	H. Baron Tiesenhausen
	Saadsen	Th. Kerkovius
	Taurup	Ed. von Transehe
Sunzel	Absenau	P. von Hanenfeldt I.
	Kastran	Rod. von Transehe
	Siggund	O. von Richter
	Sunzel	P. von Hanenfeldt II.
	Wattram	Rod. von Transehe
Wolmar.		
Pernigel	Sussikas...........	Th. Baron Mengden
Roop	Schloß Groß-Roop .	H. Baron Rosen
Salisburg	Salisburg	O. Baron Vietinghoff
Wenden.		
Arrasch	Drobbusch	W. von Blanckenhagen
	Karlsruhe	A. Graf Sievers
	Ramelshof	K. Blessig
	Sparenhof	B. von Schubert
Bersohn.........	Schloß Bersohn ...	B. von Berens
	Lauternsee	E. von Strandmann
Erlaa-Ogershof ..	Schloß Erlaa	Rud. von Transehe
	Jummerdehn	Ernst von Transehe
	Katharinenhof	S. Baronin Schlippenbach
	Ogershof	P. von Pander
	Zirsten	A. von Strandmann
Fehteln	Fehteln	W. von der Pahlens Erben
	Odensee...........	M. von Brümmer
	Saussen	M. von Kreusch
Festen	Dewen	O. von Brümmer
	Festen	S. Baron Wöhrmann

Kreis und Kirchspiel	Name des Gutes	Name des Besitzers
Wenden.		
Kalzenau	Alt-Kalzenau	B. von Brümmer
Laudohn	Odsen	R. von Klot
	Sawensee	R. von Helmersen
	Lüggen	R. von Helmersen
Linden	Ohselshof	Frau A. von Transehe
Loesern	Eckhof	A. Baron Schoultz-Ascheraden
Alt-Pebalg	Hohenbergen	S. Graf Scheremetjeff
	Alt-Pebalg	S. Graf Scheremetjeff
Neu-Pebalg	Neu-Pebalg	S. Graf Scheremetjeff
Ronneburg	Horstenhof	N. von Preetzmann
Schujen-Lodenhof	Katzenhof	A. von Hirschheydt
	Sermus	K. Baron Kruedener
Serben	Schloß Serben	H. Baron Loudon
Seßwegen	Selsau	A. von Transehe
Walk.		
Schwanenburg	Lettin	Ernst Baron Wolffs Erben
	Schloß Alt-Schwanenburg	D. Baronin Wolff
	Stomersee	B. und P. Barone Wolff
Seltinghof	Kalnemoise	G. Baron Wolff
Pernau.		
Fennern	Alt-Fennern	F. von Ditmars Erben
	Neu-Fennern	N. Graf Fersen
	Kerro	K. von Renteln
	Lelle	E. Baron Huene
St. Jakobi	Arrohof	R. von Nasackin
	Hallick	Fr. von Lilienfeld
	Kailes	K. von Brandt
	Kaisma	J. von Oldekop
	Könno	H. Graf Keyserling
	Pörafer	E. von Middendorff
	Sallentack	R. von Nasackin
	Enge	Der Staat

Livland: in Summa 85 Güter.

2. Kurland.

Kreis	Name des Gutes	Name des Besitzers
Hasenpoth	Allmahlen	Baron Joh. von Funck
	Birsen	Baron Wilh. von Holtey
	Labraggen	Sylvio Bröderich
	Todaischen	Baron Klopmann
	Groß-Dserwen	Baron N. von Manteuffel
	Bächhof-Sacken-hausen	Otto von Lilienfeld
	Katzdangen	Baron Carl von Manteuffel
	Paddern	Baron Arthur v. d. Osten-Sacken
	Berghof...........	Baron Heinr. von Medem
	Kalwen	Victor von Schröders
	Perbohnen	Baron Oscar von Simolin
	Puhnen	Baron Carl von Manteuffel
	Rudbahren	Baronin Thea von Fircks
	Sexaten	Baron Theodor von Fircks
	Altdorff	Frau Marie Prosoroff
	Bahten	Baron C. v. d. Osten-Sacken
	Niekratzen	Edm. Siebert
	Welden	Ferd. Kleinberg
	Wormsahten	Baron Friedr. von Hahn
	Dahmen	Nic. von Schröders
	Nodangen	Christoph von Schröders
	Wainoden	Baron Leo von Grotthuß
Grobin.	Gawesen	Baron Art. von Kleist
	Ordangen	Christoph von Schröders
	Ussecken	Gotthard von Schröders
	Altenburg	Graf Arth. Keyserling
	Groß-Lahnen	Baron W. von Keyserling
	Strocken	Baron Fr. von Offenberg
Friedrichstadt.	Weeßen	Alexis von Greigh
Doblen.	Endenhof	Fürst Nic. Lieven
	Abgunst...........	Graf Leonid Pahlen
	Fockenhof	Fürst Alexander Lieven
	Zennhof	Graf O. Keyserling

Kreis	Name des Gutes	Name des Besitzers
Tuckum.	Schloß Neuenburg..	Baron Max v. d. Recke
	Alt-Autz	Graf Friedr. Medem
	Remten	Graf C. Medem
	Behnen	Birkenstaedts Erben
Talsen.	Samiten	Baron Karlo v. Fircks
	Wahnen	Baron Harald von Hahn
Goldingen.	Jahteln	Baron Art. von Stempel
	Groß-Iwanden	Baron Edgar von Heyking
	Marren	Edward Balfour
Windau.	Schloß Edwahlen...	Baron Alex. von Behr
	Sernaten	Baron Oscar von Grotthuß
	Schloß Dondangen .	Baron Chr. v. d. Osten-Sacken

Kurland: in Summa 45 Güter.

3. Estland.

Kreis und Kirchspiel	Name des Gutes	Name des Besitzers
Harrien.		
Jegelecht	Ilgas	Erben des R. Bar. Ungern-Sternberg
	Kostifer	R. Baron Rosen
	Saage	R. von Brevern
St. Johannis	Penningby	A. von Baranoff †
	Pasik (Landstelle) ..	E. von Gloy
	Hallinap	W. Baron Stackelberg
	Rasick	H. Baronin Stackelberg
	Fegfeuer	Th. Baron Stackelberg
St. Jürgens	Wait	P. Baron Ungern-Sternberg
	Arrowal	P. Baron Ungern-Sternberg
Joerden.........	Sellie	N. Graf Tiesenhausen
	Jerlepp	O. von Lueder
	Kuimetz	Ritterschaft
	Kai..............	Ritterschaft
	Attel	C. von Barlöwen

Kreis und Kirchspiel	Name des Gutes	Name des Besitzers
Kosch	Meeks	E. Gräfin Kotzebue
	Paunküll	J. von Hagemeister
	Toal	O. von Lilienfelds Erben
	Tammik	R. Baron Fersen
	Orrenhof	O. von Lilienfelds Erben
	Allaser	O. Baron Ungern-Sternberg
Rappel	Jerwakant	O. Baron Hoyningen-Huene
	Waldau	Bar. A. Girard de Soucanton
	Kedenpäh	M. Baron Fersen
	Kechtel	O. von Lilienfeld
Haggers	Sallentack	E. von Ramm
	Pachel	R. Baron Taube
	Tois	G. Baron Wrangells Erben
Parkhof	Addila	C. von Lueder
	Koil	C. von Lueder
Jerwen.		
Turgel	Mehhekül	J. von Dehn
	Laupa	O. Baron Taube
	Tecknal	G. Bar. Rausch v. Traubenberg
	Kollo	Frau E. von Middendorff
Wiek.		
Merjama	Rosenthal	E. von Wetter-Rosenthal
	Paenküll	G. von Rennenkampff
	Söttküll	Frl. von Wistinghausen
	Fersenau	Frl. von Wistinghausen
	Moisama	E. von Lueder
	Kasty	Baronin H. von Stackelberg
	Heimar	A. Baron Buxhöwden
	Walck	Th. Baron Pilar von Pilchau
	Merjama	M. Drögemüller
Goldenbeck	Soinitz	H. von Mohrenschildt
	Luist	C. von Mohrenschildts Erben
	Pargenthal	Gräfin M. von Sievers
	Sipp	E. von Wetter-Rosenthal
	Schloß Lohde	L. Graf Buxhöwden
	Stenhusen	G. Baron Maydell

Kreis und Kirchspiel	Name des Gutes	Name des Besitzers
Fickel	Schloß Fickel	B. Baron Uexküll
	Schloß Felks	B. Baron Maydell
	Jeddefer	C. von Lilienfeld
	Konofer	W. von Rennenkampff
Kirrefer	Wannamois	O. Baron Budberg

Estland: in Summa 54 Güter.

2.

Die estnischen Unruhen.

Wir haben im ersten Kapitel die nationalistische Bewegung unter den Esten während der letzten vier Dezennien kennen gelernt, die vollkommen parallel der lettischen Bewegung entstand und verlief. Wir haben alsdann die Gründe untersucht, weshalb die nationalistische Bewegung unter den Esten, die zweifellos denselben sozialistischen Unterton hatte, wie die unter den Letten, sich nicht zu einer revolutionären Volkserhebung auswuchs.[1]) Wir haben gesehen, daß der Mangel einer ausgebildeten sozialdemokratischen Organisation die Erklärung der auffallenden Erscheinung bildet, daß die eine Hälfte der bäuerlichen Bevölkerung der Ostseeprovinzen revoltierte, die andere nicht, eine Erscheinung, die um so auffallender ist, als die wirtschaftliche Lage der estnischen Bauern im größten Teile des von ihnen besiedelten Gebietes wegen des ärmeren

[1]) S. oben S. 173ff.

Bodens und des rauheren Klimas längst nicht so günstig ist wie die der Letten, besonders der in Kurland. Daß die Lehren der Sozialdemokratie nicht in dem Maße unter den Esten Eingang finden konnten als unter den Letten, erklärten wir aus der Verschiedenheit des Volkscharakters. Der Este ist seiner Natur nach konservativ, ein nüchterner Empiriker und Realpolitiker; für die phantastischen Utopien der Sozialdemokraten ist er nur schwer zu haben. Ganz im Gegensatz zu dem phantasievollen, weichlichen und eiteln Letten. Während dessen Charakter vorwiegend weibliche Züge aufweist, ist der estnische Nationalcharakter vorwiegend männlich. Alle konservativ-bäuerlichen Eigenschaften sind beim Esten außerordentlich stark ausgeprägt. Wenn wir oben die Seele des Bauers als schollenpflichtig bezeichnet haben, so gilt das in besonderem Maße für den Esten. Es ist bezeichnend, daß von allen agitatorischen Lügenkniffen das Versprechen der Landzuteilung beim Esten am meisten verfing; sogar mehr wie beim Letten, der vielleicht zu kultiviert war, um unter normalen Verhältnissen auf einen so groben Schwindel hineinzufallen. Dagegen war der Lette sofort bereit, sich den schönsten Zukunftsträumereien hinzugeben. Begierig lauschte er dem schmeichlerischen Sirenengesang der Sozialdemokratie. Nichts schien seinem maßlosen Dünkel unerreichbar. „Was verstehe ich nicht!" ist eine Phrase, die man nicht selten von Letten hört, die bis in die gelehrten Berufe hinauf den Stempel der Halbbildung bewahren. Was vermag der Lette nicht, dessen kühne Hände, wie wir wissen, sich bald nach den Urquellen der Kultur strecken, bald das Gewicht der Erde halten!

Von dieser Gottähnlichkeit ist die große Masse der Esten noch weit entfernt, trotzdem eine Anzahl estnischer Zeitungsschreiber und Literaten sich alle Mühe gibt, sie zu diesem Glauben zu bekehren.

Daß die revolutionäre Bewegung nicht größere Wellen in den von Esten besiedelten Gebieten geschlagen hat, ist wahrlich nicht Schuld der estnischen Presse, die ihr möglichstes getan hat, die nationalen Leidenschaften wider die Deutschen zu entfesseln.[1]) Als im Frühling 1905 die Kirchenunruhen in Südlivland ausbrachen, als die Gotteshäuser geschändet und die Seelsorger mißhandelt wurden, da rief der „Postimees“ (Postbote), das Organ der estnischen Nationalisten, der lutherischen Geistlichkeit in niedriger Schadenfreude zu: „Was ihr gesäet habt, das erntet ihr jetzt!“[2])

Ähnlich verhielt sich der „Postimees“, dessen Redakteur der Demagog Jaan Tõnisson ist, auch gegen die deutschen Großgrundbesitzer. Trotzdem blieb das flache Land, bis auf die von uns geschilderten[3]) Arbeiterunruhen im Dörptschen und Werroschen Kreise, im allgemeinen ruhig. Auch diese Unruhen wurden, wie wir gesehen haben, künstlich von städtischen Agitatoren in Szene gesetzt. Schlimmer stand es in den Städten, wo das Arbeiterproletariat einen dankbaren Boden für die sozialdemokratische Hetze abgab. In Reval, Dorpat und Pernau kam es nach dem 17. Oktober 1905 wiederholt zu Demonstrationen und sogar zu blutigen Zusammenstößen mit dem Militär. Am 25. Oktober unternahm eine Bande von etwa fünfzig sozialdemokratischen Arbeitern von Reval aus einen Plünderungszug durch den Kreis Harrien. In der Nacht auf den 26. Oktober überfiel sie die Güter Essemäggi und Ruil. Die Türen wurden eingeschlagen, von den überraschten Bewohnern durch Drohungen Geld und Waffen erpreßt.

---

[1]) S. oben S. 32, 72 und passim.

[2]) Vgl. die Artikel „Eine estnische Stimme“ und „Über das Wesen der Unruhen auf dem Lande und ihre Bekämpfung“ von einem Esten in Balt. Mon. Bd. 60, 1905, S. 114ff. u. 217ff.

[3]) S. oben S. 170ff.

Dasselbe geschah am 26. Oktober auf den Gütern Laitz, Riesenberg und Limmat und den Postämtern Liiwa und Nissi. In Limmat, das etwa 65 km südlich von Reval liegt, kehrte die Bande um, überfiel die Güter Schwarzen und Haiba, wo in Abwesenheit der Gutsherren das Mobiliar zerstört und alles Wertvolle geraubt wurde, plünderte das Pastorat Haggers und verschwand, wahrscheinlich die Revalsche Zufuhrbahn benutzend. Obgleich die Gouvernementsregierung sofort benachrichtigt worden war und es ohne Zweifel möglich gewesen wäre, die Bande, wenn nicht unterwegs, so doch bei deren Rückkehr nach Reval abzufangen, entkamen weitaus die meisten. Nur einige Nachzügler fielen in die Hände des ausgesandten Militärs.

Dieser Raubzug mitten durch eine im Frieden befindliche Provinz trägt den Charakter einer von den Sozialdemokraten inszenierten Generalprobe der späteren Unternehmungen.

Gleichzeitig wurde alles versucht, das Landvolk aufzuwiegeln. Überall zeigten sich sozialdemokratische Emissäre, darunter viele Letten, die auch ein Hauptkontingent zu den hier und da auftauchenden bewaffneten Banden stellten.

Die Hetzblätter „Olewik" (Gegenwart), „Teataja" (Der Wissende) und „Uus Aeg" (Neue Zeit) schürten nach Kräften das Feuer.

Am 28. November fand in Dorpat ein „allestnischer Kongreß" statt. Über diesen Kongreß und seine verderblichen Folgen berichtet die „Baltische Monatsschrift": [1])

„Die Dorpater estnischen Vereine hatten diesen Kongreß berufen. Es lag bei ihnen die Absicht vor, die Meinungen und Wünsche des Volkes in Anlaß des Freiheitsmanifestes durch seine Delegierten zu hören und vice versa dem Volke

---

[1]) Bd. 61, 1906, S. 156ff.

einheitliche Instruktionen zur Verwirklichung der proklamierten Freiheiten zu erteilen. Es waren Delegierte von allen Berufsschichten aus Stadt und Land erschienen — über 800 an der Zahl. Der Kongreß sollte in der Bürgermuße tagen. Die Wahl der Leitung des Kongresses begann und endete mit häßlichen Tumultszenen. Die national-fortschrittliche Partei Tönissons (Redakteurs des Dorpater estnischen Blattes „Postimees") und die sozial-revolutionäre Partei Speeks (Redakteurs des Dorpater estnischen Blattes „Uudised" [Neuigkeiten]) standen sich schroff gegenüber. Die Tönissonsche Partei rekrutierte sich hauptsächlich aus den gebildeteren und wohlhabenderen Elementen des estnischen Volkes, die Speeksche dagegen aus dem niedrigsten Proletariat. Bei so stark divergierender politischer Anschauung und sozialer Beschaffenheit der Parteien war eine einheitliche Beratung und Beschlußfassung total ausgeschlossen, und es kam sehr bald zu einer kraßgegnerischen Scheidung. Tönisson behauptete das Feld in der Bürgermuße und wurde von seiner Partei zum Leiter der Verhandlungen gewählt. Die Speeksche Sektion retirierte in die Aula der Universität und ernannte den Advokaten Temant — einen ultraradikalen Schreier aus Reval — zum Führer.

Die national-fortschrittliche Partei — 500 bis 600 Mann stark — unter dem Präsidium Tönissons lehnte eine gewaltsame revolutionäre Aktion ab. Sie beschäftigte sich vornehmlich mit dem künftigen Ausbau der Selbstverwaltung des Landes auf ökonomischem, pädagogischem und kirchlichem Gebiet und mit der Erhaltung der nationalen Eigentümlichkeiten des estnischen Volkes auf dem Grunde der im Manifest vom 17. Oktober gegebenen Freiheiten. Im Falle einer reaktionären Strömung in den Regierungssphären sollte das Volk jedoch einen passiven Widerstand leisten: die Zahlung der Steuern einstellen, die Administrativbeamten boykottieren usw. Das waren die Grundzüge der Beratungen und Beschlußfassungen in der Bürgermuße.

Ganz anders ging es in der Aula der Universität her! Hier tobten wilde Leidenschaften, erschallten revolutionäre Rufe des aufgehetzten Proletariats. Außer den 200 Delegierten hatten sich in der Aula viele mandatlose Individuen eingefunden. Es wurde ein revolutionäres Aktionsprogramm von den „roten" Häuptern der kopflosen Menge vorgelegt und von ihr mit fanatischen Hurrarufen approbiert. Der Brennpunkt des Programms lautete: Nieder mit der Regierung, nieder mit den Gutsbesitzern und ihren Burgen! Die Pastoren in den Sack oder an den Galgen! Fort mit den bisherigen Gemeinde- und Schulverwaltungen! Die Rekruten bleiben zu Hause! Greift zu den Waffen! Nehmt, was zu nehmen ist! Nicht müßig dastehen und warten, ob etwas von Regierungs Gnaden kommt! Wer dagegen zu reden wagte, wurde ganz einfach nieder- oder hinausgebrüllt. Man gab diesen Revolutionsbeschlüssen den feierlichen Namen „Aula-Manifest" und verbreitete sie in zahllosen gedruckten Exemplaren unter dem Volk in Stadt und Land. Das Wort Manifest wirkte wie eine Zauberformel auf das Landvolk. War doch das Volk bisher gewohnt, Manifeste als den Ausdruck des kaiserlichen Willens, der zarischen Allgewalt hinzunehmen. Hatten doch bisher die Manifeste nur kaiserliche Gnadenbezeugungen: Straferlasse, Schenkungen, große politische Umwandlungen, dem Volke kundgetan. Dadurch, daß die Speeksche Revolutionspartei ihr Umsturzprogramm zu einem „Manifest" stempelte, verwirrte sie total die kritiklose und leichtgläubige Masse.

Seit der Verbreitung dieses unheilvollen „Aula-Manifestes" durch die heimkehrenden Delegierten und sonstige engagierte

Agitatoren steigerte sich die Unruhe auf dem Lande in hochgradiger Weise. Man ging bald daran, das Revolutionsprogramm durch Verwüstungen und Exzesse auf den Gutshöfen, Pastoraten und in den Kirchen und Gemeindehäusern in frevelhafter Weise zu verwirklichen.

In den revolutionären Strudel wurden zunächst die Revaler Fabrikarbeiter hineingezogen. Diese waren schon lange vorher einer revolutionären Propaganda von seiten der lettischen Agitationsbanden und der Revaler estnischen „roten" Intelligenz ausgesetzt. Dazu gehörten namentlich die Rechtsanwälte: Temant und Strandmann; die Redakteure: Päts, Pung und Konsorten; die Ärzte: Lüüs, Masing, Köhler."

Die Lorbeeren der lettischen Sozialdemokratie ließen die estnischen Genossen nicht schlafen. Russische und lettische Emissäre drängten zum Losschlagen; die offenkundige Schwäche der Regierung ließ den Moment hierzu günstig erscheinen. Einer uns aus Reval freundlichst zur Verfügung gestellten Aufzeichnung entnehmen wir folgende zusammenfassende Darstellung:

„Am 12. Dezember 1905 brach in Estland ein seit Monaten vom „Komitee der russischen sozialdemokratischen Arbeiterpartei" vorbereiteter Aufstand aus, wie dieses von der Administration des Gouvernements und von der ganzen Bevölkerung schon seit Wochen erwartet wurde. Vorausgegangen waren die Arbeiteraufläufe im Januar und Oktober, die Versuche zu einem Generalstreik, die Verbreitung zahlreicher revolutionärer Proklamationen und die systematische Agitation der estnischen sozialdemokratischen und sozialrevolutionären Presse, die seit dem Oktobermanifest immer unverhohlener zu einem offenen Kampf mit der Regierungsgewalt und der kapitalistischen Gesellschaftsordnung aufrief.

Die Beweise für das Vorhandensein einer Verschwörung

gegen die Staatsgewalt waren bereits in den Händen der Gouvernementsobrigkeit. Die dahingehenden Beschlüsse des estnischen Kongresses in der Dörptschen Universitätsaula und einer darauf folgenden Delegiertenzusammenkunft auf der Fabrik Volta in Reval waren ebenso bekannt wie die Namen der Leiter und Organisatoren und wie die Ziele und Kampfmittel der Verschwörer; die monarchische Staatsform sollte beseitigt, eine konstituierende Versammlung einberufen, die Autonomie der Grenzlande, speziell Estlands (mit Einschluß von Nordlivland), sollte verkündet und das Eigentum am Grundbesitz aufgehoben werden. Zu diesem Zweck sollten die Beamten des Landes vertrieben, die Gutsbesitzer getötet oder als Geiseln gefangen genommen werden und die Gutsgebäude verbrannt werden. Beginnen sollte die Aktion auf dem flachen Lande, um durch den Eindruck einer gewissen Machtentfaltung, durch Verteilung einer großen Beute, durch Drohungen und Schrecken das Landvolk zur Teilnahme an der Aktion zu bewegen, die Truppen aus der Stadt herauszulocken, die Regierungsgebäude in der Stadt alsdann zu stürmen und durch ähnliche Vorgänge in Verbindung mit Generalstreik, Militärrevolten und Attentaten im ganzen Reiche sowohl die Regierung als auch die politischen Parteien zur Nachgiebigkeit und zur Erfüllung der Forderungen der Revolutionäre zu zwingen.

Die Kenntnis von diesen Plänen und Vorbereitungen hatte die Gouvernementsadministration am 10. Dezember veranlaßt, einige Rädelsführer zu verhaften und den Kriegszustand über den Harrienschen Kreis und später über das ganze Gouvernement zu verhängen, obgleich schon vorher auch die wenigen Truppen vom flachen Lande zurückgezogen worden waren. Diese Maßregel mußte, wie zu erwarten war, die Eröffnung der geplanten gewaltsamen Aktion beschleunigen, und in der Tat veröffentlichten am Tage darauf mehrere estnische Zeitungen Erklärungen, daß die Würfel gefallen seien, daß jedem Einwohner des Gouvernements und auch den Gutsbesitzern nunmehr nur die Wahl offenstehe, sich entweder auf seiten des „Volks“ zu stellen oder mit der Regierung und deren Anhängern unterzugehen.

Am 12. Dezember abends fand ein riesiges Volksmeeting im Koilschen Gemeindehause [30 Werst[1]) südlich von Reval] statt, das von den nicht verhafteten Leitern der Bewegung berufen und geleitet wurde. Der Ausbruch des Kampfes mit der Staatsgewalt wurde proklamiert und am selben Abend noch die Besitzer der benachbarten Güter gefangen genommen und ihre Güter zerstört.

In drei Richtungen verbreiteten sich von Reval aus bewaffnete Arbeiterscharen. Nach Osten längs der Petersburger Bahn, wo bis zu einer Entfernung von 50 Werst alle Güter zerstört wurden. Nach Südosten bis in den Jerwenschen Kreis nahe bei Weißenstein und bis über die livländische Grenze hinaus und nach Südwesten bis nahe von Leal — ohne daß ein sofortiges Eingreifen des in Reval gesammelten Militärs stattfand.

Bei den ersten Überfällen waren die Teilnehmer bewaffnet, organisiert und von Führern und Trägern roter Fahnen geleitet. Die aktiv vorgehenden Banden standen in ununterbrochenem Konnex mit Kommissionen, die während des Feldzuges die Bewegungen der Truppen leiteten, über die Gefangenen disponierten und Befehle an die Bevölkerung erteilten. Plünderungen und Entwendungen von Wertgegenständen (außer Waffen) fanden anfänglich nur ausnahmsweise statt.

Das Leben privater Personen wurde geschont und die

---

[1]) Eine Werst = 1,067 Kilometer.

Brandstiftungen und Zerstörungen auf Gutsgebäude, deren innere Einrichtung, Kaiserbilder in Gemeindehäusern, Monopolbuden (fiskalische Branntweinläden), Spirituskeller und Brennereien beschränkt."

Wie ein Zyklon zog die Zerstörung über das unglückliche Land, die Stätten alter Kultur in sinnloser Wut heimsuchend. Was aber zuerst eine planmäßige, nach geschriebenen Marschrouten der sozialdemokratischen Zentrale durchgeführte Aktion gewesen war, verwandelte sich binnen kurzem zu einem Raub- und Plünderungszuge. Die Führer und disziplinierten Genossen verschwanden allmählich, weil die Disziplin sich lockerte und die Durchführung des Feldzugsplans auf Schwierigkeiten stieß, besonders weil die große Masse der bäuerlichen Bevölkerung sich nicht mitreißen ließ. Dagegen aber wuchs die Zahl der Marodeure des Schlachtfeldes. Alles schlechte Gesindel strömte in Scharen zusammen wie die Geier zum Aas. Zwar wurden die Ausschreitungen noch immer im Namen der Freiheit begangen, das Hauptgewicht aber wurde auf Raub und Diebstahl gelegt. Einzelne Gutsbesitzer wurden gefangen genommen und von Ort zu Ort geschleppt. Ein Herr v. K. wurde gefoltert, um von ihm Geld zu erpressen. Die Unmenschen zerrissen ihm die Sehnen an den Fingern. Ein anderer Gutsbesitzer, Herr Arthur v. Baranow auf Penningby, „ein von seinen Leuten geliebter und überaus humaner Herr", wurde von einer Bande am 20. Dezember in scheußlichster Weise ermordet. Vor seiner Haustür durch einen Schuß tödlich getroffen, konnte er noch ins Haus zurückkehren. „Er legte sich auf einen Diwan, wo sich die Seinen um ihn bemühten. Aber die Räuber waren mit ihm ins Haus eingedrungen und nun spielte sich eine entsetzliche Szene ab. Die kleinen Kinder des Todwunden umklammern die Knie der Unmenschen und flehen um Erbarmen, aber mit Kolbenstößen werden sie beiseite geschleudert, der Sterbende wird aus den Armen der unglücklichen Gattin gerissen und erhält noch vier Schüsse in den Kopf, bis er vor den Augen der Seinen tot zusammenbricht."[1])

In wenigen Tagen wurden in Estland, und zwar in den Kreisen Harrien und Wiek und einem Teil Jerwens, 54 Herrenhöfe eingeäschert und über 40 weitere demoliert und geplündert. Am 12. abends war auf dem Meeting in Koil, wie wir gesehen haben, das Signal zum Raubzug gegeben worden, und schon am 15. brachen Teile der estländischen Banden in das nördliche Livland ein.

Es soll ursprünglich der Plan bestanden haben, in Livland an zwei Stellen einzufallen, sich bei Torgel (25 km östlich von Pernau) und bei Oberpahlen (etwa 50 km nordöstlich von Fellin und etwa 60 km nordwestlich von Dorpat) mit den estnischen Genossen Nordlivlands zu vereinigen und dann bei Rujen (etwa 60 km südlich von Fellin) den lettischen Revolutionären die Hand zu reichen.

Am 15. Dezember brach eine große Bande in das Kirchspiel St. Jakobi des Pernauschen Kreises ein und verbrannte die Herrenhäuser der nahe der estländischen Grenze gelegenen Rittergüter Könno, Kaisma und Pörrafer; am 16. Dezember folgten Enge, Kailes, Sallentack, Hallick, Arrohof und Lelle, am 17. Kerro und Neu-Fennern, am 18. Alt-Fennern. In vier Tagen waren zwölf Herrenhöfe eingeäschert worden.

Die Situation im Pernauschen und Fellinschen sah böse aus. Die Kreispolizei versagte vollständig. Besonders der Pernausche Kreispolizeichef erwies sich als ebenso energielos wie feige. An Militär war in beiden Kreisen so gut wie nichts

---

[1]) Ernst v. Ramm, „Aus Estlands roten Tagen", Helsingfors 1906. Herr v. Ramm war mehrere Tage Gefangener der Mordbrennerbanden, seine Aufzeichnungen sind daher von großem historischem Interesse.

vorhanden. Auf das Orlowsche Korps, das soeben in Walk eingetroffen war, konnte nicht gerechnet werden, um so weniger, als die Pernau-Walksche Zufuhrbahn noch in Händen der lettischen Revolutionäre war. Nur schnelle Energie konnte hier Rettung bringen. Am Nachmittag des 16. Dezember besetzte Landrat Baron P. mit seinem siebzehnjährigen Sohne und zwei zuverlässigen Leuten das Rittergut Kaima, um den Mordbrennern den Weg in das Kirchspiel St. Michaelis abzuschneiden. Es kam zu einem kurzen Feuergefecht mit den auf Schlitten heranfahrenden Banditen, bei dem drei von diesen gefangen und etwa fünf verwundet wurden. Diese und die Unverwundeten ergriffen die Flucht. Es schienen bloß die Vorposten der großen Bande gewesen zu sein. Die Verteidiger, zu denen gegen Abend noch acht Herren aus Pernau stießen, blieben auf dem Platz, um das Gros der Bande zu erwarten. Während sie so in eisiger Winternacht Wache hielten, sahen sie weit über den ungeheuren Mooren an der estländischen Grenze die Herrenhöfe Pargenthal, Wannamois, Jeddefer und Fickel, das alte Schloß der v. Uexküll, brennen. Um 2 Uhr nachts rückte die Mordbrennerbande auf mehreren Schlitten heran. Abermals ein kurzes Feuergefecht, mehrere Verwundete und Gefangene auf seiten der Banditen und regellose Flucht! Erbeutet wurden Waffen, drei gestohlene Pferde und eine Schlittenladung geraubter Gegenstände.

Während der eine Flügel der Bande bei Kaima abgefangen und zersprengt wurde, rückte der andere Flügel nach Einäscherung der Güter im Kirchspiel Fennern in der Richtung nach Oberpahlen vor. Bei Ollepäh (Cabbal), ganz nahe der estländischen Grenze, stellten sich am 19. Dezember den Mordbrennern neun Herren vom Selbstschutz des Fellinschen Kreises auf offenem Felde entgegen. Es entspann sich ein heißes Feuergefecht, das 25 Minuten dauerte und mit wilder Flucht der

Mordbrenner, die im ganzen 60 bis 70 Mann zählten, endigte. Von den 45 Banditen, die im Gefecht waren, wurden drei getötet, etwa zwanzig mehr oder weniger schwer verwundet und neun gefangen genommen. Der Teil der Bande, welcher die deutschen Herren umgehen sollte, gab diese Absicht auf und floh gleichfalls. Auch eine zweite Bande von etwa zwanzig Mann, die aus dem Oberpahlenschen Gebiete ihren estländischen Gesinnungsgenossen entgegengezogen war und bereits im Rücken der Herren stand, wagte es nicht, am Gefecht teilzunehmen, und zerstreute sich schleunigst. Die Sieger erbeuteten 11 Pferde und Schlitten, 12 Gewehre, zahlreiche Säbel, Dolche, Revolver und Munition, die Kriegskasse, viele Schriftstücke, eine Menge geraubter Gegenstände, namentlich Silberzeug, und schließlich auch die Fahne der „Hauptarmee". Die Gefallenen und Gefangenen waren mit wenigen Ausnahmen Arbeiter der Waggonfabrik „Dwigatel" in Reval.

Durch diese glücklichen Gefechte rettete eine Handvoll entschlossener und tapferer Männer das nördliche Livland vor dem Schicksal Estlands.

Zu derselben Zeit, als an der estländischen Grenze dem Vordringen der Mordbrenner ein Ziel gesetzt wurde, machten — offenbar einem verabredeten Schlachtplan gemäß — lettische Revolutionäre von Rujen aus einen Einfall in den südlichen Teil des Pernauschen Kreises. Am 19. Dezember, dem Tage des Gefechts bei Ollepäh, plünderte eine Bande von 33 lettischen Sozialisten die Forstei Lilli bei Pollenhof und griff darauf dieses Rittergut an, wurde jedoch vom Besitzer, Herrn v. St., vier deutschen Herren und einigen zuverlässigen Leuten heiß empfangen und in die Flucht geschlagen, mit einem Verlust von drei Toten und vielen Verwundeten.

Unterdessen hatten Orlowsche Truppen den Flecken Rujen besetzt und rückten von dort aus nach Pernau und Fellin vor, wodurch allen Plänen einer Entfachung des Aufruhrs im nördlichen Livland ein Ende gemacht wurde.[1])

---

[1]) Es erübrigt noch auf die Stellungnahme der Justiz zu dem Aufruhr in Estland kurz hinzuweisen. Die Staatsanwaltschaft hat ihr Möglichstes getan, die Prozeßverhandlungen zu verschleppen und den Zusammenhang der einzelnen Überfälle untereinander und mit der revolutionären Organisation zu verwischen. Statt auf Verschwörung wider die Staatsgewalt und bewaffneten Aufruhr verbunden mit Landfriedensbruch, Brandstiftung, Raub und Freiheitsberaubung lautete die Anklage auf Teilnahme an einem Volksauflauf gemäß dem für „Unruhen" umredigierten Art. 269 des neuen Strafgesetzbuches. So geschah es, daß das Revalsche Bezirksgericht im September 1906 die überwiesenen revolutionären Mordbrenner und Räuber zu $1^1/_4$, $1^1/_2$ und 2 Jahren Korrektionshaft verurteilte, zu derselben Strafe wie einen das zweite Mal rückfälligen Dieb (unabhängig vom Werte des Gestohlenen). Gleichzeitig fanden überall in den Ostseeprovinzen kriegsgerichtliche Verhandlungen ganz analoger Fälle statt, wo die Schuldigen für viel geringfügigere Verbrechen unweigerlich zum Tode verurteilt wurden. Man vergegenwärtige sich die Wirkung derartiger haarsträubender Widersprüche auf das Rechtsbewußtsein des Volkes!

Druckfehler[1]) und Irrtümer.

Teil II.

S. 36	Zeile	7	von	oben	Harjel	statt	Harjee
39	Anm. 1				Märt Mitt	„	März Mitt
171	Zeile	9	von	oben	Tolama	„	Tolema
172	„	5	„	unten	wobei sie entsprechend	statt	wobei entsprechend sie
183	„	15	„	„	Laudohn	„	Landohn
240	„	16	„	„	Fistehlen	„	Festehlen
283	„	1	„	„	Transporter	„	Transporte.

---

1) Einfache Druckfehler sind nicht berücksichtigt worden, wie z. B. Teil II S. 21 Z. 5 v. o. Латыщества statt Латышества.

FSC
www.fsc.org
MIX
Papier | Fördert
gute Waldnutzung
FSC® C083411

Kolibri 360 GmbH
Ferdinand-Jühlke-Straße 7
99095 Erfurt, Deutschland
produktsicherheit@kolibri360.de